AF316450

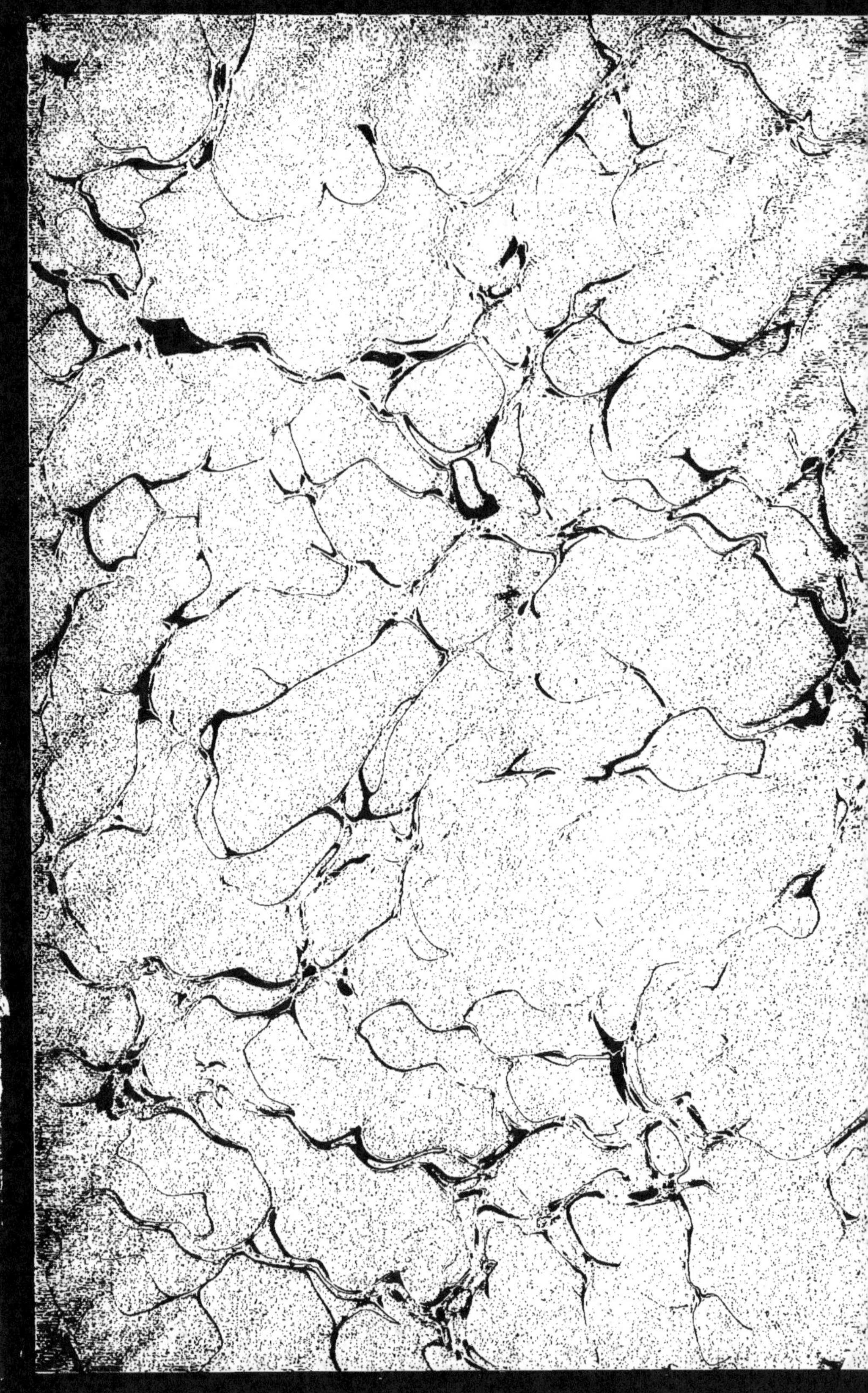

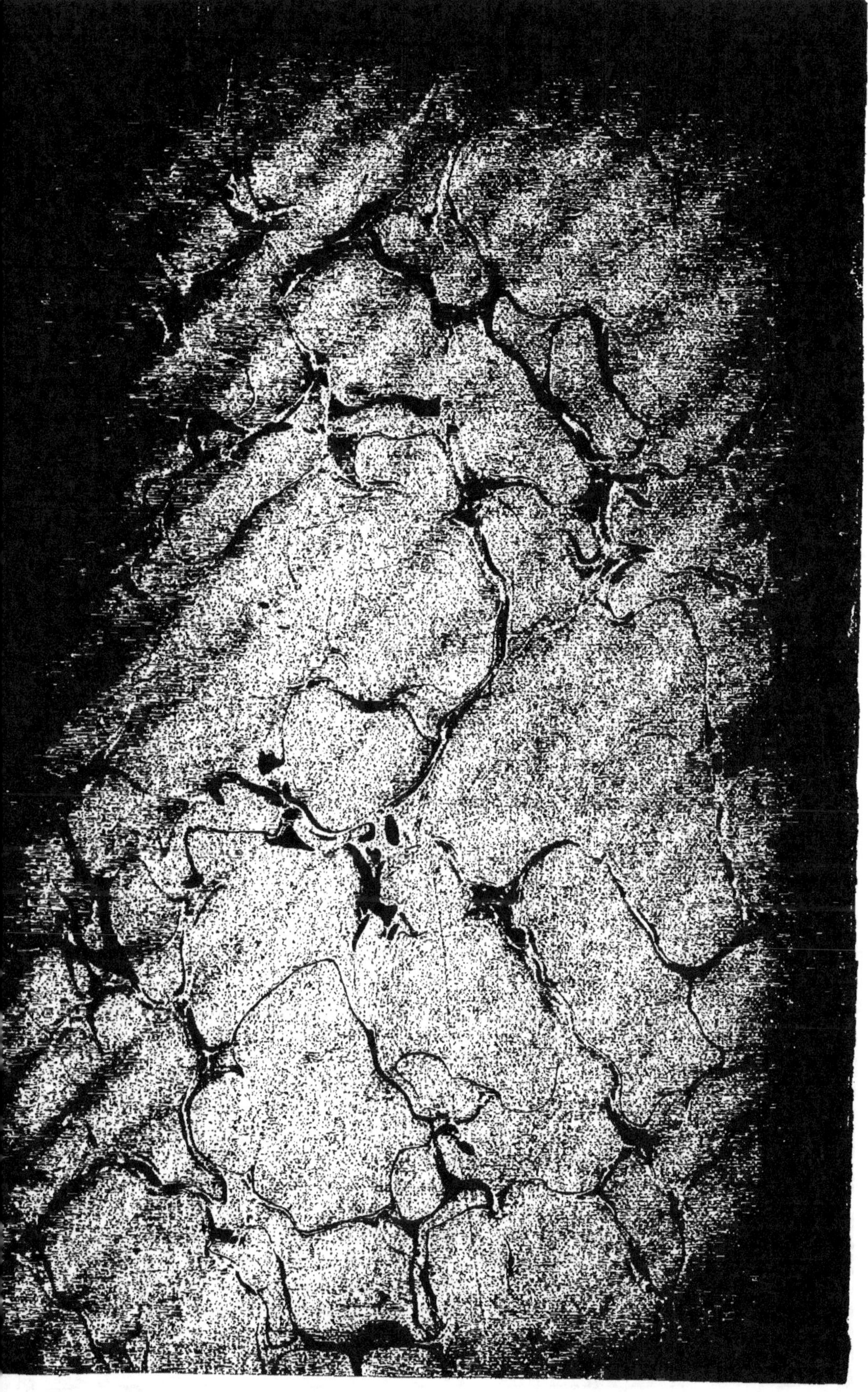

DOCUMENTS PARISIENS

DU RÈGNE DE

PHILIPPE VI DE VALOIS

(1328-1350)

EXTRAITS DES REGISTRES DE LA CHANCELLERIE DE FRANCE

PAR

JULES VIARD

ARCHIVISTE AUX ARCHIVES NATIONALES

TOME I

(1328-1338)

A PARIS

Chez H. CHAMPION

Libraire de la Société de l'Histoire de Paris

Quai Voltaire, 9

1899

DOCUMENTS PARISIENS

DU RÈGNE DE

PHILIPPE VI DE VALOIS

IMPRIMERIE G. DAUPELEY-GOUVERNEUR

A NOGENT-LE-ROTROU.

DOCUMENTS PARISIENS

DU RÈGNE DE

PHILIPPE VI DE VALOIS

(1328-1350)

EXTRAITS DES REGISTRES DE LA CHANCELLERIE DE FRANCE

PAR

JULES VIARD

ARCHIVISTE AUX ARCHIVES NATIONALES

TOME I

(1328-1338)

A PARIS

Chez H. CHAMPION

Libraire de la Société de l'Histoire de Paris

Quai Voltaire, 9

1899

INTRODUCTION

L'ensemble de documents que nous publions et qui s'élève au chiffre de 444[1] forme un appoint important à l'histoire de Paris au XIVe siècle. Mais pour le faire ressortir, il est utile de grouper ensemble les pièces de même nature. C'est ce que nous nous proposons de faire dans cette introduction, où nous examinerons successivement les lettres d'amortissement, de donation, d'anoblissement, de bourgeoisie, celles qui sont relatives à l'administration de la ville de Paris, aux confréries et à certaines familles bourgeoises, les lettres de rémission, et enfin un ensemble de documents, qui, bien que ne rentrant dans aucune de ces catégories, n'en offrent pas moins d'intérêt.

I.

En parcourant ces deux volumes, on sera certainement frappé de la grande quantité de lettres accordées en faveur d'hôpitaux, de collèges, de communautés religieuses, d'églises, de chapelles, etc. Leur chiffre s'élève, en effet, à environ 190, et la plupart sont des lettres d'amortissement, concédées à des particuliers afin de leur permettre de fonder les œuvres qu'ils désiraient. Si Philippe de Valois manqua de prudence et de prévoyance dans ses opérations militaires, et si, à ce point de vue, il fut malheureux, il ne faut pas méconnaître qu'il se montra plus éclairé en encou-

---

1. Tous ces documents sont tirés des registres du Trésor des chartes. Ceux de ces registres qui se rapportent au règne de Philippe de Valois sont au nombre de dix-sept, cotés JJ 65^A à JJ 79^B.

rageant la création et le développement d'un grand nombre de collèges et d'œuvres de toutes sortes, qui pouvaient contribuer au progrès moral et intellectuel de la France.

Plusieurs hôpitaux, dont la fondation remontait aux XIIe et XIIIe siècles, ou même à des siècles antérieurs, existaient déjà à Paris et assuraient le soulagement de la plupart des infirmités humaines[1]. Philippe VI ne se contenta pas d'en accroître la prospérité par des dons, il favorisa encore la création de nouveaux asiles. C'est ainsi que l'on voit s'élever successivement l'hôpital Saint-Julien-des-Ménétriers[2], l'hôpital Saint-Jacques-du-Haut-Pas[3], la chapelle et l'hôpital de la confrérie de Sainte-Marie-Madeleine[4], l'hôpital de Braque[5].

Lorsque des Maisons-Dieu, de fondation ancienne ou récente, se trouvaient dans une situation précaire, le roi rendait plus faciles les libéralités en leur faveur par la remise de tous les droits qu'il aurait pu percevoir sur ces donations[6]. Ainsi, les frères de la Charité-Notre-Dame avaient établi en 1299 un hôpital dans la rue des Jardins[7]. Ils y étaient à l'étroit et n'avaient pas de ressources suffisantes pour assurer leur vie et « soustenir les povres que il herbergent. » Aussi voyons-nous le roi, à trois reprises différentes, abandonner en leur faveur tout droit d'amortissement pour leur permettre d'entrer en possession de maisons et de revenus qui leur étaient donnés[8]. L'Hôtel-Dieu et la chapelle

---

1. Voy. L. Le Grand, *les Maisons-Dieu et léproseries du diocèse de Paris au milieu du XIVe siècle*, p. IV et suiv., extrait des *Mémoires de la Société de l'histoire de Paris et de l'Ile-de-France*, t. XXV, p. 50 et suiv.

2. Le Grand, *op. cit.*, p. XXVI, et *Mémoires de la Société de l'histoire de Paris et de l'Ile-de-France*, t. XXV, p. 72.

3. N° 147 de notre publication, et Le Grand, *op. cit.*, p. XXVIII.

4. N°° 233 et 282.

5. N° 408, et Le Grand, *op. cit.*, p. XXX. Outre la fondation de ces hôpitaux à Paris, nous signalerons aussi celle d'Illiers (Eure-et-Loir), en juillet 1328, que nous trouvons indiquée au n° 13.

6. Quelques exemples pourront montrer combien ces droits étaient élevés. Voy. en particulier le n° 408.

7. M. Le Grand, *op. cit.*, p. XXVIII, dit qu'il ne subsiste pas de documents permettant de déterminer si la maison de ces religieux servit d'hôpital. Nous pensons que la pièce n° 210 de notre recueil peut être une preuve, sinon convaincante, au moins très forte que l'hospitalité y était exercée.

8. N°° 167, 210, 428.

des Haudriettes, de fondation récente, avaient besoin de dons et de secours pour se développer. Le roi non seulement facilita les aumônes qu'on leur destinait, comme celles de Bernard de Palli, curé de Saint-Eustache, et de son frère Guillaume le Béguin, qui donnèrent la somme nécessaire pour « faire luminaire aus messes et heures qui tous les jours sont dites et celebrées oudit Hostel-Dieu et chappelle, et pour huille à ardoir en la dessusdite eglise, et aussy devant les lis aus malades dudit hostel[1]; » mais encore il abandonna en leur faveur des revenus qu'il percevait sur des places ou des maisons[2].

Les nécessités des maisons nouvelles ne faisaient pas oublier au roi les anciennes. Les bienfaits dont il gratifie l'Hôtel-Dieu, l'hôpital Saint-Gervais, l'hôpital Saint-Jacques-aux-Pèlerins, la léproserie de Saint-Lazare, les Quinze-Vingts sont en effet nombreux : amortissements de revenus de toutes sortes, concessions de bois à prendre dans ses forêts, mesures administratives adoptées pour leur faciliter l'exercice de la charité[3]. On voit, par tous ces actes, que Philippe VI, suivant en cela les traces de ses prédécesseurs, favorisait le plus possible l'éclosion et l'extension des œuvres qui avaient pour but le soulagement de l'humanité.

Si notre siècle, qui s'enorgueillit, et à juste titre, de tant de découvertes admirables, pouvait recevoir en quelque point une leçon pratique du moyen âge, ce serait presque certainement sur le terrain de la charité que cette leçon lui serait donnée. Il verrait par des exemples infinis combien est puissante et féconde l'initiative privée, et cela non seulement pour l'exercice de la charité qui s'apitoie sur les infirmités corporelles, mais aussi de celle qui veut soulager nos misères morales et intellectuelles. Le moyen âge ne se contenta pas en effet de couvrir la France d'asiles hospitaliers. Il fonda également des universités et ouvrit une grande quantité de collèges où la jeunesse venait s'initier aux sciences et aux lettres. Or, qui fonda tous ces hôpitaux? Qui dota tous ces collèges des ressources nécessaires pour abriter et

---

1. N° 220.
2. N°ˢ 190, 285.
3. N°ˢ 23, 30, 52, 75, 141, 182, 228, 243, 270, 276, 303, 312, 330, 356, 358, 385, 440.

nourrir un grand nombre d'élèves? Des particuliers ou des confréries. C'est ainsi que, sous Philippe de Valois, plusieurs nouveaux collèges s'élevèrent à Paris, tels que le collège de Bourgogne[1], le collège des Lombards[2], les collèges de Tours[3], de
Lisieux[4], de Hubant[5], d'Autun[6]. En plus de ces fondations, des
bourses furent encore créées pour l'entretien d'écoliers[7], des donations faites, soit par le roi, soit par d'autres personnes, en faveur
des anciens collèges[8]; et pour toutes ces fondations, pour tous
ces dons, Philippe VI abandonne les droits d'amortissement
qu'il aurait pu exiger dans ces cas.

Si la foi, encore vive au xivᵉ siècle, trouvait facilement l'argent
nécessaire à la fondation et au développement des hôpitaux et des
collèges, que ne devait-elle pas faire pour tout ce qui touchait
directement à l'exercice du culte? On sera certainement frappé de
la quantité de chapelles qui furent fondées à Paris par des
familles. Il y a peu d'églises où nous n'en trouvions établies une
ou plusieurs destinées à assurer la perpétuité du service divin en
faveur des défunts. Une remarque, croyons-nous, s'imposera en
parcourant et en examinant ces fondations; c'est que presque
toutes sont faites par des familles bourgeoises; très peu par des
membres de la noblesse. Quiconque connaît l'état de la France à
la veille de la guerre de Cent ans comprendra facilement le motif
de cette différence. A cette époque, la bourgeoisie, qui avait entre
les mains la majeure partie du commerce et de l'industrie du
pays, était riche. De plus, grâce aux emplois qu'elle avait su con-
quérir au Parlement, à la Chambre des comptes et dans toutes
les administrations, sa puissance s'était beaucoup développée. La
noblesse, au contraire, confinée dans ses châteaux en dehors de
l'activité des villes, obérée par les charges du service militaire et
par l'obligation de s'entourer d'un certain faste, voyait ses res-

---

1. Nᵒ 63.
2. Nᵒ 267.
3. Nᵒ 158.
4. Nᵒ 165.
5. Nᵒ 142.
6. Nᵒˢ 230, 287.
7. Nᵒˢ 396, 442.
8. Nᵒˢ 35, 38, 80, 266, 267.

sources bien amoindries, était même souvent criblée de dettes,
et par conséquent, se trouvait dans l'impossibilité de consacrer
des sommes, quelquefois considérables, à toutes ces pieuses fondations.

La majeure partie de toutes ces donations que le roi amortis-
sait généreusement devait servir à la rétribution de chapelains
qui célébreraient le service divin pour le repos de l'âme des dona-
teurs[1]. Cependant nous en voyons quelques-uns qui assignent
aux sommes données à une église une autre destination et se
proposent surtout de venir en aide aux frais du culte. Ainsi,
Thomas de Saint-Benoît[2] lègue 25 livres de rente annuelle à
l'église Saint-Pierre-des-Arcis pour y faire célébrer toutes les
heures de l'office divin et une messe chaque jour. Guillaume le
Tyais[3] donne à une église 40 sous de rente annuelle pour acheter « froment à faire pain à célébrer. » Jean le Leu[4] lègue à
l'église de Paris 13 livres parisis de cens annuel, à percevoir sur
différentes maisons, pour faire chanter *Inviolata* tous les jours et
pour employer aux processions de l'Assomption et de la Nativité.
D'autres demandent au roi l'amortissement d'une somme à
laquelle ils ne donnent pas de destination spéciale, mais qu'ils se
proposent seulement de consacrer à de bonnes œuvres[5].

Les églises paroissiales n'étaient pas seules à bénéficier de ces
legs; parmi les donataires, nous voyons figurer aussi les abbayes,
les chapitres, les confréries, les chapelles des hôpitaux[6]. Un des
ordres religieux qui semble être le plus favorisé sous ce rapport
est celui des Chartreux.

D'autres sommes sont destinées à l'édification de nouveaux
oratoires, comme celui que les Augustins voulaient construire en

---

1. Nᵒˢ 32, 65, 72, 78, 87, 110, 121, 124, 125, 129, 136, 137, 144, 146,
148-150, 154, 157, 162-164, 174, etc.

2. Nᵒ 93.

3. Nᵒ 98.

4. Nᵒ 133.

5. Nᵒˢ 14, 15, 21, 74, 119, 120, 142, 176, 234, 235, 278, 308.

6. Nᵒˢ 9, 16, 18, 27, 46, 67, 72, 79, 83, 94, 95, 104, 118, 128, 134, 136,
144, 156, 179, 197, 202, 255, 258, 298, 309, 324, 331, 332, 334-337, 361,
418, 434, 435, 437, 443.

tête du pont de Lagny-sur-Marne[1] et que Jacques de Châtillon
fit élever sur le pont de Bezons[2], ou de nouvelles chapelles, comme
celle de Saint-Julien-des-Ménétriers[3]. Des fondations revêtent
aussi un caractère expiatoire; telle est celle qui fut faite dans la
chapelle des Augustins de Paris avec les biens confisqués sur
Henri Taperel, ancien prévôt de Paris, pour le repos des âmes de
trois personnes qu'il fit injustement mettre à mort[4].

Pour clore l'examen de toutes ces lettres concédées en faveur
d'églises et de communautés, nous en signalerons encore un certain nombre par lesquelles le roi leur accorde des avantages ou les
prend sous sa sauvegarde. Ainsi, au mois de mai 1329, il per-
mit à l'abbé de Sainte-Geneviève d'établir un moulin-à-vent sur
les murs de Paris[5]. Au mois d'août 1334, il autorisa les religieux
des Blancs-Manteaux à percer une porte dans ces mêmes murs[6].
Au mois de novembre 1334, il donna à Guillaume Judet, chapelain de la chapelle royale, l'autorisation de faire, dans la maison
qu'il possédait sous la cuisine de bouche, des boutiques pour
attribuer le montant de leur location au profit de sa chapelle[7].
Enfin, il prit sous sa sauvegarde les religieuses de Montmartre[8],
les Chartreux[9], le collège des Lombards[10], les religieux de Sainte-
Catherine-des-Écoliers[11], l'abbaye de Saint-Antoine[12]. Toute
cette bienveillance témoignée aux ordres religieux ne l'empêchait
cependant pas de sévir contre eux, lorsqu'ils ne se conformaient
pas à ses prescriptions. C'est ce que témoignent ces lettres du
mois de mai 1330[13] par lesquelles il confisque sur l'abbé de Saint-
Pierre-sur-Dives une maison, dont l'amortissement n'avait pas

---

1. N° 12.
2. N° 131.
3. N° 116.
4. N° 33.
5. N° 44.
6. N° 126.
7. N° 130.
8. N° 61.
9. N°ˢ 68 et 318.
10. N° 208.
11. N° 304.
12. N°ˢ 404 et 419.
13. N° 59.

été payé dans les délais voulus, et la donné ensuite à Jean de Varannes, seigneur de Vivacourt.

Il est inutile, pensons-nous, d'insister sur l'intérêt que présentent toutes ces lettres. Elles nous découvrent non seulement l'esprit qui animait la majeure partie de la société au xive siècle et le mobile d'un grand nombre de ses actions; mais, en outre, elles nous font connaître sur quoi reposait la fortune des familles bourgeoises de cette époque. On peut ainsi se rendre compte que la plupart de leurs revenus, en dehors de ce que pouvaient leur procurer le commerce et l'industrie, étaient tirés de cens, rentes ou surcens dus par des maisons ou des propriétés. Quelques-unes avaient également des rentes sur le trésor, sur les halles, sur des péages ou sur les recettes des provinces, des fiefs qu'elles avaient achetés et dont elles jouissaient après avoir payé les droits d'acquêt, lorsque ces fiefs étaient nobles[1]. Enfin ces lettres offrent surtout un grand intérêt au point de vue topographique, car la désignation précise des immeubles que l'on y énumère peut souvent aider à déterminer l'emplacement de certaines rues ou d'anciens édifices aujourd'hui disparus.

II.

A côté des lettres d'amortissement et de celles qui autorisaient les fondations pieuses, une autre catégorie de documents offre encore un grand intérêt pour l'étude de la topographie parisienne au xive siècle. Ce sont les dons faits à différentes personnes des biens tombés en déshérence ou confisqués sur ceux qui étaient bannis ou exécutés. On pourra voir, en parcourant notre recueil, que ce genre de donation ne manqua pas d'être fréquent sous le règne de Philippe de Valois. La peine de mort et le bannissement entraînaient en général la confiscation des biens au profit du roi. De plus, les biens des bâtards morts sans héritiers directs, ceux des personnes qui décédaient sans laisser aucun héritier revenaient également au roi. Tous ces biens lui servaient alors, soit à rémunérer des services rendus, soit même, comme on le voit par quelques exemples, à se libérer de dettes.

---

1. N°s 10, 54, 109, 115, etc.

La quantité de maisons et de biens confisqués à Paris sous le règne de Philippe de Valois est certainement élevée. L'exécution ou le bannissement de quelques personnages riches et importants fournit, à plusieurs reprises, des ressources appréciables au roi. Un nom que nous voyons paraître souvent dans les premières années du règne de Philippe VI, à propos de confiscation, est celui de Pierre Remi, trésorier de Charles IV le Bel, accusé de malversations et pendu le 25 avril 1328[1]. Sa fortune était considérable. Outre les nombreuses maisons qu'il avait à Paris, nous voyons, tant par les *Journaux du trésor de Philippe de Valois*[2] que par les donations relevées dans les registres de la chancellerie[3], qu'il possédait encore des biens dans l'Ile-de-France, en Champagne, en Bourgogne et en Auvergne. L'argent trouvé dans ses différentes demeures fut apporté au trésor, ses joyaux donnés à la reine[4], et la majeure partie de ses maisons de Paris réparties entre des serviteurs royaux, tels que Robin Hueline, sommelier de la reine[5], Geoffroi le Petit, couturier, valet de la garde-robe du roi[6], Raoul Boursète, sommelier de Jean, duc de Normandie[7], Henri le Galois, valet des armures du roi[8], Jeannot d'Alençon, valet de ses nappes[9]. D'autres servirent à éteindre des dettes de Charles de Valois, père du roi[10]. Enfin, quelques lambeaux de cet immense héritage, jusqu'à concurrence de 350 livres tournois de revenu, sans compter les maisons, furent laissés à Jean Remi, fils du supplicié.

Parmi les confiscations importantes, on peut citer encore celles

---

1. Voy. t. I, p. 23, n. 1.

2. Voy. la publication que nous en avons faite dans la Collection des documents inédits, p. 11, n°s 54-60.

3. En plus des documents que nous publions, voy. encore : Arch. nat., JJ 65ᴬ, n°s 87, 134, 146, 188, 194, etc...; JJ 66, n°s 66, 487, 588, etc. Nous avons relevé dans ces registres, ainsi que dans JJ 65ᴮ et JJ 69, près de trente pièces se rapportant à divers biens que Pierre Remi possédait en dehors de Paris dans un grand nombre de villes et de localités.

4. *Journaux du trésor de Philippe VI de Valois*, n°s 64-70.

5. N°s 37, 55.

6. N° 41.

7. N° 42.

8. N° 57.

9. N° 64.

10. N° 47.

qui frappèrent Robert d'Artois, dont l'hôtel à Paris fut donné à
Jean, duc de Normandie[1]; Hugues de Crusy, ancien prévôt de
Paris et président au Parlement[2], qui fut pendu le 21 juillet
1336[3]; les monnayeurs Laurent et Bertin de Saint-Denis[4]; Hue
Aubert[5], etc.

Comme on peut le voir en parcourant toutes les lettres par
lesquelles le roi distribue ces biens, et comme nous l'avons déjà
montré par un exemple, ce sont surtout ses serviteurs et ceux de
la reine et de ses enfants qui s'enrichissent de ces dépouilles. C'est
Colinet de Chelles, enfant de la chapelle royale[6], Nicolas Behuchet, trésorier du roi[7], Jean de Lyon, physicien de la reine[8],
Jean d'Andresel, chambellan du roi[9], Jean de Houdan, son valet
de fruiterie[10], Jean, maréchal de la reine[11], Ferry de Picquigny,
maître des requêtes de l'hôtel[12], Jean Muset, « guaite » de la
reine[13], Jean le Maistre, valet des chariots de la reine[14], Simon de
Braelle, aumônier de la reine[15], Anseau le Bouteiller, valet tran-
chant du roi[16], Guillaume Crébart, son maréchal[17], Jean de la
Verrière, son secrétaire[18], Miles d'Argenteuil, son échanson[19],
Geoffroi de Charny, son conseiller[20], Guillaume Pocaire, son
écuyer[21], etc.

---

1. N°s 99, 199.
2. Voy. t. I, p. 264, n. 3.
3. N°s 172, 175, 200.
4. N°s 215, 216, 219.
5. N°s 280, 283, 302, 313.
6. N° 28.
7. N° 85.
8. N°s 172, 284.
9. N°s 181, 256, 299.
10. N° 185.
11. N° 199.
12. N° 215.
13. N° 216.
14. N° 236.
15. N° 245.
16. N°s 302, 313.
17. N° 320.
18. N° 391.
19. N° 405.
20. N° 412.
21. N° 417.

Cependant, quelquefois, ainsi que nous l'avons déjà vu à propos de Pierre Remi, ces biens servent à payer des dettes[1] ou des gages arriérés[2], ou sont rendus en totalité ou en partie aux parents des condamnés pour les empêcher de tomber dans la misère[3]. Il arrive parfois aussi qu'une personne condamnée à perdre ses biens était dans la suite l'objet d'une lettre de rémission, après que ce qu'elle possédait avait été déjà donné en totalité ou en partie. Dans ce cas, le roi, ou rend à celui qui est réhabilité les possessions déjà cédées à d'autres et donne à ces derniers des compensations[4], ou, dans les lettres de rémission, spécifie qu'il ne pourra rentrer en possession de ce qui a été déjà distribué[5].

Si des lettres nous montrent que ces donations pouvaient être refusées[6], d'autres témoignent, au contraire, qu'elles étaient convoitées. C'est ainsi que, le 16 juin 1347, le roi promit à son chambellan, Louis de Beaumont, la première maison qui pourrait lui échoir à Paris, par forfaiture ou autrement[7]. Nous voyons, en effet, en plusieurs circonstances, le roi recueillir des héritages non seulement de bannis ou de suppliciés, mais aussi de personnes décédées sans héritiers[8]. Dans d'autres cas, des maisons sont acquises au roi pour lui rembourser des dettes contractées envers lui[9], ou même pour « certaines et justes causes » qui ne sont pas spécifiées dans les lettres[10].

Outre ces dons faits à l'aide de ces confiscations, nous devons

---

1. N° 405.

2. N° 424.

3. N°ˢ 50, 232. Voy. aussi n° 122, restitution à la ville de Tournai de l'hôtel qu'elle possédait à Paris.

4. N° 89.

5. N°ˢ 232, 284.

6. N° 175. Ceux auxquels ces maisons étaient offertes se montrent quelquefois bien perplexes et indécis. On voit ainsi Blanche de Bourgogne, comtesse de Savoie, accepter, en 1333, une maison de l'archevêque de Lyon, puis, le 27 avril 1339, la refuser et en prendre une autre, et enfin se raviser et la reprendre au mois de mai (n° 211). Voy. aussi n° 411.

7. N° 389.

8. N°ˢ 256, 279, 405, 411, 417, 422, 424.

9. N°ˢ 85, 181, 211, 245.

10. N°ˢ 259, 299.

encore signaler ceux que le roi prenait sur le domaine royal et qui ne sont pas sans offrir, en certains cas, un grand intérêt. Tels sont les dons que Philippe VI fit au mois de février 1328 (n. st.) de la maison de Nesle à Jean, roi de Bohême[1], et en octobre 1328, de la maison aux Piliers, qui devint ensuite l'hôtel de ville, à Guigue VIII, dauphin de Viennois[2], donation confirmée ensuite au mois d'août 1335, en faveur d'Humbert II[3].

III.

Les donations n'étaient pas le seul moyen de récompenser les services rendus au roi ou la fidélité que ses sujets lui avaient gardée; d'autres faveurs pouvaient leur être accordées : tels sont les anoblissements conférés à des bourgeois, dont nous trouvons plusieurs exemples dans notre recueil.

Les anoblissements que la royauté prodigua trop libéralement à diverses époques n'étaient encore concédés qu'avec une certaine parcimonie au commencement du xive siècle. Nous n'avons relevé que sept personnes, bourgeois de Paris ou se rattachant à l'histoire de cette ville, auxquelles cette faveur fut concédée. Deux l'obtinrent surtout à cause de leur haute situation : Simon de Bucy, conseiller et procureur général du roi[4], et Jean Pizdoue, prévôt des marchands[5]. Les autres, tels qu'Arnoul Braque[6], Adam de Dampmartin[7], Jean de Bonneuil[8], Jean Burnetot[9], Étienne de Lestre[10], le furent principalement à cause des bons offices qu'ils rendirent au roi. Il est même bien spécifié pour ce dernier que cet honneur lui est conféré pour les services qu'il rendit pendant la guerre de Gascogne en qualité de garde de la monnaie de Toulouse.

---

1. N° 2.
2. N° 19.
3. N° 145. Voy. aussi les n°ˢ 45, 62, 100, etc.
4. N°ˢ 140 et 214.
5. N° 349.
6. N° 223.
7. N° 251.
8. N° 268.
9. N° 286.
10. N° 293.

Ces lettres concédées en faveur du bénéficiaire et de sa postérité étaient souvent délivrées gratuitement, soit directement par
le roi, soit par ses lieutenants. Nous trouvons cependant deux
cas où ceux qui les obtinrent durent verser en retour une somme
plus ou moins forte au trésor : Jean de Bonneuil, 160 livres parisis, et Étienne de Lestre, 50 livres tournois. Celui qui était l'objet de cette distinction pouvait devenir chevalier ainsi que ses descendants, et jouissait des mêmes privilèges et franchises que les
autres nobles du royaume. L'anoblissement conférait ainsi non
seulement un honneur, mais encore concédait des avantages
matériels quelquefois importants.

IV.

Les lettres de bourgeoisie que nous publions sont toutes, à l'exception d'une, accordées en faveur d'Italiens. Les Lombards,
comme on appelait alors les habitants de la péninsule, étaient très
nombreux en France et une grande partie du commerce se trouvait centralisée entre leurs mains. Aussi, on comprend qu'un bon
nombre aient cherché, en se fixant en France, à obtenir des lettres
de bourgeoisie afin de l'exercer plus librement, de n'avoir pas à
payer les redevances prélevées sur les étrangers et d'être soustraits
au droit de marque qui pouvait souvent peser sur eux. Ces lettres,
en effet, les assimilant aux autres habitants de la ville où ils séjournaient, leur conféraient tous les droits et privilèges attachés à ce
titre de bourgeois. De plus, ceux en faveur de qui elles étaient
données, devenant non seulement les bourgeois d'une ville, mais
les bourgeois du roi, se trouvaient placés sous la protection
royale[1].

Si nous examinons les différentes lettres de bourgeoisie contenues dans notre recueil, nous verrons que la plupart sont accordées à la requête de la reine, d'amis du roi, de personnages
influents de son entourage, qui sollicitent cette faveur pour leurs
parents, pour des personnes qui leur ont rendu des services, qui

---

1. Dans toutes ces **lettres**, le bénéficiaire est en effet appelé par le roi :
burgensis noster ou *nostre bourgeois*.

furent utiles au roi et aux habitants du royaume en différentes circonstances ou qui, depuis longtemps, habitent honorablement Paris[1].

Malgré les garanties présentées par celui qui sollicitait des lettres de bourgeoisie pour son protégé, le roi demandait encore parfois aux gens des comptes de faire une enquête sur l'honorabilité et les conditions d'existence de celui qui était recommandé. Une enquête de ce genre nous apprend que le mariage contracté avec une femme étrangère pouvait être quelquefois un obstacle à l'obtention du droit de bourgeoisie[2]. Nous voyons, en effet, dans des lettres accordées par Philippe le Long en faveur de Philippe de Flaganaste, que pour obtenir ces lettres on invoque, entre autres raisons, celle qu'il a épousé la fille de Georges de Palarge, bourgeois de Paris[3]. Si ces unions entre un étranger et une française pouvaient faciliter l'admission au droit de bourgeoisie, le mariage d'un bourgeois de Paris et d'une étrangère risquait en certains cas de faire perdre ce titre aux enfants issus de ce mariage. On en a un exemple dans les lettres accordées au mois de janvier 1341[4] à Jean de la Tête-Noire, que les gens des comptes et les trésoriers du roi voulaient contraindre à payer les redevances des Anglais, parce qu'il était né en Angleterre d'un bourgeois de Paris et d'une Anglaise et avait été ramené très jeune en France. Malgré cela Philippe VI, à la requête de plusieurs personnes, et en retour des services qu'il rendit en son hôtel et en celui de la reine, défend de le considérer, lui, sa femme et ses enfants, comme Anglais.

Dans la majeure partie de ces lettres, il est spécifié que le droit de bourgeoisie concédé en faveur de la personne qui y est nommément désignée s'étendra à tous ses enfants nés ou à naître[5]. Cette extension en faveur de la postérité du bénéficiaire semble, cependant, comporter des exceptions. Il paraît bien ressortir, en effet, de la teneur de quelques-uns de ces documents que ce droit est

---

1. N°s 17, 24, 49, 102, 203, 218, 242, 260, 261, 272, 382, 423.
2. N° 49.
3. N° 24.
4. N° 261.
5. N°s 102, 213, 242, 272, 355, 382, 423, 426.

limité au titulaire de la lettre, car il n'est fait aucune allusion à ses héritiers[1].

Ces lettres étaient ordinairement accordées par le roi lui-même[2]; cependant, elles pouvaient être données aussi par ses lieutenants[3]; mais alors le roi s'en réservait la confirmation. Comme beaucoup étaient la récompense de services rendus au roi ou à ses sujets, on comprendra que, généralement, le bénéficiaire n'ait eu à payer aucun droit pour les obtenir. Quelques-uns, néanmoins, durent, en retour de cette faveur, verser au trésor des sommes dont le montant semble très élevé. Ainsi, Thomas Grille, au mois d'octobre 1341, paya 80 livres parisis[4]; d'autres payèrent 100[5] et même 200 livres[6].

Les lettres de bourgeoisie permettaient, en général, à celui en faveur de qui elles étaient rendues de jouir de tous les droits, franchises et libertés dont jouissaient les bourgeois de Paris, et d'exercer librement, comme eux, son commerce dans tout le royaume en remplissant seulement les mêmes devoirs qu'eux et en payant les droits qu'ils payaient d'habitude. A l'avenir, on ne pouvait plus exiger du bénéficiaire de ces lettres les redevances payées par les étrangers; ils étaient soustraits au droit de marque et à toutes les impositions qui les frappaient. Nous devons, cependant, signaler une exception à cette règle. Jacques Lanfranc, qui obtint le titre de bourgeois de Paris au mois de juillet 1328, put jouir de tous les privilèges qui y étaient attachés, mais ne fut pas dispensé de payer les redevances dues par les autres Italiens[7]. Si dans ce cas nous trouvons une sorte de restriction apportée au plein exercice de ce droit, dans un autre cas[8] le roi ajoute encore

---

1. Nᵒˢ 17, 20, 49, 203.

2. Nous voyons, en effet, que toutes, sauf une (n° 24), ont au bas la souscription : par le roy ou *per regem,* et encore l'exception n'est qu'une confirmation de lettres accordées antérieurement par Philippe V et Charles IV. Elle est alors visée par le chancelier (*per vos*).

3. Nᵒˢ 275, 311.

4. N° 272.

5. N° 311.

6. N° 275.

7. N° 17.

8. N° 423.

à ces faveurs en ordonnant à ses justiciers de fournir aux frères Lacayrani d'Asti, s'ils le demandent, ainsi qu'à leurs serviteurs et à leurs facteurs, un ou plusieurs sergents royaux pour les protéger contre toute injure et toute violence.

De semblables faveurs et d'autres encore, dont on trouve les traces dans les lettres du roi[1], contribuèrent beaucoup à fixer en France et à Paris un bon nombre de familles italiennes, telles que les Cassinel, les Doria, etc.[2], et à favoriser un commerce très actif entre les deux pays.

V.

C'est dans la série des pièces relatives à l'administration de la ville de Paris et à la confirmation de ses franchises que nous en trouvons le moins d'inédites. Plusieurs d'entre elles sont déjà publiées dans le *Recueil des ordonnances des rois de France*. C'est donc là qu'il faudra chercher la majeure partie des textes concernant les concessions de privilèges faites successivement aux bourgeois de Paris par Louis VI, Louis VII, Philippe-Auguste, et que Philippe VI confirma, suivant en cela l'exemple de quelques-uns de ses prédécesseurs[3].

Au commencement du xive siècle, Paris et ses habitants étaient, depuis longtemps déjà, en possession des principales libertés et garanties, dont ils continuèrent à jouir sous la monarchie. Mais le développement du commerce et de l'industrie, l'accroissement de la population, l'obligation pour le trésor de se procurer de nouvelles ressources dans certains cas, firent souvent subir des modifications ou des transformations aux anciennes ordonnances qui régissaient les corporations ou déterminaient les droits des bourgeois de Paris. Nous relèverons donc ce qui fut fait dans cet ordre d'idées sous le règne de Philippe de Valois.

---

1. Voy., n° 193, lettres du mois de juillet 1337 exonérant du droit de marque les frères Armargos, marchands d'Aragon, tant qu'ils demeureront en France.

2. Piton, *les Lombards en France et à Paris*, 1892, in-8°, p. 114 ; L.-H. Labande, *les Doria de France. Études historiques et généalogiques*. Paris, Picard, 1899, in-8°.

3. N°ˢ 180, 363-373.

L'abolition par Charles IV le Bel d'un droit levé sur les poissons apportés par les marchands aux halles, et la confirmation de cet acte par Philippe VI[1], donnèrent lieu à un accord très curieux intervenu entre les pêcheurs des ports approvisionnant Paris, d'une part, et le lombard Angelin Beloce, d'autre part, pour lui assurer la rémunération de son entremise dans cette affaire. Ils lui concédèrent, en retour de ce qu'il avait obtenu la suppression du *Hellebic*, une redevance de deux deniers à prendre sur chaque panier de poisson amené aux halles, à Paris[2]. Cette redevance fut ensuite partagée entre Angelin Beloce, d'une part, Nicolas Aguinoffle, Douce de Florence et Jean Pelitte, d'autre part, tous Lombards.

Une autre affaire qui mérite également d'être signalée est ce conflit qui surgit entre les corroyeurs d'Amiens, d'un côté, et ceux de Paris, d'autre, au sujet de la fabrication des courroies ou ceintures. Les ouvriers d'Amiens, accusant ceux de Paris de faire des courroies clouées et ouvrées d'étain ou de plomb, malgré les ordonnances le défendant sous peine d'amende, firent rendre une sentence par le prévôt de Paris, le 6 février 1325 (n. st.), qui leur donna gain de cause. Cette sentence fut confirmée par Philippe VI au mois d'août 1331[3]. Nous indiquerons encore comme intéressant le commerce et l'industrie de Paris l'ordonnance du mois de juillet 1336 relative à la vente des « cendaux[4], » les confirmations des statuts et règlements des épingliers[5], des chaussetiers[6], des filandiers et des filandières[7], et enfin l'achat, par le prévôt des marchands et les échevins de la ville de Paris, d'un moulin et d'un passage sis au-dessous de Chaumont-sur-Yonne, afin de faciliter la navigation sur la rivière de l'Yonne.

Si le roi intervenait souvent dans la réglementation des corporations, des métiers et des confréries[8], à plus forte raison son

---

1. *Ordonnances*, t. II, p. 586 et 587, et Delamare, *Traité de la police*, t. III, p. 89 et 90.
2. N° 48.
3. N° 76.
4. N° 166.
5. N° 176.
6. N° 376.
7. N° 429.
8. N°° 103, 107, 187, 281, 290.

action dut-elle se faire sentir pour réformer les abus qui se commettaient au Châtelet, c'est-à-dire au siège de l'administration
chargée de veiller à la police et à la sûreté de la ville[1]. Parmi les
lettres qui nous éclairent sur les rapports de Paris avec la royauté,
nous en signalerons encore trois concernant les aides fournies à
Philippe de Valois par les habitants de cette ville[2]. Nous voyons
que, dans ces différentes circonstances où le roi eut besoin de faire
appel aux Parisiens pour l'aider à combattre les ennemis de la
France, ils s'engagèrent à entretenir à leurs frais un certain
nombre d'hommes d'armes, 400 en 1328 et en 1337, 450 en 1340,
pendant plusieurs mois. Dans ces cas, l'aide était répartie et levée
par des personnes élues par les habitants de la ville et le montant
de ce qui était perçu versé au trésor.

VI.

Dans les chapitres qui précèdent, nous avons fait connaître les
rapports du roi avec la ville de Paris et avec la bourgeoisie parisienne; nous avons montré combien cette bourgeoisie était géné-
reuse pour toutes les fondations religieuses et charitables; mais
nous n'avons pas pénétré dans son intimité. C'est ce que nous
permet de faire, dans une certaine mesure, la catégorie de lettres
que nous allons examiner. Elles nous feront connaître les possessions de quelques-unes de ces familles, leurs acquisitions, les
héritages qu'elles peuvent espérer, les accords conclus entre elles.
Si au point de vue de l'histoire générale ces documents sont
moins importants que les précédents, ils le sont davantage pour
l'étude de la société parisienne au xive siècle.

Les plus intéressants sont certainement les transactions interve-
nues entre les héritiers de Geoffroi Coquatrix, d'une part, et Philippe VI, d'autre part[3]. Geoffroi Coquatrix, qui, sous les rois
précédents, avait rempli de nombreux offices, était mort sans jus-
tifier sa gestion. Philippe de Valois voulut contraindre ses héritiers à rendre des comptes. Ils firent valoir que cela leur était

------

1. N°s 4, 60.
2. N°s 11, 188, 244.
3. N°s 237-241.

impossible, soit parce que beaucoup d'entre eux n'étaient pas
encore nés au moment où Geoffroi remplit ces offices, soit à cause
du grand nombre d'emplois qu'il occupa, et ils transigèrent
moyennant 15,000 livres tournois qu'ils s'engagèrent à verser au
trésor. A la suite de cet accord, les différents membres de la
famille Coquatrix et de celles qui lui furent alliées se partagèrent
cette charge. Or, Geoffroi Coquatrix avait épousé Marie la Marcelle, appartenant à cette famille qui donna naissance au fameux
prévôt des marchands. Après la mort de Geoffroi, sa veuve épousa
en secondes noces Jean Billouart, ancien argentier de Charles le
Bel. Les lettres se rapportant à cette affaire nous font donc connaître quelques-unes des grandes familles parisiennes et leurs
alliances. Nous voyons ainsi qu'outre ses attaches avec les Coquatrix et les Billouart, Étienne Marcel était encore parent des Imbert
de Lyons, du trésorier Jean Poilevillain, qui fut l'objet d'une lettre
de rémission le 11 février 1347[1] (n. st.). Il fut aussi le gendre de
Pierre des Essars, ancien argentier de Charles IV le Bel, qui prêta
souvent de l'argent à Philippe de Valois et fut emprisonné le 25 octobre 1347[2]. Si l'on ajoute que, parmi ses proches, figure encore
Guillaume Michel, clerc du trésor de Philippe VI, on se rendra
compte de l'influence que put avoir, au xive siècle, cette famille
où la draperie et la finance se trouvent alliées et confondues.
Toute une suite de lettres autorisant les héritiers de Geoffroi
Coquatrix à recueillir sa succession sous bénéfice d'inventaire
intéresse encore ces familles et celles qui leur sont alliées[3]. On
peut aussi y ajouter les émancipations des fils de Jean Billouart[4].
Ces lettres, ainsi que les nombreuses autres dans lesquelles il est
question des Billouart, des des Essars, des Coquatrix, des Gencien[5], feront comprendre quelle place importante, grâce à toutes
ces alliances, les Marcel tenaient alors dans la société parisienne.

D'autres catégories de documents permettront de signaler l'état
florissant de la bourgeoisie parisienne. Ce sont ceux par lesquels
le roi confirme les achats de terre faits par elle ou l'autorise à gar-

---

1. N° 384.
2. Voy. la note que nous lui consacrons t. I, p. 230.
3. N°° 69, 138, 139, 152.
4. N°° 101, 135.
5. N° 73.

der des fiefs nobles [1]. Plusieurs de ces lettres montreront comment les biens nobles passaient entre les mains de la bourgeoisie et combien la situation même de la grande noblesse était alors obérée. Il est en effet piquant de voir Édouard, comte de Savoie, remettre au mois de janvier 1330 [2], entre les mains de Gilbert Lescot, pelletier et bourgeois de Paris, sa vicomté de Maulevrier, en Normandie, afin de lui permettre de rentrer, par l'exploitation de ce domaine, dans la somme de 10,000 livres tournois qu'il lui devait, tant en son nom qu'au nom de son père, pour marchandises livrées et prêts faits en argent.

VII.

Les lettres de rémission, dans lesquelles les bourgeois de Paris nous apparaîtront sous un jour moins favorable, sont les actes par lesquels le roi, à la requête de l'intéressé ou de toute autre personne, soustrayait un de ses sujets à la justice ordinaire et lui faisait remise de la peine qu'il avait pu encourir pour avoir commis un acte délictueux. La royauté en fit un fréquent usage au XIVe et au XVe siècle, et elles sont des plus intéressantes pour l'étude des mœurs de cette époque. On pourra remarquer, dans notre recueil, combien le nombre de ces documents est élevé à partir de 1340, tandis qu'avant cette date il est presque nul. C'est, en effet, surtout dans les moments de troubles causés par la guerre de Cent ans, que les passions surexcitées firent commettre le plus de meurtres. Que l'on ajoute à cela le défaut de surveillance, le relâchement des mœurs, la misère, les représailles engendrées par cette épouvantable lutte, et l'on comprendra que la royauté eut parfois besoin d'indulgence vis-à-vis de certains crimes commis souvent dans des cas de légitime défense. Des abus se glissèrent, sans doute, dans l'emploi des lettres de rémission; mais leur usage a son excuse légitime dans l'état social créé par les fléaux dont la France fut accablée aux XIVe et XVe siècles.

La concession de ces lettres ne se faisait pas toujours immédiatement après la perpétration de l'acte incriminé et souvent celui

---

1. Nos 1, 10, 36, 53, 54, 86, 97, 109, 222, 231, 265, 317, 333, 401.
2. No 53.

en faveur de qui elles étaient accordées avait déjà subi une peine. Ainsi[1], le 2 avril 1339, à cause des services qu'il lui rendit en la guerre de Gascogne, Philippe VI remit toute peine civile et criminelle à Léon de Chambly, fils de Pierre de Chambly, banni à la suite du meurtre d'Étienne Jamart, fripier, et la teneur de cette lettre et de celle qui la confirme laisse voir qu'il était exilé déjà depuis longtemps. Les n°s 354, 383, 406 de notre recueil offrent d'autres exemples de l'accomplissement d'une peine déjà longue. L'absolution est alors généralement donnée en retour des services rendus au roi par celui qui est l'objet de cette faveur ou par sa famille[2].

Dans la plupart des autres cas, que l'incriminé ait ou non déjà subi une peine, la lettre de rémission n'était accordée qu'après une enquête ou un jugement faisant ressortir soit le peu de fondement des accusations, soit que l'inculpé était en cas de légitime défense ou n'était coupable que d'homicide involontaire[3]. Quelques-unes de ces lettres, dans lesquelles sont rapportées les dépositions de médecins jurés, sont des plus intéressantes. On y trouve des renseignements très précis sur la science médicale de cette époque, ainsi que sur la jurisprudence suivie en certains cas[4]. On peut voir, à l'aide de ces documents, que, quand une personne venait à mourir à la suite de blessures plus ou moins graves reçues dans une rixe, si, d'après les dépositions des médecins, il était prouvé que le blessé eût pu guérir en se conformant à leurs prescriptions et que la mort, par conséquent, était survenue soit par imprudence ou par mauvais soins, soit à la suite d'une autre maladie, la peine était, en général, remise à l'accusé. Dans quelques-uns de ces cas, cependant, les droits des poursuivants étaient réservés au civil. En effet, la majeure partie des lettres du roi spécifient que toute peine est remise, tant au criminel qu'au civil ; mais quelquefois exception est faite au point de vue civil[5].

---

1. N° 247.
2. Voy. n°s 348, 399.
3. N°s 393, 395, 397, 403, 415, etc.
4. N°s 291, 395, 415.
5. N°s 348, 395.

Les lettres de rémission étaient accordées par le roi. Un exemple nous montre pourtant[1] que ses lieutenants pouvaient aussi en octroyer. Dans ce cas, elles étaient ensuite confirmées par le souverain.

Aux lettres de rémission proprement dites, on peut joindre, comme offrant un intérêt aussi grand au point de vue de l'étude des mœurs, les confirmations de sentences d'absolution rendues par certaines juridictions. Le prévôt de Paris, ayant connaissance d'un grand nombre de crimes, faisait quelquefois faire à leur sujet des enquêtes qui aboutissaient à un acquittement. Le roi, alors, pour mettre les inculpés à l'abri de toute poursuite ultérieure et donner plus de force à la sanction du prévôt, la confirmait par une lettre. Les lettres de ce genre du prévôt de Paris sont des plus curieuses, car elles passent en revue toutes les phases de l'enquête à laquelle il s'est livré. On pourra voir principalement les n°⁵ 263, 291, 305. Dans les deux premiers, en particulier, les dépositions des médecins jurés offrent le plus grand intérêt. Nous signalerons encore la confirmation, en avril 1338[2], d'une sentence d'absolution rendue par les maîtres de l'hôtel du roi en faveur des frères Guillaume et Collart de la Chaucie, ses armuriers.

D'autres lettres du même genre, également curieuses, sont celles qui confirment les sentences rendues par le tribunal de l'official. Nous en relevons sept dans notre recueil[3]. Elles ne sont pas moins intéressantes au point de vue des mœurs qu'au point de vue juridique. Nous y voyons, exposée dans tous ses détails, la manière de procéder de l'official. Lorsqu'une plainte était portée contre un clerc, l'official, après s'être assuré de la personne du prévenu, faisait annoncer dans différentes paroisses et dans différents lieux que tous ceux qui auraient à témoigner contre l'accusé vinssent le faire à un jour déterminé. A la suite de ces dépositions et à la requête du promoteur, qui remplissait alors le rôle de ministère public, l'official faisait connaître l'acte qui avait motivé l'arrestation du clerc incriminé. L'inculpé exposait ensuite ses moyens de défense et produisait ses témoins pour arriver à détruire

---

1. N⁽ 354.
2. N° 201.
3. N°⁵ 206, 292, 321, 344, 360, 420, 431.

l'accusation. Lorsqu'à la suite de sa défense et des discussions qu'elle avait provoquées l'innocence du prévenu apparaissait évidemment, il était absous et relâché. Si, au contraire, comme nous le voyons se produire dans la plupart des cas, des doutes subsistaient encore dans l'esprit de l'official, il imposait au prévenu la *purgation canonique.* Ce dernier était alors obligé de faire comparaître un certain nombre de personnes, sept ordinairement, venant affirmer, sous la foi du serment, que l'inculpé était de bonnes mœurs et que l'on pouvait avoir foi en ses assertions. A la suite de cette déposition, il était relâché.

Si nous voulons rechercher le mobile des crimes qui firent l'objet de ces lettres de rémission, nous verrons que, la plupart du temps, ce sont des meurtres commis dans des rixes, dans des querelles, par imprudence ou dans des cas de légitime défense ou d'adultère flagrant.

Mais ce n'étaient pas les crimes seuls qui faisaient l'objet de lettres de rémission. Nous en relevons, en effet, encore un bon nombre données pour malversation, vol, fraude, etc. Ce qui frappe, en passant en revue ces lettres, c'est la proportion considérable de celles qui se rapportent aux délits commis dans la fabrication ou le change des monnaies. On pourra remarquer encore que toutes sont postérieures à l'année 1339. C'est que, pendant la dernière partie du règne de Philippe VI, le cours des monnaies subit les plus grandes fluctuations. On eut successivement la monnaie faible de 1337 à 1342, puis, après un retour à la forte monnaie de 1343 à 1346, un nouvel affaiblissement de 1346 à 1350. On conçoit qu'au milieu de toutes ces fluctuations, ceux qui avaient pris à ferme un atelier monétaire pouvaient être exposés à la ruine, soit par suite du renchérissement de la matière première, soit même par suite du manque de cette même matière. Ils étaient alors, pour éviter un désastre, tentés de fabriquer de la monnaie d'un titre plus faible qu'ils ne le devaient. L'accord intervenu, le 31 mai 1341 [1], entre les gens des comptes et les trésoriers du roi, d'une part, et Édouard Tadolin, fermier de la monnaie d'or de Paris, d'autre part, est une preuve concluante des responsabi-

---

1. N° 289.

lités encourues par ceux qui s'employaient à la fabrication des monnaies et des difficultés qu'ils éprouvaient, dans ces périodes troublées, à remplir les conditions qui leur étaient imposées [1].

Mais si, d'un côté, tous ces troubles apportés dans le cours des monnaies étaient un danger pour les monnayeurs, d'un autre, ils pouvaient être pour les changeurs une excitation à la fraude, par suite de l'écart énorme qui exista quelquefois entre la valeur intrinsèque des monnaies et le cours fixé par les ordonnances. Aussi ne faut-il pas être surpris qu'à la fin de 1343 et au commencement de 1344, tous les changeurs de Paris aient été arrêtés et emprisonnés au Châtelet sous l'inculpation d'avoir transgressé les ordonnances royales relatives aux monnaies [2]. La teneur même des lettres de rémission qui leur furent accordées, ainsi que la prime promise à ceux qui dénonceraient les fraudes, laissent suffisamment entrevoir combien étaient nombreuses les transgressions des prescriptions royales [3].

Nous nous contenterons, pour terminer ce chapitre, de signaler quelques-unes des autres lettres de rémission : ainsi, celles du 11 février 1347 [4], par lesquelles Philippe VI efface toutes les accusations portées contre son ancien trésorier Jean Poilevillain ; celles du 7 avril 1350 [5], accordées en faveur de cet astucieux marchand de harengs qui, pour payer sa marchandise moins cher que ses concurrents, se faisait passer pour le poissonnier du roi ; enfin, celles, malheureusement incomplètes et sans date [6], accordées en faveur de Jacques Malebaille d'Asti, dont les biens avaient été confisqués et le facteur Bertaut Caquerant arrêté pour avoir fait parvenir au pape des lettres d'Angleterre et de Flandre [7].

VIII.

Si nous voulons signaler au moins l'ensemble des documents les plus importants contenus dans ces deux volumes, il nous faut

---

1. Voy. aussi n⁰⁸ 232, 328.
2. N⁰ 329.
3. Voy. aussi n⁰⁸ 315, 347, 410.
4. N⁰ 384. — 5. N⁰ 436. — 6. N⁰ 444.
7. Voy. encore les n⁰⁸ 392, 394, 400.

encore passer en revue plusieurs pièces qu'il n'était pas possible de faire entrer dans les catégories précédentes et qui, néanmoins, offrent un grand intérêt, soit pour l'histoire parisienne, soit pour l'histoire générale.

De ce nombre, nous mettrons la sentence arbitrale par laquelle Gui Baudet trancha plusieurs points litigieux qui s'étaient élevés entre l'évêque de Paris, d'une part, et le chapitre de Notre-Dame, d'autre part, principalement au sujet des droits que chacun d'eux prétendait avoir sur les offrandes, les torches et les cierges donnés à l'église, sentence confirmée par Philippe de Valois au mois de juin 1337[1]. Nous n'omettrons pas non plus cette curieuse lettre de l'officialité de Paris du 1er juin 1349, confirmée par Philippe VI au mois de janvier 1350[2], faisant connaître le résultat de la visite réclamée par frère Gérard de Waugicourt, que la léproserie de Saint-Lazare affirmait être lépreux, tandis que quatre médecins et deux chirurgiens le déclarèrent indemne de toute atteinte de cette terrible maladie. La renonciation faite le 3 décembre 1343 par Jeanne, veuve de Philippe, roi de Navarre, aux biens-meubles et aux dettes de son mari, est aussi à citer[3]. D'autres lettres, également curieuses à plus d'un titre, intéressent encore la Sainte-Chapelle[4], la chapelle Saint-Georges de l'hôtel du roi à Saint-Ouen[5], le chapitre de Melun[6], le collège de Laon[7], l'installation des chanoines nommés par le roi dans les églises cathédrales[8], le chapitre de Notre-Dame et la veuve de Charles IV le Bel[9], etc.

Nous pensons que l'on pourra se rendre ainsi compte de la variété des renseignements contenus dans ce recueil, qui, nous l'espérons, ne sera pas sans utilité aux érudits dont les recherches ont pour but l'histoire de Paris et les événements qui agitèrent la France au début de la guerre de Cent ans.

---

1. N° 191. — 2. N° 430. — 3. N° 322. — 4. N° 29. — 5. N° 81. — 6. N° 113. — 7. N° 254. — 8. N° 306. — 9. N° 379.

DOCUMENTS PARISIENS

DU RÈGNE DE

PHILIPPE VI DE VALOIS

I.

1328 (n. st.), janvier. Paris.

Philippe de Valois, régent de France, autorise Étienne le Haubergier, bourgeois de Paris, bien qu'il ne soit pas noble, à tenir en hommage de l'abbé de Saint-Germain-des-Prés un fief noble de 12 l. p. de revenu annuel environ, sis à Antony.

(JJ. 65ᴬ, n° 1.)

Philippus, Valesii et Andegavie comes, Francie et Navarre regna regens, notum facimus universis presentibus et futuris quod cum Stephanus le Haubergier, civis Parisiensis, quoddam nobile feodum valoris duodecim librarum parisiensium annui redditus, vel circa, situm in villa de Antogniaco[1] et ejus territorio, quod a religioso viro, abbate Sancti Germani de Pratis[2] prope Parisius tenetur per homagium, certo et legitimo titulo, sicut asserit, duxerit acquirendum; prefatus tamen abbas, eumdem Stephanum, eo quod nobilis non existit, in suum recipere homagium pro memorato feodo recusavit et adhuc recusat; unde, nobis, prefatus Stephanus humiliter supplicavit ut super hoc sibi specialem gratiam facere dignaremur. Nos igitur, ejusdem in hac parte supplicationibus favorabiliter annuentes, eidem Stephano, de speciali gratia concedimus, pro se et heredibus suis, ut ipse et ipsius heredes, licet idem Stephanus, a nobilibus

---

1. Antony, Seine, arr. et cant. de Sceaux. Cette localité dépendait de Saint-Germain-des-Prés. Dès 829, on la voit déjà attribuée aux religieux de cette abbaye dans un partage fait entre eux et l'abbé Hilduin. (D. Bouillart, *Hist. de l'abbaye royale de Saint-Germain-des-Prés*, p. 26.)

2. L'abbé de Saint-Germain-des-Prés était alors Pierre II de Courpalay.

originem non traxerit, dictum feodum, ac si esset nobilis tenere possint imperpetuum pacifice et quiete; ipsumque Stephanum, auctoritate nostra habilitantes, quo ad hoc per presentes volentes et precipientes quod idem abbas eumdem Stephanum, ex nunc in suum pro
dicto feodo recipiat homagium, impedimento predicto omnino ces-
sante. Quod ut firmum et stabile permaneat in futurum, presentibus
litteris, sigillum nostrum quo antequam dictorum regnorum ad nos
devenisset regimen utebamur, fecimus apponi. Actum Parisius, anno
Domini millesimo CCCº vicesimo septimo, mense Januarii[1].

Per dominum regentem, ad relationem dominorum Thome de
Marfonte[2] et Petri de Cuigneriis[3].

J. de Templo.

II.

1328 (n. st.), février. Au Louvre.

(JJ. 65ᴬ, nº 3.)

Lettres par lesquelles Philippe de Valois donne à Jean, roi de Bohême,
pour lui et ses héritiers, à perpétuité, la maison dite de Nesle[4], sise à Paris,
entre la porte Saint-Honoré et la porte de Montmartre, avec ses jardins et
toutes ses dépendances[5].

---

1. Il y a sans doute erreur pour la date du mois, car Charles IV mourut
le 1ᵉʳ février 1327 (v. st.).

2. Thomas de Marfontaines, chevalier, figure parmi les membres du Parlement dès le 24 février 1315, et, au mois de juillet 1316, fait partie de la
grand'chambre. (Boutaric, *Actes du Parlement de Paris*, t. II, nᵒˢ 4389,
4482, etc. Voy. la table des matières.)

3. Pierre de Cugnières, conseiller au Parlement depuis 1322, remplaça
Hugues de Crusy comme premier président en 1336. (Voy. sur lui : *Bulletin
de la Société de l'histoire de Paris et de l'Ile-de-France*, 1884, p. 134 et suiv.,
1885, p. 50 et suiv., et vicomte de Caix de Saint-Aymour, *Causeries du
Besacier*, 1ʳᵉ série, 1892, p. 234 et suiv.)

4. Sur cet hôtel, qui devint ensuite l'hôtel de Soissons, voy. *Bulletin de
la Société de l'hist. de Paris*, t. VII, p. 50, *Note sur trois hôtels de Paris
appartenant à Charles de Valois*, par M. Bonnassieux, et les articles indi-
qués ci-dessous.

5. Ces lettres sont déjà publiées dans l'*Histoire de l'Académie royale des
inscriptions et belles-lettres*, 1756, in-4º, t. XXIII, p. 262, art. *Description
historique et topographique de l'hôtel de Soissons;* dans les *Mémoires de la
Société de l'histoire de Paris et de l'Ile-de-France*, t. VI, p. 181, par M. A. de
Barthélemy; dans son article sur la *Colonne de Catherine de Médicis à la
halle au blé;* dans la *Revue des Questions historiques*, t. LII, 1ᵉʳ octobre
1892, p. 421, n. 6; d'après l'original, Arch. nat., J. 432, nº 1.

III.

1328 (n. st.), février. Au Louvre-lez-Paris.

(JJ. 65ᴬ, n° 12.)

Philippe VI rend à Martin des Essars son manoir de Marolles avec son jardin et ses dépendances que Charles IV avait pris comme pied-à-terre, et ordonne que satisfaction lui soit donnée pour tous les dommages qui y ont été causés.

Philippe, conte de Valoys et d'Anjou, regent les royaumes de France et de Navarre, nous faisons savoir à touz presenz et avenir que, comme nostre très cher seigneur, monseigneur Charles, jadis roys desdiz royaumes, dont Diex ait l'âme, eust prins de nostre amé et feal Martin des Essarz le manoir de Marrolles[1], le jardin et edifices dudit manoir pour son descendre et demourer quant il li plairoit en alant en son deduit es forez de environ, parmi certaine recompensacion que nostre dit seigneur l'en promist à fere, en tele maniere toutevoies que les terres, vignes, prez, cens, illes et autres choses appendanz au dit manoir, demourroient touz jourz enterinement au dit Martin. Et après ce, du commandement nostre dit seigneur, pour le dit lieu estre plus delitable, l'en ait fait que une fontaine qui est au dessus du dit manoir vient par conduiz ou dit ostel; et pour ce que son entente estoit à ordener l'edifice de l'ostel en autre maniere que il n'estoit et de eslargir et acroistre la closure dudit jardin, l'en ait rompu et destruit plusieurs murs, huisseries, fenestrages et closures oudit manoir et jardin, et n'ait esté faite nulle recompensacion audit Martin requerant nous que ledit manoir, les edefices et jardins dessusdiz li voussissens rendre et restablir, et les murs, huisseries, fenestrages et closures rompus, comme dit est, fere refaire et mettre en l'estat que les choses estoient quant ils les tenoit, ou bailler li ent (*sic*) recompensacion telle comme promise avoit esté par nostredit seigneur, ou cas que nous voudrions iceli manoir, edifices et jardin retenir par devers nous. Nous, eu sus ces choses, grant deliberacion de nostre conseil, avons regardé et trouvé que les choses dessusdites ne nous seroient pas neccessaires ne profitables à retenir, et que miex est que elles soient et demeurent audit Martin que ce que les choses nous demourassent, et que il nous convenist fere l'en recompensacion. Et pour ce, li restituons, rendons et baillons par la teneur de ces lettres ledit manoir avec les edifices, jardins et fontaine

---

1. Probablement Marolles-en-Brie, Seine-et-Oise, arr. de Corbeil, cant. de Boissy-Saint-Léger.

dessusdiz, lesquelles fontaines nous voulons que dores en avant, à touz jourz, viegnent oudit manoir si comme elles y sont ordenées, à tenir et avoir paisiblement, dores en avant, perpetuelment, d'iceli Martin, de ses hoirs et de ceux qui auront cause de lui. Enseurquetout, nous voulons et commandons que satisfacion juste et leal soit faite par ledit Martin, se faite n'a esté, aus personnes sur quel terre et par quiex terres ladite fontaine sourt et vient oudit manoir. Et ordenons et voulons que de la vraie et juste estimacion des domages et depers que ledit Martin puent avoir en la destruction des murs, huisseries, fenestrages et clostures du manoir et jardin dessusdiz et de tout ce que les choses dessusdites pourroient couster à estre remises et restituées en l'estat que elles estoient quant il les tenoit en sa main, devant ce que nostredit seigneur les preist de lui, li soit faite plaine satisfacion. Et pour ce que ce soit ferme chose et estable ou temps avenir, nous avons fait mettre en ces presentes nostre seel, duquel nous usions avant ce que le gouvernement desdiz royaumes nous venist. Ce fu fait et donné au Louvre de lez Paris l'an de grâce mil trois cenz vingt et sept, ou moys de fevrier.

Par le regent, à la relacion de monseigneur Th. de Marfontaines.

Gyem.

IV.

1328 (n. st.), février. Paris.

Philippe de Valois confirme un règlement fait par des commissaires nommés par Charles le Bel, pour travailler à la réformation des abus qui se commettaient au Châtelet de Paris [1].

(JJ. 65ᴀ, hº 54.)

V.

1328, 15 avril. Paris.

Lettres de Philippe de Valois abolissant le droit nommé *Hellebic*, prélevé indûment sur les poissons vendus aux Halles à Paris [2].

(JJ. 65ʙ, nº 299.)

VI.

1328, 16 avril. Paris.

Philippe VI ordonne de rendre aux exécuteurs testamentaires de Luce Lesmailleur, bourgeois de Paris, ses biens dont il a disposé par testament,

---

1. Cette pièce est publiée dans le *Recueil des Ordonnances des rois de France*, t. II, p. 1.

2. Ces lettres sont publiées dans le *Recueil des Ordonnances des rois de*

malgré l'opposition du procureur royal soutenant qu'ils devaient être confisqués parce qu'il était bâtard.

(JJ. 65A, n° 132.)

Philippus, Dei gratia, Francorum rex, universis presentes litteras inspecturis, salutem. Noverint universi quod cum exequtores deffuncti Luce Lesmailleur, civi[s] Parisiensis, in curia nostra proponerent quod bona ipsius Luce ad requestam nostri procuratoris, jam diu est, capta et ad manum nostram posita fuerint et detinebantur, propter quod ordinacio ipsius testatoris adimpleri per eos non poterat, licet ipse de bonis suis omnibus in sua ultima voluntate, sufficienter ordinasset, peterentque exequtores predicti bona predicta eis tradi et ad plenum liberari, amota manu nostra predicta, ut libere adimplere possent ipsius testatoris voluntatem : nostro procuratore ex adverso proponente ac dicente quod bona predicta, dictis exequtoribus tradi et liberari non debebant, pro eo quod dictus Lucas erat bastardus et quod ipse decesserat sine liberis de corpore suo susceptis, propter quod, ipsius bona, quia bastardus fuerat, secundum patrie consuetudinem notoriam, ad nos, jure nostro regio pertinebant, ut asserebat procurator predictus, dicens et proponens quod vi et obtentu predicte consuetudinis, idem deffunctus de bonis suis non potuit nec poterat ordinare : dictis exequtoribus replicantibus ex adverso, quod licet predictus Lucas fuisset bastardus et absque prole legitima decessisset, ipse tamen, testamentum suum sufficienter condiderat, in quo et alias in vita sua, de bonis suis ordinaverat universis et quod hoc facere potuit et poterat, tam de jure, quam secundum patrie consuetudinem, ut dicebant exequtores predicti. Auditis igitur dictis partibus, viso eciam testamento seu ordinacione ipsius Luce predicti, quia curie nostre non constitit de consuetudine pro jure regio allegata, et eciam, quia curia nostra sufficienter extitit informata quod idem deffunctus, de bonis suis ordinaverat tam in vita sua, quam eciam in suo testamento et quod sibi licebat ordinare de bonis suis libito voluntatis, ac facere testamentum ; per arrestum curie nostre dictum fuit, quod bona omnia ipsius testatoris que ad requestam procuratoris nostri ad manum nostram propter causam supradictam posita fuerunt, dictis exequtoribus deliberabuntur et tradentur, amota manu nostra ibidem apposita ex causa predicta. In cujus rei testimonium, sigillum nostrum quo antequam regnum predictum ad nos devenisset utebamur, presentibus litteris duximus apponendum. Actum Parisius in Parlamento nostro die xvi^a aprilis, anno Domini M° CCC° vicesimo octavo.

Per cameram.   Hangest.

France, t. II, p. 587, et dans Delamare, *Traité de la police*, t. III, p. 90. Voy. *ibid.*, p. 89, la définition qu'il donne de ce droit de *Hellebic*.

VII.

1328, 3-30 avril. Saint-Germain-en-Laye.

Philippe VI, usant du droit de joyeux avènement, crée Jean dit Le Frison, bourgeois de Paris, monnayeur, et lui permet, ainsi qu'à ses héritiers, d'exercer cet office dans tout le royaume, bien qu'il ne soit pas lui-même fils de monnayeur.

(JJ. 65ᴬ, n° 57.)

Philippus, Dei gratia, Francorum rex, notum facimus universis presentibus et futuris quod cum nos, in jocundo regni ejusdem adventu nostro, in monetagii ministerio, unum monetarium, licet monetarii filius non existat, jure nostro regio creare possimus; jure ipso, dilectum nostrum Johannem dictum Le Frison civem sive burgensem Parisiensem, monetarium et cussorem monete in cunis, tenore presencium instituimus et creamus, eidem Johanni et ejus heredibus, dictum ministerium concedentes, volentesque et precipientes expresse, quod idem Johannes et ejus heredes ac liberi, per totum regnum nostrum predictum, ad cussionem monetarum, ut monetarii, perpetuo admittantur, privilegiisque monetariorum gaudeant et utantur. Quod ut firmum et stabile permaneat in futurum, presentibus litteris, nostrum quo utebamur antequam ad nos regnum devenisset predictum fecimus apponi sigillum. Datum apud Sanctum Germanum in Laya, anno Domini millesimo CCC° vicesimo octavo, mense aprilis.

Per dominum regem, presente comite Algi, ad relacionem decani Cenomanensis.

P. Caisnot.

VIII.

1328, avril. Paris.

Philippe VI, moyennant 8 l. 18 s. 6 d. p., amortit, en faveur du couvent de Saint-Martin de Pontoise, 59 s. 6 d. p. de revenu assis sur plusieurs maisons de Paris.

(JJ. 67, n° 86.)

Philippus, etc. Notum facimus, etc. Nos infrascriptas, etc., quod cum religiosi abbas et conventus monasterii beati Martini prope Pontisarem (sic)[1] insequerentur et pellerentur ad prestandam nobis finan-

---

1. Saint-Martin de Pontoise. M. J. Depoin a publié, pour la Société historique du Vexin, le *Cartulaire de l'abbaye de Saint-Martin de Pontoise,*

ciam pro quibusdam legatis et elemosinis factis eorum monasterio supradicto; ipsi nolentes super hoc amplius molestari, cum dilectis et fidelibus thesaurariis nostris Parisius, de legatis et elemosinis infrascriptis, eis a certis personis factis et datis in retrocensivis nostris, ad octo libras, decem et octo solidos et sex denarios parisiensium, pro trium annorum fructibus finaverunt, et dictam summam in thesauro nostro Parisiensi reddiderunt; videlicet, pro triginta duobus solidis parisiensium annui et perpetui census, eisdem a deffuncto Guillelmo cordubenario et Aleipdi ejus uxore, quondam burgense Parisiensi, in elemosina legatis et datis, capiendis et recipiendis annuatim in villa Parisiensi supra domum que quondam fuit Galteri balbitonsoris, sitam in cono vici de Bello Burgo[1], quam ad presens possidet Adam dictus Sanz Raison et Johanna ejus uxor, in censiva Sancti Eligii. *Item*, pro septem solidis parisiensium, ipsis religiosis, ab eisdem deffunctis, ex causa predicta legatis et datis, capiendis et recipiendis annuatim supra domum que quondam fuit Johannis de Duolio, quam ad presens possident Guillelmus de Vitriaco et Amelina ejus uxor, sitam in eodem vico. *Item*, pro viginti solidis et sex denariis parisiensium, dictis religiosis, ab eisdem deffunctis, ex causa predicta legatis et datis, capiendis et recipiendis annuatim supra domum Johannis Mayne et Dyonisie ejus uxoris, sitam ad portam Templi in censiva dicti Templi. Quam financiam ratam habentes et gratam, etc...

Quod ut, etc. ... Datum Parisius anno Domini M° CCC° vicesimo octavo, mense aprilis.

Per cameram compotorum et thesaurum.

Julianus.

IX.

1328, juin. Reims.

Philippe VI amortit, en faveur d'André de Florence, trésorier de Reims, son clerc, 3o l. p. de revenu annuel, dont il veut disposer pour fonder dans l'église des Chartreux de Paris une chapelle en l'honneur de saint André et de saint Étienne.

(JJ. 65ᴀ, n° 123.)

Philippus, Dei gratia, Francorum rex, notum facimus universis tam presentibus quam futuris, quod nos, predecessorum nostrorum sequentes vestigia, libenter nostrum convertimus animum et impendimus nostre liberalitatis auxilium ad ea que prospiciunt decorem sancte matris ecclesie et cultus divinorum augmentum. Cum igitur,

---

in-4°; mais ce cartulaire, dont deux fascicules ont déjà paru, s'arrête à la fin du xɪɪ° siècle.

1. Rue Beaubourg.

dilectus et fidelis noster magister Andreas de Florencia[1], thesaurarius Remensis, clericus noster, sicut nobis exposuit, capellam unam
in ecclesia Cartusiensi prope Parisius, ad honorem Dei, beatique
Andree apostoli et beati Stephani prothomartiris suorum, fundare et
de triginta libris parisiensium annui perpetui redditus dotare, pia
devocione proponat. Nos, ipsius salubre et laudabile propositum in
Domino commendantes et exinde ut cultus augeatur divinus, sicut
desideramus ex corde, supplicacioni sue nobis porrecte super hoc
favorabiliter annuentes, sibi de gratia concedimus speciali quod pro
dote cappelle predicte, in feodis, retrofeodis et censivis nostris et subditorum nostrorum, sine domo forti et alta justicia, dictas triginta
libras insimul vel per partes, acquirere, ipse vel heredes aut executores ipsius, si eum, antequam acquisite sint, rebus eximatur humanis, et acquisitas in dotem dicte cappellanie convertere et transferre,
assignareque servitoribus dicte cappelle, quodque servitores ipsi qui
erunt pro tempore, dictas triginta libras tenere et habere perpetuo
valeant absque coactione vendendi vel extra manum suam ponendi,
seu, proinde nobis, vel successoribus nostris, quamcumque financiam pro eisdem [prestare], nostro in aliis et alieno in omnibus jure
salvo. Quod ut firmum et stabile perpetuo perseveret, presentibus
litteris nostrum fecimus apponi sigillum. Actum Remis, anno Domini
millesimo CCC⁰ vicesimo octavo, mense junio.

Per dominum regem ad relacionem decani Cenomanensis et domini
Mathei Ferrandi.

G. Julioti.

X.

1328, juin. Vincennes.

Philippe VI approuve la finance versée entre les mains de Philippe d'Evry,
collecteur, par les frères Guillaume et Raoul Culdoue, bourgeois de Paris,
pour un fief qu'ils possèdent à Savigny et aux environs.

(JJ. 65ᴀ, n° 264.)

Philippus, Dei gratia, Francorum rex, notum facimus universis tam

---

1. André Ghini devint évêque d'Arras en 1331 ; transféré au siège de
Tournai en 1334, il mourut le 2 juin 1343, à Perpignan, au cours d'une
mission que lui avait confiée Clément VI. Il est un des fondateurs du collège des Lombards. Berty, dans sa *Topographie historique du vieux Paris*,
t. IV, p. 77, dit qu'une inscription placée à la porte de cette chapelle apprenait qu'elle fut dédiée aux saints André et Étienne le 21 septembre 1327.
Cette date ne semble pas concorder avec l'indication que donne la pièce que
nous publions. D'après elle, cette chapelle n'aurait été fondée qu'après le
mois de juin 1328. — Une lettre du mois de mai 1332 que nous donnons

presentibus quam futuris, nos infrascriptas vidisse litteras formam que sequitur continentes.

A touz ceuls qui ces presentes lettres verront, nous Jehan de Ceres, tresorier de Lisiex, clerc, et Guillaume de Marcilly, chevalier nostre seigneur le roy, commis et deputez de par luy sus le fait des finances des acquez fais par les eglises et des fiez nobles acquiz par personnes non nobles en la viconté de Paris et es ressors d'ycelle, salut. Comme nous eussiens fait convenir pardevant nous Guillaume Culdaoue et Raol Culdaoue, freres, bourgeois de Paris, pour finer à nous de un fié que il tiennent à Savigny et environ, contenant une maison et un jardin. *Item* un arpent de pré. *Item* xlix arpens de terre. *Item* le tiers de un moulin et cinq solz de cens. Sachent touz que par la vertur (*sic*) du pooir qui nous est commis, contenant entre les autres choses cèste clause : *Item, et per personas certas et ad hoc ydoneas, per vos specialiter deputandas super hoc, vobis concedimus potestatem, secundum instructionem quam super hoc vobis mittimus sub nostro contrasigillo inclusam, faciatis levari financias de acquisitis per ecclesias aut pro ecclesiis, in feodis, retrofeodis, allodiis et censivis temporalibus, et eciam de acquisitis per personas innobiles in feodis nobilibus, que fieri nequeunt absque nostro interveniente consensu, juxta instructionem super hoc vobis missam.* Lesdiz freres ont finé à nous pour le Roy à soissante et quinze livres parisis, de laquelle somme d'argent, je Philippe de Evry, commis et deputé de par nostre seigneur le Roy à recevoir lesdites finances, congnois et confesse avoir eu et receu vint et cinq livres; et du remanant, il me ont baillé en paiement une cedule du tresor le Roy contenant la forme qui s'ensuit : *Thesaurarii domini regis Parisius reddiderunt eidem, de financiis acquestuum factis in vicecomitatu Parisiensi per ecclesias et personas innobiles, in locis prohibitis, per Philippum de Evriaco collectorem dictarum financiarum ibi, quinquaginta libras parisiensium, per Radulphum Culdaoue. Scriptum xxvj*[a] *die Augusti anno Domini millesimo CCC vicesimo septimo.* Milo de Frignicuria[1]. Desqueles

---

plus loin (n° 103) fait connaître quatre des neveux d'André Ghini qui obtinrent du roi le titre de bourgeois de Paris.

1. Miles de Frignicourt exerçait alors les fonctions de clerc du trésor. Au mois de février 1328, il avait encore cette charge (*Journaux du trésor de Philippe VI de Valois*, p. p. J. Viard, n° 1), qu'il dut conserver probablement jusqu'en 1337. (*Ibid.*, nᵒˢ 5327, 5392, 5592.) Au commencement de l'année 1338, nous le trouvons avec le titre de maître à la Chambre des comptes. (*Ibid.*, nᵒˢ 5327, 5394, 5661, 5894.) Le 13 mars 1339, il porte, dans une ordonnance, le titre de maître clerc extraordinaire. (A.-M. de Boislisle, *le Budget et la population de la France sous Philippe de Valois*, p. 3, note 1. Extrait de l'*Annuaire-Bulletin de la Société de l'histoire de France*, 1875.) Nous voyons enfin qu'il était déjà mort au

soissante et quinze livres, toutes, je Philippe dessusdit, quitte lesdiz freres, leurs successeurs et ceuls qui auront cause de euls, pour le Roy et en son non. En tesmoing des choses devant dites, nous, tresorier, chevalier et Philippe devant diz, pour tant comme à chascun de nous et à noz offices puet touchier et appartenir, avons mis noz seaus en ces presentes lettres qui furent faites l'an de grâce mil CCC vint et sept, le derrenier jour d'aoust. Et la teneur des secondes lettres est tele.

A touz ceuls qui ces lettres verront, Hugues de Crusy, garde de la prevosté de Paris, salut. Sachent tuit que nous sommes souffisaument enfourmez que les lettres ausqueles ces presentes sont annexées, sont seellées des seaus de noble homme et sage monseigneur Guillaume de Marcilly, chevalier nostre sire le Roy, commissaire de par luy, et de Philippe d'Evry, receveur de par le Roy desdites finances, desquiex seaus il ont usé et usent esdites besongnes, et ce, certefions nous à touz par la teneur de ces lettres qui furent faites et données souz le seel de la prevosté de Paris, l'an de grâce mil CCC vint et sept, le samedi après la Saint-Denis [1].

Nos autem, financiam predictam et alia in predictis litteris contenta, rata habentes et grata...

Actum apud Vicenas anno Domini millesimo CCC vicesimo octavo, mense junii.

Per dominum regem, ad relacionem domini M. Ferrandi et cantoris Rothomagensis.

Scriptor, Feauz.

XI.

1328, 11 juillet. Paris.

Lettres par lesquelles Philippe de Valois règle la manière dont sera répartie et levée une aide de quatre cents hommes de cheval pendant trois mois, que la ville de Paris s'engage à lui fournir pour la guerre de Flandre [2].

(JJ. 65ᴀ, n° 170.)

XII.

1328, juillet. Au Louvre.

Philippe VI, à la requête des religieux de Saint-Augustin du couvent de Paris, amortit en leur faveur un lieu appelé la Motte, avec une place sise

---

28 juillet 1349. (*Journaux du trésor*, n° 2128.) Il porte le titre de clerc et conseiller du roi dans la mention que l'on fait alors de lui au sujet de 10 l. t. qu'il avait léguées au roi.

1. 10 octobre 1327.

2. Ces lettres sont publiées dans le *Recueil des Ordonnances des rois de France*, t. II, p. 20.

en tête du pont de Lagny-sur-Marne, que les habitants de cette ville leur
ont donné pour y construire un oratoire ou un monastère.

(JJ. 65ᵃ, n° 237.)

Philippus, Dei gratia, Francorum rex, notum facimus universis tam
presentibus quam futuris, quod cum pridem, religiosi viri, prior et
fratres ordinis Sancti Augustini de conventu Parisiensi nobis fecis-
sent exponi quod burgenses et habitatores ville Latigniaci supra
Maternam[1], locum vocatum de Mota, cum quadam platea sita in
capite pontis Latigniaci, de feodo nostro Torciaci[2] moventem, per
dictos burgenses et habitatores acquisitum, fratribus predictis dona-
verant seu donare volebant, dum tamen eis hujusmodi locum et
plateam amortizare vellemus, pro faciendo fieri seu construi quodam
oratorio seu monasterio cum aliis edificiis neccessariis pro eisdem,
supplicassentque nobis dicti prior et fratres ut dictam amortizacio-
nem eis concedere vellemus intuitu pietatis : nos, eorum supplica-
cione recepta, informacionem fieri fecimus per baillivum nostrum
Valesii, de situ, condicione et valore loci et platee predictorum et de
incomodo et prejudicio quod inde posset nobis vel aliis pervenire;
factaque et nobis reportata dicta informacione, ipsam videri fecimus
diligenter, et per eam repertum extitit locum et plateam hujusmodi
valere in annuo et perpetuo redditu, quatuordecim libras et quatuor
solidos turonensium, de quibus, racione domanii nostri, duodecim
solidi reddituales possunt ad nos, secundum loci consuetudinem
pertinere; nec repertum est per ipsam informacionem, quod ex
amortizacione predicta, nobis vel aliis, dampnum aut prejudicium
proveniret. Quapropter, nos qui cultum divinum augeri volumus et
optamus, dictis priori et fratribus concedimus de speciali gratia per
presentes, et ut pro stabilitate regni nostri et anime nostre salute,
preces devotas et continuas ad Dominum effundere teneantur, quod
ipsi, ac successores eorum, dictum locum cum platea tenere imperpetuum et in eis edificare oratorium seu monasterium et domos sibi
neccessarios licite valeant, nec ad vendendum, vel extra manum
suam ponendum predicta, seu ad prestandum pro ipsis aliquam financiam compellantur, dictos duodecim solidos reddituales ad nos sicut
predicitur pertinentes, eis imperpetuum pro nobis et nostris successoribus remittentes ac quittantes de gratia speciali. Quod ut ratum
et stabile perpetuo perseveret, presentibus litteris, nostrum fecimus
apponi sigillum. Datum apud Luparam juxta Parisius anno Domini
millesimo trecentesimo vicesimo octavo, mense julii.

Per dominum regem.

Barriere.

---

1. Lagny-sur-Marne, Seine-et-Marne, arr. de Meaux, ch.-l. de cant.
2. Torcy, Seine-et-Marne, arr. de Meaux, cant. de Lagny.

XIII.

1328, juillet. Saint-Denis.

Philippe VI, à la requête de Guillaume Chartain, pelletier, bourgeois de Paris, amortit une maison, un jardin et un demi-arpent de terre, sis à Illiers[1], bailliage de Chartres, et 20 l. de rente que ledit Guillaume veut employer à la fondation d'un hôpital en ladite ville d'Illiers.

(JJ. 65ᴀ, n° 252.)

Par le roy, à la relacion monseigneur Andrieu de Florence et monseigneur Geffroy de Beaumont.

Remigius.

XIV.

1328, juillet. Paris.

Philippe VI confirme les lettres de ses prédécesseurs Charles IV, Philippe V et Louis X, par lesquelles ils accordaient à Louis de Clermont, seigneur de Bourbon[2], la grâce de pouvoir acquérir 300 l. t. de rente annuelle pour les donner amorties à des œuvres pieuses, et permet à Pierre des Essars, bourgeois de Paris, à qui ledit Louis de Clermont a fait cession de cette grâce, de donner au chapitre de l'église Saint-Pierre de Beauvais 100 l. t. de rente qu'il avait acquise sur les halles et moulins de Rouen[3].

(JJ. 65ᴀ, nᵒˢ 255 et 256.)

Par le roy, à vostre relacion.

P. Julien.

Faite est collacion.

XV.

1328, juillet. Paris.

Philippe VI, à la requête de Guy de Laon, trésorier de la chapelle royale de Paris, amortit en sa faveur différents revenus sis en la ville et châtellenie d'Aulnay, qui lui furent vendus par Jeanne d'Aunoy, dame de Mouchy, et confirme l'amortissement fait pour ces mêmes revenus par les membres de la famille de Chambly de qui ils dépendaient.

(JJ. 65ᴀ, n° 268.)

Philippe, par la grâce de Dieu, rois de France, savoir faisons à touz

---

1. Illiers, Eure-et-Loir, arr. de Chartres, ch.-l. de cant.

2. Louis Iᵉʳ de Bourbon, qui succéda en 1310 à Béatrix sa mère dans la sirerie de Bourbon, et en 1318 à Robert son père dans le comté de Clermont, mourut au mois de janvier 1342.

3. Au mois d'octobre 1328, à Saint-Germain-en-Laye, Philippe VI donna encore, en faveur de Pierre des Essars, des lettres analogues au sujet de

presens et avenir nous avoir veues unes lettres seellées des seaus, si comme il apparoit en la première face, de Jehenne de Macheau, dame de Wirmes[1], Pierres de Chambly, chevalier, Jehan Hue, chevalier, Pierres de Chambly, archediacre de Terouenne, Loys de Chambly, chanoine de Chartres, Philippe de Chambly, escuier, Marguerite et Marie de Chambly, enfans de ladite dame, contenens la teneur qui s'ensuit :

A touz ceus qui ces presentes lettres verront, Jehanne de Macheau, dame de Wirmes, Pierre de Chambly, chevalier, Jehan Hue, chevalier, Pierre de Chambly, arcedyacre de Terouenne, Loys de Chambly, chanoine de Chartres, Philippe de Chambly, escuier, Marguerite et Marie de Chambly, enfans de ladite dame, salut. Comme haute dame, noble et puissant madame Blanche de Bretaigne[2], eust acquis par titre d'achat, de noble dame madame Jehanne d'Aunoy, dame de Moucy le Viez[3], les choses qui ensuivent seanz en la ville de Aunoy, ou terrouer, appartenances, en la chastelerie et es appendances d'icelle ville; c'est assavoir : douze arpens ou environ de terre arable sur les prés entre le vivier d'Aunoy[4] et Savigny[5], tenanz aus deus bous aus terres monseigneur Guillaume de Linays, chanoine de la royal chapelle de Paris, qui furent Perrinet de Savigny, desquiex douze arpens, il y en a nuef tenuz en fié du roy de France nostre seigneur et de nous ensemble, et le demourant muet à champart dudit nostre seigneur le roy et de nous aussi. *Item*, cinc arpens et un quartier de terre ou environ, sur le chemin par lequel on va de Savigny à Gonnesse[6], mouvant dudit champart, tenanz d'une part

---

l'emploi des 200 l. t. de rente qui restaient. (JJ. 65ᴮ, n° 39. — Voy. n° XXI.)

1. Jeanne de Machault, dame de Viarmes, était la seconde femme de Pierre III de Chambli. (Voy., sur la famille de Chambli, Douët d'Arcq, *Recherches historiques et critiques sur les anciens comtes de Beaumont-sur-Oise du XIᵉ au XIIIᵉ siècle,* dans les *Mémoires de la Société des antiquaires de Picardie,* t. IV, p. xxvi à xxix. Voy. aussi : abbé A.-E. Genty, *Livry et son abbaye, Recherches historiques.* Paris, impr. Mouillot, 1898, in-8°, p. 31-34. Dans la liste des enfants de Pierre de Chambli et de Jeanne de Machault, qu'il a dressée d'après les *dossiers bleus* de d'Hozier, vol. 165, il ne fait aucune mention de Jehan Hue, chevalier. Il semble, d'après les prénoms donnés à Pierre, qui devint archidiacre de Térouanne (et non archevêque de Térouanne comme le dit M. Genty), que ces deux personnages, Jean et Pierre, ont été confondus en un seul.)

2. Blanche de Bretagne, fille de Jean II, duc de Bretagne, et de Béatrix d'Angleterre, avait épousé Philippe d'Artois. Elle mourut à Vincennes, le 19 mars 1327. Robert III d'Artois, célèbre par son procès, était leur fils.

3. Moussy-le-Vieux, Seine-et-Marne, arr. de Meaux, cant. de Dammartin.

4. Aulnay-les-Bondy, Seine-et-Oise, arr. de Pontoise, cant. de Gonesse.

5. Savigny, auj. moulin de la comm. d'Aulnay-les-Bondy.

6. Gonesse, Seine-et-Oise, arr. de Pontoise, ch.-l. de cant.

aus terres Saint-Anthoine et, d'autre part, aus terres qui furent Gile Galon. *Item*, huit arpens de terre, au Luat, audit champart, tenanz, d'une part, à la terre Jehan Girout de Gonnesse, et, d'autre part, aus enfans Jehan Favier. *Item*, vint et sis arpenz de terre ou environ sur le Puis d'Enfer et sur l'Aunoy, desquiex il y a sis arpens dudit champart es deus bouz de travers, et le remanant est mouvant dudit fié, tenanz, d'une part, à la terre qui fu Perrinet de Savigny, et, d'autre part, à la terre Saint Anthoine. *Item*, le quart des champars d'Aunoy, en blez, en avainnes et en autres grains acoustumez. *Item*, dis sols parisis de rente sur les cens des prés, aus witives Saint Denis, pris et receuz chiez les seigneurs d'Aunoy; c'est assavoir, le roy nostre seigneur et nous, chascun an. *Item*, le quart du champart commun et le quart des ventes, toutefois que aucune pièce desdites terres est vendue, aveques tout le droit, propriété, possession, saisine, seigneurie et toute l'action reele, personele, mixte, directe, taisable et expresse, et toutes autres choses que ladite madame Jehanne d'Aunoy avoit, povoit avoir et devoit en toutes les choses et chascune dessusdites et en toute la chastelerie d'Aunoy dessus nommée, en toutes appartenances et appendances d'icelle; tout pour le pris de trois cens trente deus livres de bons petis parisis frans et quites à ladite venderesse, si comme plus plainement est contenu entre autres choses par lettres de la prevosté de Paris faites sur ledit vendage. Et depuis, ladite madame Blanche ait donné toutes lesdites choses à sage homme et honorable monseigneur Guy de Laon, tresorier de la royal chapelle de Paris, pour lui, pour ses hoirs et pour ceus qui de lui auront cause, et lesdites choses, toutes, soient mouvant et tenues en la maniere dessus declariée dudit nostre seigneur le roi et de nous ensemble. Sachent tuit que, à la supplication de ladite madame Blanche et du tresorier, et pour souffisant et competent recompensation que nous en avons eue et receue dudit tresorier et dont nous nous tenons à bien paiez, nous, pour tant comme il nous touche et appartient, avons admorti et admortissons et recognoissons avoir admorti toutes les choses dessusdites et chascune d'icelles à touz jours perpetuelment, de nous, de noz hoirs, de noz successeurs et de ceus qui de nous auront cause, audit mesire Guy, pour luy et pour ceus qui de li ont ou auront cause en ice; et voulons, greons et ottroions que ledit monseigneur Guy, toutes lesdites choses puist tenir admorties pour tant comme il nous touche, et les puist transporter par quelconque juste titre d'alienacion en tout ou par parties, en eglises, en personnes d'eglise, chapitres, convens, communes, colleges et autres personnes que il li plaira et voudra faire, et que les eglises, les personnes d'esglise, chapitres, convens, communes, colleges et autres personnes esquiex ou esquelles il les transportera, les tiegnent et aient admorties si comme dit est, sanz ce que nous, nostre hoir, nostre successeur ou ceus qui de nous auront cause les puissens (*sic*) contraindre de les mettre hors de leurs mains ou de prester à nous ou aus nostres dessusdis aucune autre finance ou redevance quelles que elles soient. Et supplions à nostre très chier et douté seigneur nostre seigneur le roy dessusdit, que ledit admortissement et les autres choses dessusdites, weille louer, graer, approuver et de sa auctorité royal confermer. En tesmoing desquelles choses et pour ce que elles soient à touz jours fermes et estables, nous avons seellées ces presentes lettres de noz propres seaus. Ce fu fait l'an de grâce mil trois cens vint et quatre, le premier jour du moys de octembre.

Item, unes autres lettres seellées, si comme il apparoît en la premiere face d'icelles, du seau Philippe de Chambly, chevalier, sires de Livry, annexées parmi les lettres ci devant dites contenanz ceste forme.

A touz ceus qui ces presentes lettres verront, Philippes de Chambly, chevalier, sires de Livry[1], salut. Comme nostre très chiere dame et mere madame Jehanne de Macheau, jadiz dame de Wirmes, monseigneur Pierre et monseigneur Jehan de Chambly, chevaliers, et Loys de Chambly noz freres, et Marguerite nostre suer, trespassez de cest siècle, maistre Pierre de Chambly, arcediacre de Terouenne, nostre frere, Marie de Chambly, nostre suer, et nous, où temps que lesdiz trespassés vivoient, touz les heritages et choses contenues en noz lettres seellées de noz propres seaus esquelles ces presentes sont annexées, lesquiex choses sient en la ville, terrouer, appartenances et appendances de Aunoy, eussions ensemble admorti à honorable homme et discret, monseigneur Guy de Laon[2], tresorier de la royal chapelle de Paris, pour tant comme il nous touchoit et à nous appartenoit, selonc la teneur desdites lettres; et au temps de lors, li roys nostre sire eust partie en ladite ville et appartenances d'Aunoy; et ycelle partie que li roys nostre sire y avoit, soit depuis venue de la

---

1. Cette pièce complète la notice consacrée aux seigneurs de Livry, par l'abbé Lebeuf, dans son *Histoire de la ville et de tout le diocèse de Paris*, éd. Féchoz, 1883, t. II, p. 587.

2. Gui de Laon devint aumônier de Philippe le Bel et fut trésorier de la Sainte-Chapelle en 1301. Il avait été chanoine de Laon, de Saint-Quentin, de Sainte-Marie de Condé et de l'église de Paris, comme on le voit par son testament de 1328. Il fonda le collège de Laon en 1313, avec Raoul de Presles, et fit plusieurs fondations en la Sainte-Chapelle. Morand (*Hist. de la Sainte-Chapelle du Palais*, p. 264-265) le fait mourir en 1328. La pièce que nous publions plus loin (n° 31), et une autre mention du 24 mars 1329 que nous publions dans les *Journaux du trésor de Philippe VI de Valois*, sous le n° 88, prouvent qu'il ne mourut au moins que dans le courant de 1329.

volenté du roy Charle, que Dieux absoille, par certain titre à nostredite mere ; et puis, après le decès d'icelle, toute ladite terre d'Aunoy,
tant celle qui estoit nostredite mere et à nous ses enfans au temps
de l'amortissement, comme ladite partie qui au roy souloit estre,
nous soit entierement venue et escheue en nostre part entre autres
choses. Sachent tuit que nous, à la supplication dudit monseigneur
Guy de Laon, et pour competant et souffisant compensation que nous
en avons eue et receue de luy, dont nous nous tenons à bien paié et
l'en quittons, audit monseigneur Guy, pour lui, pour ses hoirs, ses
successeurs et ceus qui de lui auront cause, avons admorti et admortissons pour la partie venue du roy nostre sire et appartenant à nous,
si comme dit est, toutes les choses et heritages nommez et contenuz
esdites lettres, par[mi] lesquelles cestes presentes sont annexées, en
approuvant et confermant l'amortissement, et autres choses contenues
en ycelles, pour tant comme nous le povons miex et plus à plain faire.
Et voulons, greons et acordons que ledit monseigneur Guy, ses hoirs,
ses successeurs et ceus qui de luy auront cause, toutes les choses
dessusdites puissent tenir admorties et transporter par quelconque
juste titre d'aliénation en tout ou par parties, en eglises, en personnes
d'esglise, chapitres, convens, communes, colleges et autres personnes,
si comme il leur plaira et voudront faire, et que les esglises, les personnes d'esglise, chapitres, convens, communes, colleges et autres personnes esqueles ou esquiex il les transporteront, les tiengnent et aient
admortiez si comme dit est, sanz ce que nous, nostre hoir ou successeur, ou ceus qui de nous auront cause, les puissent contraindre de les
faire mettre hors de leurs mains, ou de prester à nous ou aus nostres
dessusdiz, finance quele que elle soit pour ces choses, sauve et reservé
à nous et aus nostres dessusdiz toute justice, exceptée la justice fon-
sière qui demeure audit monseigneur Guy et aus siens en ce en quoy
il et ceus dont il a cause l'avoient. Et supplions à très excellent prince,
nostre seigneur le roy de France, que ledit admortissement et les
autres choses dessusdites, weille loer, greer et approuver, et de sa
auctorité royal confermer. En tesmoing desqueles choses, et pour ce
que elles soient durables à touz jours, nous avons seellé ces presentes lettres de nostre propre seel. Ce fu fait le quinzieme jour de
may, l'an de grâce mil trois cens vint et huit.

Et comme ledit tresorier nous ait fait supplier que nous, de grâce
especial, les choses dessusdites, vousissions loer, agreer et de nostre
plain povoir et auctorité royauls confermer. Nous, considerans et
resgardanz le bon propos dudit tresorier, et pour le salut des âmes
de noz predecesseurs jadis roys de France, de nostre très cher seigneur et pere, de nous et de nostre chere compaingne, les choses
dessusdites et chascune d'icelles, si comme elles sont cy dessus contenues, voulons, loons, ratiffions, approuvons et de grâce especial et

certaine science, de noz plain povoir et auctorité royaus dessusdiz, confermons, sanz haute justice et forteresce. Et nous plaist que les personnes d'esglise, relegieus ou autres, en qui ledit tresorier transportera lesdites choses ou aucunes d'icelles, les puissent tenir desormais à touz jours sans estre contraint de vendre, ne de les mettre hors de leurs mains, ne de nous paier finance, ne à noz successeurs, quelle que elle soit pour les choses dessusdites; et la finance que ledit tresorier nous povoit devoir pour ceste cause, nous li donnons, remettons et quitons de grâce especial, pour lui, ses hoirs, ses successeurs et touz autres qui de lui auront cause. Et que ce soit ferme chose et estable à touz jours mais, nous avons fait mettre nostre seau en ces presentes lettres, sauf en toutes (*sic*) choses nostre droit et en toutes l'autrui. Donné à Paris, l'an de grâce mil trois cens vint et huit, ou moys de juillet.

Par le roy, present le comte de Beaumont, et l'esleu confermé d'Avranches.

Charrolles.

Collacion est faite.

XVI.

1328, juillet. Senlis.

Philippe VI, à la requête de la comtesse de Hainaut, amortit 45 l. 13 s. 7 d. p. de rentes, assises sur plusieurs maisons de Paris, qu'Isabelle de Sangatte a achetées pour les religieuses de Sainte-Claire-lez-Paris.

(JJ. 65ᴮ, n° 45.)

Philippe, etc..., fasons savoir à touz, presens et avenir, que, comme nostre chiere seur la contesse de Henaut[1] [se propose de donner] à noz amées et religiouses fames, l'abbeesse et convent de Sainte Clere les Paris[2], quarante cinc livres treze souls et sept [deniers] paresis de rente chescun an, que nostre amée seur Ysabel de Sangate[3] a achetées pour lesdites religioses, si comme nostredite seur nous a dit, seanz à Paris en nostre sancive, c'est à savoir : sus les mesons Martin Toutain, quarante livres paresis; sus la maison Nicolas Le Mareschal, soissante souls; sus la maison Richart de La Mare, trente souls; sus

---

1. Jeanne de Valois, mariée le 19 mai 1305 à Guillaume Iᵉʳ le Bon, comte de Hainaut, et qui, après la mort de son mari, le 7 juin 1337, se retira en l'abbaye de Fontenelles.

2. Les Cordelières, situées alors hors de Paris au faubourg Saint-Marcel.

3. Isabelle de Champien, dame de Sangatte, fille de Jean, châtelain de Nesle, veuve de Robert de Guines, légua ses biens à l'abbaye de Saint-Marcel, où elle était novice, par actes des 19 et 25 mars 1315, n. st. (Arch. nat., L 1051, nᵒˢ 8 et 9.) Elle mourut probablement le 2 juillet 1331. (Ibid., nᵒ 1, fol. 2, et *Bull. de la Soc. de l'Hist. de Paris*, 1890, p. 14.)

la meson qui fut Johan de Meaulz, vint solz ; sus la maison Johan de
Dinant, trente cinc soulz neuf deniers ; sus la maison Nicolas Le Roy,
cinquante solz ; sus la maison Guillaume dou Mesnil, quarante soulz ;
sus la maison Margarite dou Four, sis livres ; sus la maison qui fut
Johan du Recloz, quarante et wit solz ; sus la maison Jaque Flemant,
vint et cinc solz ; sus la maison qui fut Guillaume Le Cargeon, cent
soulz ; sus la maison Johan Bonefille, quarente quatre souls ; sus la
maison et la place wide Johan Le Normant, cent soulz ; sus les trois
maisons Oudart Guodinelle, sis livres sept solz et sis deniers, et sus
la maison Johan Le Bacle, trente troys solz et quatre deniers paresis. Nous, enclinans à la requeste de nostredite seur de Henaut et
voulens faire asdites religieuses grâce especial, voulons et consentons
et lour octroions que elles et lours successerresses puissent touz jours
mais, perpetuelment, tenir, avoir et poursuivir paisiblement lesdites
quarante cinc livres treze soulz et sept deniers paresis de rente chescun an, sans ce que nous ne noz successours les puissons jamès forcer
ne contraindre à faire ne à paier finance à nous ne à noz successeurs
de ladite rente, ne à la vendre ou mestre hors de leurs mains, sauf
nostre droit et retenu en autres choses, et l'autrui par tout. Et pour
ce que ce soit ferme et estable chose, nous avons fait metre nostre
seel en ces lettres. Donné à Sanliz, l'an de grâce mil CCC vint et vit,
ou moys de juillet.

Par nostre seigneur le roy.

R. dit Le Clerc non (*sic*) scripsit.

XVII.

1328, juillet. Paris.

Philippe VI accorde à Jacques Lanfranc des Chiarenti, né à Pistoie, le titre
de bourgeois de Paris, avec tous les privilèges qui y sont attachés.

(JJ. 65ᴮ, n° 336.)

Philippus, etc... Notum facimus, etc..., quod nos, audito a nonnullis fide dignis, laudabili testimonio, quod Jacobo Lanfranci de Cla-
rentibus oriundo de Pistorio perhibetur, qui Parisius et in regno
nostro moram diucius contraxisse et in eodem laudabiliter se gessisse
dignoscitur ; considerantes eciam affectionem ipsius Jacobi residendi
in regno nostro predicto, eumdem Jacobum in burgensem nostrum
ville nostre Parisiensis et regni nostri, ex certa sciencia, de speciali
gracia et ex causa recepimus per presentes, volentes et concedentes
eidem quod in dicta villa Parisiensi et ubicumque sibi placuerit in
regno nostro, terris et locis rebellium nostrorum duntaxat exeptes
(*sic*), morari, ire et redire, mercaturasque et alios quosvis contractus
licitos, ut et tamquam burgensis noster exercere valeat, ac si natus

fuisset in regno nostro predicto. Volumus insuper, et eidem de speciali gracia concedimus per presentes, ut ipse franchisiis, libertatibus, juribus, inmunitatibus dicte ville nostre Parisiensis, veluti alii nostri burgenses degentes ibidem, gaudere pacifice .et uti valeat, absque impedimento quocumque, solvendo tamen redibencias per alios Italicos solvi consuetas; dantes nichilominus tenore presentium in mandato omnibus et singulis justiciariis et subditis regni nostri quatinus prefattum Jacobum burgensem nostrum ut premittitur, in persona, bonis, mercaturis et rebus ipsius, contra presentem gracie tenorem non molestent, seu a quoquam molestari vel inquietari quoquomodo permittent, [ordinationibus tempore] nostro seu predecessorum nostrorum temporibus jam editis vel edendis in posterum et arestis per curiam nostram latis, nisi de presentibus plenam et expressam, ac de verbo ad verbum fecerint mencionem, non obstantibus quomodolibet ad premissa. Quod ut ratum, etc... Actum Parisius anno Domini M⁰ CCC⁰ vicesimo octavo, mense julio.

Per dominum regem in consilio suo, presente nunc episcopo Attrabatensi, prout retulit thesaurarius Remensis.

Gyem.

XVIII.

1328, août. Au camp, près de Gosnay.

Philippe VI autorise les frères de l'hôpital Saint-Jean de Jérusalem à percevoir sur le trésor 12 l. p. de revenu annuel, qui leur furent données par Jean de Maisons, à la suite d'un accord, sur 40 l. p. qu'il y percevait, pour la maison de Paris appelée « Austeriche, » cédée par ses ancêtres aux prédécesseurs du roi.

(JJ. 65ᴀ, n° 213.)

Philippus, Dei gratia, Francorum rex, notum facimus universis presentibus et futuris, quod cum dilectus noster Johannes de Domibus miles, quadraginta libras parisiensium renduales percipiat et habeat, anno quolibet, in et super thesauro nostro Parisius racione domus nostre Parisius, que vocatur *Austeriche* [1], quam predecessores ipsius militis, nostris predecessoribus pro dicto redditu dimiserunt [2]; prefa-

---

1. Cet hôtel est sans doute celui dont parle Sauval, qui aurait été bâti par Alphonse, comte de Poitiers, dans la rue d'Hosteriche. Après diverses vicissitudes, Philippe de Valois avait acquis la possession de la moitié de cet hôtel. (Sauval, *Hist. et recherches des antiquités de la ville de Paris*, t. II, p. 51 et 129. Voy. aussi : Berty, *Topographie historique du vieux Paris*, t. I, p. 88.)

2. Au mois de juin 1254, Jean de Maisons, chevalier, avait vendu à Alphonse de Poitiers des maisons sises en la rue d'Autriche, près de la porte

tusque miles, priori et fratribus hospitalis sancti Johannis Jherosoli-
mitani in Francia, duodecim libras annui et perpetui redditus, virtute
cujusdam acordi facti inter ipsos hospitalarios ex una parte et dictum
militem ex altera, racione juris patronatus ecclesie de Guynofossa[1]
quondam inter eos contenciosi, solvere, dictique prior et fratres, dictum redditum, per dictum acordum, in thesauro nostro, si idem miles
illum ibidem eis assignet accipere teneantur, prout in litteris sub
sigillo baillivie Constanciensis confectis, plenius dicitur contineri ;
nobisque, propter hoc, supplicaverit idem miles, ut eidem et dicto
hospitali vellemus concedere quod dicti prior et fratres, dictas duodecim libras in diminucionem dictarum quadraginta librarum parisiensium rendualium habeant et percipiant non amortificatas, eo modo
et terminis quibus idem miles percipiebat, easdem ; dantes thesaurariis nostris Parisius modernis et qui pro tempore fuerint, presentibus
in mandatis, ut dictis priori et fratribus, aut eorum certo mandato,
predictas duodecim libras parisiensium renduales, anno quolibet de
cetero, statutis ad hoc terminis, sine difficultate quacumque persolvant. Quod ut firmum et stabile permaneat in futurum, presentibus
litteris nostrum fecimus apponi sigillum, salvo tamen in aliis jure
nostro et quolibet alieno. Actum in castris prope Gonayum[2] subtus
Bethuniam anno Domini M° CCC° vicesimo octavo, mense augusti.

Per dominum regem ad relacionem thesaurarii Remensis et decani
Turonensis.

J. de Templo.

XIX.

1328, 13-31 octobre. Saint-Germain-en-Laye.

Philippe VI donne à Guigue, dauphin de Viennois, pour lui et ses héritiers,
la Maison aux Piliers, sise à Paris, en Grève, que la reine Clémence possédait auparavant à vie seulement[3].

(JJ. 65ᴮ, n° 34.)

Philippus, Dei gratia, Francorum rex, notum facimus universis tam
presentibus quam futuris, quod nos, consideracione gratorum, lauda-
bilium et benivolorum obsequiorum que carissimus et fidelis consan-

---

Saint-Honoré et près du château du Louvre, et ce, moyennant un revenu de
5o l. t., que le comte de Poitiers lui assurerait ainsi qu'à ses héritiers. (Arch.
nat., J. 152, n° 2.)

    1. Geffosse, Manche, arr. de Coutances, cant. de Lessay.

    2. Gosnay, Pas-de-Calais, arr. de Béthune, cant. de Houdain.

    3. Cette pièce est déjà publiée dans l'ouvrage de MM. Alfred des Cilleuls
et Jules Hubert, *le Domaine de la ville de Paris dans le passé et dans le
présent*. Deuxième fascicule, l'Hôtel de Ville (Paris, 1891, in-4°, p. 179, n° VI).

guineus noster Guygo[1] dalphinus Viennensis et ejus predecessores, nobis et nostris predecessoribus exhibuerunt pluries, fideliter et gratenter et que per eum Guigonem et ejus successorem, nobis et nostris successoribus in futurum exhiberi speramus ; domum nostram sitam Parisius, in Gravia, que communiter domus ad pilaria[2] nominatur, cum suis juribus et pertinenciis universis, quam domum, nuper de dono nostro tenuit, habuit et possedit ad vitam suam duntaxat carissima domina consanguinea nostra defuncta Clemencia[3] quondam regina Francie et Navarre, eidem Guigony et ejus heredibus qui ex suo corpore originem et successionem traxeri[n]t, de speciali gratia et ex certa scientia concedimus et donamus, transferentes ex nunc in eundem Guigonem et ejus successores predictos, tenore presencium, possessionem et proprietatem dicte domus, jurium et pertinenciarum ejusdem. Quod ut firmum et stabile permaneat in futurum, nostrum presentibus fecimus apponi sigillum, salvo in aliis jure nostro et quolibet alieno. Actum apud Sanctum Germanum in Laya anno Domini M° CCC° vicesimo octavo, mense octobri.

Per dominum regem, ad relacionem domini electi Ebroïcensis[4].

Daniel.

XX.

1328, octobre. Paris.

Philippe VI accorde à François de la Porte, Lombard originaire de Plaisance, le titre de bourgeois de Paris, avec tous les privilèges attachés à ce titre.

(JJ. 65ᴮ, n° 37.)

Philippus, etc... Notum facimus universis presentibus et futuris quod nos, illorum personas quas nobis et gentibus nostris bona et utilia servicia prebuisse cognoscimus, favore benivolo libenter prosequimur, et eos, secundum eorum desiderium congruis honoribus decoramus. Consideratis igitur gratis obseqiis que dilectus noster Franciscus de Porta, Lombardus oriundus de Plaucencia, nobis et gentibus nostris in pluribus et diversis locis devotione sedula prestitit, temporibus retroactis, ipsius supplicationibus inclinati, eumdem

---

1. Guigue VIII, fils de Jean II et frère de Humbert II, le dernier dauphin.

2. La Maison aux Piliers, qui devint en 1357 l'hôtel de ville.

3. Clémence de Hongrie, veuve de Louis X Hutin, mourut le 13 octobre 1328. (Voy. dans le *Nouveau Recueil des comptes de l'Argenterie des rois de France*, par Douët d'Arcq, p. 37, l'inventaire et vente après décès des biens de cette reine, où l'on indique la date de sa mort.)

4. L'élu d'Évreux était alors Jean III du Prat, qui fut consacré évêque le 18 février 1329. (*Gallia christiana*, t. XI, col. 594.)

Franciscum, burgensem nostrum in villa Parisiensi, nostra auctoritate regia et speciali gratia, facimus et constituimus per presentes, volentes et expresse concedentes quod ipse, privilegiis, libertatibus et franchisiis dicte ville Parisiensis, sicut ceteri burgenses dicte ville, uti et gaudere de cetero valeat sine impedimento quocumque, solvendo taillias, imposiciones et devaria que a burgensibus ville ipsius, quociens casus accidit, levari et exigi consueverunt; quodque, ipse in omnibus tractetur ac si esset de regno nostro, in dicta villa Parisiensi specialiter oriundus, absque eo quod pro debitis marchis seu defensis contra Ultramontanos factis aut faciendis, nisi super hoc fuerit specialiter obligatus, occasionetur aliqualiter, seu eciam quomodolibet molestetur. Dantes preposito nostro Parisiensi, ceterisque justiciariis nostris...

In cujus rei testimonium, presentibus litteris nostrum fecimus apponi sigillum. Actum Parisius anno Domini M° CCC° vicesimo octavo, mense octobri.

Per dominum regem ad relacionem vestram.

J. de Tamplo.

XXI.

1328, octobre. Saint-Germain-en-Laye.

Philippe de Valois, vidimant ses lettres précédentes du mois de juillet 1328[1], amortit encore en faveur de Pierre des Essars les 200 l. t. restant sur les 300 l. t. de rentes qui lui furent données par Louis de Clermont et lui permet d'en disposer en totalité ou par parties en faveur de gens d'église ou d'œuvres pies.

(JJ. 65ᴮ, n° 39.)

Par le roy.

Barriere non (*sic*) scripsit.

Facta est collacio cum originali littere regis hinc inserte.

XXII.

1328, octobre. Paris.

Lettres par lesquelles Philippe VI accorde à Jean Remi, fils de Pierre Remi, sur les biens confisqués à son père, des maisons à Paris, à Ablon, à Villeneuve-la-Guiard et à Chigy, avec leurs dépendances, jusqu'à la valeur de 350 l. t. de revenu, sans compter lesdites maisons.

(JJ. 65ᴮ, n° 159.)

Philippus, Dei gratia, Francorum rex, notum facimus universis tam

---

1. Voy. ci-dessus le n° XIV.

presentibus quam futuris, quod cum nos, omnia bona mobilia et inmobilia que quondam Petrus Remigii[1] dum viveret possidebat, tanquam nostra, et pluribus causis justis, rationabilibus et notabilibus, nobis acquisita ceperimus et ad manum nostram regiam tencamus ; Johannesque Remigii filius dicti Petri[2], nobis humiliter supplicaret quod eidem, de dictis bonis, porcionem aliquam restitueremus et redderemus, saltem bona hereditaria que quondam fuerant matris sue et quedam alia bona que dictus Petrus eidem in vita sua dederat, ut dicebat, antequam fuisset in aliquo condempnatus. Gentibus nostris dicentibus et proponentibus multis racionibus ex adverso, dictum Johannem nullum jus in bonis predictis habere debere, pro eo maxime quia dictus Petrus, omnia que tenebat, fraudulosis imbutus maliciis, predecessoribus nostris substraxerat et de hoc condempnatus fuerat et convictus. Tandem, nos, eidem Johanni, pio compacientes affectu, magis volentes inclinare misericordie quam rigori, ne dictus Johannes bonis remaneret totaliter destitutus, eidem, res que secuntur inferius, nomine et jure proprietatis et hereditatis, perpetue donamus et concedimus de gratia speciali, videlicet : domum in qua dictus Petrus Remigii pater suus Parisius morabatur, sitam in vetery cymiterio Sancti Johannis[3], cum ejusdem pertinenciis sicut ante et retro protenditur. *Item*, domos quas dictus Petrus tenebat apud Ablon[4] cum hereditatibus, redditibus, censivis et aliis rebus ad dictas domos spectantibus, usque ad summam ducentarum librarum turonensium redditus si dicte pertinencie ad hoc ascendant, dictis domibus in redditu, vel aliquo alio precio minime computatis. *Item*, domum quam dictus Petrus tenebat apud Villam Novam Guiardi[5], cum ejus pertinenciis et hereditatibus, redditibus, censivis et aliis rebus ad dictam domum spectantibus, usque ad summam centum librarum turonensium redditus, si dicte pertinencie ad hoc ascendant, non computata

---

1. Pierre Remi, trésorier de Charles IV, fut accusé de malversations au commencement du règne de Philippe VI et pendu le 25 avril 1328. (*Chronique latine de Guillaume de Nangis*, éd. Géraud, t. II, p. 85.)

2. Outre ce fils, Pierre Remi avait eu ou avait encore au moins une fille qui, dès le mois d'août 1322, était déjà mariée à Pierre de Patras, bourgeois de Coulommiers, comme le témoignent des lettres de Charles IV datées de Chaource par lesquelles il accorde au gendre de Pierre Remi le droit d'acquérir 300 l. t. de terre dans ses fiefs et arrière-fiefs, partout où il lui plaira, et ce sans avoir à payer de finance quelle qu'elle soit, bien qu'il ne soit pas noble. (Arch. nat., JJ. 61, fol. 110 r°, n° 230.)

3. Ce cimetière, qui devint ensuite le marché Saint-Jean, était situé dans le quartier de la Grève, près de la place Baudoyer. (Jaillot, *Recherches critiques sur la ville de Paris*, t. III, quartier de la Grève, p. 37.)

4. Ablon, Seine-et-Oise, arr. de Corbeil, cant. de Longjumeau.

5. Villeneuve-la-Guyard, Yonne, arr. de Sens, cant. de Pont-sur-Yonne.

in redditu vel aliquo alio precio dicta domo. *Item*, domum quam dictus Petrus tenebat apud Chigiacum[1], cum omnibus hereditatibus, redditibus, censivis et aliis rebus ad dictam domum spectantibus, sitis in territorio dicte ville et alibi, usque ad summam quinquaginta librarum turonensium redditus, si dicte pertinencie ad hoc ascendant, non computata in redditu vel aliquo alio precio dicta domo. Verum cum facta informacione de redditibus, censivis et aliis rebus spectantibus ad domos predictas, repertum fuerit in redditibus, censivis et rebus pertinentibus ad domos predictas de Ablon, minus sexaginta sex librarum redditus, et in redditibus, censivis et rebus pertinentibus ad domum predictam Ville Nove Guiardi plus quaterviginti librarum redditus, vel circiter, esse quam contineatur in gratia supradicta; cum intencionis nostre sit quod dicta gratia trescentum et quinquaginta libras turonensium, non computatis, ut dictum est, predictis domibus, comprehendat, de quibus, ducente libre turonensium redditus, una cum dictis domibus de Ablon, in dotem Johanne de Valle Richerii, nunc uxoris ipsius Johannis et non in usus alios convertentur : volumus et placet nobis de speciali gratia et ex certà sciencia, quod deffectus redditus existens in dictis domibus de Ablon, de eo quod excedit in redditibus dicte domus Ville Nove Guiardi suppleatur, et dicto Johanni, cum rebus superius nominatis, tenendus et possidendus ab eo et ejus heredibus et successoribus et ab eisdem causam habentibus et habituris perpetuo liberetur, nobis id quod de dicto redditu dicte domus Ville Nove Guiardi, dicto deffectu suppleto, superfuerit, remanente. Quam donacionem, dictus Johannes humiliter acceptans, renuncians omni juri, si et quod sibi in omnibus bonis et aliis quibuscumque rebus que quondam fuerint dicti Petri patris sui, quacunque racione competere poterat et debebat, et omnibus peticionibus quas dicto Petro patri suo facere poterat, quacunque racione, titulo sive causa ; nobisque, jus predictum, si quod sibi in premissis ut predicitur competebat, et omnes peticiones, si quasve dicitur dicto patri suo facere poterat et que contra dictum patrem suum quomodocunque competebant et competere poterant et debebant, remisit, cessit et in nos transtulit, exceptis predictis per nos donatis eidem superius et concessis. Quod ut firmum et stabile permaneat in futurum, presentibus litteris nostrum fecimus apponi sigillum. Datum Parisius, anno Domini Mº CCCº vicesimo octavo, mense octobris.

Per dominum regem in suo magno consilio, ad relacionem gencium compotorum, et visa in ipsa camera.

R. de Molinis.

---

1. Chigy, Yonne, arr. de Sens, cant. de Villeneuve-l'Archevêque.

XXIII.

1328, novembre. Paris.

Philippe VI confirme l'amortissement accordé par Philippe IV le Bel à l'Hôtel-Dieu de Paris, de 170 l. t. de rente, et amortit diverses rentes foncières
à lever tant à Paris qu'ailleurs, montant en totalité à 48 l. 14 s. 6 d.[1].

(JJ. 65B, n° 170.)

Philippe, etc..., savoir faisons à touz, presenz et avenir, que,
comme nostre cher seigneur et oncle de bonne memoire, Philippe,
dont Dieu ait l'âme, jadis roys doudit royaume, pour l'onneur et
loenge et acroissement du service nostre seigneur Jhesu Christ, et
pour la substentacion des povres de la Meson Dieu de Paris, des
freres et seours d'icelle, des quex, si auquns sunt deputé au divin
office fere et celebrer en ladite Meson Dieu, et l'iautre à servir, visiter et garder les povres et malades et autres miserables personnes qui
leanz sunt receuz et soustenuz des biens d'icelle Maison Dieu, eust
octroié de grâce, par ses lettres ou temps qu'il vivoit, aus mestres,
freres et suers de ladite Maison Dieu, que il peussent aquerir au
proffit d'icelle maison et des personnes dessus dites, en certains lieux
et sur certaine forme contenuz ès dites lettres, huyt vinz et diz livres
d'annuel [et] perpetuel rente, et que il et leur successeur la peussent
tenir à toz jours mes, sanz estre contrainz du vendre ou de mettre
hors de leur main, et sanz paier pour ce finance à nostredit segneur
et oncle ou à ses successeurs rois de France; et si comme li maistres,
freres et suers de ladite Maison Dieu, dient il, au prouffit desdites
maison et personnes, oultre lesdites viij^{xx} x l. de rente, aient acquis
en nostre terre, tant à Paris comme ailleurs, sanz fief, haute justice
et fortalesce, quarante et huit livres quatorze souldées et sis denrées
de rente annuele et perpetuele, ès lieux et ès chouses qui s'ensuivent,
c'est assavoir : sur la meson G. Le Breton, corduanier, seant à Mar-
chepalu [2], à Paris, huyt livres parisis. *Item*, sur la maison à la Selle,
seant en la grant rue Saint Jaque, à Paris, oultre Petit Pont, quatre

---

1. L'original de cette pièce existait aux archives de l'Hôtel-Dieu de Paris
avant l'incendie de mai 1871, comme le constate l'*Inventaire-sommaire des
archives de l'Hôtel-Dieu*, t. I, n° 4759. La liasse dans laquelle elle se trouvait est malheureusement comprise parmi celles qui furent brûlées. Il faut
corriger l'analyse de l'inventaire ; c'est de Philippe IV le Bel qu'il s'agit dans
cet acte et non de Philippe V.

2. L'Hôtel-Dieu posséda plusieurs maisons dans cette rue, ainsi que dans
la rue Saint-Jacques. (Voy. E. Coyecque, *l'Hôtel-Dieu de Paris au moyen
âge*, t. I, p. 217 à 220 et p. 233.)

livres parisis. *Item*, sur la meson Jaque Le Flament, seant à Paris, en la Ferronerie, sept livres diz et huyt souldées sis denrées parisis. *Item*, sur la meson Gautier Le Signeur, seant ès hales de Paris, diz livres parisis. *Item*, à Verbrie[1], vint et sept arpenz de terre, du pris de diz livres seize souldées parisis de rente. *Item*, à Gonnesse, deus muys de blé, du pris de huyt livres parisis de rente. Et nous aient suplié, li devant diz maistres, freres et seours, que nous leur veillons de grâce, à l'example de nostredit seigneur et oncle, admortir lesdites xlviij l. xiiij souldées et vj denrées de rente au prouffit et ou non de ladite Maison Dieu. Nous, voulanz, à l'aide de Dieu, et desirranz touz jourz ensuivre les bonnes traces et evres de nostredit seigneur et oncle et de noz autres predecesseurs, à l'onneur et loenge et en augmentacion du service Jhesu Crist et pour les causes ci desus dites, et pour le remede et salu des armes de noz predecesseurs, de nous et de nostre chere compaigne la royne, voulons et octroions par la teneur de ces lettres, de grâce special et certaine science et nostre auctorité roial, ausdiz suplians, que il et leur sucesseurs, maistres, freres et seours de ladite Meson Dieu, pour icelle Maison Dieu et en son nom tiengnent et puissent tenir de ci en avant, à touz jourz mes, sanz empeschement, lesdites xlviij l. xiiij souldées vj denrées de rente sanz fief, haute justice et fortalesce, comme dit est, et d'icelle joir pesiblement, sanz estre contrainz du vendre ou de mettre hors de leur main et sanz paier pour ce à nous ou à noz successeurs roys de France finance quele que elle soit. Et, pour ce que ce soit ferme et estable perpetuelment, nous avons fait meittre nostre sael à ces presentes lettres, sauf en autres chouses nostre droit et en toutes l'autrui. Donné à Paris l'an M CCC XXVIII, ou moys de novembre.

Par le roy, à la relacion Martin des Essarz et Jehan Billoart.

Charrolles.

XXIV.

1328, décembre.

Philippe VI confirme deux lettres, l'une de Philippe V, du 8 novembre 1319, l'autre de Charles IV, du mois de juin 1324, qui reconnaissent Philippe dit de Flaganaste, né en Lombardie et marié avec la fille de Georges de Palarge, comme bourgeois de Paris, et défendent aux collecteurs du denier pour livre levé sur les Italiens d'exiger de lui cet impôt ou d'autres analogues.

(JJ. 65ᴮ, n° 10.)

Philippus, etc... Notum facimus, etc..., formam que, etc... Karolus

---

[1]. Verberie, Oise, arr. de Senlis, cant. de Pont-Sainte-Maxence.

Dei gratia Francorum et Navarre rex, notum facimus universis tam presentibus quam futuris, nos litteras infrascriptas, sigillo carissimi domini et germani nostri Philippi quondam dictorum regnorum regis, ut prima facie apparebat, sigillatas vidisse, formam que sequitur continentes.

Philippus Dei gratia Francorum et Navarre rex, universis presentes litteras inspecturis, salutem. Notum facimus quod, cum nos, ad requisicionem quorumdam amicorum nostrorum specialium, Philippum dictum de Flaganaste, oriundum de partibus Lombardie, qui cum filia Georgii de Palarge, burgensis Parisiensis, matrimonium contraxisse et liberos ex eadem genitos habere, omnemque terram et hereditatem suam et bona in territorio ville Parisiensis et locorum circonvicinorum possidere dinoscitur, burgensem nostrum Parisiensem, de speciali gratia fecimus, non obstante quod de dictis Lombardie partibus fuerit oriundus, concessimusque dicto Philippo quod ipse, de cetero, non tamquam Lombardus seu Ytalicus, sed sicut burgensis Parisiensis contribuens omnibus debitis, talliis et aliis quibuscumque redibenciis et imposicionibus ejusdem ville, pertractetur, quodque ad contribuendum seu prestandum qualescunque financias aut redibencias, sicut Ytalicus, aut cum Ytalicis, minime compellatur, sed solum sicut burgensis Parisiensis et cum burgensibus Parisiensibus ville predicte manuteneatur, prout hec omnia, in aliis nostris super hoc specialiter confectis litteris plenius continentur. Dictusque Philippus, nuper ad nos accedens, nobis graviter conquestus fuerit quod collectores mercaturarum denarii pro libra, pretextu quarumdam ordinationum contra Ytalicos seu Lombardos maritatos factarum, ipsum Philippum ad contribuendum et solvendum de mercaturis suis que per se et ejus familiares exerceret et ducit, dictum denarium de libra et alias consuetudines seu redibencias Ytalicis impositas, sicut alios Lombardos seu Ytalicos nullam libertatem seu privilegium a nobis habentes, compellere nituntur et compellunt, contra tenorem dicti privilegii et libertatis eidem a nobis concessorum, et in prejudicium maximumque detrimentum eorundem dictique Philippi non modicum et gravamen; suplicans humiliter idem Philippus, ut gratiam de dicta burgensia Parisiensi sibi concessam, per nos teneri et inviolabiliter observari, ac eundem, sicut burgensem Parisiensem solum, et non sicut Ytalicum manuteneri et deffendi, privilegiisque, graciis et libertatibus burgensibus Parisiensibus concessis et concedendis, gaudere et uti pacifice faceremus. Nos autem ejusdem supplicacioni annuentes, etc...

Mandantes hiis presentibus, universis et singulis justiciariis et subditis nostris, nec non omnibus commissariis, viarumque, passagiorum, locorum et districtuum custodibus jam deputatis et deputandis,

cujuscunque status et condicionis existant, etc... In cujus rei testimonium, presentibus litteris nostrum fecimus apponi sigillum. Actum
apud Voyssiacum [1], die octava novembris, anno Domini millesimo
CCC° decimo nono.

Predicta vero in supprascriptis litteris contenta, rata habentes et
grata, quatenus dictus Philippus eis hactenus usus est, pacifice, in
suo robore volumus remanere. Quod ut firmum et stabile perseveret,
nostrum presentibus litteris fecimus apponi sigillum. Actum apud Villare juxta Restum [2], anno Domini millesimo CCC° vicesimo quarto,
mense junio.

Nos autem, premissa in suprascriptis litteris contenta, quatenus
dictus Philippus de Flaganaste, eis hactenus est usus pacifice, rata
habentes et grata, ea laudamus, approbamus et auctoritate nostra
regia confirmamus et volumus eadem in suo robore proprio remanere. Quod ut, etc... Actum, anno Domini millesimo CCC° vicesimo
octavo, mense decembri.

Per vos.

Mordret.

XXV.

1328, décembre. Paris.

Philippe VI donne à la grande confrérie Notre-Dame 18 s. de revenu annuel
à prendre sur un cens de 21 s. p. que lui doit la maison de feu Guillaume Potier, en réparation d'une erreur commise à son détriment dans
l'assiette de 12 l. de revenu annuel [3].

(JJ. 65ᴮ, n° 147.)

Philippus, etc... Notum facimus universis tam presentibus quam
futuris, quod cum in assisia seu assignacione duodecim [4] librarum
annui et perpetui redditus admortizati [5], dudum facta magne confrarie
beate Marie Parisiensis [6], pro recompensacione cujusdem domus sue
admortisate site ante Sanctum Bartholomeum, tunc ad opus nostri

---

1. Vassy, Haute-Marne, ch.-l. d'arr.
2. Villers-Cotterets, Aisne, arr. de Soissons, ch.-l. de cant.
3. La même pièce est reproduite au n° 179 du même registre. Nous donnons en note les principales variantes.
4. *Quadraginta.*
5. *Admortiɀati* est supprimé.
6. Sur cette confrérie, voy. Le Roux de Lincy, *Recherches sur la grande
confrérie Notre-Dame.* Paris, Duverger, 1844, in-8°.

magni palacii capte[1], repertum fuerit[2] ipsam confrariam de decen (*sic*) et octo solidis parisiensium annui redditus fuisse lesam, in hoc quod ipsi decem et octo solidi, super plateas Radulphi et Petri Le Normant, ante hospitium de Barris[3], ultra censum quem ibi habebamus, fuerant assignati[4]. Nos, nolentes quod dicta confraria predictis decem et octo solidis annui redditus deffraudetur, eosdem assignamus et assedimus abbati, preposito et confratribus dicte confrarie presentibus et futuris, pro nobis et successoribus, in et super viginti et uno solidis parisiensium, quos de augmento census haberemus annuatim in festo Nativitatis et Resurrectionis dominice, per medium, super domum que fuit deffuncti Guillelmi Potier, ante capellam deffuncti Stephani Haudri[5], in Gravia, percipiendos et habendos tamquam admortizatos ex causa predicta, perpetuo[6], per manum suam, predictis terminis equaliter annuatim; residuo tamen dictorum viginti et unum solidorum, nobis et nostris successoribus remanente. Quod ut firmum, etc... Actum Parisius, anno Domini millesimo CCC° vicesimo octavo, mense decembri.

Per cameram compotorum.

R. de Molinis.

XXVI.

1328, décembre. Paris.

Philippe VI confirme une lettre du 10 février 1319 (n. st.) de Henri de Tape-

---

1. M. Boutaric, qui a consacré un chapitre aux agrandissements du palais, principalement sous Philippe le Bel, dans ses *Recherches archéologiques sur le palais de justice de Paris*, publiées dans le tome XXVII des *Mémoires de la Société des antiquaires de France*, p. 1 et suiv., fait connaître un certain nombre d'expropriations opérées par ce roi. Aucune allusion n'est faite à celle qui est signalée dans cet acte. Ces agrandissements durent donc encore continuer sous les règnes suivants. Voy. aussi *Notices et extraits des manuscrits*, t. XX, 2ᵉ part., p. 206 et suiv.

2. Au lieu de *repertum fuerit*, etc..., il y a : *Erratum fuisset de decem et octo solidis parisiensium annui redditus qui assignati fuerant super plateas, etc.*

3. Cet hôtel, signalé par Sauval, était situé en partie dans la rue des Barres et en partie dans celle de la Mortellerie. Il fut acheté par les religieux de Saint-Maur en 1362. (Sauval, *op. cit.*, t. I, p. 113.)

4. Au lieu de *fuerant assignati*, etc..., il y a : *Prout per informacionem factam gentium nostrorum camere compotorum Parisius, per receptorem nostrum Parisiensem extitit repertum.*

5. La chapelle fondée par Étienne Haudri en 1306 était située sur la place de Grève, entre le quai et la rue de la Mortellerie. (Jaillot, *op. cit.*, t. III (quartier de la Grève), p. 24.)

6. La phrase : *Tanquam admortizatos ex causa predicta perpetuo* est supprimée.

rel, garde de la prévôté de Paris, approuvant une société de secours mutuels fondée par les fourreurs de vair de Paris, pour assister ceux d'entre eux qui ne pourront travailler par suite de maladie[1].

(JJ. 65ᴮ, n° 178.)

XXVII.

1328, décembre. Bois de Vincennes.

Philippe VI amortit, en faveur du cardinal Guillaume Pierre, 40 l. p. de rentes destinées à acheter des torches de cire pour allumer en l'église des frères Prêcheurs de Paris, chaque jour pendant les messes, à l'élévation, et à faire chaque année aux frères une pitance le jour de la fête de Saint-. Thomas-d'Aquin.

(JJ. 65ᴮ, n° 312.)

Philippe, etc... Savoir faisons à touz presens et avenir, que, comme nostre amis espiciaus, freres Guillaumes Pieres[2], evesques, cardinaus de Sabine, de l'ordre des Freres Prescheurs, ait devocion de establir quarente livres parisis de rente pour achater et administrer torches de cire pour alumer en l'eglise du convent des Freres Prescheurs de Paris, chacun jour perdurablement, à la levacion du saint sacrement de Nostre Segneur Jhesu Crist, aus messes qui seront dites et chantés au grant autel de ladite eglise et aus autres autiex d'icelle eglise, et pour faire chascun an une pitence aus freres dudit convent, le jour de la feste de Saint Thomas d'Aquin, jadis frere dudit ordre, et nous ait fait supplier que nous li donnissons congié de acquerre en nostre terre et juridiction pour faire et establir perdurablement l'ordenance dessus dite, les devant dites quarente livres parisis de rente. Nous, considerans et approuvans la devocion et l'entente dudit cardinal, li octroions de grâce espicial et de certaine science que il, en noz censives et en nostre juridiction, puisse acquerre lesdites quarente livres parisis de rente, senz fiez toutevoies et senz haute justice, et les donner et convertir perpetuelement en l'ordenance, en l'usage dessus diz, et que les persones en cui il transportera lesdites quarante livres parisis de rente les aient, tiegnent et possedent à touz jours, senz estre

---

1. La lettre vidimée de Henri de Taperel est publiée intégralement par G. Fagniez dans ses *Études sur l'industrie et la classe industrielle à Paris au XIIIe et au XIVe siècle*. Paris, Vieweg, 1877, in-8°, p. 290.

2. Guillaume Godin, ou Guillaume Pierre de Godin, promu en 1312 cardinal de Sainte-Cécile, fut nommé évêque de la Sabine par Jean XXII le 12 septembre 1317; envoyé ensuite comme légat en Espagne, il mourut le 4 juin 1336. (Ciaconius, *Vitæ et res gestæ Pontificum romanorum et cardinalium*, t. II, col. 384.)

contrainz de les meistre hours de leurs mains et senz en paier jamais
finance, quelle que elle soit, à nous ne à noz successeurs. Et pour ce
que ce soit ferme chose et estable à touz jours, nous avons fait mettre
nostre seel en ces lettres, sauf en autres choses nostre droit, et en
toutes le droit d'autrui. Donné au Bois de Vincennes, l'an de grâce
mil trois cenz vint et huit, ou mois [de] decembre.

Par le roy.

Ja. de Vertuz.

XXVIII.

1328. Bois de Vincennes.

Lettres par lesquelles Philippe VI donne à Colinet de Chelles, enfant de la
chapelle royale de Paris, qui devait se marier, les biens confisqués sur
Guillaume le Bourguignon, sis à Meaux et évalués 130 l. p.

(JJ. 65ᴮ, n° 185.)

Philippe, par la grâce de Dieu, roys de France, savoir faisons à touz
presens et avenir, que, comme Coliné de Chielet, jadis enfant de
nostre chapelle royal de Paris, ait ordené de changer son estat de
clerc en celui de mariage, si comme on nous a donné à entendre.
Nous, en recompenssacion dudit service qu'il a fait ou temps passé à
aucuns noz devanciers roys de France, li avons donné et donnons de
grâce especial, pour li, pour ses hoirs et successours et pour ceus qui
de li auront cause, la forfaiture [qui nous] est venue de Guillaume Le
Borgoignon, clerc, lequel, pour ses meffaiz, est condempnez à chartre
perpetuel et detenuz e la prison l'evesque de Myaus..., [ainsi] que nous
avons entendu, et est ladite forfaiture en maisons assises à Meaux,
c'est assavoir : une en la rue Saint Remi, prisée avec ses appartenances quatre vinz livers (sic) tournois une foiz, et le tiers d'une autre
maison qui est joignant de l'autre, et le quar des deux autres parties
d'icelle maison, lesquels tiers et quart, ledit clerc avoit en ladite maison, prisée sur le tout cent livres tournois une foiz, desquelz ledit
tierz et quart valent cinquante livres tournois, et ainsi vaut ladite forfaiture, par tout, sis vins diz livres tournois, si comme par Jehan Pitaut,
lieutenant de nostre bailli de Meaux, auquel nous avions mandé que
de ladite value de ladite forfaiture se enformast, nous a esté raporté
par escript souz son seel ; et tinent lesdites maisons, d'une part à la
maison Houdart de Londre et d'autre part à la maison Johan Nivart,
et par dariere as prez des Moustiers. Si voulons que ledit Colinet de
Chiele, ses hoirs, ses successeurs et ceux qui de li auront cause
jouissent paisiblement à touz jours, selon nostredit don, de ladite forfaiture. Et que ce soit ferme et estaible à perpetuité, etc... Donné au
Boays de Vincennes, l'an de grâce mil CCC vint et huit.

Par le roy, present son confesseur, son aumousnier et monseigneur R. de Vernon, son chapellain.

Barriere.

XXIX.

1329, janvier. Paris.

Philippe VI confirme un accord intervenu par-devant les gens des requêtes du palais, entre Gilles de Condé, chapelain de l'autel Notre-Dame en la chapelle Saint-Michel du palais, et Nicole de Pymont, chapelain de l'autel Saint-Michel, en vertu duquel les oblations de l'autel Notre-Dame appartiendront au chapelain de cet autel, à condition qu'il assignera 40 s. p. de rente annuelle au chapelain de Saint-Michel, à prendre sur les étaux des poissonniers du Petit-Pont.

(JJ. 65ᴮ, nº 13.)

Philippus, etc... Notum facimus universis, etc..., nos litteras infrascriptas vidisse, tenorem qui, etc...

A touz ceux qui ces lettres verront, les genz des requestes dou palaiz nostre seigneur le roy à Paris, salut. Nous faisons assavoir que unes lettres dou roi nostre sire, desus dit, avons receues, contenanz cestes forme :

Karolus, Dei gratia, Francorum et Navarre rex, dilectis et fidelibus gentibus nostris requestarum Parisius, salutem et dilectionem. Dilectus cappellanus noster capelle Sancti Michaelis[1] de palacio regio, nobis fecit exponi, graviter conquerendo, quod licet tam ipse quam predecessores sui dicte cappelle regie cappellani, sint et fuerint ab antiquo in possessione vel quasi, seu saisina percipiendi et habendi omnes et singulas oblaciones ad dictam cappellaniam pervenientes; dilectus tamen noster Egidius de Condeto[2], capellanus capelle nostre regie Parisius, oblaciones, provenciones ad quoddam altare quod habet et obtinet, fundatum et dotatum certis redditibus in predicta cappella Sancti Michaelis percipit, et percipere nititur et habere, in grave predicti capellani, in ipsius capelle Sancti Michaelis prejudicium et gravamen, eundem in sua possessione predicta vel quasi, seu saisina, impediendo indebite et de novo. Quare, mandamus

---

1. La chapelle Saint-Michel était située dans le Palais et donnait sur la rue de la Barillerie, non loin du pont Saint-Michel, auquel elle donna son nom. (Jaillot, *Recherches critiques sur la ville de Paris*, t. I, la Cité, p. 16, et Lebeuf, *op. cit.*, éd. Cocheris, t. II, p. 265.)

2. Gilles de Condé, chanoine de la Sainte-Chapelle et chantre, était parent de Pierre de Condé, fondateur de la chapelle perpétuelle de Saint-Nicolas et Saint-Louis, et d'Amaury de Condé, qui mourut chanoine de la Sainte-Chapelle en 1387. (Morand, *Hist. de la Sainte-Chapelle*, p. 112, note.)

vobis et committimus per presentes quatinus dictis capellanis et aliis
evocandis, vocatis, vos aut duo vestrum, super impedimento et hujusmodi novitate summarie et de plano cognoscere, et subortam inter
eos propter hoc decidere questionem, cum celeris complemento justicie studeatis ; mandantes autem dictis cappellanis et aliis subditis
nostris, quatinus id quod decreveritis et ordinaveritis in hac parte,
absque cujuslibet obstaculo difficultatis, observent, ac vobis, seu duobus vestrum qui circa cognicionem hujusmodi questionis vacaveritis,
pareant et intendant. Datum apud Sanctum Christophorum in Halata[1],
ultima die maii anno Domini millesimo CCC⁰ vicesimo sexto.

Et comme par la vertu et auctorité desdites lettres, et pour le fet
contenu en ycelles, question fust meue par devant nous entre ledit
monseigneur Gilles de Condé, chappelain de l'autel Nostre Dame en
l'eglise dudit palais de Saint Michel, d'une part, et maistre Nycole de
Pymont, chappellain de l'autel Saint Michel, en ycelle eglise où
palais, d'autre part, pour raison des oblacions venanz à l'autel de
Nostre Dame en ladite eglise ou chappele Saint Michel ; pour eschiver contenz et missions, lesdiz chappellains, pour eux et pour leurs
successeurs chapelains perpetuez en ladite eglise ou chapele de Saint
Michiel, desorendroit, à touz jours, doudit debat ou question, ont
acordé ensemble en jugement, par devant nous, par amiable composicion et par bien de pez et par le conseil de leurs amis, se il le plest
à confermer au roy nostre sire par ses lettres, en forme et en la
maniere qui s'ensuit, c'est assavoir : que, desorenavant, la possession
perpetuelment des oblacions venanz audit autel de Nostre Dame, en
ladite eglise ou chapele Saint Michel, demorra pesiblement au chapelain perpetuel doudit autel de Nostre Dame, par tele condicion que
le chappellain d'iceli autel de Nostre Dame, pour li et pour sesdiz
successeurs, a assis et assigné perpetuelment, à touz jourz, audit chapelain de Saint Michel, pour yceli chappellain et pour sesdiz successeurs, quarante soulz parisis chascun an de rente annuelle, à prendre
et à avoir de par icelui chappellain de Saint Michel et de par sesdiz
successeurs, chascun an, sur les estaus des poissonniers de Petit
Pont, sur lesquex ladite chapele de Nostre Dame d'icelle eglise ou
chapele de Saint Michel est fondée et doée, si comme il disoient,
c'est assavoir : vint soulz parisis le jour de la feste Saint Remy et
vint soulz parisis à Pasques après ensivanz, chascun an perpetuelment, commenceant le premier paement à la Saint Remy prouchain
venant. Et parmi cest acort, ledit chappellain de Nostre Dame, pour
soi et ou non que dit est, a mis en saisine de xl s. de rente desus diz
et en paisible possession le devant dit chapellain de Saint Michel,

---

1. Auj. Saint-Christophe, Oise, arr. de Senlis, cant. de Pont-Sainte-
Maxence, comm. de Fleurines.

prenanz et recevanz pour li et stipulans et acceptans pour touz ses successeurs, l'un après l'autre perpetuelment, chappellains perpetuelz de Saint Michel desus dit, ou cas que la confirmacion s'ensuivroit. En tesmoing de ce, nous, à la requeste des parties devant dites, avons mis le seignet des requestes en ces presentes lettres et requis le prevost de Paris que en ycestes, oveques ledit seignet, meist le sael de la prevosté de Paris.

Et nous, Hugues de Crusy, garde d'icelle prevosté de Paris, à la requeste et mandement de nozdiz seigneurs des requestes, avons mis en ices lettres le seel d'icelle prevosté de Paris oveques ledit seignet de leur requestes faites et données et acordées le penultieme jour d'aoust, l'an de grâce mil III° vint et seix.

Nos autem, predictum acordum seu composicionem predictam, et omnia superius comprehensa, rata et grata habentes, ea volumus et approbamus et auctoritate regia confirmamus, salvo, etc... Quod ut, etc... Actum Parisius anno Domini millesimo CCC° vicesimo octavo, mense januarii.

Per dominum regem, ad relacionem domini Andree.

G. de Rivo.

XXX.

1329 (n. st.), janvier. Vincennes.

Philippe de Valois confirme une lettre de Charles IV le Bel, du mois de mai 1324, concédant à l'Hôtel-Dieu de Paris cent charretées de bois par an, à la charge de porter aux quatre fêtes annuelles, ou de faire porter avec quatre chevaux et deux serviteurs, aux frais du roi, les reliques de la Sainte-Chapelle, depuis Paris jusqu'au lieu où serait le roi, pourvu que la distance n'excède pas trente-quatre lieues. Par ce vidimus, il autorise en outre les frères et sœurs de l'Hôtel-Dieu à prendre ces cent charretées, ainsi que deux cents autres qu'ils ont déjà, dans la forêt de Bièvre, au lieu de celle de Cuise [1].

(JJ. 65ᴮ, n° 16.)

XXXI.

1329 (n. st.), janvier. Paris.

Philippe VI amortit 20 l. p. de revenu en faveur de Gui de Laon, trésorier de la chapelle royale de Paris, pour lui permettre de fonder une chapelle.

(JJ. 65ᴮ, n° 161.)

Philippus, etc... Notum facimus universis tam presentibus quam

---

1. Publiée dans D. Félibien, *Hist. de la ville de Paris*, t. III, p. 251 et

futuris quod cum magister Guido de Lauduno, thesaurarius capelle
nostre regie Parisiensis, pro sua, suorumque salute parentum et
remedio animarum, viginti libras parisiensium annui et perpetui redditus, ex eis fundando et dotando capellam, vel aliter in ecclesiam,
ecclesiasticamque personam, aliamve manum mortuam, sicut nobis
insinuare curavit, transferre proponat. Nos, ejusdem magistri Guidonis, pium in hac parte, laudabile et salubre propositum in Domino
commandantes, predecessorum nostrorum vestigiis inherendo, divinum cultum desiderantes augeri, prefatto magistro Guidoni, de gratia
concedimus speciali quod ipse, ex causa predicta, dictas viginti libras
parisiensium rendales acquisitas per eum vel eciam acquirendas,
absque tamen mero et mixto imperio capiteve feodi, transferre possit
in ecclesiam, manum mortuam, ecclesiasticamque personam, pure et
perpetuo, libere, pacifice et quiete, quodque ecclesia, manus mortua,
ecclesiasticave persona in quam, ex causa predicta, redditus ipsos
transferri continget, eos possit, perpetuis temporibus retinere, sine
hoc quod thesaurarius ipse, pro redditibus antedictis, ne[c] ille vel illi
in quos, sicut premittitur transferetur, nobis, nostrisve successoribus,
aliquam prestare financiam, nec quod illi in quos transferetur redditus supradicti, eos extra manum suam ponere teneantur, quodque
nec ad hoc, nec ad alterum eorumdem, per nos, nostrosve quoslibet
successores, quandolibet, compellantur, nostro in aliis, et alieno in
omnibus jure salvo. Quod ut firmum, etc. Actum Parisius, anno
Domini millesimo CCCᵒ XXVIIIᵒ, mense januarii.

Per dominum regem.

Tho. Ferrant.

XXXII.

1329 (n. st.), janvier. Fromont-sur-Seine.

Philippe VI, en exécution du testament de son prédécesseur Charles IV,
qui avait ordonné la fondation de deux chapelles pour le repos de son
âme, l'une à Notre-Dame de Paris, l'autre à Saint-Denis, et après le refus
du chapitre de Notre-Dame et de l'abbé de Saint-Denis d'accepter ces
fondations s'ils n'ont pas la collation de ces chapellenies, les établit dans
la chapelle haute du palais, suivant les prescriptions recommandées par
Charles IV, et leur alloue à chacune les 50 l. p. de revenu annuel qui leur
étaient affectées.

(JJ. 65ᴮ, nᵒ 190.)

Philippus, etc... Notum facimus, etc..., quod cum inter cetera que
inclite recordacionis carissimus dominus et consanguineus noster,

---

252, et dans Morand, *Hist. de la Sainte-Chapelle du Palais,* p. 50 et 51 des
pièces justificatives.

quondam Karolus Francorum et Navarre rex, in suo testamento duxe-
rat ordinenda, preceperit et ordinaverit duas cappellanias debere fon-
dari per excequtores suos, de bonis regiis; una[m] videlicet in honorem beate Marie Virginis, in ecclesia Parisiensi, et aliam in honorem
beati Dyonisii et in monasterio et ecclesia beati Dyonisii in Francia,
pro remedio anime, qualibet earum ad valorem quinquaginta librarum parisiensium annui redditus; voluitque, sub certa forma, in
earum qualibet, unum perpetuum capellanum institui, qui ibidem in
sacerdotali officio continue deservire[t] et quod dicte cappellanie essent
perpetuo de dono regum Francorum. Nosque, ex ejus disposicione,
onus execucionis testamenti sui suscepimus, gerentes in votis ejus
predictam ordinacionem pro remedio anime sue fideliter et integraliter adimplere, pluries requiri fecimus decanum et capitulum ecclesie Parisiensis et abbatem Sancti Dyonisii, ut capellanos, quibus dictas capellanias, prout, ut ad nos pertinet ex ordinacione et fundacione
predictis, donavimus et co[n]tulimus, in suis ecclesiis reciperent et
e[i]s, locum in eisdem ad hoc ydoneum assignarent, et eos, sicut cete-
ros capellanos ecclesiarum ipsarum in omnibus et haberent; quod
facere renuerunt et renuunt, pro eo solum quod collacio capellaniarum ipsarum, ex dispensacione deffuncti mi[ni]me pertinebat, asse-
rentes quod non fuerit moris hucusque, quod aliqua capellania in dictis
reciperetur ecclesiis a quocumque fundanda, nisi ad eorum collacionem et dispensacionem omnimodam pertineret; feceruntque a nobis
requiri quod ut collacionem hujusmodi in eos transferre vellemus,
sicut aliarum capellarum ecclesiarum suarum ad se, ut predicitur,
asserunt pertinere, ne ipsis ecclesiis ex hoc, difformitas seu diversitas
obveniret; quod ipsis annuere et concedere nolluimus, nec voluntati
et ordinationi prefati predecessoris nostri, nec eciam juri regio in hoc
aliquatenus derogare, que potius servare, complere cupimus et augere.
Nolentes quod propter difficultatem et impedimentum predictum, prefati predecessoris nostri pium desiderium ulterius differatur et an[i]ma
ipsius mis[s]arum suffragiis amplius defraudetur, sed quantum possu-
mus, predictis, celeriter et salubriter [leniatur]; proinde, volentes tam
auctoritate nostra regia quam executoria, ordinandum duximus quod
predicte due capellanie fundentur in nostra capella regia majori Parisius et quod cappellani quibus jam dictas cappellanias contulimus et
illi quibus de cetero per nos seu successores nostros perpetuo confe-
rentur, sint de choro, corpore et collegio dicte cappelle sicut alii cappellani jam instituti in ea, et eorum libertatibus et privilegiis munien-
tur, et quod sint sub et de correctione thesaurarii dicte cappelle et
quod dictus thesaurarius, visis litteris collacionis regie, ipsos in choro
dicte cappelle instituat, et ab eis juramentum recipiat corporale de
sacerdotali officio et residencia facienda, juxta formam testamenti
prefatti predecessoris nostri et sub pena in ipso contenta, quod eidem

precipimus propter causam hujusmodi exhiberi; et ne propter concursum aliorum capellanorum in celebratione mis[s]arum ad quas tenentur, possint quomodolibet impediri, nec ipsi alios impedire, volumus quod in capella nostra minori que est infra palacium nostrum juxta cameram regiam, quam eis ad hoc specialiter assignamus, et ipsas cappellanias, in ea, tamquam in membro majoris nostre cappellanie predicte, situamus et perpetuo collocamus, secundum ordinacionem prefati predecessoris nostri, teneantur mis[s]as suas perpetuo celebrare, quam eis precipimus die qualibet, hora competenti, per eum ad quem pertinet et pertinuerit, sine difficultate qualibet apperiri, quodque eadem hora pandatur aditus dicte capelle intrare volentibus ad audiendum mis[s]arum solempnia in eadem. Et ut cappellani predicti reddentur magis soliciti ad ea ad que ex forma testamenti tenentur fideliter exequenda, volumus quod thesaurarius predictus, cui hoc specialiter duximus committendum, ipsius in hoc conscientiam honerantes, de ipsorum vita et moribus et si officium debitum fideliter exequantur, sepius inquirere teneatur et eos in minoribus exessibus corrigere, prout secundum qualitatem exessus viderit expedire. Si vero tantus exessus vel deffectus fuerit, propter quem debeant suis capellaniis hujusmodi spoliari vel propter que, secundum ordinacionem testamenti vel aliter, fuerunt jure suo privati, hoc, thesaurarius ipse insinuare nobis vel successoribus nostris illico teneatur, ut per nos, seu successores nostros, de personis aliis ydoneis, prout ad nos pertinet valeat provideri. Volumus insuper, per thesaurarios nostros Parisienses, ad opus dicte cappellanie minoris, pro dictis capellanis, de libris, u[s]tensilibus, vestimentis et ornamentis convenientibus pro celebracione mis[s]arum duntaxat sufficienter et utiliter provideri, perpetuoque per manum prefatti thesaurarii capelle nostre, facto de ipsis juramento, predictis capellanis volumus ministrari. Ne autem presens ordinacio nostra, per lapsum temporis, oblivione hominum valeat in posterum offuscari, eam volumus in capella nostra majori, coram ipsius capelle collegio, palam et publice recitari et publicari, et inde litteras regias per modum carte in fillo serico et cera viridi, confici, dupplicari et eciam registrari, ita quod una de cartis apud capellanos ipsos et alia apud prefattum capelle thesaurarium perpetuo reserantur, et in qualibet nova institucione capellani, una cum clausula testamenti que ad ordinationem hujusmodi capellaniarum pertinet, in receptione juramenti a novo capellano per prefattum thesaurarium facienda in capella nostra majori, coram illis de collegio relegi et publice recitari; dictam autem clausulam testamenti de originali testamento extrahi volumus, patentibus sub nostro sigillo litteris et apud ipsum thesaurarium perpetuo reservari et in registris nostre majoris capelle predicte ad perpetua[m] rei memoriam registrari; prefattas autem quinquaginta libras, quemlibet capellanorum predictorum, super recepta nostra

Parisiensi recipere volumus et habere, quousque eas ad opus predictum, in perpetuis aliis redditibus, sicut tenemur, juxta tenore[m] dicti testamenti duxerimus assignandas. Quod ut perpetue stabilitatis robur obtineat, presentes litteras sigilli fecimus appensione muniri. Actum apud Fortem Montem[1] supra Secanam, anno Domini M° CCC° XXVIII°, mense januarii.

Per dominum regem, in suo consilio, ad relacionem t[h]esaurarii Remensis et archidiaconi Lingonensis.

Solunges.

XXXIII.

1329 (n. st.), janvier. Paris.

Philippe VI confirme la vente de 30 l. p. de revenu annuel sur les recettes de la prévôté d'Amiens faite par Jean dit Migaudel, procureur des Augustins de Paris, à Jean du Change et à Gilles de Croy, bourgeois d'Amiens. Ce revenu avait été pris sur les biens de Henri dit Taperel, prévôt de Paris, afin de fonder une chapellenie dans le couvent des Augustins pour le repos des âmes de Lappe de Vic, Bérenger de Savignac et Araoulet de Vivecourt, mis à mort injustement par ledit prévôt.

(JJ. 65^B, n° 208.)

Philippus, etc... Notum facimus universis tam presentibus quam futuris, nos vidisse quoddam instrumentum publicum in hec verba.

In Dei nomine, Amen. Noverint universi presens instrumentum publicum inspecturi, quod anno Domini M° CCC° vicesimo octavo, indictione duodecima, mense decembri, die xvi[a], pontificatus sanctissimi in Christo patris ac domini nostri, domini Johannis, divina providencia pape xxii°, anno tercio decimo, in presentia mei notarii publici et testium infrascriptorum ad hoc vocatorum et rogatorum, constitutus personaliter religiosus et honestus vir frater Johannes dictus Migaudel, procurator religiosorum virorum prioris et conventus fratrum heremitarum ordinis sancti Augustini Parisiensis, ut constat per litteras sigillo prepositure Parisiensis sigillatas, quarum tenor inferius describetur, asseruit quod iidem prior et conventus habebant et percipiebant triginta libras parisiensium annui et perpetui redditus, ex assignacione regia, super emolumentis prepositure Ambianensis, ratione et occasione cujusdam cappellanie fundate in ecclesia ipsorum religiosorum Parisius, in et de quaterviginti libris reddituabilus quas quondam Henricus Taperel prepositus Parisiensis, super emolumen-

---

1. C'est sans doute Fromont (autrefois Fourmont-sur-Seine), commune de Ris, Seine-et-Oise, qui est ainsi désigné. Nous voyons en effet, par son itinéraire, que Philippe de Valois devait être dans cette localité le 23 janvier 1329.

tis dicte prepositure Ambianensis, ex suo conquestu percipiebat dum
ageret in humanis, ut constat plenius per litteras inclite recordacionis
domini Philippi, Dei gratia Francorum et Navarre quondam regis, in
cera viridi sigillatas, super assignatione hujusmodi dictis religiosis
concessas, quarum tenor inferius est insertus, in quibus, inter cetera
cavetur, quod liceat dictis religiosis vel eorum procuratori, dictum
redditum, in manum alienam eciam prohibitam, si eis utile fuerit,
venditionis, vel alio quovis titulo transportare; quem quidem annuum
et perpetuum redditum dictarum triginta librarum parisiensium, dictus procurator, nomine procuratorie dictorum prioris et conventus,
et eorum auctoritate et mandato, et pro ipsis et eorum successoribus,
utilitate evidenti ipsorum prioris et conventus et eorum ecclesie diligenter attenti, sponte et ex certa scientia, dedit, vendidit et concessit
in perpetuum et irrevocabiliter, titulo pure et perfecte, simplicis, perpetue et irrevocabilis vendicionis, viris providis, Johanni de Cambio
et Egidio de Croy, civibus Ambianensibus, videlicet : eidem Johanni
de Cambio decem libras et eidem Egidio, viginti libras dicti perpetui
redditus, et per eos, suis heredibus et successoribus et causam ab eis
et eorum quolibet habentibus et habituris in perpetuum, pro precio
septingentarum et viginti librarum parisiensium ; quod precium con-
fessus fuit dictus procurator nomine quo supra, sibi integraliter solutum fuisse ab eisdem Johanne et Egidio emptoribus, in bona pecunia
numerata, conversa in utilitatem dictorum prioris et conventus et
dicte eorum ecclesie, totaliter, et expensa; promisit insuper, memoratus procurator, nomine quo supra, sibi integraliter solutum fuisse
ab eisdem Johanne et Egidio emptoribus, in bona pecunia numerata,
conversa in utilitatem dictorum prioris et conventus et dicte eorum
ecclesie, totaliter, et expensa., etc......................
Promisit insuper, memoratus procurator, nomine quo supra, quod
dicti prior et conventus facient et procurabunt suis sumptibus et
expensis, erga dominum nostrum regem Francorum, quod ipse dominus rex dictam vandicionem ratam et gratam habebit, et ipsam auctoritate sua regia et ex certa sciencia confirmabit; et pro predictis
omnibus et singulis perpetuo et inviolabiliter observandis, prefatus
procurator, nomine quo supra, sponte tactis sacrosanctis euvangeliis,
corporale prestitit juramentum. Tenor autem dicte procuracionis,
sive literarum sigillatarum sigillo prepositure Parisiensis, de quibus
supra fit mentio, talis est.

A touz ceus qui ces presentes lettres verront, Hugues de Crusy,
garde de la prevosté de Paris, salut. Sachent tuit, que par devant
Gile de Dynant et Pierre de Lieuviller, notayres jurez establiz de par
nostre seigneur le roy ou Chestellet de Paris, ausquiex nous adjotons
foy pleniere en cest cas et en greneur et quant aus choses qui s'ensuivent oir, et à nous raporter, commis et deputez de par nous et en

lieu de nous, furent present par devant, religieus hommes et honestes, frere Rogier de Lanel, prieur de la maison de freres de Saint Augustin de Paris ; frere Denis de Bourc, mestre en divinité ; frere Albart de Pade, frere Andrieu de Perruches, frere Jaques de Apens, frere Jehan de Mes, frere Nichole de Vinesch, frere Thomas d'Argentuel, touz bachalers en divinité ; frere G. de Paris, frere Jehan de Bourges, frere Bernart de Orbeint, frere Andrieu de Florence, frere Angle du Chestel, freres Alides de Feras, frere Guillaume de Grece, frere François de Isterant, frere Henri de Treves, frere Guillaume de Limos, frere Michiel de Treves, frere Bertrant dou Bordel, frere Bernart de Fuat, frere Fouché de Authon, frere Pierre d'Alait, frere Robert de Paris, frere Huguelin d'Escoube, frere Denis de Col, frere Jehan de Honguerie, frere Jehan de Magonce, frere Thomas de Honguerie, frere Nichole de Teram, frere Bertholomieu de Pade, frere Regnaut de Bresse, frere N. de Saint Denis et frere Jehan Migaudel, touz freres et du convent de ladite maison de Saint Augustin de Paris, lesquiex prieur et touz les freres dessus diz, touz conjoientement, ensemble, ou nons de eulz et de tout le convent d'icellui, pour ce faire, touz ensemble en plain chapitre, de comun assentement et pour le profit et governement de leur dite maison, si comme il disoient pour devant lesdiz notaires jurez, firent, ordenerent et establirent, pour eus et pour tout le convent d'icelle maison, leur procureur general et message especial, frere Jehan Migaudel, dessus nommé, pourteur de ces lettres, en toutes leurs causes, querelles et besoignes que il ont et entendent à avoir, meuves et à meuvoir, tant pour eus comme contre eux, contre toutes personnes, par devant touz juges, tant d'iglise comme seculiers, donnanz à leur devant dit procureur plain povoir, auctorité et mandement especial de estre pour eus en jugement et hors, par tout où il porront avoir à fere, de pladier pour eux et de plait entamer, etc. . . . .

Et especiaument, de vendre toutes livrées de rente que il avoient, tenoient et poursivoient, appartenant à leur dite maison, sus les emolumenz de la prevosté d'Amiens, de fere en et bailler bones lettres de ventes souz quelcunque scel et teneur que il lui plara, de sustituer en lieu de lui un procureur ou plusieurs qui ait ou aient le mesmes povoir que dessus est dit, ou tant comme il en plara audit procureur, donné à yceux de rappeler ycellui ou yceus, cest procuration demeure en sa force et vertu, de dire, fere, fere ordener, demander et acorder, en et de toutes choses appartenanz à l'estat et au governement de ladite maison en general et en especial, tretout autant et ausi à avant comme ledit prieur et tout le convent d'icellui lieu faroient et pourroient faire, se presenz y estoient, promettent, seur l'obligacion de touz leurs biens meubles et temporel de ladite maison et par leurs seremenz, à avoir ferme et estable tout ce qui, par ledit procureur, par le substitut ou substituz de eulx, sera fait et procuré, et paieront le juge, se mestiers est. En tesmoing de ce, nous, à la relacion desdiz notaires jurez, avons mis en ces lettres le seel de la prevosté de Paris. Ce fu fait le mercredi après la Saint Sauveur, vint et huit jourz de may, l'an de grâce mil CCC vint et sis.

Item, sequitur tenor dictarum litterarum regiarum qui talis est :

Philippus, Dei gratia Francorum et Navarre rex. Notum facimus universis tam presentibus quam futuris, nos infrascriptas vidisse litteras, formam que sequitur continentes.

Universis presentes litteras inspecturis, R.[1], Bolonie, et B.[2], Convenarum comites, ad inquirendum contra officiarios regios in villa, prepositura et vicecomitatu Parisiensi, auctoritate regia deputati, salutem. Litteras regias infrascriptas vidimus, tenorem qui sequitur continentes.

Philippus, Dei gratia Francorum et Navarre rex, dilectis et fidelibus nostris deputatis a nobis ad inquirendum contra officiales et servientes nostros in villa, prepositura et vicecomitatu Parisiensi, salutem et dilectionem. Cum in quodam arresto nuper lato contra Henricum dictum Taperel[3] quondam prepositum nostrum Parisiensem, suis exigentibus demeritis justiciatum, inter cetera contineri dicatur, quod de bonis suis, unacum, cappellania fundetur de triginta libris annui et perpetui redditus ob remedium animarum defunctorum Lappe de Vic militis, Berengarii de Savignac armigeri, et Araouleti de Viva Curia clerici, per dictum tunc prepositum justiciatorum injuste, nec in dicto arresto declaratum sit in quo loco cappellania sit fundata; dictorumque justiciatorum amici, quibus eorum corpora restituta fuerunt, et per eos in domo fratrum sancti Augustini Parisiensis tradita ecclesiastice sepulture, consenssisse dicantur quod dicta cappellania fundetur in ecclesia supradicta. Mandamus vobis et vestrum cuilibet quatinus, si de dictorum amicorum assensu hujusmodi constet, quodque predicta contenta in arresto predicto existant de bonis dicti defuncti Henrici, dictam cappellaniam in predicta ecclesia faciatis fundari, antequam liberis ipsius H. defuncti, de hiis que gra-

----

1. Robert VII, comte de Boulogne, fils de Robert VI et de Béatrix de Montgascon, succéda à son père en 1314 selon les uns, en 1318 selon d'autres et mourut probablement le 18 janvier 1325; il avait épousé : 1° Blanche, fille aînée de Robert de Clermont, sixième fils de saint Louis; 2° Marie de Flandre, fille de Guillaume de Flandre, seigneur de Dendermonde.

2. Bernard VII succéda, en 1295, à Bernard VI son père, en vertu du don qu'il lui avait fait du comté de Comminges; il mourut en 1335.

3. Henri Taperel, prévôt de Paris depuis 1316, fut pendu le 25 juillet 1320 pour avoir fait exécuter un innocent pauvre en place d'un homme riche qui était condamné à mort, et, ajoute la chronique, pour plusieurs autres crimes. Cette pièce nous fait ainsi connaître un des chefs d'accusation relevés contre lui. (Voy. *Guillaume de Nangis*, éd. Géraud, t. II, p. 24 et 25, et *Recueil des hist. des Gaules et de la France*, t. XXI, p. 54 et 140.)

ciose ordinata sunt aliquid liberetur. Datum apud Vincennas die xviii octobris anno Domini millesimo trecentesimo vicesimo.

Nos igitur, viso arresto predicto contra ipsum Henricum defunctum nuper lato, inter cetera continente quod dc bonis suis una cappellania fundetur de triginta libris annui et perpetui redditus ob dictorum defunctorum remedium animarum, nulla declaracione in arresto predicto facta in quo loco dicta cappellania sit fundata ; vocatisque coram vobis dictorum defunctorum amicis, ac ipsis volentibus et consencientibus expresse quod dicta cappellania fundetur in ecclesia fratrum predictorum sancti Augustini, in qua dictorum defunctorum corpora tradita sunt ecclesiastice sepulture, ipsam cappellaniam in ecclesia predicta fratrum sancti Augustini Parisiensis, de bonis dicti defuncti Henrici esse fundandam declaramus, et ibidem, de bonis predictis, antequam liberis ipsius defuncti Henrici de bonis ipsis aliquid liberetur, ex potestate nobis auctoritate regia in hac parte attributa, fundari volumus et mandamus. Quocirca, baillivo Ambianensi et preposito Parisiensi, aut eorum locatenentibus et eorum cuilibet, precipimus et mandamus, quatinus de bonis ipsius defuncti Henrici Taperel, eisdem fratribus sancti Augustini, pro dicta cappellania in eorum monasterio Parisiensi fundanda, usque ad summam predictam, tradi et liberari faciant indilate. In cujus rei testimonium, sigilla nostra presentibus litteris duximus apponenda. Datum Parisius, die xxv octobris anno Domini Mo CCCo vicesimo.

Ut igitur prefati fratres dictas triginta libras annui redditus in certo loco habeant percipere, ipsas in et de quaterviginti libris rendualibus, quas ipse H., super emolumentis prepositure nostre Ambianensis ex suo conquestu percipiebat, capiendas ab eis cum prerogativa qua supra, presentibus assignamus ; adicientes insuper, ex uberiori gratia, quod sepedictis fratribus, vel eorum procuratori, liceat predictum redditum in manum alienam eciam prohibitam, si eis utile fuerit, vendicionis vel alio quovis titulo transportare. In cujus rei testimonium, presentibus litteris nostrum fecimus apponi sigillum. Actum Parisius, anno Domini millesimo CCCo vicesimo, mense decembri.

Super quibus, dicti emptores pecierunt a me notario publico infrascripto, sibi fieri duo publica consimilia instrumenta, et astantes invocaverunt in testes. Actum Parisius in loco dictorum religiosorum, videlicet in camera dicti procuratoris, anno, indictione, die et pontificatu quibus supra, presentibus religioso viro, fratre Johanne de Verduno tunc priore dicti conventus, ac providis et discretis viris Balduino Crequi preposito Monsterioli supra mare, Matheo dicto Le Toilier, Johanne Fessart, Ambianensis dyocesis, et Guillelmo dicto Au Clo, Parisiensi, testibus ad premissa vocatis specialiter et rogatis.

Et ego, Johannes Rufi de Cruce, Lausennensis dyocesis, alias dictus de Sabaudia, clericus apostolica publicus auctoritate notarius, premissis, una cum prenominatis testibus presens fui, et ea, rogatus, in hanc publicam formam redegi, signoque meo et nomine roboravi sub anno, indictione, die, lato[1] (*sic*) et pontificatu predictis.

Et nos, frater Johannes de Virduno, prior humilis fratrum heremitarum ordinis sancti Augustini Parisius, totusque ejusdem loci conventus, premissa omnia et singula suprascripta, prout per dictum procuratorem nostrum, pro nobis et nomine nostro et pro evidenti utilitate nostre ecclesie dictique conventus acta sunt, ea volumus, laudamus, approbamus, ratifficamus et ex certa sciencia tenore presentis instrumenti publici confirmamus, et in eorum omnium et singulorum testimonium et certitudinem pleniorem, sigilla nostra quibus utimur, presenti instrumento publico duplicato, una cum signo et subscriptione Johannis notarii publici suprascripti duximus apponendum. Datum in capitulo nostro ecclesie, nobis ibidem ad sonnum campane propter hoc specialiter congregatis, anno et die quibus supra.

Nos autem, omnia et singula premissa, rata habentes et grata, ea volumus, laudamus, ratifficamus, approbamus et tenore presentium nostra auctoritate regia confirmamus, et volumus quod predicti Johannes et Egidius, et eorum quilibet, prout unicuique eorum, pro rata sua competit, dictum redditum dictarum triginta librarum parisiensium, insimul vel per partes, in ecclesias, seu personas ecclesiasticas, religiosas vel seculares, contemplacione elemosine vel cappellaniarum fundacione, possint transferre et in pios usus conv[er]tere ac de redditu ipso ad pios usus ordinare et disponere, prout et quocienscunque sibi placuerit et visum fuerit expedire, quodque ecclesie et persone seu loca in quas vel que, redditum ipsum insimul vel per partes, ratione piorum usuum transferri continget, ipsum habeant, teneant et possideant in perpetuum, libere, pacifice et quiete et absque coactione vendendi, vel extra manum suam ponendi seu prestandi nobis propter hoc vel quibuscunque nostris successoribus financiam qualencumque. Quod ut firmum et stabile perpetuo perseveret, presentes litteras sigilli nostri fecimus impressione muniri; nostro tamen in aliis et alieno in omnibus jure salvo. Actum et datum Parisius, anno Domini millesimo CCC° vicesimo octavo, mense januarii.

Per cameram compotorum.

P. Julianus.

XXXIV.

1329 (n. st.), janvier. Paris.

Philippe VI confirme une lettre de Hugues de Crusy, garde de la prévôté de Paris, et de Aubert Belot, receveur du roi en la même vicomté, par laquelle ils donnent à Estienne de Gien, clerc du roi, moyennant un

---

1. Il faut sans doute lire *loco*.

cens annuel de 3 s. p., une place sise à Paris, sur la Seine, au delà du Petit-Pont.

(JJ. 65ᴮ, n° 233.)

Philippus, etc... Notum facimus universis tam presentibus quam futuris, nos infrascriptas vidisse litteras tenorem qui sequitur continentes.

A touz ceus qui verront ces presentes lettres, Hugues de Cruisy, garde de la prevosté de Paris, et Aubert Belot, receveur pour le roy nostre sire en la vicontée de Paris, salut. Sachent tuit que comme mestre Estienne de Giem[1], clerc du roy nostre sire, nous eust requis que nous, en non du roy et pour le roy, li baillissions à cense, pour li et pour ses hoirs, une place assise à Paris, outre Petit-Pont, sur la reviere de Senne, pour darriers la maison aus anfans feu Michiel de Creveaus, tenant par darriere à la maison où demouroit le dit Michiel ou temps qu'il vivoit et que il morut, et à la ruete par où l'en vait de Sacalie[2] droit à la riviere de Senne, en poiant chacun an au roy par le dit mestre Estienne et par ses hoirs, perpetuelment, à chacune feste de saint Michiel, trois soulz paresis; de laquel place le rois nostre sire, de qui cenz elle est, et à qui elle appartient, n'avoit nul profist ne emolument, pour ce que elle estoit et avoit esté lonctemps inhabitable. Nous, ouye la requeste dout dit M. Estienne, et nous enformez diligemment que pour ce que la dite place avoit esté lonctemps et estoit inhabitable, pourquoy li roys nostre sire n'en avoit eu profit ne emolument et y perdoit son droit, feismes crier à Paris publiquement par touz les lieus acostumez à fere criz en la ville de Paris, les choses dessus dites, pour savoir s'il apperroit aucun qui plus en voussist donner ou aucun droit reclamer en la dite place. Et pour ce que nuls ne comparut, ne apparut, qui riens en voussist ne offrist à bailler ou à donner, ne qui aucun droit y vosist reclamer, consideranz, et desiranz les choses dessus dites et fere le propfist du dit seigneur, avons baillé, cessé et quitté, baillons, cessons et quittons, ou nom du roy et pour le roy, perpetuelment, par la teneur de ces presentes lettres, au dit mestre Estienne de Giem, present et recevant pour lui et pour ses hoirs et pour ceus qui ont ou qui auront cause de li, ladite place, ainsit comme elle est et comme elle se comporte, avec toutes les appartenances et appendences d'icelle, pour trois solz de parisis de cens ou de rente perpetuel à rendre et

---

1. Étienne de Gien avait un fils, Robert, qui épousa Aunor, fille de Regnaut Buille, de Bourges. (Voir : Arch. nat., JJ. 65ᴮ, n° 130; lettres de Philippe VI confirmant des lettres de Jean, comte de Roucy, du 21 janvier 1327 (n. st.), et de Louis, comte de Flandre et de Nevers, du 8 mai 1327, qui l'autorisent à garder un fief noble.)

2. La rue Saccalie, puis, par corruption, Zacharie, allait de la rue Saint-Séverin à celle de la Huchette. (Jaillot, *op. cit.*, quartier Saint-André-des-Arcs, p. 147.)

poier au roy nostre sire, dou dit mestre Estienne et de ses hoirs et de ceus qui ont ou auront cause de luy, chacun am, perpetuelment, à chascune feste de saint Michiel, à laquelle rente poier, le dit mestre Estienne a obligié soy et ses hoirs et touz ses biens presenz et avenir. Et nous, icelle place, en nom du roy et pour le roy, li promettons garantir et deffendre envers touz. En tesmoing de ce, nous [avons] seelés cest lettres, c'est assavoir, nous, prevost de Paris, dou seel de la dite prevosté, et nous, receveur dessus dit, de nostre seel, duquel nous usons, avecques le seel de ladite prevosté de Paris. Donné le lundi apres la feste saint Martin d'iver[1], l'an de grâce mil CCC vint et cinc.

Nos autem, premissa omnia et singula, rata habentes et grata, ea volumus, laudamus approbamus et auctoritate nostra regia, tenore presencium confirmamus, salvo in aliis jure nostro et in omnibus alieno. Quod ut ratum et stabile perpetuo perseveret, nostrum presentibus litteris fecimus apponi sigillum. Datum Parisius, anno Domini millesimo CCC vicesimo octavo, mense Januarii.

Par le roy, à la relacion du doyen de Tourz.

Charroles.

XXXV.

1329 (n. st.), janvier. Bois de Vincennes.

Philippe VI abandonne en faveur des écoliers de la maison des Trésoriers, fondée à Paris, en la rue de la Harpe, 3 s. 6 d. de rente qu'il percevait sur la maison Sanson Fortin, possédée par les dits écoliers.

(JJ. 65ᴮ, n° 270.)

Philippe, etc... Savoir faisons, etc... que comme les escoliers de la maison que on dit des Tresoriers[2], fondez et demoranz à Paris, en la rue de la Harpe, aient tenu par l'espace de soissante anz ou environ, paisiblement, une maison appelée la maison Sanson Fortin, seanz en la dite rue, laquele leur fu amortie par noz predecesseurs roys de France, lonctemps a, si comme il dient, sur laquele maison, noz diz predecesseurs avoient acoustumé à penre et percevoir chascun an trois solz et sis deniers de rente pour cause de fons de terre ; et nous aussi, après eus, les y deussions avoir et prenre. Nous, pour Dieu et en pure aumône et de grace espicial, avons donné, quitté et

---

1. 18 novembre.

2. Le collège du Trésorier, fondé en 1268 par un trésorier de l'église de Rouen, était situé devant l'église de la Sorbonne, à l'angle des rues Saint-Cosme et Thomas d'Argenteuil ou des Poirées. Il fut réuni, en 1763, au collège Louis-le-Grand. (Lebeuf, *Hist. de la ville et de tout le diocèse de Paris*, édition Cocheris, t. I, p. 413 et 446, et *Topographie historique du vieux Paris*, t. VI, *Région centrale de l'Université*, p. 385.)

delessié, donnons, quittons et delassons à touz jours, par la teneur
de ces lettres auz diz escoliers qui sont à present et seront pour le
temps, les diz trois solz et sis deniers de rente, et volons que dores
en avant, il, ne leurs successeurs ne soient tenuz ne contrainz par
aucun à les mettre hors de leurs mains, ne à paier à nous ou à noz
successeurs aucune finance pour ycelle rente, sauf en autres choses
nostre droit et en toutes le droit d'autrui. Et pour ce que ce soit
ferme chose et estable à touz jourz, nous avons fait mettre nostre
seel en ces lettres. Donné au Boys de Vincennes l'an de grâce
M CCC XXVIII, ou mois de janvier.

Par le roy, à la relacion de l'aumosnier.

Ja. de Vertus.

XXXVI.

1329 (n. st.), février. Paris.

(JJ. 65ᴮ, n° 193.)

Confirmation par Philippe VI, de la vente des biens de feu Guillaume Au
Pied, d'Étampes, sis à Montlhéry[1] et à Longpont[2], faite à Jean de la Trinité, bourgeois de Paris, pour 240 l. p. Cette somme venait en déduction
de 300 l. t. que le dit Guillaume devait encore au roi sur une amende de
500 l. t., à laquelle il avait été condamné pour falsification de lettres.

Per cameram compotorum.

H. de Dompna Petra.

Collacio facta.

XXXVII.

1329 (n. st.), février. Châalis.

Philippe VI donne à Robin Hueline, sommelier de corps de la reine, pour
lui et ses successeurs, une maison confisquée sur Pierre Remi, sise à
Paris, rue Bourgtibourg[3].

(JJ. 65ᴮ, n° 198.)

Philippus, Dei, etc... A tous ceus qui verront ces lettres, salut.
Savoir faisons que nous, considerans les bons et agreables services
que Robin Hueline, somelier du corps nostre chere et amée compaigne la reine, nous a fais et à nostre dite compaigne, et fait encores
de jour en jour, de grâce espicial, avons donné au dit Robin et à ses
hoirs descendens de son corps, une maison seant à Paris, ou Bourc
Thiebaut, tenant d'une part à la maison qui fu Renier d'Anet, et
d'autre part à la maison Raoul Bourcette, en la censive Saint Eloy

---

1. Montlhéry, Seine-et-Oise, arr. de Corbeil, cant. d'Arpajon.

2. Longpont, Seine-et-Oise, arr. de Corbeil, cant. de Longjumeau.

3. Cette pièce doit être des derniers jours du mois de février, car, d'après
son itinéraire, Philippe VI était à Châalis le 26 de ce mois.

de Paris[1], chargiéc en deus solz parisis de fons de terre, dehus chascun en le jour de la Seint Remy au prieus de Saint Eleoy. Et volons
que le dit Robin et ses hoirs descendent de son corps puissent tenir
et posseir la dite maison et en faire comme du lour propre heritage,
en la meniere que jadiz Pierre Remy, de qui fourfaiture elle nous
est venue, la tenoit. Et que ce soit ferme et estable à touz jours,
nous avons fait mettre nostre seel en ces presentes lettres; sauve
nostre droit en autres choses et en toutes l'autrui. Donné à Chaalis[2]
l'abbaie, ou mois de fevrier, l'an de grâce mil trois cens vint et huit.

Per vos. Molinis.

XXXVIII.

1329 (n. st.), février. Paris.

Philippe VI, en confirmation d'une lettre de Philippe V le Long, de février
1320 (n. st.), autorise les écoliers de la maison Saint-Martin-au-Mont, de
Paris, fondée par Geoffroi du Plessiz, à accepter 100 l. t. de rente que
Miles de Noyers et sa femme, Jeanne de Montbéliard, sont obligés de donner audit Geoffroy à la suite d'un échange.

(JJ. 65ᴮ, n° 210.)

Philippe, par la grâce, etc. Nous faisons savoir à touz presens et
avenir, nous avoir veu les lettres de clere memoire Philippe, roy de
France et de Navarre, nostre très cher seigneur et cousin, contenanz
la forme qui s'ensuit :

Philippe, par la grâce de Dieu roys de France et de Navarre, nous
faisons asavoir à touz presens et avenir, que, comme Miles, sires de
Noiers, nostre amé et feaul chevalier, Jehanne de Montbeliart, dame
de Noyers[3], sa compaigne, soient tenu à asoier et delivrer à nostre
amé et feaul clerc, mestre Geffroy du Plasseiz, notaire de l'eglise de
Rome, cent livrées de terre à tournois dedens vint lieues près de
Paris, amorties à touz jourz pour luy et pour ses hoirs, successeurs,
et ceus qui de li auront cause, pour raison d'autres cent livres de

---

1. Sur l'étendue de la censive du prieuré de Saint-Éloi de Paris, qui, entre
autres, comprenait toute la rue du Bourgtibourg, jusqu'à la place du vieux
cimetière Saint-Jean, voir Lebeuf, *Hist. de la ville et de tout le diocèse de
Paris*, édition Cocheris, t. III, p. 413.

2. Châalis, Oise, arr. de Senlis, cant. de Nanteuil-le-Haudouin, comm. de
Fontaine-les-Corps-Nus.

3. Miles X de Noyers, fils de Miles IX de Noyers et de Marie de Châtillon,
maréchal de France dès 1302, conseiller du roi, bouteiller de France, avait
épousé : 1° Jeanne de Rumigny, morte en 1303; 2° Jeanne de Flandre-
Dampierre; 3° Jeanne de Montbéliard, morte en 1334. Il mourut le 21 septembre 1350. (Ernest Petit, *les Sires de Noyers, le maréchal de Noyers
Mile X.* Auxerre, impr. G. Perriquet, 1874, in-8°.)

terre, lesquelles, li diz mestres Geffroiz a bailliés au dit chevalier et dame, par l'eschange fait entre eulz dou herbergement de Vaus la Contesse et des appartinances, lequel est à présent des diz chevalier et dame, pour autres certainnes rentes baillées au dit mestre Geffroy par le dit eschange, si comme plus plainement est contenu en unes autres lettres sur ce faites; nous avons voulu et octroié, volons et octroions, de grâce especiaul, que les diz sire et dame de Noyers, leur hoirs et ceus qui de euls auront cause, les dites cent livres de rente ou de terre, puissent acquerre en quelque maniere et par quelque titre que il vouront ou porront en noz fiez, arrere fiez, censives et demainnes hors de toute haute justice, et bailler, delivrer, assoier et assigner au dit mestre G. ou à ceus qui de li auront cause, pour transporter ou mestre en collige d'escoliers ou d'autre persone d'iglise à touz jourz, en la maniere que le dit mestre Geffroy voudra ordener, et que icelles cent livres de terre ou de rente, celuy college ou celles personnes, ou quel ou esquelles seront ensy transportées et mises, puissent tenir, recevoir, prendre et esploiter par leur main et aient droit dou contraindre par esploitement de biens meubles et de chatiex pour le paiement d'icelles cent livres, pasiblement, sanz ce qu'il puissent estre contraint par nous ne par autres à les vendre ou mettre hors de leur main ou à paier finance pour ycelles à nous ou à noz successeurs rois de France. Et que ce soit chose ferme et estable en perpetuité, nous avons fait metre nostre seel en ces presentes lettres, sauf en autres choses nostre droit et tout autrui. Donné à Paris, l'an de grâce mil CCC et dis et nuef ou mois de fevrier.

Et comme les diz sire et dame de Noyers n'aient pas acquis ne assigné au dit mestre G. les cent livres de rente à tournois amorties, si comme tenuz y estoient, si comme le dit sire de Noiers nous a tesmoigné en verité, nous, à sa requeste et du dit mestre G., retenues en nostre chancellerie les lettres du roy Philippe dessus dit, par dessus escriptes, voulons et octroions que les escoliers de la maison Saint Martin ou Mont, de Paris [1], fondée par le dit mestre G. ou ceus qui du dit mestre G. auront cause, les dites cent livres de terre à tournois ja acquises en partie, et le remenant à acquerre où temps avenir, en quelque maniere et par quelque titre que il voudront ou porront, en nos fiez, arrerefiez, censives et demoinnes, hors toute haute justice, puissent tenir, recevoir, prendre et esploiter par leur

---

1. Voir, sur Geoffroi du Plessis, la fondation de la maison Saint-Martin-du-Mont et du collège du Plessis. (Jaillot, *op. cit.*, t. V, quartier Saint-Benoit, p. 113 et suiv., D. Félibien, *op. cit.*, t. I, p. 557, et le t. I des pièces justificatives, p. 372, Lebeuf, *op. cit.*, éd. Cocheris, t. II, p. 682 à 690, et *Topographie historique du vieux Paris*, t. VI, *Région centrale de l'Université*, p. 265.)

main et aient droit de contraindre par esploitement de biens meubles
et de chesteaus, pour le paiement d'iceus cent livres, pasiblement,
sanz ce que il puissent estre contraint par nous ne par autres à les
vendre ou mettre hors de leur main ou paier finance pour ycelles à
nous ou à noz successeurs rois de France. Et que ce soit chose ferme
et estable à touz jourz, nous avons fait mettre nostre seel en ces presentes lettres, sauf en autres choses nostre droit et tout autrui.

Donné à Paris, l'an de grâce mil CCC vint et huit, ou mois de
fevrier.

Per vos.

J. de Acy.

XXXIX.

1329 (n. st.), février. Paris.

Philippe VI, à la requête des confrères de l'hôpital Saint-Jacques aux
Pèlerins, amortit en faveur du doyen et du chapitre de Saint-Germain-
l'Auxerrois de Paris 27 arpents de terre, sis à Attainville, évalués à 3o l. p.
de revenu annuel, acquis de Pierre, Martin et Étienne de Carenne, frères,
moyennant 400 l. p., plus 10 l. p. d'autre revenu qu'ils pourront acquérir.

(JJ. 65B, n° 259.)

Philippus, etc... Notum facimus, etc..., nos infrascriptas litteras
vidisse, tenorem qui sequitur continentes :

A touz ceux qui ces presentes lettres verront, Hugues de Crusy,
garde de la prevosté de Paris, salut. Savoir fasons que par davant
nous, pour ce, furent presens en jugement, en lour propre persoines,
Pierres, Martin et Estienne dit de Carenne, escuiers, freres; affermerent en bone verité que il seuls et pour le tout, paisiblement, en
commun, pour non devis, de leur propre heritaige venu à eus par
la mort de feu Guillaume de Carenne, escuier, leur frere, avoient,
tenoient et possoient vint et sept arpens ou environ de terres gaai-
gnables assises en plusieurs lieus et en diverses pieces, ou terroier de
Attainvilles[1], es appartenances d'icel lieu et es partis d'environ,
mouvans et tenuz en fié nu à nu, tout à une foy et à un homage du
roy nostre sire; touz les quiex vint et sept arpens ou environ de
terre dessusdiz, avecques toutes leur appartenances, touz les droiz,
totes les segnories, justices, propri[e]tez, possessions, saisines et totes
les actions reeles personeles, mixtes, directes, taisibles, expresses et
toutes autres que lesdiz freres, tant conjointement comme diviseement, y avoient ou entendoient à avoir et envers quelcunques persoines, pour raison de tout ce, coment que ce soit ou fust, sans riens

---

1. Attainville, Seine-et-Oise, arr. de Pontoise, cant. d'Écouen.

excepter, iceux freres, de leur bon gré, pour leur commun profit, sans nul pourforcement, conjointement et principalement, chescun de eus pour le tout, sans aucune division, en eux demetant et ostant de la foy de l'omaige et de la saisine de tout ce, et en quitant iceux, et en renunçant y du tout, expressement, recognurent en droit, par davant nous ex avoir vendu, cessé, transporté, quité, octroié et delessé, par non de pure, simple et perpetuel vente, desorendroit, à touz jour, à honorables hommes et discrez, monseigneur le dean et le chapitre de l'eglise de monseigneur Saint Germain l'Aucerrés de Paris, achetans ou non de lourdite eglise, pour eus et pour leurs successeurs, à avoir, tenir et par droit de heritaige, poursoirs (*sic*), bien et en paiz d'iceus achateurs et leurs successeurs, sans riens retenir y ne reclamer de par lesdiz vendeurs, pour eux ne pour leurs hoirs, dores en avant, pour le pris de quatre cens livres de parisis que lesdiz ven-deurs, en bonne monnoie, bien comptée et nonbrée, confessent avoir eues et receues dezdiz achateurs ou de leur commendement, et ja mises et convertises en leur comun profit avant la confection de ces lettres, et dont il se tindrent enterinement pour contens et bien paiez par da[va]nt nous, et en quiterent absolument, à touz jours, lesdiz achetours, ceux qui ont ou auront cause de euls et touz autres à qui quitance en appartient, etc...

En tesmoing des queles choses dessusdittes, nous, à la requeste des diz vendeurs, avons mis en ces presentes lettres le seel de la prevosté de Paris, l'an de grâce mil CCC vint sept, le lundi vint troisime jour du mois de novembre.

Cum igitur, nobis, ex parte confratrum hospitalis Sancti Jacobi Parisiensis, fuerit supplicatum, quod de centum libris parisiensium annui et perpetui redditus, quem ex concessione inclite memorie Karoli, quondam regis Francie et Navarre, domini nostri carissimi, in ipsius regis feodis, retrofeodis, censivis vel allodiis, donacionis, emptionis, vel alio quocumque justo titulo, absque tamen justicia, poterant acquirere et acquisitum tenere ac possidere pacifice et quiete, absque coactione vendidi (*sic*) vel juxta (*sic*) manum suam ponendi, seu prestandi de redditu ipso, sibi vel successoribus suis financiam qualemcumque, quadraginta libre parisiensium annui red-ditus, acquisiti seu acquirendi per decanum et capitulum ecclesie Sancti Germani Autisiodorensis de Parisiis, cadentes, in utilitatem ipsius ecclesie convertende et quod dicte regie concessionis gracia dictis facta confratribus, de predictis centum libris parisiensium, ut predicitur, acquirendis, tam in dicte ecclesie, quoad quadraginta libras parisiensium anui redditus, quam in dictorum confratrum ac hospitalis sui predicti, quoad sexaginta libras parisiensium anui red-ditus que restabant, comodum, per divisionem hujusmodi redundaret. Nos, ipsorum confratrum supplicationi, favore benivolo in hac parte volentes prosequi, dictis decano et capitulo, per presentes concedimus quod ipsi, successoresque sui, suo et ecclesie sue predicte nomine, suprascriptas hereditates, videlicet viginti septem arpenta vel circiter terre cultibilis acquisita per eos, triginta libras parisiensium anui redditus vel circa communiter estimata valere, necnon decem libras parisiensium anui redditus acquirendi per ipsos sub modo et forma pretactis, teneant et possideant pacifice et quiete, absque coactione vendidi (*sic*) vel extra manum suam ponendi et absque prestatione finencie cujuscumque, nobis seu nostris suscessoribus adhibende. Quod ut ratum et stabile perseveret, fecimus nostrum presentibus apponi sigillum. Actum Parisius, anno Domini M° CCC° vicesimo octavo, mense februarii.

Per cameram compotorum.

P. Julianus[1].

XL.

1329 (n. st.), 28-31 mars. Paris.

Confirmation par Philippe VI d'une sentence arbitrale rendue par Robert d'Artois entre Thomas de Reims, clerc du roi, d'une part, et Perrot d'Aumalle, marchand de chevaux, demeurant à Paris, accusé du meurtre de Gilet De Sorle, neveu dudit Thomas, d'autre part.

(JJ. 65ᴮ, n° 293.)

Philippus, etc... Notum facimus quod nos vidimus quasdam litteras sigillo Castelleti nostri Parisiensis sigillatas, formam que sequitur continentes :

A touz ceus qui ces presentes lettres verront, Hugues de Crusi, garde de la prevosté de Paris, salut. Nous faisons assavoir que par devant Guiart d'Emery et Gile de Dinant, clers, notaires jurez establiz de par nostre seigneur le roy en Chestellet de Paris, aus quiex nous ajostons foy pleniere en ce cas et en grigneur et mesmement quant à ce, de par nous et en nostre lieu commis et envoiez, furent personelment establiz Perrot d'Aubemelle, marcheant de chevaux, d'une part, et honorable homme et sage, maistre Thomas de Rains, clerc nostre seigneur le roy, Aderon et Marson, seurs de fut Gilet Le Sorle, neveu dudit maistre Thomas, d'autre part, affermerent et

---

1. Pierre Julien était garde du trésor des chartes. Il exerça ces fonctions sous Charles IV et Philippe VI. On le trouve avec ce titre dès le commencement de l'année 1325, et il le garda sans doute jusqu'à sa mort qui dut survenir dans le courant de 1332. (Voy. Arch. nat., J. 476, nᵒˢ 21-35, Bordier, *Archives de la France*, p. 130 et 134, et *Bibl. de l'Éc. des chartes*, 1894, p. 600, *l'Hôtel de Philippe VI de Valois.*)

en bonne verité recognnurent; c'est assavoir : ledit Perrot, que il avoit esté banny pour cause de la soupeccon de la mort dudit feu Gilet, et que, depuis ce, le roy nostre sire li avoit ledit ban remis et pardonné et tout ce qui ensui s'en estoit et toutes autres painnes, se couple y avoit eu, de sa grâce espicial, si comme il appart par la teneur des lettres nostre seigneur le roy, dont la teneur est ci dessous escripte; et ledit maistre Thomas, que il s'estoit efforcié de impugner ladite grâce en la presence du roy nostre sire, de monseigneur Robert d'Artoys[1], conte de Biaumont, et d'autres seigneurs, par plusieurs raisons que il proposa lors et que du commandement dudit roy nostre sire et de s'autorité, ledit conte de Biaumont s'estoit chargiez du descort dessusdit, et que d'acort lesdites parties s'estoient du tout mises en la plaine volonté et ordenance dudit conte et promis à tenir, acomplir et enteriner ce qui fait en seroit par li, en voulant et octraient que ledit conte cogneust du fait dessusdit et de toutes les circonstances d'icelui, de tout ce qui s'en estoit ensui et des domaiges et interès faiz pour cause d'yceluy, tant par la confession dudit Perrot, comme autrement, souffisaument, afain que les dites parties fussent et demoressent desorennavant en pais, et que le dit conte, sceu et enquis de ce, avoit santencié, dit et pronuncié et fait dire, pronuncier seur ce sa sentence et ordenance par la bouche de monseigneur Thomas de Marfontaines, chevalier, present monseigneur l'avesque de Biauvés[2], P. de Villebraimme[3], ledit maistre Thomas et ledit Perrot, le mardi avant la saint Pierre, en favrier darrenerement passé, en l'ostel du dit P. de Villebresme, que ledit Perrot criroit merci audit maistre Thomas de Rains et li requerroit que il li perdonnast touz mauls talans et tenist pour descoulpe du fait dessusdit et que il yroit en pelerinage à Saint Jaques en Galice, si tôt comme ledit conte li diroist et en chargeroit, et que pour les fraiz, coustemens et domaiges que lidiz maistre Thomas havoit euz, soustenuz et encourus en faissant faire lediz bannissement et en la prosecution du fait dessusdit, combien que ledit Perrot en feust pur et innocent, et non obstant, ledit Perrot rendroit et paieroit au dit maistre Thomas ii[c] liv. par. à iiii termes; c'est assavoir : L l. à la Touz Sains prochenement venant, L l. à la Penthecoste ensivant,

---

1. Robert III d'Artois, fils de Blanche de Bretagne et de Philippe d'Artois, célèbre par son procès au sujet de la succession du comté d'Artois.

2. L'évêque de Beauvais était alors Jean de Marigny, qui occupa ce siège de 1313 à 1347.

3. Pierre de Villebresme fut procureur général au Parlement de 1323 à 1325. En 1328, on le trouve deuxième président. Il avait épousé Jeanne de Bellevue ou de Beauvoir, qui resta veuve le 23 novembre 1335 avec deux enfants, Mathias et Marie. (Aubert, *Hist. du Parlement de Paris, de l'origine à François Ier*, t. I, p. 385 et 391.)

l l. à la Toz Sains après ensivant et les autres l l. à la Penthecoste
après ensivant, en tele maniere que se il defailloit de paier le premier terme, que il fust suiz pour le tout, et que pour cen, de ce, il se
oblige en bonnes lettres de Chastellet, et son cors ausi, à tenir prisson, et parmi ce fait et acompli dudit Perrot, touz mauls talanz ces-
seroient entre lesdites parties et seroient pardonnez et seroit bonne
pais et amour entre eus, et demorcroit quittes et abbols (*sic*) ledit
Perrot, du fait de la mort dessusdite, se coulpe y avoit, et de touz
les domages et interes faiz et euz dudit maistre Thomas pour cen, de
ce; lesqueles particz recoignurent et confesserent par devant lesdiz
jurés, tant come en droit par devant nous, que en obeissent au dit et
ordenance dessusdit, c'est assavoir : ledit Perrot li avoir crié et
encore cria merci ausdiz maistre Thomas et s[e]urs, et leur avoit
requis et requist pardon, et avec ce, promist par son sarement et par
sa foy pour ce bailliée es mains desdiz notaires jurés, et gaiga es
mains d'yceus jurés, comme en la nostre, rendre et paier entirene-
ment audit maistre Thomas ladite somme des deus cens liv. par.,
aus termes dessusdiz, et en fiz sa propre depte, et voust et acorda
que se il deffailloit du premier paiement, que il soit suiz pour le tout,
que ladite grâce qui faite li a esté du roy nostre sire, soit nulle et
atainste du tout et ne se puisse adier, et que il, comme banniz,
puisse estre suiz et pruschiez, non contre[s]tant ladite grâce, à la
quele, demeintenant pour lors, il renonça du tout où cas où il seroit
deffaillanz ou remis d'enteriner, de paier et acomplir ce que dit est,
fust en tout ou en partie, et avec ce, à mettre et à tenir son cors en
prisson fermée par tout, pour faire en justice, selonc la qualité et
quantité du fait dessusdit ; et ensint, lesdiz maistres Thomas et seurs,
eus avoir promis et encores promistent par leurs serement et par leur
foy pour ce baillié es mains desdiz jurés, que satisfaction faite du dit
Perrot des choses dessusdites, si comme dist est, lediz Perroz ne
apprucheront ne ne faront apprucher par eus ne par autres ou temps
avenir pour ce, du fait dessusdit, etc.

La teneur des lettres de la grâce nostre seigneur le roy don mencion est faite dessus, est tele.

Philippe, etc. A touz ceus qui ces lettres verront, salut. Savoir
faisons que comme P. d'Aubemalle, jadiz demorant à Paris, ait esté
baniz de nostre reaume, pour ce que il ne se comparut mie à certaines jornées, auqueles il fut appellez par devant nostre prevost de
Paris pour la soupeçon de la mort Gilet de Sorle, neveu maistre
Thomas Le Sorle, nostre clerc ; et nostre très cher et feaul cosin, le
conte d'Eu, pour les bons service que lidiz P. li a faiz plusieurs
foiz, et espicialment à la jornée de hui, en la bataille sanz (*sic*) Caser[1]

---

1. Sous Cassel. La bataille de Cassel fut livrée non le 28 août 1328,

(*sic*) nous ait supplié que sus le fait de la mort dessusdite, et sur le dit bannissement, nous voussiens faire grâce et misericorde audit P. Nous, à la supplication de nostredit cosin, remetons et quittons, de grâce espicial, audit P. le ban dessusdit, et tout ce qui s'en est ensui, et le rappellons au pays, à ses biens et à sa renommée, et ja soit ce que il aferme que il est pur et innocent de la mort dessus dite, toute voie, se en aucune chose ou par aucune maniere en estoit coupables, si li pardonnons nous et quittons de grâce espicial et de nostre auctorité royal toute la painne corporelle que nous li peussions ou deussions faire souffrir, tan de droit comme de costume, par la cause de la mort dessusdite, en tant comme à nous puet appartenir comme seigneur et justicé. Et pour ce que nous volons que aucune satisfaccion soit faite à maistre Thomas dit de Rains nostre clerc, qui a poursivé par lonc temps ladite mort contre ledit P., par quoy sa consciance en soit appaisiée, ja soit ce que ledit P. s'en tigne pour innocent, comme dit est, et que il soit apparilliez de faire en, seur ce, audit maistre Thomas, si grans offres qu'il devra souffire, et plus grans qu'il ne devra pour ledit fait et les ha ja faites et offertes, si comme dit est. Nous mandons et commettons à noz amez et feaulz Thomas de Marfontainne et Gui Chevrier, chevaliers, nous consoilliers, par ces lettres, qu'il appellent par devant eus lesdiz maistre Thomas et Pierre et oient les offres que le dit P. fera pour le dit fait au dit maistre Thomas, et se il leur samble en leurs consciences, lesquelles nous en chargeons, que les offres doient souffire, que le dit P. fera audit maistre Thomas pour ledit fait, que il li facent recevoir et avoir agreables. Et parmi lesdites offres que ledit P. fera et que il sera tenuz de acomplir, se elles sont telles que elles souffisent à nos dessusdiz commissaires, soit que ledit maistre Thomas les ait agreables ou non, nous volons et octroions de grâce espicial et de certaine science et de nostre auctorité roial, que ledit P. soit et demeurt quitte et absols à touz jours mais doresenavant du fait de la mort dessusdite et que nul, quelque il soit, ne l'en puisse suir ne riens demander par quelconque voie que ce soit. Donnons en mandement, par la teneur de ces lettres, au prevost de Paris et à touz les autres justiciers de nostre roiaume, etc.

Donné es tentes de lez Casel, le xxviiie jour d'aoust, l'an de grâce, etc.

---

comme pourrait le faire croire cette lettre, mais le 23 ou le 24 août. Tous les chroniqueurs s'accordent pour la dater du jour de la Saint-Barthélemy ou de la veille. (*Froissart, G. de Nangis*, la *Chronique normande*, les *Istore et Chroniques de Flandre*, la *Chronographia regum Francorum*, etc..., une chronique citée par Kervyn de Lettenhove, *Froissart*, t. I, p. 516, dit que les Flamands descendirent en trois batailles « le mardy qui fut la nuit Saint-Bertelemieu. »)

En tesmoing de ce, nous, à la relation desdiz clers notaires jurés, avons mis en ces lettres le seel de la prevosté de Paris, l'an de grâce, etc..., le mecredi xxiie jour de fevr[i]er.

Item vidimus quasdam alias litteras sigillo carissimi et fidelis nostri Roberti de Attrabesio, comitis Belli Montis sigillatas, supradictis annexas litteris Castelleti Parisiensis, quarum tenor sequitur in hec verba :

A touz ceus qui verront ces presentes lettres, nous, Robert d'Artoys, conte de Biaumont, salut. Saichent tuit que l'ordenance, dit, sentence ou pronunciation, contenues les lettres parmi lesquelles ces presentes sont annexées, du commandement nostre seigneur le roy qui à ce nous avoit commis, avons dit, ordené, sentencié et pruncié par monseigneur Thomas de Marfontaine, chevalier et conseillier de monseigneur le roy, en la maniere qu'il est contenu es lettres parmi lesqueles ces presentes sont annexées; et pour ce que monseigneur le roy li avoit fait grâce de tant comme à li appartenoit, des mesfaiz de quoy il estoit aproché, en faisant satisfaction à partie, lequel a sateffié à partie, si comme il appert parmi les lettres, parmi lesqueles cestes sont annexées, et pour ce, ses biens estoient tenuz, et meubles et heritages, pour la cause contenue esdites lettres; par nostre dit, prononciation ou sentence, feimes dire et prononcier que il li seroit renduz quités et delivrés, se pour autre cause n'estoient tenuz que pour les meffaiz de quoy il estoit aproché, et en sera ostée la main du roy nostre sire et touz autres empeschemenz. En tesmoing de ce, nous avons mis nostre seel à ces presentes lettres. Donné à Paris le mardi après l'Anonciation Nostre Dame en mars[1], l'an de grâce, etc.

Nos autem, premissa omnia et singula in supradictis litteris, tam Castelleti nostri Parisiensis quam comitis Belli Montis predictorum contenta, prout superius est expressa, rata habentes et grata, ea volumus, laudamus, approbamus et eciam tenore presentium confirmamus. Quod ut, etc. Actum Parisius, anno Domini millesimo CCCo vicesimo octavo, mense marcio.

Per vos.

G. Buyn.

Collacio facta.

XLI.

1329 (n. st.), mars. Paris, au Louvre.

Philippe VI donne à Geoffroy Le Petit, couturier, valet de sa garde-robe, une maison sise à Paris, au Bourg-Tibourg, confisquée sur Pierre Remi.

(JJ. 65B, no 27.)

Philippe, etc. Savoir faisons à touz presenz et avenir que nous, de

---

1. 28 mars 1329.

grâce special et pour consideracion et recort des bons services que nostre amé Jouffroy Le Petit, cousturier, vallet de nostre garde robe, nous a faiz et fait onquores chescun jour; nous avons donné et donnons audit Geffroy, pour luy, pour ses hoirs, pour ses successeurs et pour ceulx qui auront cause de luy ou d'eulx, à touz jourz mes, une meson seant à Paris où Bourc Thibout, tenant d'une part à la meson qui fut mestre Jehan Le Mesnagier, et d'autre part à la meson Raoulet Boursete, à tenir et à poursoir (*sic*) dou dit Geffroy, de ses [hoirs] et de ses successeurs et de ceulx qui auront cause de luy ou d'euls, comme leur propre heritaige, en la meniere que Pierre Remy, de qui forfaiture ladite meson nous vint, la tenoit. Et que ce soit ferme chouse et estable, etc...

Donné à Paris, ou Louvre, l'an mil CCC XXVIII ou mois de marz. Par nostre seigneur le roy.

Robert, dit Le Clerc.

XLII.

1329 (n. st.), mars. Paris, au Louvre.

Philippe VI donne à Raoul Boursète, sommelier de son fils Jean, une maison sise à Paris, au Bourg-Tibourg, confisquée sur Pierre Remi.

(JJ. 65ᴮ, n° 221.)

Philippe, etc... Savoir faisons à touz presenz et avenir, que nous, de grâce special et pour consideracion et recort des bons services que nostre amé Raoul Boursete, sonmelier dou cors Jehan nostre filz nous a faiz et fait encore chascun jour entour nostredit filz, avons donné et donnons audit Raoul, pour lui, pour ses hoirs et pour ses successeurs et pour ceux qui auront cause de luy ou d'eux, à touz jourz mes, une maison seant à Paris ou Bourc Thybout, tenant d'une part à la meson Geffroi le cousturier, et d'autre part à la meson Robin Huleine, à tenir et à pourssuivre doudit Raoul et de ses successeurs et de ceux qui auront cause de luy ou d'eux, comme leur propre heritage, en la maniere que Pierre Remy, de qui forfaiture la dite meson nous vint, la tenoit. Et que ce soit ferme et estable chose à perpetuité, etc...

Donné à Paris, ou Louvre, l'an mil CCC XXVIII ou moys de marz. Par nostre seigneur le roy.

Robert, dit Le Clerc.

XLIII.

1329 (n. st.), mars. Paris.

Philippe VI autorise le transfert à Gille, dit Chat-Blanc, boucher et bour-

geois de Paris, d'un étal à la halle de la boucherie de Paris, qu'il avait donné
à Renier de Vilars, cuisinier de la reine, pour lui et ses héritiers.

(JJ. 65ᴮ, n° 258.)

Philippus, etc... Notum facimus, etc..., quod cum per nostras alias
litteras quas penes cancellariam nostram retineri fecimus, grata con-
siderentes et accepta servitia, que carissime consorti nostre regine,
Renerius de Vilaribus quoqus ejus, diutius fecit et in officio suo facere
non desistit, eidem Renerio, suis heredibus et ab ipso causam habentibus seu habituris, premissorum consideracione, stalum unum, nobis
illa vice jure nostro regio debitum, hereditarie, in hala carnificerie
Parisiensis, ex certa scientia duxerimus concedendum, tenendum et
possidendum ab ipso et suis heredibus predictis, perpetuo, tanquam
suum, per se aut per alium seu alios, ejus aut eorum nomine et pro
ipsis, cum emolumentis ipsius universis, dictusque Renerius, ex nostra
scientia predicta, stali possessione predicti pacifice assecutus, illud
et quicquid juris habebat in eo, certo titulo cesserit et transtulerit in
Petrum dictum Chat Blanc, filium Egidii dicti Chat Blanc carnificis
et civis Parisiensis, ab ipso Petro, suis heredibus, successoribus et
causam ab eis habituris, perpetuo tenendum et possidendum pacifice
tamquam suum. Nos, ipsius Renerii cessionem et translacionem predictas, ratas et gratas habentes, etc...

Quod ut, etc... Actum Parisius, anno Domini Mᵒ CCCᵒ vicesimo
octavo, mense marcii.

Per vos.

J. d'Acy.

XLIV.

1329, mai. Saint-Germain-en-Laye.

Lettres par lesquelles Philippe VI autorise l'abbé de Sainte-Geneviève à
construire un moulin à vent sur les remparts de Paris situés au-dessous
des murs de ce monastère.

(JJ. 67, n° 55.)

Philippus, Dei gratia, etc... Notum facimus, etc..., quod cum abbas
monasterii Sancte Genovefe in Monte, Parisius[1], supplicasset nobis
quod concederemus sibi licenciam construendi et levandi de novo
unum molendinum ad ventum in et supra muros ville Parisiensis,
infra muros abbatie Sancte Genovefe predicte inclusos; nosque commi-
sissemus preposito Parisiensi, quod de et super comodo et incomodo

---

1. L'abbé de Sainte-Geneviève était alors Jean IV de Saint-Leu, qui conserva cette charge jusqu'à sa mort, en 1334.

ac prejudicio que possent sequi et evenire ex constructione et levatione hujusmodi molendini inquireret, seu se informaret, et relacionem inde nobis faceret. Nos, relacione dicti prepositi super hoc
nobis facta, audita et plenius intellecta, more predecessorum nostrorum desiderentes augeri jura et comoda ecclesiarum regni nostri,
presertim dicti monasterii ad quos (*sic*) affectionem gerimus specialem,
prefato abbati, pro se et successoribus suis, propter Deum, et in anime
nostre remedium ac salutem, presentium auctoritate, concedimus
licenciam construendi, elevandi, habendi et tenendi imperpetuum
hujusmodi molendinum ad ventum in et supra murum ville Parisiensis predictum, quathinus est infra muros abbacie predicte. Quod ut
ratum et stabile perpetuo perseveret, presentes litteras eidem abbati
et successoribus duximus concedendas, quibus nostrum fecimus
apponi sigillum. Actum apud Sanctum Germanum in Laya, nostro
in aliis et alieno in omnibus jure salvo, anno Domini millesimo CCC
vicesimo nono, mense maio.

Per dominum regem ad relacionem thesaurarii Remensis.

Ger[vasius].

XLV.

1329, 3 juin.

Lettres de Philippe VI accordant à Jean de Chelles, chanoine de la chapelle
royale de Paris, sur le rapport des maîtres de ses œuvres, la partie du
local occupé par Guillot, concierge du palais, située à gauche de l'entrée
dudit palais, pour y établir son cellier et son écurie.

(JJ. 67, n° 14.)

Philippus, etc... Notum facimus, etc..., quod conquere[n]te nobis
Johanne de Kala, dilecto capellano nostro et canonico capelle nostre
regalis Parisiensis, et dicente domum suam, quam ratione dicte
capelle tenet ad presens, non habere celerium ad ponandum vina
sua, nec aliter esse sufficientem et abilem ad recipiendum garnisiones
suas neccessarias, nec eciam equos suos, quodque Guillotus, janitor
pallacii nostri Parisiensis, plures mensiones habebat subtus domum
capellani predicti, que si recte dividerentur, uterque ipsorum, de eis
habere poterat sufficientem et sibi neccessariam porcionem; dilectis et
fidelibus nostris gentibus compotorum Parisius scripximus, ut quod
faciendum esset super hoc ordinarent; que gentes nostre, per magistros operum nostrorum fecerunt inspici mensiones, qui, eis visis et
diligenter inspectis, predictis nostris gentibus retulerunt, se mensiones dicti Guilloti cum diligentia visitasse, et estimasse partem mensionum ipsarum quas dictus Guillotus tenebat super (*sic*) domum
dicti capellani, in parte sinistra ingressus palacii nostri sicud in pro-

funditate, altitudine, longitudine et lattitudine se extendunt, dicto capellano tradi posse, et alteram, in dextra parte ingressus dicti palacii existantem, dicto Guilloto sufficere, secundum decenciam sui status. Qua relatione audita, dicte gentes nostre, partem illam sinistram statim dicto capellano, juxta dictorum magistrorum relacionem et mandati nostri super hoc eis directi tenorem et formam, deliberari fecerunt et tradi, tenendam ab eo et suis in dicta domo successoribus, pro conservandis et tenendis eorum garnisionibus et aliis pro se et familia sua neccessariis, de cetero et imperpetuum possidendam. Nos vero, deliberationem et traditionem dicte domus per dictas gentes nostras factas dicto capellano, ratas habentes et gratas, ea[s] volumus, laudamus, approbamus et auctoritate nostra regia tenore presencium confirmamus. Quod ut ratum et stabile permaneat in futurum, presentibus litteris, nostrum fecimus apponi sigillum. Datum die tercia, mense junii, anno novem.

Per dominum regem.

Barriere.

Facta est collacio.

XLVI.

1329, juin. Banthelu.

Confirmation par Philippe VI de l'amortissement fait par Philippe le Bel en faveur du prieur et des frères de Sainte-Catherine de Paris, de l'ordre du Val-des-Écoliers, des biens que leur donnèrent Jean Pennevaire, chevalier, et Lucienne, sa femme ; le roi abandonne aussi tout droit qu'il pourrait avoir sur ces biens, en totalité ou en partie, pour une cause quelconque.

(JJ. 66, n° 8.)

Philippus, Dei gratia Francorum rex, notum facimus universis tam presentibus quam futuris, quod cum carissimus dominus et patruus noster, Philippus quondam Francorum rex, dum viveret, priori et fratribus domus beate Katherine Parisiensis, ordinis Vallis Scolarium[1], per alias suas litteras concessisset quod ipsi, possessiones quasdam et bona quas et que Johannes Pennevaire miles et Luciana ejus uxor, dictis priori et fratribus, pro se, suisque successoribus, perpetuo tenenda, pro remedio animarum ipsius militis et ejus uxoris, donacione irrevocabili facta inter vivos, in puram et perpetuam elemosinam dederant et concesserant, facta priuo, ex parte ipsius regis, de valore dictarum possessionum et bonorum inquisicione diligenti,

---

1. Les chanoines de l'ordre du Val-des-Écoliers s'établirent à Paris en 1228, entre la rue Saint-Antoine et la rue de la Culture-Sainte-Catherine. (Jaillot, *op. cit.*, t. III, *Quartier Saint-Antoine*, p. 13.)

quantum in annuo redditu valere poterant annuatim, tenere possent perpetuo, absque coactione vendendi vel extra manum suam ponendi, aut prestandi aliquam financiam pro eisdem, prout in ipsius domini regis inde confectis litteris plenius continetur. Nos sperantes eorundem prioris et fratrum apud Deum precibus adjuvari, nostrorum predecessorum piis vestigiis inherentes, qui religionis augmentum semper devotis affectibus sunt amplexi, eamdem concessionem laudantes, ratificantes ac eciam approbantes, eisdem, nomine dicte domus, de ampliori gratia concedimus quod ipsi eorumque successores, possessiones easdem bonaque predicta omnia et singula, non obstante si contra memoriam dicti militis et ejus uxoris, longe retroactis temporibus, sicut accepimus, defunctorum, per inquisitores heretice pravitatis, occasione pravitatis predicte, post ipsorum militis et ejus uxoris obitum, facti fuerint processus aliqui, seu eciam ipsis viventibus inchoati, vel alique prolate sentencie, aut contingat imposterum aliquos processus fieri vel sentencias proferri, per que, jus aliquod in dictis possessionibus et bonis eorumque arreragiis, nobis evenisse potuisset, vel obvenire posset, tenere et possidere possint perpetuo, pacifice, absque coactione vendendi, vel extra manum suam ponendi, seu prestandi financiam aliquam seu arreragia pro eisdem ; salvo in aliis jure nostro et in omnibus quolibet alieno. Quod ut firmum et stabile permaneat in futurum, presentibus litteris nostrum fecimus apponi sigillum. Actum apud Bantellu[1] mense junio, anno Domini millesimo trecentesimo vicesimo nono.

Per dominum regem, ad relationem domini Aymerici Guenaut[2] et archidiaconi Lingonensis.

Jac[obus].

XLVII.

1329, juillet. Paris.

Lettres de Philippe VI ordonnant au receveur de la vicomté de Paris de remettre à François Caussinel, en paiement de ce que lui devait son père Charles de Valois, le montant des droits qu'il perçoit sur une maison confisquée sur Pierre Remi, sise rue Vieille-du-Temple.

(JJ. 66, n° 11.)

Philippus, Dei gratia Francorum rex, notum facimus universis tam

---

1. Auj. Banthelu, Seine-et-Oise, arr. de Mantes, cant. de Magny.

2. Aimeri Guenaut, maître des requêtes de l'hôtel de Philippe VI, devint évêque d'Auxerre à la fin de 1331. Au commencement de l'année 1339, il fut transféré au siège archiépiscopal de Rouen qu'il occupa jusqu'à sa mort le 17 janvier 1343. (Lebeuf, *Mémoires concernant l'histoire d'Auxerre*, édition Challe et Quantin, t. I, p. 5o9.)

presentibus quam futuris, nos infrascriptas vidisse litteras, tenorem qui sequitur continentes :

A touz ceuz qui ces presentes lettres verront ou orront, Huges de Crusy, garde de la prevosté de Paris, salut. Sachent tuit que Aubert Belot, receveur de la visconté de Paris, nous a monstrées unes lettres du roy nostre sire, contenanz ceste fourme :

Philippes, par la grâce de Dieu, roys de France, au receveur de la visconté de Paris, salut. Nous avons bien veu ce que tu nous as rescript aus dos de nos lettres, à ce que nous t'avons mandé par ycelles, d'endroit de la maison que nous avons en la viez rue du Temple, pour cause de la forfaiture Pierre Remy ; et te mandons que tel droit comme nous avons en ladite maison et es appartenances d'icelle, tu bailles et delivres à François Caussinel par juste et loyal pris, et li baille ledit pris et t'en paie en le rabatent de celle somme d'argent, comme Nicolas de Condé et maistre Jehan l'Aigle, noz clers, ou l'un d'eux, te tesmoingneront que nostre cher seigneur et pere, que Diex absoille, li devoit, ou à ceux de cui il a cause, et prant sus ce souffisant quittance de luy. Mandons par ces lettres presentes à noz amez et feaulz les genz de noz comptes à Paris que il te descomptent et rabatent de ta recepte ledit pris. Donné à la Fontainne Nostre-Dame, l'an mil CCC vint et neuf, vint et un jour de may.

Item, nous monstra unes autres lettres seellées du seel dudit maistre Jehan l'Aigle[1], scellée de son seel, si comme il nous tesmoingna, contenanz ceste fourme :

A honorable homme et sage, au receveur de Paris, Jehan l'Aigle, salut. Savoir vous fais que quant monseigneur de Valoys, Charles, que Dieux absoille, trespassa, l'en trouva entre les debtes dudit seigneur, que l'en devoit à monseigneur Betin Cauchinel[2], chinc mille livres

---

1. Jean l'Aigle était alors clerc des comptes. C'est lui qui au mois d'avril 1328 fit effectuer le transport des archives particulières de Philippe de Valois, de la tour de Nesle au Palais. (*Journaux du trésor de Philippe VI de Valois*, n° 42.) Nous voyons qu'il avait la garde de ses chartes et lettres alors qu'il était comte de Valois. (Arch. nat., JJ. 268, fol. 1 v°.) Toutes ces pièces furent remises à M° Pierre Julien, qui était alors garde du trésor des chartes. (Ibid., fol. 52.) A la fin de 1338, il n'était encore que clerc. (*Journaux du trésor*, n° 5661.) Il devint ensuite maître des comptes. (*Ibid.*, n° 1185, 1468, etc.)

2. Betin Cassinel, originaire de Lucques, était en France avant 1287. Il devint maître des monnaies du roi (Arch. nat., J. 151, n° 27, — 11 avril 1298) et mourut le 18 octobre 1312. (C. Piton, *les Lombards en France et à Paris*, p. 114 et suiv.) D'après cet auteur, François Cassinel serait le petit-fils de Betin ; il mourut le 23 octobre 1360 et fut inhumé avec sa femme Alix les Champs dans la chapelle Saint-Nicolas du prieuré de Sainte-Catherine du Val-des-Écoliers à Paris. (Raunié, *Épitaphier du vieux Paris*, t. II, p. 284.) Un compte des dettes de Charles de Valois établi le 12 décembre

tournois floibes, valent seze cens soissante et six livres treze solz quatre deniers tournois fors, qui valent treze cenz trante et trois livres six solz huit deniers parisis fors; desquiex, François Chacinel a eu six cenz livres parisis par vertu d'unes lettres seellées du seel de Chastellet, donné l'an de grâce mil CCC neuf, le jeudi devant Pasques flories, rendues à court quatre jours de may trois cenz vint et huit, par le compte de maistre Jehan Hautfuné[1] et Nicolas de Condé, commissaires deputez à paier les obseques et les debtes du dit monseigneur de Valoys; par lesquelles lettres rendues à court, appert que ledit monseigneur Betim avoit donné audit François Cachinel six cenz livres parisis, un gros tournois d'argent compté pour douze parisis, à prandre, avoir et recevoir du dit François sus toute celle somme d'argent comme monseigneur de Valoys li devoit; par la vertu desqueles lettres, lidiz François ot lesdites six cenz livres parisis par le compte dessusdit, sanz ce que l'en li avaluast rien de ce que les gros tournois dessusdis povoient monter oultre lesdites six cenz livres parisis dessusdites, si comme il appert par le compte devantdit où l'en en fait mencion. En tesmoin de ce, j'ay mis mon seel à ceste presente lettre. Donné à Paris, xxe jour de juing, l'an de grâce mil trois cens vint et neuf.

Et pour obeïr, et acomplir le mandement du roy nostre sire, et la certificacion en la maniere que dit est, ledit receveur nous a rapporté et tesmoingné que diligemment il s'est enfourmez que Pierre Remy, où temps qu'il vivoit, avoit et prenoit paisiblement sus une maison qui jadiz fu soue, assise en la viez rue du Temple, laquelle il avoit baillée à cens à Regnaut Le Couvreur, Anglois, et à Perrenelle, sa femme et à leurs hoirs, pour le pris et pour la somme de soissante quatorze solz parisis que ycelui Pierre Remy, si hoir ou ceux qui de lui auroient cause, pranroient et recevroient sus ladite maison dudit Regnaut ou de ceux qui d'eux auroient cause, après treze deniers maille de fons de terre que elle doit à Saint-Eloy de Paris, en qui censive elle siet, et après quarente-six souls que ladite maison doit à Nicolas Quipye, bourgeois de Paris, laquelle maison tient à feu Guillaume de Fontenoy, tesserrant, d'une part, et d'autre part à Henry de Tinville, et aboutist par darrière à la maison qui fu feu Roger du Liz, les quieux soissante quatorze solz parisis dessus

---

1332 par Nicolas de Condé et vérifié par Jean Hautfuné et Jean l'Aigle montre qu'il était encore dû 420 l. p. à Betin Cassinel et 258 l. 14 s. 4 d. p. à son frère Somat Cassinel. (Arch. nat., J. 164B, n° 58 bis.)

1. Jean Hautfuné, élu évêque d'Avranches au commencement de l'année 1331, occupa ce siège jusqu'au 4 juin 1358, date de sa mort. (Gallia christiana, t. XI, col. 490, et Recueil des historiens des Gaules et de la France, t. XXIII, p. 569, 226 et 227.)

diz que ledit Pierre Remy avoit et prenoit sus ladite maison, ledit receveur a fait prisier et avaluer qu'il puent valoir à deniers comptans, pour acomplir la teneur des lettres du roy nostre sire, quarente livres parisis. Et d'yceux soixante quatorze solz de rente dessusdiz, ledit receveur, si comme il disoit, en avoit mis en corporel saisine, et commandé audit Regnaut que, d'ores en avant, il paiast et delivrast ladite somme audit François, en la maniere que acoustumé l'avoit à paier audit Pierre Remy; c'est assavoir, aus quatre termes de Paris acoustumés. Et à gregneur confirmacion des choses dessusdites, ledit receveur nous requist que nous meissions le seel de la prevosté de Paris en ces lettres qui furent faites l'an de grâce mil trois cens vint et neuf, le vint et quatriesme jour de juing.

Nos autem, omnia et singula supradicta, prout superius sunt expressa, rata habentes et grata, ea volumus, laudamus, approbamus et auctoritate nostra regia tenore presencium confirmamus, salvo in aliis jure nostro et in omnibus quolibet alieno. Quod ut firmum et stabile permaneat in futurum, presentibus litteris fecimus apponi sigillum. Datum Parisius anno Domini M CCC vicesimo nono, mense julii.

Per thesaurarios.

P. Julianus.

Facta est collacio.

XLVIII.

1329, juillet. Paris.

Philippe VI confirme : 1° un accord intervenu entre les pêcheurs d'Étaples, Rue, Saint-Valery, Cayeu, Ault, le Tréport, d'une part, et Angelin Beloce de Gênes, demeurant à Paris, d'autre part, accord d'après lequel ils concèdent audit Beloce, en retour de ce qu'il a obtenu la suppression du *Hellebic*, un droit de deux deniers par panier de poisson amené aux halles à Paris; 2° un autre accord entre ledit A. Beloce et Nicolas Aguinoffle, Douce de Florence et Jean Pelitte, d'après lequel ces derniers et leurs héritiers auront à perpétuité les trois cinquièmes de ce revenu et A. Beloce les deux cinquièmes pour lui et ses héritiers, également à perpétuité.

(JJ. 66, n° 889.)

Philippus, Dei gratia Francorum rex, notum facimus universis tam presentibus quam futuris, nos infrascriptas vidisse litteras, formam que sequitur continentes :

A touz ceus qui ces lettres verront, Hugues de Crusi, garde de la prevosté de Paris, salut. Nous faisons asavoir que en la presence de Nicolas de Marville et Michiel de Donchery, clers, notaires jurés et establis ou Chastelet de Paris de par nostre seigneur le roy, à ce qui

s'ensuit oir et fealment raporter de par nous et en lieu de nous
especiaument conmis et envoiez, ausquix, quant à ce et en plus
grans choses nous adjoustons pleniere foy, furent pour ce personnelment establis Nicolas Aguinoffle, Douce de Flourence et Jehan
Pelitte, touz demourans à Paris, pour eulz et en leurs propres noms,
d'une part ; et Angelins Beloche, de Jannes, demourant autresi à
Paris, en son propre non et pour soy, d'autre part, recognurent et
confesserent ycelles parties, en boine verité, chascun par soy et sans
nulle force, contraintte ne aucune decepcion, de leurs boines volentés, que comme il eussent et aient fait ja pieça acort, compengnie et
convenances, ensamble et à leurs prouffiz ; c'est assavoir : seur tous
les emolumens, prouffis et utilités que il peussent et povoient ou
entendoient à avoir des personnes et marchans poissonniers de mer,
amenans et frequentans par an, et de jour en jour, poissons es halles
et en la ville de Paris, pour cause et raison de la cite, diligence, des
paines et missions que lesdites parties avoient soustenues, eues et
encourues à l'instance et [à] la requeste desdites personnes et marchans
poissonniers, ou povoient encourre et soustenir à pourchacier et
poursivre par devers nostre seigneur le roy ou son conseil, que li
rabas et males coustumes que l'en souloit faire et prendre de jour en
jour sur lesdites personnes et marcheans poissonniers de mer et
seur leurs denrrées venans esdites halles et en la ville de Paris, de
par les establis ou deputés à faire lesdis rabas qui estoient commu-
nement appelez *Hellebic*[1], feussent du tout en tout et soient rabatus,
mis jus et anichilés perpetuelement par ledit nostre seigneur le roy
et par ses gens. Parmi lesquix accors, compaignie et convenances,
ledit Angelin Beloce devoit et doit avoir, prendre et recevoir de
tous lesdis proffis, issues et emolumens, et de quelconques cour-
toisie, une ou plus, en quelque maniere que ce soit ou feust, qui de
ce pevent et porroient issir, venir aus compengnons dessusdis et à
leur compengnie ; c'est assavoir : de cinc parties, les deus parties
tant seulement et lesdis Nicolas Douce et Jehan Pelitte[2], devoient et
doivent avoir, prendre et recevoir les autres trois parties, si comme
toutes ces choses et chascune par soy entre pluseurs autres, par unes

---

1. Le *Hellebic* était un droit qui se levait sur les marchands de poisson de
mer et qui était de 8, 10 et 12 sous pour chaque panier vendu à Paris. (Voy.
ci-dessus, n° 5, les lettres de Philippe VI abolissant ce droit.)

2. Le 22 décembre 1332, Nicolas Aguinoffle et Jean Pelitte vendirent ce
droit qui s'élevait à une maille tournois pour chacun d'eux, à prendre sur
les deux deniers parisis que payait chaque panier de poisson apporté aux
halles de Paris, au roi et à Martin des Essars, conseiller et maître des
comptes. Le roi céda ensuite au même Martin sa part en échange de 68 l.
18 s. 6 d. p. que ce dernier prenait sur le trésor à Paris. (Arch. nat., J. 151ᴬ,
n° 59.)

lettres seur ledit acort, compaignie et convenances faites, ottroiées et passées sous le seel de la prevosté de Paris, le[s] parties dessus nommées le disoient, et comme les clers, notaires jurez dessusdis le disoient estre plus plainement contenu; desquelles lettres, le commencement s'ensuit en ceste maniere :

A tous ceus qui ces lettres verront, Jehan l'Oncle[1], garde de la prevosté de Paris, salut. Nous faisons assavoir que, en la presence de Jehan dit le Comte et Michiel de Donchery, clers, notaires jurés establis ou Chastellet de Paris de par nostre seigneur le roy, à ce qui s'ensuit oir et feablement raporter, de par nous et en lieu de nous especiaument commis et envoiez, auxquix, quant à ce et en plus grans choses, nous adjoustons pleniere foy; furent pour ce personnelement establis Nicolas Agunoffle, Douce de Flourence, Angelin Beloce et Jehan Pelitte, tous demourans à Paris, affermerent en boine verité, que comme eulz emsemble, à l'aide et confort de leur amis et à l'instance et requeste des marcheans et poissonniers de poissons de mer. C'est assavoir : de Boulongne, de Estapes[2], de Calais[3], de Auge en Vimeu[4], de Crotoy[5], de Saint-Walery[6], de Wauben[7], de Dieppe, de Honnefleu[8], de Cayeu[9] et de Tresport[10], et cetera... Et ainsi se fenissent... Pour enteriner du tout la teneur de ces lettres, esquelles, en tesmoing de ce, vous, à la relacion et au rapport des clers, notaires jurés devantdis, avons mis le seel de ladite prevosté de Paris. Faites, données et acordées le jeudi vint et cinc jours d'[a]vril, l'an mil CCC vint et cinc.

Lesquelles lettres et toute la teneur d'ycelles enterinement, les dites parties, chascune pour tant comme il li touche et si comme il y sont obligiez et l'ont promis par foy et serment, de leurs certaines sciences, ratifierent, emologuerent, accepterent, approuverent, confermerent et en ce, du tout expresseement, se consentirent par devant les clers, notaires jurés dessusdis, tant comme par devant

---

1. Jean l'Oncle fut prévôt de Paris de 1322 à 1325. Cette pièce permettra de préciser mieux que n'a pu le faire le *Trésor de chronologie*, col. 2186, la date à laquelle il cessa de remplir ses fonctions. Ce recueil donne le 18 août 1324 comme la dernière où on le trouve en exercice, tandis que nous le voyons encore prévôt le 25 avril 1325.

2. Étaples, Pas-de-Calais, arr. de Montreuil, ch.-l. de cant.

3. Calais, Pas-de-Calais, arr. de Boulogne, ch.-l. de cant.

4. Ault, Somme, arr. d'Abbeville, ch.-l. de cant.

5. Le Crotoy, Somme, arr. d'Abbeville, cant. de Rue.

6. Saint-Valery-sur-Somme, Somme, arr. d'Abbeville, ch.-l. de cant.

7. Waben, Pas-de-Calais, arr. et cant. de Montreuil.

8. Honfleur, Calvados, arr. de Pont-l'Évêque, ch.-l. de cant.

9. Cayeux, Somme, arr. d'Abbeville, ch.-l. de cant.

10. Le Tréport, Seine-Inférieure, arr. de Dieppe, cant. d'Eu.

nous, voudrent ycelles fermement demourer à tous jours en leur force et vertu, sanz nulle corrupcion et sans venir ne faire venir encontre jamès, à nul jour ou temps avenir, par eulz ne par autre, par quelque cause, titre, art ou cautele que ce soit. Et depuis, les choses devant dites de l'acort, compaignie et convenances contenues et einssi faites, comme dit est es lettres dont mencion ci-dessus est faite du commencement et de la fin, contens et descors feust et ait esté meus entre lesdis Nicolas, Douce et Jehan Pelitte, d'une part, et ledit Angelin Beloce, d'autre, seur ce que yceulz Nicolas, Douce et Jehan disoient et maintenoient que ycelui Angelin, contre la teneur de l'acort, compaignie et convenances contenues es lettres dessusdites, estoit alés tout seul et sans l'asentement desdis Nicolas, Douce et Jehan, seur les pors de mer; et il estoit acordé et avoit esté de par lesdites parties que ycelui Angelin n'y pourroit aler seul, sanz ce qu'il ne menast avecques lui l'un desdiz Nicolas, Douce ou Jehan, si comme il disoient. Seur lesquix pors de mers devantdis, ledit Angelin avoit traitié illeques, et acorda avecques lesdis marchans et poissonniers et pris de eulz obligacion et convenances pour soy et en son propre non, seul, de tous lesdis prouffis, issues et emolumens qui de eulz et à eus, et du pourchas dessusdit, povoit et devoit issir et venir; laquele chose, ledit Angelin ne povoit fere ne devoit avoir faite, fors tant seulement au prouffit de tous lesdis quatre compengnons, selonc la fourme et la teneur des lettres de l'acort, compengnie et convenances dessusdites. Et pour ce, disoient et avoient maintenu yceus Nicolas, Douce, Jehan, que ledit Angelin avoit et devoit avoir perdu enterinement tout le droit que il y povoit avoir et à eus devoit estre appliquié et acquis du tout. Le dessusdit Angelin disant et proposant pluseurs raisons au contraire, à soy espurgier et delivrer de ce, en disant que bien et loiaument avoit fait ce qu'il avoit fait et pourchacié, et que boinement, ne proffitablement ne povoit avoir eu des dis marchans poissonniers, liiens ne obligacions des proffis et emolumens dessus dis, que il entendoient et devoient avoir d'iceus en nulle autre maniere que prins les avoit, ja soit ce que il eust son effort, son pooir et son devoir fait, de l'avoir fait ou nom et pour eulz touz quatre dessusdis. Et tout ce qu'il en avoit fait en son non, que ce avoit esté et l'avoit fait pour le commun prouffit de eus tous ensemble et pour eschiver leur dommage, si comme ycelui Angelin disoit. A la parfin, les partie[s] dessus nommées, après plusieurs altercacions et raisons, tant d'une partie comme d'autre, pour bien de pais et d'amour, par le conseil de leurs amis à eschiver esclandre et toute matire de peraiz (*sic*) et de descors, tant du temps present, comme de et pour le temps avenir, se sont acordées et acordent encore ensemble, desorendroit, par la teneur de ces lettres seur tous et de tous les descors dessus devisés, en la fourme et en la maniere

qui s'ensuit. C'est assavoir : que ledit Angelin a volu et acordé
desorendroit, de sa bone volenté, que tous les prouffis, issues, courtoisies et emolumens qui pevent et doient venir tant à lui comme aus
dis Nicolas, Douce et Jehan Pelitte, si comme dessus est dit, des
personnes marcheans et poissonniers de mer dessusdis, pour les
causes et raisons dessus devisées, desores en avant, soient communes
et ordenées entre lui et yceulz Nicolas, Douce et Jehan, si comme
dit est par dessus, en quelque maniere que il leur puissent estre ou
soient deues, non contrestant ce que lesdites personnes, marcheans
et poissonniers de mer se soient obligiez envers ycelui Angelin, seul
et en son propre non à paier deus deniers ou certaine redevance
pour chascun panier de poissons qu'il ameneront ou feront amener
pour vendre es halles en ladite ville de Paris, et que tous lesdis
prouffis, issues, courtoisies et emolumens leur appartiegnent à chascun
pour telle porcion et ordenance, comme il est contenu es dites
lettres de l'acort, compengnie et convenances dessusdites. C'est
assavoir : que ledit Angelin et ses hoirs et tous ceus qui de lui ou
de ses hoirs ont et auront cause desores en avant perpetuelement et
hereditablement, à tous jours, en aient ou ait, doie et doient avoir
des cinc parties les deus, et lesdis Nicolas, Douce et Jehan Pelitte
et leurs hoirs et touz ceus qui de eus ou de leur hoirs, ont et auront
cause hereditablement et perpetuelment, desore en avant, à tous
jours, en aient et auront et doient avoir paisiblement et recevoir les
autres trois parties. Derechief a volu et acordé ledit Angelin, voust
encore, ottroie et acorde de sa certaine sience, par devant les clers,
notaires jurés dessusdiz, tant comme par devant nous, que tel droit
et tele action, enterinement, comme il peut et doit avoir pour cause
des lettres et obligacions faites en quelque maniere que ce soit à lui
seul et en son propre non, de par les dessusdites personnes, marcheans et poissonniers de mer, pour les causes et raisons dessus devisées, soient et demeurent, dores en avant, perpetuelment et hereditablement à tous jours, generaument, communes entre eulz, au proffit
et à l'utilité, tant d'ycelui Angelin, de ses hoirs et de tous ceus qui
de lui ou de ses hoirs ont et auront cause, comme desdis Nicolas,
Douce et Jehan, de leur hoirs et de tous ceus qui de eus ou de leur
hoirs ont et auront cause, selonc la porcion et l'ordenance de chascune d'ycelles parties, si comme dit est ; tout aussi bien comme se
que il feussent tous nommés, escrips et espesefiés esdites lettres et
obligacions du don et de l'ottroy des personnes, poissonniers et marchans de mer dessusdis, et tout selonc la forme et la teneur des
lettres, des convenances, compaignie et acors prumiers dites. Et tout
ce que il en a levé jadiz et la possession et saisine qu'il en a autressi
eue et receue, il confessa et recongnut de sa boine volenté, soy avoir
levé, eu et receu et avoir tenu et tenir ladite possession et saizine,

tant pour lui, comme pour lesdiz Nicolas, Douce et Jehan et en leurs propres noms, chascun selonc sadicte porcion ; et dès maintenant, ycelui Angelin, se plus grant droit ou action y avoit ou pooit avoir, leur en a fait et fait encore bonement et loiament cession, otroy et transport, enterinement, perpetuelment, à tous jours et leur en a baillié et delivré du tout la possession et la saisine par devant lesdis clers, notaires jurés, tant comme par devant nous par le baill et la teneur de ces lettres ; c'est assavoir : à chascun pour sa porcion, sauf et reservé à lui la siene porcion, en la maniere que dessus est devisé et qu'il est contenu esdites lettres d'acort, compaignie et convenances ; et encore à plus grant seurté de ce, ledit Angelin a volu et acordé, veut encore, otroie et acorde de sa bone volenté, que toutes les lettres et obligacions quelles qu'elles soient que il a et peut avoir desdites personnes, poissonniers et marchans de mer soient comprises et toutes encorporées en yces presentes lettres, lesquelles sont et seront, par l'acort desdites parties, quatre fois escriptes de mot à mot et vaudra chascune et sera tenue pour original. Desquelles lettres chascun d'iceus Angelin, Nicolas, Douce et Jehan Pelitte en aura et doit avoir unes pour eulz aidier ou ceus qui de eus auront cause dores en avant ou temps avenir ; desquelles lettres otroiés et bailliées desdites personnes, poissonniers et marchans de mer, lesquelles sont seelées du seel de ladite prevosté de Paris, la teneur de mot à mot s'ensuit en ceste maniere :

A tous ceus qui ces lettres verront, Hugues de Crusi, garde de la prevosté de Paris, salut. Savoir faisons que nous avons veu sis paires de lettres anixées les unes parmi les autres, seelées de pluseurs seaulz, saines et entieres en escriptures et en seaulz, si comme il appert ; desquelles la teneur de la premiere est telle :

A tous ceus qui ces lettres verront ou orront, li maires et li eschevins de la ville d'Estaples seur le mer, salut. Sachent tuit que, par devant nous vindrent en leurs propres personnes Simon Cointet, Laurens Sanson, Gilles freres, Thommas Tonnart, Julart Monnin, Baillieu le Brême, Bernart d'Estrece, Jehan Renier et Miquelet Goin, tous poissonniers, marchans de poissons de mer, faisans et representans la plus grant partie des autres marchans et compengnons poissonniers, des lieus, dont il sont frequentans la marchandise de poissons de mer en la ville de Paris, tous demourans en ladite ville d'Estaples, si comme il disent, tant en leurs propres nons comme es nons de tous leurs autres compaingnons poissonniers, à qui il touche et peut appartenir et touchier conjointement et deviseement ; et pour eus affermerent en bonne verité, que comme leur amé Angelin Beloce, bourgois de Paris, tant par lui comme par ses amis et à son pourchas, se soit bien et loiaument entremis et portés en leurs besoignes et à leurs requestes, et mesmement quant à pourchacier et

procurer par devers nostre seigneur le roy de France ou ses gens, à
anichiler et mestre au neant les helebis et rabas que aucuns estaliers
des halles de Paris leur faisoient de chascun de leurs paniers de poisson, sans ce que [de] tiex hellebis et rabas, nulz proffis en venissent par
devers nostre seigneur le roy ne à son commun prouffit de la ville de
Paris, si comme il disoit; eus volans en partie les biens et services
d'icelui Angelin, firent, ordenerent et establirent, font, ordenent et
establisent, tant conjointement comme diviseement et ou non que
dessus, leurs procureurs generaulz et messages especiaus, c'est assavoir : Jehan de Saint-Omer, mestre Michiel de Donchery et Jehan
Bruneste, et chascun de eus porteurs de ces lettres, par soy et pour
le tout, en telle maniere que l'un de eulz ne soit de pire condicion de
l'autre, quant à donner et otroier ou nom de eus et pour eus, ou nom
que dessus, au dit Angelin, pour li et pour ses hoirs et pour ceus qui
de li auront cause, desorendroit, à tous jours, perpetuelment et here-
tablement, en recompensacion des choses dessusdites et par don fait
entre vis, sans esperance avoir de le rapeler ne de venir encontre
à nul jour ou temps avenir, par quelque cause ou tiltre, art ou cautele que ce soit, deus deniers parisis de chascun panier de poisson,
quelque il soit, que il ameneront ou feront amener ou deschargier
dores en avant es halles de Paris, à prendre et à recevoir par les
mains d'ycelui Angelin, de ses hoirs ou de ceus qui ont ou auront
cause de lui, de establir ycelui à ce faire, procureur sans rappeler,
comme en leur propre chose, de obliger eus quant à ce, se mestier
est, et tous leur hoirs, veullans frequenter dores en avant ycelle
marchandise, ens es halles de Paris dessusdites, de faire en bonnes
lettres audit Angelin, obligatoires à ce tenir, en telle maniere et si
forment qu'il doie souffire audit Angelin, de supplier, de requerre
par devers ledit nostre seigneur le roy, qu'il li plaise le don des
deus deniers dessusdiz confurmer tant de fois que ledit Angelin le
requerra, en telle maniere et avant toute œuvre. Premierement, le
dessus nommé Angelin, ait par devers lui et mestre par devers les
dessusdis poissonniers et marchans et en leur mains, bonnes lettres
et bien parllans seelées du grant seel nostre seigneur le roy de France,
selon la teneur et la fourme de la procuration sus ce faite, seellées du
seel aus causes de la ville d'Estaples, en laquelle est contenu par mos
exprès, que ou cas là ou en feroit hellebic, dechies ou rabas aus dessus
dis marchans ou poissonniers ou à leur hoirs, de leurs paniers de
poissons qu'il aueroient amené es halles dessusdites, que dès là en
avant, il ne feussent tenus de paier au roy ne à ses gens, en la boîte
desdites halles le double coustume, fors que trois deniers et obole
parisis tant seulement pour chascun panier, si comme il ont usé de
paier anchienement; que ensement, en ceste mesme maniere, ou cas
que dit est, se il amenoit, lidit marchant ne leur hoirs ne soient

tenus de paier ne de rendre audit Angelin ne à ses hoirs, ne à celui,
ne à ceus qui de lui auront les deus deniers dessusdiz, pour la cause
de chascun panier, et generalment et especialment otroier, acorder,
exercer et procurer toutes autres choses et chascunne par soy qui à
celui don perpetuel et otroy seroient nessessaires et convenable, ja
soit ce chose que elles requissent especial mandement et que lesdis
marchans poissonniers et compengnons, tant conjointement comme
diviseement, feroient quant as choses dessusdites et chascune d'ycelles
et faire porroient, se il y estoient presens en leurs propres personnes; et à yceus deus deniers parisis dessusdiz de chascun panier
donner et otroier, en la maniere que dit est, audit Angelin et à ses
hoirs et non à autres personnes, s'acorderent et otroierent les dessus
diz marchans et poissonniers, pour ce qu'il furent souffisaument
enfourmés par les lettres du prevost de Paris, seelées du seel de la
prevosté de Paris, que ycelui Angelin, avoit de grant temps pou[r]sivi
et pourchassié, à ses propres cous et despens, lesdis rabas, lachies et
hellebis estre rabatus et du tout estre mis au neant; prometans
pour eulz et ou nom que dit est, par leur seremens et par la
foy de leur corps pour ce baillié en nostre main et d'abondant seur
l'obligacion de tous leurs biens, tant meubles comme inmeubles,
presens et avenir, lesquix desorendroit pour le temps venant, il
ont sousmis et sousmettent encore du tout quant à ce, à la juridicion et contrainte de quelque justice, une ou pluseurs, sous qui
il seront trouvés, que il ensamble, et chascun d'eulz, par soy et
pour le tout et ou nom que dessus, desorendroit, ont et auront ferme
et estable à tous jours, sans rapel, tout ce quanque par leurs devans
diz procureurs ou pour l'un d'eulz, ou nom que dit est, et pour eulz,
de toutes les choses dessusdites et de chascune d'ycelles sera recom-
pensé, donné, otroié, supplié, lié, obligié, fet, excercé et par quelconques autres manieres que ce soit, procuré. En tesmoignage de
toutes les choses dessusdites et de chascune d'icelles, nous, maires
et eschevins devant nommez, à la priere et à la requeste des devans
diz compaignons, marchans et poissonniers, avons [mis] nos seaulz
à cause, de la ville d'Estaples devant nommée à ces presentes lettres
faites et données à Estaples en l'an de grâce mil CCC vint et cinc, le
mardi vint et un jour, ou mois de jenvier.

La teneur de la seconde est telle :

A tous ceus qui ces presentes lettres verront et orront, li maires et
li eschevin de le ville de Ruc[1] sus le mer, salut. Sachent tuit que,
par devant nous, vindrent en jugement en leurs propres personnes
Thassin L'Escot, Engeren Godart, Jehan Lange, Jaques Boulet,
Richart Le Noirmant, Jehan Amiot et Guillaume Fere, touz voi-

---

1. Rue, Somme, arr. d'Abbeville, ch.-l. de cant.

turiers et marchans de poissons de mer, demourant en ladite ville..., etc.[1].

Données à Rue, l'an de grâce mil trois cens vint et cinc, le jeudi vint et trois jours de janvier.

La teneur de la tierce est telle :

A tous ceus qui ces lettres verront et orront, li maire et li eschevin de Saint Walery sus le mer, salut. Sachent tuit que, par devant nous, vindrent en jugement, en leurs propres personnes, Lucas Cassel, Colart le Queval, Thomas du Castel, Ricart Le Varoul, Jehan de Brisseuille et Willart Toulet, tous voituriers et marchans de poissons de mer, demourans en ladite ville, etc...

Données à Saint Walery, l'an de grâce mil CCC vint et cinc, le vendredi xiiii jours ou mois de janvier.

La teneur de la quarte est telle :

A tous ceus qui ces presentes lettres verront et orront, Jehan Li Fevres, bailli de noble homme monseigneur Jehan de Varesnes, chevalier, seigneur de Cayeu et de Forcheville[2], et Jehan Li Cambers, bailli de Cayeu, pour noble homme monseigneur Ancel de Cayeu, chevalier, salut. Sachent tuit que, par devant nous, en la presence de pluseurs des hommes âgés de noz dessus diz seigneurs, et en figure de jugement, vindrent en leurs propres personnes, Jaques de Melot, Jaques Le Noirmant, Robin Roussel, Guillaume L'Auvergne, Willart Odebert, Gieffroy Tardin et Amiere Le Flit, tous voituriers et marchans de poissons de mer, tous demourans en ladite ville, etc...

Données à Cayeu, l'an de grâce mil CCC vint et cinc, le samedi xxv jours ou mois de janvier.

La teneur de la quinte est telle :

A touz ceus qui ces presentes lettres verront et orront, li maires et li eschevin de la ville d'Aust en Vimeu sus la mer, salut. Sachent tuit que, par devant nous, vindrent en leurs propres personnes, Jehan Pioul, Jehan de Pooilli, Guillaume Le Brasseur, Noel Glorande, Thommas Mariavale, Adan d'Arragon et Jehan Boricart, tous voituriers et marchans de poissons de mer, demourans en ladite ville, etc...

Données à Aust en Vimeu, l'an de grâce mil CCC vint et cinc, le dimenche vint et vi jours ou mois de janvier.

La teneur de la sixte est telle :

A tous ceus qui ces presentes lettres verront et orront, Guillaume Le Sergant, viconte à ce temps pour haut homme et noble, monseigneur le conte de Eu en la ville du Tresport sus le mer, salut. Sachent

---

1. Cette lettre se rapporte au même objet que la précédente. Il en est de même des quatre suivantes.

2. Probablement Forceville, Somme, arr. d'Amiens, cant. d'Oisemont.

tuit que, par devant nous, vindrent en jugement en leurs propres personnes Jehan Cardon, Jehan Costerel, Nicolas Machon, Jehan Mignot et Jehan Haillièe, tous voituriers et marchans de poissons de mer, demourans en ladite ville, etc...

Données à Tranport, l'an de grâce mil CCC vint et cinc, le lundi vint et un jours ou mois de janvier.

Et après ce, vint en jugement par devant nous le devant dit Jehan Brunete, procureur des personnes dessusdites, soufissaument fondé pour eus et pour leurs compaignons marchans de poissons de mer frequentans la ville de Paris et en leur noms, si comme il appert par les lettres dessus escriptes, lequel, en acomplissant le grant desir et la boine volenté que lidit marchant avoient de recompenser à Angelin Beloche, dessus nommé, les grans bontés et courtoissies qu'il a faites à eulz et à leurs successeurs sus le pourchas de l'anientissement des hellebis, dechies et rabas, dont mencion est faite esdites lettres, et de le garder sur ce de tous dommages par la vertu et a[u]ctorité et du povoir à lui donné par les teneurs desdites lettres; donna et recongnut, lui, ou nom des dessusdiz marchans et compaingnons, avoir donné et par tiltre de don fait entre lesdiz, sans esperance de jamès rapeller, ne de venir encontre, cessié, quitié et otroié, perpetuelment et heritablement, audit Angelin et à ses hoirs et à touz ceus qui de lui auront cause, deus deniers parisis de chascun panier de poisson de mer, quix qu'il soient, que ledit marchant, leur compaignons et leurs sucesseurs, amenrront et feront amener et deschargier desoreenavant es halles de Paris, et avoir, prendre, lever et recevoir paisiblement d'icelui Angelin, de ses hoirs et de ceus qui de lui ont et auront cause, et par leur main, selonc les condicions contenues esdites lettres, en recompensacion des choses dessusdites; lequel Angelin, pour lui et pour les siens, ledit procureur fist et estaubli, ou nom dessusdit, procureur, comme en sa propre chose, en suppliant sur ce à nostre seigneur le roy que ce present don il veulle confrumer (*sic*) audit Angelin et seur ce li donne ces lettres perpetuelles sous son seel en cire vert et en soie. Et est assavoir que l'entente dudit procureur est en faisant se present don et ottroy quant à harens frais et salez, soit à somme, en chareste ou autrement, semblablement comme aus autres poissons de mer, selonc la teneur desdites lettres; et à tout ce tenir et garder il obligea les dessus nommez marchans et leur biens selonc le pooir à lui donné par lesdites lettres. En tesmoing de ce, nous avons mis en ces lettres le seel de la prevosté de Paris, l'an de grâce mil CCC vint et cinc, le samedi huit jours de mars.

Et d'autre partie, lesdiz Nicolas Aguinoffle, Douce de Flourence et Jehan Pelitte, touz ensamble et chascun par soy, ont volu et acordé de leurs bones volentés, veulent encore, otroient et acordent que le devant dit Angelin Beloce, desorenavant, et ses hoirs, ou ceus qui de

lui ou de ses hoirs auront cause perpetuelment et hereditablement, à
touz jours, preignent et reçoivent de touz lesdiz proffis, courtoisies
et emolumenz que à eus et audit Angelin pevent et doient appartenir, si comme dit est, pour les causes et resons dessus devisées. C'est
assavoir : des cinc parties, les deus reservé et retenu à yceus Nicolas,
Douce et Jehan, pour eus et pour leurs hoirs et pour touz ceus qui
de eus ou de leur hoirs doresenavant, perpetuelment et hereditablement, à touz jours, ont et auront cause, les autres trois parties enterinement, en la fourme et en la maniere qu'il est contenu et devisé es
dites lettres de l'acort, compaignie et convenances d'entre eus, sanz
ce qu'il puissent doresenavant, à nul jour mes, parmi cest present
traitié et acort, opposer ou approucher, ne riens demander ne de
requerre audit Angelin ne à ses hoirs pour cause et raison de son
impetracion desdites lettres des personnes, poissonniers et marchans de mer dessusdiz, faites en son propre non, si comme dit est,
parmi lesdites trois parties ausdiz Nicolas, Douce et Jehan, si
comme dessus est dit. Et à regarder equité et raison, pour ce que ycelui Angelin s'est obligiez envers lesdiz marcheans et poissonniers de
mer, en certaine fourme et maniere, si comme il dit, lesdiz Nicolas,
Douce et Jehan, tous emsamble et chascun par soy, ont acordé et promis loyaument à eus raisonnablement obliger par lettres du Chastellet de Paris envers lesdiz marchans et poissonniers, en la maniere
que ledit Angelin, selonc raison, si est obligé. — *Derechief*, a volu,
otroié et acordé ycelui Angelin, veult encore, otroie et acorde expressement, dès maintenant, que toutes lettres et obligacions qu'il a et
peut avoir desdites personnes, marchans et poissonniers de mer, en
son propre, pour les causes et resons dessusdites, soient renouvel-
lées et faites communes, es nons tant de lui comme desdiz Nicolas,
Douce et Jehan, selonc la fourme et la teneur desdites prumieres
lettres faites entre eus, de l'acort, compaignie et convenences dessus
devisées, ou cuas (*sic*) que lesdiz marchans et poissonniers de mer se
voudroient à ce assentir, et en tant comme en ycelui Angelin en est, il
a promis en bonne foy que il les menra et entroduira à ce faire, à
son pooir et loyaument, sanz nulle fraude, en telle maniere qu'il n'i
metra fraiz ne coustemens du sien. — *Derechief*, ledit Angelin a
volu, otroié et acordé, voult encore, otroie et acorde, et en ce expressement s'est consentu que lesdites lettres originaus qui sont faites
en son non, si comme dit est, dudit don et de l'otroy des personnes,
marchans et poissonniers de mer, et toutes autres lettres, quelles
qu'elles soient, tant de nostre seigneur le roy comme d'autres personnes et juges, faites à ce que elles puissent porter proffit ausdites
parties, seront et soient mises par main commune en sauf lieu de par
ycelles parties et à leur proffit, afin que chascun s'en puisse aidier
pour son droit garder ou temps avenir, ou quas que mestier leur en

seroit ; et en cest maniere l'ont volu et acordé, et encore veulent et acordent lesdiz Nicolas, Douce et Jehan, et l'ont promis loiaument que doutes (*sic*) lettres qu'il en ont et pevent avoir il les aporteront et bailleront sans fraude. — *Derechief*, ledit Angelin a affermé par son serement et sa foy que il n'a obligié ne aliené la rente ou revenue desdiz profis, courtoisies et emolumens de lui, ne de sesdiz compaignons, ne fait chose, ne fera doresenavant, par quoy la droiture et la partie des autres, Nicolas, Douce et Jehan, en soit en riens c[m]pirée ne amenisiée ; et quant à ce, de son fait leur en promest et a promis par sondit serement et foy à porter bone et loyal garantie vers touz et contre tous, à ses cous, doresenavant ; et en ycelle meismes maniere se obligent et sont obligié par foy et serment les diz Nicolas, Douce et Jehan, et chascun par soy, envers le dessusdit Angelin, sauf ce que doresenavant chascun de eus puisse faire son proffit et sa volenté de sadite partie et porcion. Après ce, furent en leurs propres personnes establies par devant les clers, notaires jurés dessusdiz, tant comme par devant nous, Freninie, fame dudit Angelin, Jehanne, fame dudit Douce, et Asceline, fame dudit Jehan Pelite, lesquelles, de leurs bones volentez, par l'accort, assentement et auctoritez propres de leurs diz maris, pour ce, à chascune en droit soy données et ottroiées par devant lesdiz clers, notaires jurez, tant comme par devant nous, toutes les choses dessus esclarciees et chascune par soy, en tant et pour tant comme à chascune d'icelles peut touchier et appartenir desorendroit, à touz jours, par leurs seremens et leurs foy, vouldrent, loerent, acorderent, rateffierent, approuverent et en ce du tout expressement se consentirent, etc. . . . .

. . . .

En tesmoing de ce, nous, à la relacion et au rapport des clers, notaires jurez dessusdiz, avons mis en ces presentes lettres quadriplées seur une mesme teneur, du consentement et à la requeste des parties devantdites, si comme lesdiz notaires jurez disoient, le seel de ladite prevosté de Paris. Faites, données et acordées le dimenche après les Brandons, huit jours ou mois de mars l'an de grâce mil trois cens vint et sis. — Michel de Doncheri, N. de Marville.

Nos autem, predicta omnia et singula in suprascriptis contenta litteris, rata et grata habentes, eadem volumus, laudamus, ratifficamus, approbamus et auctoritate nostra regia, tenore presencium confirmamus, nostro et alieno in omnibus quolibet jure salvo. Quod ut firmum et stabile perpetuo perseverent, nostrum presentibus literis fecimus apponi sigillum. Datum Parisius, anno Domini millesimo trecentesimo vicesimo nono, mense julii.

Per vos.

Molinis.

XLIX.

1329, août. Saint-Remy-la-Varenne.

Philippe VI, à la requête de Jeanne de Bourgogne, sa femme, accorde à Renier Jean, son apothicaire, le titre de bourgeois de Paris, avec tous les privilèges qui y sont attachés.

(JJ. 66, n° 265.)

Philippus, Dei gratia Francorum rex, notum facimus universis tam presentibus quam futuris, quod nos, attentis precibus carissime domine nostre Johanne de Burgundia Francorum regine, nobis pro Renero Johannis apothecario suo manenti Parisius, Ytalico, prorectis, quibus complacere cupimus; attenta etiam relacione dilectarum et fidelium gentium compotorum nostrorum Parisius, quibus, super subsequentibus, certam fecerimus comissionem, continentem inter cetera, dictum Renerium per longa tempora moram traxisse Parisius et ibi mercaturas legitimas et licitas per dictum tempus, absque alicujus criminis vel infamie nota exercuisse, boneque fame et oppinionis, bonique nominis semper fuisse et esse, ipsum, non obstante quod absque matrimonio cum aliqua muliere regni nostri contracto per dictum tempus, ibidem manserit et maneat, burgensem nostrum esse volumus et pro burgense nostro Parisiensi teneri et burgensium nostrorum Parisiensium privilegiis, libertatibus, usibus et consuetudinibus gaudere deinceps. Eundem, a precationibus denarii et oboli de libra et aliis quibuscumque precationibus quas Ythalici pro mercaturis suis solvere consueverunt, pro temporibus futuris, litteris vel arrestis contrariis non obstantibus quibuscumque, de potestatis plenitudine, ex certa sciencia et de speciali gratia, penitus liberantes, salvo in aliis jure nostro et quolibet in omnibus alieno. Quod ut firmum. etc... Actum apud Sanctum Remigium in Varena[1] supra Ligerim, anno Domini millesimo CCC° vicesimo nono, mense augusti.

Per dominum regem, ad relationem dominorum thesaurarii Remensis et Guillelmi Bertran.

Jac[obus].

L.

1329, novembre. Poissy.

Philippe VI donne à Édeline, femme de Robin de Saint-Martin, fils de la

---

1. Saint-Remy-la-Varenne, Maine-et-Loire, arr. d'Angers, cant. des Ponts-de-Cé.

femme de Jean Plumet, et à ses enfants, trois maisons sises à Paris, en la Poterie, qui avaient été confisquées sur ledit Jean Plumet.

(JJ. 66, n° 3o1.)

Philippe, par la grâce de Dieu roys de France, savoir faisons à touz, presenz et avenir, que, comme Jehan Plumet[1], liquels fu justicié pour ses meffaiz, eust trois maisons entretenanz assises à Paris, en la Poterie[2], charchées assemblement en trente cinc livres parisis de cens chascun an, lesquelles maisons, avec les autres biens dudit Jehan, sont venues à nous pour cause de sa forfaiture. Et nostre recceveur de Paris eust mis en vente lesdites maisons et par criées, si comme il est acoustumé, et ne trouvast qui en vousist donner plus de soissante livres parisis une foiz, pour cause de la charge doudit cens et pour le mauvès estat où elles estoient. Nous, en aumonsne et de nostre grâce especial, avons donné et donnons, à touz jours mais, lesdites trois maisons à Edeline, fille Guillaume d'Anet, et Marie, sa famme, et aus enfanz de ladite Edeline et de Robin de Saint Martin, son mari, et filz de la famme audit Jehan Plumet. Et voulons que ladite Edeline et sesdiz enfanz et leurs hoirs tiengnent perpetuelment, comme leur propre heritage, lesdites trois maisons, en paiant chascun an aus termes acoustumez les cens dessusdiz et sauve à la famme dudit Jehan Plumet son douaire que elle y peut avoir; sauve aussi nostre droit en autres choses et l'autrui en toutes. Donné à Poissy, l'an de grâce mil CCC vint et nuef, ou mois de novembre.

Par le roy, present l'aumosnier.

Barriere.

LI.

1329, décembre. Paris.

Philippe VI confirme une lettre de Philippe le Bel, du mois de juillet 1307, autorisant l'évêque d'Auxerre à acquérir et à posséder, pour agrandir la maison qu'il a près de la porte d'Enfer, à Paris, une grange et plusieurs masures, moyennant le paiement des redevances dues par ces propriétés au concierge du roi à Paris.

(JJ. 66, n° 43.)

Philippus, Dei gratia Francorum rex, notum facimus universis tam

---

1. Jean Plumet fut un des neuf marchands ou porteurs de charbon pendus le 3 juin 1329 pour avoir trompé et volé le public. (Hellot, *Chronique parisienne anonyme de 1316 à 1339*, n° 188, dans les *Mémoires de la Société de l'Histoire de Paris et de l'Ile-de-France*, t. XI.)

2. Rue de la Poterie, donnant d'un bout en la rue de la Verrerie et de l'autre au carrefour Guillori, dans le quartier de la Grève.

presentibus quam futuris, nos litteras carissimi domini et patrui nostri, regis quondam Philippi, cera viridi et serico sigillatas, vidisse,
formam que sequitur continentes :

Philippus, Dei gratia Francorum rex, notum facimus universis tam
presentibus quam futuris, quod nos, dilecto et fideli nostro P. episcopo Autisiodorensi[1], de gratia concedimus speciali, quod ipse et sui
successores, Autisiodorenses episcopi, quandam grangiam que fuit
Johannis Billart in tribus solidis, sex denariis annui census; unam
parvam domum que fuit Guillelmi Laposteille et Ysabellis ejus uxoris in tribus denariis census. *Item*, duas parvas masuras que fuerunt
Nicholai de Barro et Aalipdis ejus uxoris in octo solidis et tribus
denariis census, ultra quos petit concergius noster Parisiensis, sex
denarios census. *Item*, et unam plateam que est extra portam Inferni,
in qua fimi poni consueverant, contigua muris nostris Parisius, in
triginta duobus solidis annui redditus oneratas, ab eodem episcopo,
pro augimentacione (*sic*) domus sue site Parisius ad portam Inferni[2],
ut asserit, acquisitas, habere, tenere et perpetuo possidere valeant,
pacifice et quiete ad census dictos, nobis seu dicto concergio nostro
annuatim solvendos, absque coactione vendendi, vel extra manum
suam ponendi et absque prestacione finencie cujuscumque, salvo in
aliis jure nostro et in omnibus alieno. Quod ut firmum et stabile
perseveret, presentibus nostrum fecimus apponi sigillum. Actum apud
Vincennas, anno Domini millesimo CCC° VII°, mense julii.

Nos vero, predicta omnia et singula, rata habentes et grata, ea
tenore presencium, de gracia speciali et ex certa sciencia confirmamus, volentes, ac eciam concedentes quod episcopus Autisiodorensis

---

1. Cet évêque d'Auxerre était Pierre II de Belleperche, chancelier de Philippe le Bel depuis le mois d'octobre 1306, mort le 17 janvier 1308. (*Gallia
christiana*, t. XII, col. 313.)

2. Cette pièce pourra compléter et rectifier la notice consacrée par M. Tisserand à l'hôtel des évêques d'Auxerre. (*Topographie historique du vieux
Paris*, t. V, p. 428 et 429.) Cet auteur, répétant Sauval (*Antiquités de
Paris*, t. II, p. 264; Lebeuf, *Mémoires concernant l'histoire d'Auxerre*,
édit. Challe et Quantin, 1848, t. I, p. 478, et les *Gesta episcoporum Autis-
siodorensium*, cf. Labbe, *Nova bibliotheca manuscriptorum*, t. I, p. 508),
dit que Pierre de Mornay, mort en 1306 le 29 mai (*Gallia christiana*, t. XII,
col. 313. Voy. aussi : Léon Mirot, *Obituaire de l'église Saint-Martin de
Clamecy*, dans le *Bulletin de la Société nivernaise*, 1898), acquit la meil-
leure partie de ce qui forma l'hôtel des évêques d'Auxerre, situé près
de la porte d'Enfer, et obtint du roi une grande place « extra muros conti-
guos » où il fit des cours et des jardins. Si nous rapprochons ces textes de
la lettre de Philippe le Bel, nous verrons qu'il y a tout lieu de croire que
ce n'est pas à Pierre de Mornay qu'il faut attribuer l'agrandissement de
l'hôtel des évêques d'Auxerre, mais à Pierre de Belleperche.

modernus, suique successores episcopi, predicta omnia et singula,
tenere possint et imperpetuum pacifice possidere sine coactione vendendi vel extra manum suam ponendi et absque prestacione finencie
cujuscumque, solvendo tamen census predictos. Que ut rata et firma
permaneant in futurum, presentibus litteris nostrum fecimus apponi
sigillum, salvo in aliis jure nostro et in omnibus alieno. Actum Parisius anno Domini M° CCC° vicesimo nono, mense decembri.

Per vos.

Barriere.

LII.

1329, décembre. Paris.

Philippe VI amortit 25 l. p. de revenu annuel assis sur des biens situés à
Nointel, que Jean de Nointel se propose de transporter à titre de donation
aux frères et sœurs de l'Hôtel-Dieu de Paris.

(JJ. 66, n° 179.)

Philippus, Dei gratia Francorum rex, notum facimus universis tam
presentibus quam futuris, quod cum Johannes de Noentello, domicellus, viginti quinque libras parisiensium annui et perpetui redditus,
in denariis, capiendas annis singulis in et super reddicibus et bonis
que habet dictus domicellus in villa de Noentello [1], proponat et velit
in Domum Dei Parisiensem ac magistrum, fratres et sorores ejusdem
domus, titulo donacionis transferre, nobisque propter hoc supplicaverit ut hujusmodi redditum, sibi jam per carissimum et fidelem
Ludovicum Borbonesii ducem ac Clari Montis et Marchie comitem [2],
consanguineum nostrum, quatenus sua interest, amortisatum, prout
in ipsius super hoc confectis litteris plenius continetur, sibi, sine
tamen feodo et aliqua justicia amortisare vellemus. Nos, pium ejus
in hac parte propositum in Domino commendantes, concedimus
cidem, de speciali gratia, per presentes, ob anime nostre remedium et
salutem, ut ipse Johannes, dictum viginti quinque librarum redditum, in dictam Domum Dei Parisiensem et in magistrum, fratres et
sorores ejusdem, eorumque successores possit titulo transferre predicto, sine tamen feodo et justicia, ut prefertur, quodque dicti magister, fratres et sorores, suique successores, dictum redditum, ut premittitur [qui] translatus fuerit in eosdem, tenere valeant nomine dicte
Domus, et in perpetuum pacifice possidere, sine coactione vendendi,
vel extra manum suam ponendi, aut prestandi nobis aut nostris suc-

---

1. Probablement Nointel, Oise, arr. de Clermont, cant. de Liancourt.
2. Louis Ier dit le Grand, né en 1279 et mort à la fin de janvier 1342
(n. st.). Il avait épousé en 1310 Marie, fille de Jean d'Avesnes, comte de
Hainaut.

cessoribus Francorum regibus aliquam in posterum financiam pro predictis. Quod ut ratum et stabile permaneat in futurum, presentibus litteris, nostrum fecimus apponi sigillum, nostro in aliis et alieno in omnibus jure salvo. Actum Parisius anno Domini millesimo CCC° vicesimo nono, mense decembri.

Per dominum regem, ad relacionem domini Aymerici Guenaudi.

Solunge.

LIII.

1330 (n. st.), janvier. Paris.

Philippe VI confirme un accord intervenu le 6 mai 1328 entre Gilbert Lescot, pelletier et bourgeois de Paris, et Édouard, comte de Savoie, d'après lequel ce dernier cède audit Gilbert et à ses héritiers tous les droits qu'il possède sur la châtellenie et la vicomté de Maulevrier pour en jouir jusqu'à complète extinction d'une somme de 10,000 l. de petits tournois qu'il lui devait, tant en son nom qu'au nom de son père, Aimé, comte de Savoie, pour marchandises livrées et prêts faits en argent.

(JJ. 66, n° 89.)

Philippus, Dei gratia Francorum rex, notum facimus universis tam presentibus quam futuris nos infrascriptas vidisse litteras formam que sequitur continentes :

A touz ceus qui ces presentes lettres verront et orront, Hugues de Crusy, garde de la prevosté de Paris, salut. Nous faisons assavoir [que], par devant nous, vint, et fu personelment en propre personne, très haut, noble et poissant homme monseigneur Odouart, à present conte de Savoie[1], afferma en bonne verité, confessa et recognut en droit, lui devoir et estre bonnement et loyalment tenuz et obligiez envers son bon amé Gillebert Lescot, pelletier et bourgois de Paris, à ses hoirs et à tous ceuls qui ont et auront cause de lui et à chascun par soi pour le tout, en la somme de dis mile livres de bons petis tournois bonne et forte monnoie, tant de la vente, bail et delivrance de pelleterie, bonne, vraie, leel et bien marchaande et d'argent sec presté dudit Gilebert pour grant besoing et paié à plusieurs personnes marcheans, pour raison de plusieurs danrées vendues, livrées et baillées pour feu monseigneur Amé[2], jadis conte de Savoie, pere doudit Odouart, ou temps qu'il vivoit, duquel Diex ait l'âme, comme pour ledit monseigneur Odouart, pour ses livrées prises et eues pour lui

---

1. Édouard, fils aîné d'Amédée V, né le 8 février 1284, succéda à son père en 1323, vint au secours de Philippe VI, en 1328, contre les Flamands, et mourut le 4 novembre 1329.

2. Amédée V, mort le 16 octobre 1323 à Avignon.

de ses gens, depuis l'an mil CCC vint et deus darrenierement passées,
et de certain et fin compte fait dudit monseigneur le conte Odouart
audit Gilebert, sanz nulle fraude, decevance ou erreur, et sans nul
villain acquest, si comme ledit monseigneur le conte Odouart le confessa, et s'en tint à bien paiez et acgreez. Et pour ce que la droite et
pure volenté estoit dudit monseigneur Odouart acquitter l'âme, les
debtes et le fait de sondit cher pere, lui aussi, et ladite somme desdites dis mile livres tournois paier audit Gilebert, à ses hoirs et à
ceuls qui ont et auront cause de lui, si comme affirma de verité estre
y tenus du faire ; lui, sur ce bien avisé, de son bon gré et de sa certaine science, pour son grant et evident proufit et par son conseil, o
grant deliberacion, pour ce, ycellui monseigneur Odouart present et
establi par devant nous, recognut et confessa en droit, lui avoir baillié, quittié, ottroié et du tout en tout delaissié audit Gilebert Lescot, à ses hoirs et à ceus qui ont et auront cause de lui, desorendroit
transporté jusques au temps, au jour et à l'eure que ycellui Gilebert,
ses hoirs ou ceus qui ont et auront cause de lui, seront du tout enterignement et parfaitement paiez et aggreez desdites dis mile livres
tournois deues pour les causes devant dites et des couz, despens,
dommages, mises, journées et interès qui fais et encorus en pourront
estre, toute la chastellerie et visconté de Maulevrier[1], les terres,
proufis, yssues, revenues et emolumenz quelconques que ledit monseigneur le conte Odouart avoit, povoit et devoit avoir en ladite
chastellerie, visconté et ressort et es appartenances d'icelles, soit en
fies ou arrierefiez, en cens, rentes, en bois, prez, en quins deniers,
en rachas, en ventes, en saisines et en toutes autres choses et droitures, quelles que elles soient et comment que elles soient nommées
et appellées ; avecques ce, toutes les forfaitures, amendes ou droitures en justice et en seigneurie qui pevent ou pourroient venir ou
escheoir tout ledit temps durant, en quelque forme, maniere ou condition que ce soit ou feust, sanz aucune chose excepter ne à lui retenir, à avoir, prenre et recevoir par ledit Gilebert, par ses hoirs, par
son commandement ou par ceus qui ont et auront cause de lui se il
decheoit ledit temps durant, que ja n'aviengne, etc...

Et est assavoir que ledit monseigneur le conte Odouart acorda,
promist et enconvenança au devant dit Gilebert, à ses hoirs et à ceus

---

1. Maulevrier, Seine-Inférieure, arr. d'Yvetot, cant. de Caudebec. Cette
terre fut donnée à Amédée V par Philippe le Long ; elle fut longtemps possédée par la maison de Savoie. Voy. *Ordonnances des rois de France*, t. IV,
p. 686, lettres de Philippe VI du mois de juillet 1334 accordant au comte
de Savoie que la vicomté de Maulévrier ainsi que toutes ses autres possessions en Normandie ressortiraient dorénavant sans moyen au Parlement de
Paris et non à l'échiquier de Rouen.

qui de lui auront cause, que il mettra et establira pour sa joustice et
seigneurie que il a aus diz lieus garder, deffendre et exercer ses drois,
ses causes et ses querelles ou nom de lui et pour li, par tout où il appartendra, regardans lesdites choses et les dependances d'icelles, aus perilz
dudit monseigneur le conte Odouart, baillif, procureur et autres gens,
sanz le droit dudit Gilebert, de ses hoirs et de tous ceus qui ont et
auront cause de lui amenuisier, et sanz leur condition estre pire ; mais
pour proufiter et amender, ycelles bonnes personnes et loyaus, agreables
audit Gilebert, à ses hoirs et à ceus qui ont et auront cause de lui et
non autres qui bien et souffisaument garderont, deffendront et exerci-
teront la juridiction et les drois dudit monseigneur le conte et les
drois des dessusdis, establis par tout le temps dessusdit, aus propres
couz, perilz et despens dudit monseigneur le conte ; liquiex baillis
et autres establis de par ledit monseigneur le conte feront sairement
audit Gilebert, à ses hoirs et à chascun par soy, à leur commandement ou à ceus qui cause auront de euls, que riens ne recevront ne
ne recelleront des choses dessusdites, bailliees, ne empeescheront
ou amenuiseront, ainçois leur esclarciront leur droit et leurs amendes
partout où elles seront, ne point ne les cargeront ne delaieront, ainçois les taxeront et jugeront, ou feront jugier et taxer, selonc la coustume du païs et serviront, et si porteront bien et loialment, appellé
avecques euls le receveur desdis Gilebert, de ses hoirs et de ceus qui
ont et auront cause de lui, sanz lequel il ne le pevent, pourront, ne
ne devront faire ; et les feront venir par devers ledit Gilebert, sesdis
hoirs, ou ceus qui cause auront de lui pour les prendre et recevoir
par leur main ou par leur commandement, et contraindront les deb-
teurs, se il en sont requis des dessusdis establiz ou de l'un de euls,
et obeïront à euls ou à l'un de euls, toutes fois que requis en seront ;
et pour ce que ledit monseigneur le conte estoit paiez desdites dis
mile livres tournois es causes dessusdites, et que il estoit loing du
lieu et pourroit estre son baillif delayé du paiement de ses gaiges, et
ses gens qui ses drois garderont avoir deffaute des deniers que il
esconvendra pour son droit garder et ses causes et querelles soustenir,
le dit Gilebert Lescot, ses hoirs et ceus qui en ce ont et auront
cause de lui, bailleront pour ledit monseigneur le conte et en son
nom, au baillif dudit monseigneur le conte, pour ses gaiges et à ses
gens que il mettra et establira pour ses drois, ses causes et querelles
soustenir, et pour les reparacions en ses chastiaus et manoirs de sa
dite terre de Maulevrier, tout ce qui est acoustumé à bailler et qui,
de raison, faudra à bailler chascun an durant ledit temps, pris et
eu sus lesdis emolumenz ; les quiex gaiges, deniers et reparacions
pour chascune année, se bailliées estoient, ou tant comme baillié en
sera desdiz establiz ou de l'un de euls, si comme il apperra par lettres
de recognoissance de ceus qui ce recevront ou auront receu dudit

conte, ou de ceus qui de par lui y seront deputez, ledit monseigneur le conte promist rendre et paier en la fin dudit temps, sanz point de delai et enterignement, ne ne se partiront lesdis Gilebert, ses hoirs, leur commandement ou les aians cause de euls ou de l'un de euls, dudit bail, jusques à tant que paiez seront; ainçois le tendront jusques alors qui seront paiez de ce 'qu'il apperra que baillié auront, si comme dit est etc...

Nous aprouvons la rasure qui est dessus escripte, qui dit ainsi : Odouart, baillif, procureur et autres gens, sanz le droit dudit Gilebert, de ses hoirs et de touz ceus qui ont et auront cause de lui, amenuisier et sanz leur condition. En tesmoing de toutes lesquelles choses dessus escriptes, nous, à la requeste dudit monseigneur le conte faite à nous sur ce, avons mis en ces presentes lettres le seel de la prevosté de Paris, avecques le grant seel dudit monseigneur le conte duquel il a acoustumé à user et use en sa dite conté et en ses besoignes, aprouvé par devant nous et si comme ledit conte le confessa, acordées et données l'an de grâce M CCC vint et huit, le vendredi vi jours ou mois de may.

Nos autem, omnia universa et singula suprascripta, rata et grata habentes, ea volumus, laudamus, et approbamus, et nostra auctoritate regia, tenore presentium confirmamus, nostro et alieno in omnibus jure salvo. Quod ut ratum et stabile perseveret, litteris presentibus nostrum fecimus apponi sigillum. Datum Parisius, anno Domini millesimo CCCº vicesimo nono, mense januarii.

Per vos.

Guichardus.

LIV.

133o (n. st.), janvier. Bois de Vincennes.

Lettres de Philippe VI, par lesquelles il réunit en un seul hommage différents biens acquis par Jean Billouart, maître de la Chambre des comptes, au Bois d'Éron et près de Tournant, et tous les autres fiefs qu'il peut posséder et qui relèvent de lui.

(JJ. 66, nᵉ 185.)

Philippe, par la grâce de Dieu rois de France, savoir faisons à touz presens et avenir, que, comme nostre amé et feal Jehan Billoart, bourgois de Paris, maistre de nostre chambre des comptes, ait achaté les heritages qui s'ensuient, mouvans de nostre fié; c'est assavoir : de Symon Des Champs, escuier, une piece de bois contenans trente arpens, trois quartiers et demy, ou lieu que l'en dit le Bois d'Eron, lez la route de Ferrieres. *Item*, de Giefroy Cocatriz et de sa fame, neuf vins sis arpens de bois. *Item*, de Jehan et Raoul de Sevre,

freres, soyssante et quatorze arpens de bois. *Item*, de Odart de Brais
et de sa fame, cent et dis arpens de bois seans lez le molin de Pon-
tinel. *Item*, de Symon de Vernuiel et de Odart des Barres, quarante
arpens de bois lez Tournant[1], ou lieu que l'en dit Cul Ouvert ; duquel
achat le pris monte neuf cenz soissante dis livres huit souls parisis.
Nous, les dessus diz fiez et touz les autres que il tient de nous,
quelque part qu'il soient, li avons mis et mettons, de nostre grâce
especial et pour consideracion du bon service qu'il a fait à noz devanciers et à nous et qu'il nous fait chascun jour, à un seul hommage,
lequel, li, ses hoirs et ses successeurs seront tenus à faire à nous, à
noz successeurs rois de France, à touz jours mais, senz ce qu'il soient
tenuz ne constrains à en faire plusieurs et divers homages, et le dit
hommage il nous a ja fait, lequel nous avons receu de luy. En tesmoing de laquelle chose, et que elle soit ferme et estable à touz jours
mais, nous avons fait mettre nostre seel en ces lettres. Donné au Bois
de Vincennes, l'an de grâce mil CCC vint et neuf, ou mois de janvier.
    Par le roy, à la [rela]cion le seigneur de Noyers.

Barriere.

LV.

1330 (n. st.), mars. Saint-Christophe-en-Halate.

Philippe VI donne à Robin Hueline, sommelier de corps de la reine, pour
lui et ses successeurs, une maison confisquée sur Pierre Remi, sise à Paris
au Bourg-Tibourg, et ce, malgré la réclamation de Hue Aubert, bourgeois
de Paris, qui la revendiquait.

(JJ. 66, n° 71.)

Philippe, par la grâce de Dieu roys de France, savoir fesons à touz
presenz et avenir, que, comme pour consideracion des bons services
que nostre amé Robin Hueline, sommelier de cors de nostre très
chiere compaigne la royne, a faiz à nous et à li et fait uncores chascun jour, nous li avons donné pour li, pour ses hoirs et pour ceus
qui auront cause de li, à touz jours mais, une meson seant à Paris,
ou Bourc Thiboust[2], qui fust jadis Pierre Remy, de cui forfaiture elle
nous vint, tenant d'une part à la meson Renier Denneel et d'autre
part aux heirs feu Raoul Boursete, et est chargée de deux souz parisis
de fonz de terre, deuz chauscun an [au] prieur de Saint Eloy de Paris,
en qui fié ladite meson est assise, si comme il est plus plainement

---

1. Tournan, Seine-et-Marne, arr. de Melun, ch.-l. de cant.
2. La rue du Bourg-Tibourg allait du marché du cimetière Saint-Jean à
la rue Sainte-Croix-de-la-Bretonnerie. (Jaillot, *op. cit.*, t. III : *Quartier
Sainte-Avoie*, p. 26.)

contenu en noz autres lettres sur ce faites, seellées en la de soiee et en cire vert. Et Hue Aubert, bourgeis de Paris, li ait mis et fait mettre sur ce debat et empechement, en disant ladite meson à li appartenir pour cause d'achat comme des appartenances et appendances de la meson qui fut jadis doudit Pierre Remi, où il souloit demourer, scant devant le viez cimetiere Saint Jehan, qui fu jadis Regnaut Delor, chevalier, laquele nous rendimes et donanmes, après la mort doudit Pierre, à Jehan Remi, son fiz[1], et laquelle, avec toutes ses appartenances, ledit Hue a depuis achaté dudit Jehan Remi, si comme il dit, et requerant iceli Hue la devant dite maison li estre bailliée et delivrée. Nous, enformez à plain sur ce, et que ladite maison que nous avons donné audit Robin n'est mie des appartenances de ladite grant meson, voulons de certaine science et auctorité royal et ottroions pour nous et pour noz successeurs roys de France que, non contrestant l'empechement, opposicion et debat doudit Hue Aubert, et choses qu'il ait proposées au contraire, ledit Robin et ses hoirs, successeurs et ceux qui auront cause de li, aient et tiengnent dore en avant, pesiblement, à perpetuité, ladite meson comme leur propre heritage, selonc le don que fait en avons audit Robin, si comme dit est, etc...

Donné à Saint Christofle en Halate, l'an de grâce mil CCC vint nuef, ou mois de mars.

Par le roy, à la relacion messire Amiere Guenaut.

Solunge.

Triplicata, scilicet pro Radulpho Boursseite et pro Gaufrido dicto Le Petit, cousturier.

LVI.

1330 (n. st.), mars.

Confirmation par Philippe VI : 1° d'une lettre de Henri, comte de Lancastre[2], du 8 novembre 1329, par laquelle il donne à son trésorier, Geoffroy de Riclesmade[3], 100 marcs d'esterlins de rente annuelle, à prendre sur les biens qu'il possède à Beaufort[4], Soulaines[5], Bargencourt[6] et

---

1. Voy., ci-dessus, la pièce n° XXII.

2. Henri, comte de Lancastre, fils d'Edmond de Lancastre, fils puîné d'Henri III, roi d'Angleterre, et de Blanche d'Artois, nièce de saint Louis, épousa : 1° Marie Chaworth, 2° Alix de Joinville, fille de Jean de Joinville, sénéchal de Champagne. Envoyé en France en 1329, il mourut en 1345.

3. Il est écrit aussi : de Riclesmiade.

4. Auj. Montmorency (Aube), arr. d'Arcis-sur-Aube, cant. de Chavanges.

5. Soulaines (Aube), arr. de Bar-sur-Aube, ch.-l. de cant.

6. Il faut probablement lire Boulancourt (Haute-Marne), comm. de Lon-

Nogent-l'Artaud[1] ; 2° d'une lettre du prévôt de Paris, du 11 novembre suivant, approuvant le transport de cette rente fait par Geoffroy de Riclesmade en faveur de Pierre Machot de Braine, bourgeois de Paris; 3° d'une autre lettre du prévôt de Paris, du même jour, approuvant le transport de cette rente fait par Pierre Machot en faveur de Thomas Rosselin.

(JJ. 66, n° 315.)

Per vos.

Verberie.

LVII.

1330 (n. st.), mars. Saint-Christophe-en-Halate.

Philippe VI, en récompense des services que lui rendit Henri Le Galois, valet de ses armures, lui donne, pour lui et ses héritiers, une maison confisquée sur Pierre Remi, sise à Paris au Bourg-Tibourg[2].

(JJ. 66, n° 379.)

Philippe, par la grâce de Dieu roys de France, savoir faisons à touz presenz et avenir, que nous, tant pour l'amour de Dieu, quant pour la consideracion du service que Henri Le Galois, vallet de noz armeures, nous a fait, li avons donné, donnons et ottroions par ces lettres, pour li et pour ses hoirs, une [maison] avecque le jardin qui y appartient, seanz à Paris, ou Bourt Tibourt, entre la maison Jehan feu le Menagier et le cimetiere Saint Jehan, avec tout le droit et l'action que nous avons ou avoir povons en celle maison et ou dit jardin pour raison de la forfaiture Pierre Remy, lesquels maison et jardin sont estimé valoir par an environ vj livres de loage, à tenir et posseoir dudit Henri et de ses hoirs, bien et en pais, en perpetuel heritage, chargiez toutevois de telle rente et redevances, comme eus doivent. En tesmoing de laquelle chose nous avons fait metre nostre seel en ces lettres, sauf en autre chose nostre droit et en toutes l'autrui. Ce fut fait à Saint Christofle en Halate, l'an de grâce mil CCC vint et nuef, ou mois de marz.

Par le roy, à la relacion monseigneur Geffroy de Beaumont.

Barriere.

---

geville, arr. de Wassy, cant. de Montier-en-Der. En effet, au mois de juillet 1288, Philippe IV avait laissé la garde de cette abbaye à Edmond de Lancastre, père d'Henri de Lancastre. (Abbé Lalore, *Cartulaire de l'abbaye de Boulancourt*. Troyes, 1869, in-8°, p. 15.)

1. Nogent-l'Artaud (Aisne), arr. de Château-Thierry, cant. de Charly.

2. Dans le même registre, au n° 234, est une autre lettre de Philippe VI, de même date, par laquelle il ne concède à Henri Le Galois que la maison seule, sans le jardin. Elle est alors évaluée à 4 livres de louage.

LVIII.

1330, 8-30 avril. Paris.

Philippe VI confirme une lettre de manumission accordée le 5 juin 1283, par le chapitre de l'église Saint-Aignan d'Orléans, en faveur de Jeanne dite Constance, femme de Geoffroy Quarrier, bourgeois de Paris, serve de cette église.

(JJ. 66, n° 368.)

Philippe, par la grâce de Dieu roys de France, savoir faisons à touz presenz et avenir, que nous avons veu unes lettres seellées du seel du doyen et du chapitre de Saint-Anien d'Orliens, contenans la fourme qui s'ensuit.

Universis presentes litteras inspecturis, G.[1] decanus, totumque ecclesie beati Aniani Aurelianensis capitulum, salutem in Domino. Noverint universi quod nos, Johannam dictam Constance, uxorem Gaufridi Quarrier, civis Parisiensis, feminam nostram de corpore, filiam quondam defuncti Reginaldi de Coibre hominis nostri de corpore, pietatis intuitu, manumisimus et a jugo servitutis quo nobis et ecclesie nostre tenebatur astricta, ipsam et heredes suos, ex ipsius carne procreatos et eciam procreandos esse imperpetuum volumus liberos et immunes, ita tamen quod nullam amodo teneuram in territorio nostro emet vel acquiret; et si aliquam habet vel habitura est, seu ex caduco, seu ex legato, aut alia quacunque ex causa, eam infra annum extra manum suam ponet, alioquim nos eam ex tunc capiemus et explectabimus tanquam nostram. Juravit autem predicta Johanna, tactis sacrosanctis, quod ipsa, amodo ecclesie nostre et personis ejusdem fidelis existet, nec dampnum ipsius aut personarum ejusdem celabit, seu eciam procurabit ; quod si scierit illud, statim nobis intimabit aut faciat per alium intimari. Si vero, dictam Johannam aut ejus heredes, contra ecclesiam nostram, imposterum venire contingat, ipso facto redigentur in pristinam servitutem. Promittimus

---

1. Ce doyen de Saint-Aignan serait, si l'on s'en rapportait à l'initiale donnée dans cette pièce et aux dates fournies par la *Gallia christiana,* le *Trésor de chronologie,* Gams (*Series episcoporum*), Guillaume d'Issi; mais il dut y avoir une faute dans la transcription de cette initiale, au sujet de laquelle, au reste, le scribe hésita, car le registre JJ. 66 porte les traces très visibles d'une rature. Nous voyons en effet dans l'ouvrage du P. Conrad Eubel (*Hierarchia catholica medii ævi,* 1898, in-4°, p. 117) que G. d'Issi fut promu à l'évêché d'Arras le 15 juin 1282, et comme cette date précise est tirée des registres du Vatican, il y a lieu de la croire exacte. Au mois de juin 1283, le doyen d'Orléans serait alors Jean IV de *Flagitiaco.* (*Gallia christiana,* t. VIII, col. 1507.)

autem, bona fide, quod si aliquis, dictam Johannam, ratione servitutis sibi in futurum vendicare nitatur, eam legitime garentiemus ac eciam defendemus. In cujus rei memoriam et testimonium, sigillum ecclesie nostre duximus presentibus litteris apponendum. Datum in capitulo nostro, anno Domini Mº CCº octogesimo tertio, in vigil[i]a Penthecostes[1].

Et nous, les choses devant dites, si comme elles sont dessus deviseez, avons fermes et estables et les loons, agreons, ratefions, approuvons et confermons de nostre auctorité royal, sauve nostre droit et l'autrui. Et que ce soit ferme et estable par touz temps, nous avons fait mettre nostre seel en ses lettres. Donné à Paris, l'an de grâce mil CCC et trente, ou mois d'avril.

Par le roy, à la relacion de monseigneur Guillaume Bertran.

H. Martin.

LIX.

1330, mai. Bois de Vincennes.

Philippe VI donne à Jean de Varannes, seigneur de Vivacourt, une maison sise à Paris en la rue de Nesle, confisquée sur l'abbé de Saint-Pierre-sur-Dives pour ne l'avoir pas amortie dans le délai fixé.

(JJ. 66, nº 348.)

Philippe, par la grâce de Dieu roys de France, savoir faisons à touz presenz et avenir que, comme nous eussions ordené par grant deliberacion de nostre conssoil et fait crier publiquement, et deffendre, et especialment en nostre ville de Paris, que toutes personnes religieuses ou de eglise qui tenrroient en leur main heritages non amortiz, les meissent hors de leurs mains, et de ce, somassent noz genz souffisaumant et le leur feissent assavoir dedenz an et jour; ou se ce non, nous assigneriens ausdiz heritages comme en nostre propre, et comme à nous acquis et confisquiez pour la cause de an et jour passé. Et li abbés de Saint-Pere-souz-Dive[2], depuis, en venant encontre nous dites ordenances et criées, ait tenu par plus de an et jour, sanz mettre hors de sa main ne faire savoir, ne sommer noz genz souffisaument sus ce, une maison assise à Paris, en la rue de Neele[3], prez de la croiz nueve, à la porte Coquillier, au dedenz des

---

1. Le 5 juin 1283.

2. Saint-Pierre-sur-Dives, Calvados, arr. de Lisieux, ch.-l. de cant., possédait une abbaye de Bénédictins.

3. La rue de Nesle, suivant le tracé de l'ancienne rue d'Orléans (supprimée par le percement de la rue du Louvre) et de la rue Oblin, en traversant

murs, entre la meson Balle hache, d'une part, et la granche que tient
Nicholas de l'Office, d'autre part, et aboutist par darriere au murs
de la ville, seanz en la terre du Four l'evesque[1]; laquelle meson,
ovecques toutes ses appartenances, fu feu Jehan Chardebeuf, et
laquelle nous maintenons que elle nous estoit eschoite d'espave et
venue par la sucession doudit feu Jehan; pourquoy nostre prevost de
Paris, avecques les causes dessusdites, mist et a mis sa main en
ladite maison et aus appartenances comme acquises et confisquées
à nous, et de nostre commandement especial l'ait mise en nostre
main, et depuis, aions escript et mandé à nostredit prevost que il
nous rescripsist la verité des choses dessusdites; liquielx prevoz,
par la vertu de nostredit mandement, nous a rescript et raporté de
bouche que il a trouvé que ladite meson et les appartenances dessusdites estoit en la main de l'abbé et du convent de Saint-Pere-
sus-Dive, liquel abbé et convent l'ont tenue plus de an et jour sanz
amortir et sanz mettre hors de leur main, et sanz somer ne faire savoir
a noz genz qui de ce se mellent; et encor nous a rescript et dit [de]
bouche ledit prevoust que par noz ordenances royauls et especialment
en la ville de Paris, que l'en ne puet tenir plus de an et jour heritages,
personnes religieuses ne de eglise, sanz amortir, que il les mettent
hors de leur main et somment et facent assavoir noz genz ainssi
comme dessus est dit; pour quoy ladite maison nous doit estre
acquise et à nous appartenir. Et avecque tout ce, nostredit prevoust
envoia noz jurez de Paris audit lieu, qui se cognoissent en edefices
et en heritages, pour raporter par leurs sermenz la juste estimacion
et le pris que ladite meson pooit valoir; liquel raporterent que la
meson, delivre de toutes choses et debites pooit valoir, avalué la
monoie qui courroit devant Pasques à la monnoie qui maintenant
court, deus cenz cinquante livres parisis forte monnoie, et de tant
que la maison seroit charchié, rabate pour chascun vint sols, diz
livres; laquelle meson est cha[r]gié en sis livres et cinc souz pour
touz debites, lesquelles siz livres cinc souz, rabatant diz livres pour
chascun vint souz, comme dit est, vaudroient soixante deus livres
dis souz, et iceles, rabatues de la somme de deuz cent cinquante
livres dessusdites, demeurent neuf vinz sept livres diz solz que

---

la halle au blé, aboutissait devant l'église Saint-Eustache, au commencement de la rue Coquillière actuelle où se trouvait alors une croix appelée en
1300 Croix Jean Bigne ou Bigue, puis, quand on l'eut rétablie après cette
date, Croix-Neuve. (Jaillot, *op. cit.*, t. II : *Quartier Saint-Eustache*, p. 36,
37, 46, 47.)

1. Four banal de l'évêque de Paris, situé anciennement dans la rue du
Four, qui porte actuellement le nom de rue de Vauvilliers. (Jaillot, *op. cit.*,
t. II : *Quartier Saint-Eustache*, p. 23.)

ladite meson seroit estimée valoir, comptez les debites dont elle est
cha[r]gié. Nous, à la supplicacion de nostre amé et feal chevalier et
conseillier Jehan de Varannes, seigneur de Vivacourt, aians memoire
et consideracion des bons et agreables services que ledit nostre chevalier a fait à nous et à noz predecesseurs, longement et fealment,
donnons par ces lettres et ottroions à lui et à ses hoirs ou ceus qui
de lui aront cause, perpetuelment et hereditablement, à touz jours,
pour noz successeurs, ladite meson avecques toutes ses appartenances et tout le droit que nous y avons et poons avoir en quelque
maniere que ce soit, aus charges desquelles ladite meson et ses
appartenances sont à present chargiés. Mandons et commandons par
ces presentes lettres à nostredit prevost de Paris, etc...

Donné au Boys de Vincennes, l'an de grâce mil CCC et trente ou
moys de may.

Par le roy, à la relacion du seigneur de Soucourt[1].

Ja. du Boulay.

LX.

1330, septembre. Château-Thierry.

Philippe de Valois confirme des lettres de ses prédécesseurs, de décembre
1308, janvier 1315 et février 1317, par lesquelles ils ramènent le nombre
des notaires du Châtelet à soixante et approuvent le règlement de leur
confrérie[2].

(JJ. 66, n° 477.)

LXI.

1330, septembre. Becoisel.

Lettres de sauvegarde accordées par Philippe VI en faveur des religieuses
de l'abbaye de Montmartre[3].

(JJ. 66, n° 616.)

Philippus, Dei gratia Francorum rex, notum facimus universis
presentibus et futuris quod, ut ecclesie et alia pia loca infra regnum

---

1. C'est sans doute Gilles de Soyecourt qui est ainsi désigné. Il fut échanson de France de 1328 au 26 août 1346, jour où il fut tué à la bataille de
Crécy. (P. Anselme, *Hist. généal.*, t. VIII, p. 521.)

2. Publiées dans le *Recueil des ordonnances des rois de France*, t. II,
p. 52.

3. Ces lettres ne figurent pas dans le *Recueil des chartes de l'abbaye
royale de Montmartre*, publié et annoté par Édouard de Barthélemy. Paris,
Champion, 1883, in-8°.

nostrum constituta, que a nostris predecessoribus regibus Francorum fundata sunt et dotata, et specialiter, quorum persone, sub devote religionis observancia, nocte dieque, domini nostri Jhesu Christi insistunt obsequiis, libenter remedia querimus oportuna, per que, persone ipse in suis juribus et libertatibus conserventur, et sub nostre protectionis clipeo, a noxiis et concussionibus indebitis defendantur. Nos, idcirco, ad monasterium monialium Montis Martirum, quod a nostris predecessoribus fundatum fuisse noscitur et dotatum, compationis occulos dirigentes, religiosas mulieres, abbatissam et conventum dicti monasterii, ad humilem et devotam supplicacionem earumdem, ipsum monasterium, familiam, servitores, bona, res, possessiones, jura et proprietates earundem, quatenus in temporalibus inmediate nobis subsunt, una cum singulis personis dicti monasterii et pertinenciis ipsius, in nostra salva et speciali gardia, de speciali gratia suscipimus per presentes. Mandantes, tenore presentium preposito nostro Parisiensi, ceterisque justiciariis nostris et eorum loca tenentibus modernis et qui pro tempore fuerint, et eorum cuilibet, prout ad eum pertinuerit, quatinus religiosas ipsas, earumque gentes, familiam et servitores, monasteriumque predictum et singulares personas ejusdem, in suis justis possessionibus, juribus, usibus, franchisiis et libertatibus, in quibus ipsos esse et fuisse ab antiquo invenerint, sub dicta nostra salva et speciali gardia manuteneant et conservent, eisdemque religiosis, si et cum ab eisdem super hoc fuerint requisiti, unum vel plures speciales gardiatores, suis expensis et sumptibus, deputent et concedant, cui vel quibus gardiatori vel gardiatoribus, auctoritatem et speciale mandatum, hiis presentibus, concedimus, dictas religiosas, tam conjunctim quam divisim, una cum familia, servitoribus, bonis et rebus earundem, ab omnibus injuriis, violenciis, oppressionibus, vi armorum, laycorum potencia et novitatibus indebitis quibuscumque defendendi, ac violencias, jacturas quas si factas vel illatas fuisse invenerint, ad statum pristinum reducendi, resque, de quibus, inter ipsas religiosas et earum adversarios contentionem oriri contigerit, ad nostram tanquam superiorem manum ponendi, ac diem seu dies competentes partibus contendentibus, coram dicto preposito vel aliis justiciariis nostris, sub quorum jurisdictione vel ressorto fuerint res contenciose assignandi, et de rebus contenciosis recredenciam faciendi, si et ubi fuerit facienda, necnon et debitores earumdem ad solvendum sibi redditus debitaque bona et legalia, de quibus nulla questio referetur, per ipsorum debitorum bonorum explectationem et suorum corporum detentionem, si ad hoc fuerint obligati, compellendi, et omnia alia et singula faciendi, que ad specialium gardiatorum officium possunt aut debent quomodolibet pertinere; dumtamen de hiis que cause cognitionem exigunt seu judicialem requirunt indaginem, se nullatenus intromittant. Quod ut firmum etc...

Actum apud Beccoisilum. Anno Domini millesimo CCC tricesimo, mense septembri.

Per dominum regem, ad relacionem magistri Roberti Clerici.

Aubigny.

LXII.

1330, octobre. Gondreville.

Philippe VI, à la requête de Jean d'Omont, concierge du palais, lui donne, pour y faire une construction à son profit et à celui des futurs concierges du palais, une place vide, sise au bout du grand pont de Paris.

(JJ. 66, n° 816.)

Philippe, par la grâce de Dieu roys de France, savoir faisons à touz presenz et avenir, que comme nostre amé huissier d'armes Jehan d'Ommont, à present conssierge de nostre palais de Paris, nous eust supplié que une place wyde seant au bout de grant pont, joignant aus hostieux de nostredit palais, qui ne nous estoit de nulle value, et en laquelle il avoit de nuyt grant repaire de fames diffamées, dont plusieurs maus et perilz povoient venir, et estoient aucunes fois, nous li vossissiens bailler pour y ediffier au profit de li et des autres concierges dudit palais qui pour le temps seroient. Et nous eussiens mandé par noz lettres à nostre prevost de Paris que il veist ladite place et sceust combien on en porroit avoir de rente chascun an, ou à une fois qui la voussist vendre, et quel donmage nous y poions avoir de la donner et ottroier ainsi à perpetuité audit concierge, et se il se povoit faire sans donmage et prejudice d'autruy et que il nous en rescrisist ce que il en auroit trouvé. Nous, veue la rescripcion dudit prevost à nous faite par ses lettres, par laquelle il nous est apparu que de ladite place nous povions avoir soissante et quatre soulz de rente par an seulement, et pour tant, avoit autrefois esté baillée à feu Pierre Gifart et que combien que nostre receveur de Paris l'eust fait sollempnement crier en nostre Chastellet à Paris, si comme il appartenoit, nul ne s'estoit apparu qui plus y voussist donner, et que senz prejudice de nulluy nous le povions faire, ne ny poviens avoir donmage, fors seulement des soissante et quatre soulz de rente par an. En adjoignant ladite place à la devantdite conciergerie, ycelle place avons donnée et ottroiée, donnons et ottroions de nostre liberalité royal et grâce especial, à touzjours mais, pour nous et pour noz successeurs rois de France, audit Jehan d'Omont, pour y ediffier au profit de li et des concierges dudit palais qui pour le temps seront. Et voulons que li et ceus qui seront pour le temps concierges dudit lieu, la tiegnent paisiblement dores en avant, à perpetuité, comme des appartenances doudit palais, reservé et retenu à nous et à noz successeurs que toute fois que nous ou eus vodrons refaire grant pont[1], là où il souloit estre, de pierre, ancienement, nous porrons pranre ladite place, laquelle souloit estre le chemin dudit pont de pierre, pour l'alée d'iceluy pont, sanz en faire audit concierge nulle restitucion, ne des ediffices ou bastimens qui faiz y seroient. Et que ce soit ferme et estable, etc...

Donné à Gondreville, l'an de grâce mil CCC et trente ou moys d'octobre.

Par le roy, à la relacion messire Guillaume Bertran.

Solunge.

LXIII.

1330, novembre. Paris[2].

Philippe VI achète aux exécuteurs testamentaires de Jeanne de Bourgogne, reine de France et de Navarre, la maison de Nesle pour 1,000 l. p. de forte monnaie une fois payées et 200 l. p. de revenu, qu'il assigne sur la boîte des halles de Paris ; le tout sera employé à la fondation d'une maison d'écoliers à Paris[3].

(JJ. 66, n° 396.)

Philippus, Dei gratia Francorum rex, universis presentes litteras inspecturis salutem. Notum facimus quod cum bone memorie carissima domina et consanguinea nostra Johanna de Burgondia, quondam Francorum et Navarre regina, comitissa Atrabatensis et Bur-

---

1. Le grand pont appelé dans la suite Pont-au-Change avait été emporté par les glaces, ainsi que le Petit-Pont, dans l'hiver de 1326. Ils étaient alors construits en bois. (*Chronique de Guillaume de Nangis*, éd. Géraud, t. II, p. 64, et *Chronique parisienne anonyme de 1316 à 1339*, publiée par Hellot au t. XI des *Mémoires de la Société de l'Histoire de Paris*, p. 102, n° 148.) Une note de la Chambre des comptes nous apprend que le 2 juillet 1350 il fut ordonné aux trésoriers de donner l'argent nécessaire « ad refectionem magni pontis Parisiensis. » (Bibl. de Rouen, *coll. Leber, extraits de Menant*, t. I, fol. 81 r°.)

2. Cette pièce est reproduite dans un vidimus de Charles V du mois de janvier 1366 (n. st.). (Arch. nat., M. 107, n° 1.)

3. Collège de Bourgogne, fondé par Jeanne de Bourgogne, femme de Philippe le Long, en vertu de son testament, daté de 1329, par lequel elle ordonnait que l'hôtel de Nesle fût vendu pour accomplir cette donation. Voy. Lebœuf, *Hist. du diocèse de Paris*, éd. Féchoz, 1883, addit., t. I, p. 303. D. Félibien, *Hist. de Paris*, t. I, p. 579 et 580, et t. III des Preuves, p. 635 à 648, où il publie l'acte d'établissement du collège et ses statuts dressés en 1331 par les exécuteurs testamentaires de la reine, qui avaient à cet effet acheté une maison sise en face du couvent des Cordeliers.

gondie Palatina ac domina de Salinis, in sua ultima voluntate, pro
salute anime sue, inter cetera ordinaverit quod domus sua de Nigella
quam habebat Parisius, prope muros civitatis ipsius, cum ejusdem
domus viridariis et jardinis existentibus infra muros dicte domus et
sicut protenditur, usque ad iter per quod itur de Tornella Nigelle ad
Pratum scolarium et ad abbatiam Sancti Germani de Pratis[1], per
executores suos ipsius ultime voluntatis vendatur, meliori modo quo
fieri poterit, et precium quod exinde habebitur convertatur per manus
exequtorum predictorum et ad ipsorum arbitrium et ordinationem,
in fundationem cujusdam collegii seu congregacionis scolarium.
Cumque dilectus et fidelis noster Petrus[2] episcopus Eduensis, Thomas de Sabaudia canonicus Parisiensis, magister Nicholaus de Lira[3],
doctor sacre Pagine et frater Guillelmus de Vadanco, olim dicte
domine regine confessor, exequtores ultime voluntatis ipsius domine
regine, providentes ut prefate domine regine ultima voluntas, de dicta
domo, pro fundatione scolarium predictorum, facilius, promptius et
efficacius valeat adimpleri, vendiderunt, nomine executionis predicte
nobis et successoribus nostris et a nobis causam habituris, imperpetuum, dictam domum, viridarium, jardinos et eorum pertinentias
supradictas[4] precio mille librarum parisiensium bone et fortis monete
nunc currentis, semel solvendarum eisdem executoribus, et pro ducentis libris parisiensium fortis et bone monete nunc currentis annui et
perpetui redditus ex nunc per nos admortizatis, assidendis et assignan-
dis per nos dictis exequtoribus in civitate Parisiensi in locis congruis
et utilibus, statim percipiendis per dictos exequtores, et postmodum

---

1. Ce chemin correspond à la rue de Seine.

2. Le cardinal Pierre Bertrand, d'abord évêque de Nevers, puis transféré
en 1322 à l'évêché d'Autun, fonda en 1339 le collège d'Autun, situé rue
Saint-André-des-Arts, en face de l'église Saint-André-des-Arts. (Voy. sur ce
personnage la notice que lui a consacrée M. Mazon dans son *Essai historique
sur le Vivarais pendant la guerre de Cent ans*. Tournon, impr. Parnin,
1890, in-8°, p. 58 à 86, et Baluze, *Vitæ paparum Aveniensium*, t. I, p. 782.)

3. Nicolas de Lire, de l'ordre des Frères Mineurs, célèbre théologien,
auteur des *Postillæ perpetuæ in universa Biblia*. (Voy. sur lui l'article que
nous lui avons consacré dans la *Bibl. de l'Éc. des chartes*, 1895, p. 141.)

4. Ce passage de cette pièce donne raison à Du Breul, à Du Boulay et à
D. Félibien contre M. Tisserand dans la *Topographie historique du vieux
Paris*, t. V, p. 321. Cet auteur prétend qu'une partie du pourpris de Nesle et
non l'hôtel entier fut vendu; or, on voit que l'hôtel fut vendu en totalité; mais
les exécuteurs testamentaires ne touchèrent qu'une partie du prix de vente,
puisque l'autre partie fut constituée en rente dont les arrérages seraient
payés au collège. Enfin, ce passage servira encore à rectifier Sauval et après
lui Tisserand (*op. cit.*), p. 43, disant que cet hôtel fut vendu pour dix mille
livres parisis de forte monnaie, tandis que c'est pour 1,000 livres seulement.

habendis, percipiendis et recipiendis per dictos scolares, cum fuerint
instituti et ordinati per executores predictos vel qui instituentur in
posterum, secundum ordinationem quam super hoc executores facient
memorati. Nos vero, volentes complere efficaciter quod convenimus
cum executoribus supradictis, et etiam desiderantes voluntatem dicte
defuncte, maxime circa predictum pium opus, ad finem debitum
deduci, pro nobis et successoribus nostris, ex causa predicte venditionis et emptionis ac conventionum predictarum, damus, concedimus
et assignamus, ex nunc, imperpetuum, exequtoribus predictis, nomine
et ad utilitatem executionis predicte et pro fundatione dicte domus scolarium, et pro precio et ex causa precii domus et pertinenciarum predictarum, ducentas libras parisiensium bone et fortis monete nunc
currentis, annui et perpetui redditus, et annis singulis percipiendis, ex
nunc in antea, per dictos exequtores, et post ordinationem dictorum
scolarium per ipsos executores faciendam, per ipsos scolares per dictos executores ordinandos et instituendos, postquam fuerint ordinati
et instituti, vel per ipsorum scolarium certum procuratorem vel nun-
cium, annis singulis, terminis infrascriptis; videlicet : in festo Nativitatis Domini proxime venturo, centum libras, et in sequenti festo
Nativitatis beati Johannis Baptiste, alias centum libras parisiensium
dicte monete, et sic singulis annis imperpetuum, terminis supradictis.
Quas quidem ducentas libras parisiensium annui et perpetui redditus,
admortisatas ex nunc pro nobis et successoribus nostris imperpetuum,
assidemus et assignamus executoribus memoratis, nomine et pro fundatione dicte domus, inde et super redditibus, proventibus, imposi-
tionibus seu emolumentis que habemus vel in posterum habere pos-
sumus in civitate nostra Parisiensi, in pixide seu pixidibus hallarum
Parisiensium [1]; qui quidem redditus, vulgariter emolumentum pixidis
hallarum Parisiensium nuncupantur, seu quocumque alio nomine
dicti redditus seu emolumenta appellentur. Et ut in solutione dictarum ducentarum librarum annui et perpetui redditus, terminis supradictis statutis et ordinatis percipiendarum et solvendarum, nullo
modo possit esse deffectus, precipimus, tenore presentium districtius
injungentes levatoribus, firmariis, seu arrendatoribus, vel aliis, quocumque titulo vel forma, dictos redditus nostros levantibus, seu per-
cipientibus, presentibus et futuris, quod ex nunc, executoribus et
postmodum scolaribus antedictis, prout ad quemlibet ipsorum pertinet et pertinebit, in posterum, de summa predicta, statutis terminis
supradictis, sine dificultate quacumque integre satisfaciant, et eis de
dictis redditibus et emolumentis nostris, usque ad dictas ducentas
libras parisiensium annui redditus, respondeant sicut de propriis redditibus eorundem; residuum autem dictorum emolumentorum seu

----

1. Les boîtes des halles de Paris.

reddituum quod habemus supra dictam pixidem et quod recipitur in ea, vel consuevimus recipere seu haberi poterit in futurum, emolumenta pixidis vel aliter quomodolibet nominandum, pro dictis ducentis libris parisiensium dicte monete, annis singulis, predictis terminis persolvendis, pro nobis et successoribus nostris perpetuo obligamus; adicientes, ad majorem securitatem, quod si per illum seu illos qui dictos redditus nostros levabunt, sive sint firmarii, seu quocumque alio nomine censeantur, cessatum fuerit in solutionibus supradictis, pro qualibet die qua fuerit cessatum in solucionibus hujusmodi, predictis terminis, vel altero eorundem, levatores ipsi, sive firmarii, decem solidos parisiensium propter hoc, dictis executoribus seu scolaribus per eos postmodum instituendis persolvant et solvere teneantur; in quibus decem solidis perpetuo persolvendis tociens quociens cessatum fuerit in antea, ipsos, ex certa sciencia, tenore presencium, sentencialiter condempnamus; mandantes, precipientes et districtius injungentes levatoribus, firmariis seu quibuscumque aliis dictos redditus nostros recipientibus pro nobis, presentibus et futuris, ut statim et ex nunc, dictas ducentas libras annui et perpetui redditus, dictis executoribus persolvant et postmodum scolaribus ordinandis per ipsos executores, quandocumque fuerint ordinati, integraliter, nullo alio a nobis vel successoribus nostris expectato mandato, in terminis supradictis; volentes et concedentes per indultum et privilegium speciale, ex nunc imperpetuum valiturum, quod dicti executores, ex nunc et postmodum scolares predicti, postquam per ipsos executores fuerint ordinati, in percipiendis predictis ducentis libris parisiensium, annuatim, terminis supradictis, omnibus creditoribus regiis et omnibus aliis quibus ex quacumque causa facta sit vel in posterum fieret, per nos vel successores nostros, sub quacumque forma verborum, etiam faciente de indulto et privilegio hujusmodi mentionem aliquam, assignatio de percipiendis aliquibus quantitatibus pecuniarum super emolumentis et redditibus supradictis, imperpetuum preferantur. Precipientes imperpetuum, ex nunc prout ex tunc et ex tunc prout ex nunc, prepositis nostris Parisiensibus presenti et futuris et aliis quibuscumque institutis, et servientibus nostris, quod levatores, arrendatores, seu firmarios predictorum emolumentorum et reddituum nostrorum qui nunc sunt et pro tempore fuerint compellant, mero officio suo, ad simplicem hostencionem presencium litterarum vel transcripti ipsarum sumpti de originali sub sigillo nostro prepositure Parisiensis, per captionem bonorum et personarum levatorum seu arrendatorum predictorum, sicut pro propriis debitis regiis, ad solvendum, annis singulis, predictas ducentas libras parisiensium et penam decem solidorum dicte monete pro singulis diebus quibus cessatum esset in solutionibus supradictis, predictis terminis faciendis, vel qualibet earundem,

nullis exceptionibus vel opposicionibus causa diffugii vel prorogande
solutionis, in contrarium admitendis. Et si forte, quod absit, aliquo
casu, vel aliquibus temporibus, contingeret quod predicta emolumenta
seu redditus, usque ad valorem quanti[ta]tum predictarum non ascen-
derent, vel, si forte, ex ordinationibus regiis de ipsis remitendis, vel
alibi, vel aliter, de ipsis levandis, seu in alio loco, contingeret ordinari,
ita quod de emolumentis ipsorum, predictis executoribus vel scolaribus integraliter satisfieri non posset, vel non satisfieret de quantitatibus supradictis; in eventum dictorum casuum vel alicujus eorum,
promittimus, volumus et ordinamus quod infra civitatem Parisiensem, in aliis redditibus et emolumentis sufficientibus, ad utilitatem
dictorum executorum et scolarium, et ad ipsorum requisitionem,
ipsa assisia, assignacio et satisfactio fiat; et nichilominus, assignare
promittimus soluciones predictas in ita bono et competenti loco, qua-
lis est assignatio supradicta, admortisantes, et in perpetuum pro
admortisatis habentes predictis exequtoribus et scolaribus, ex nunc,
ita quod ipsi vel successores eorum ad vendendum, distrahendum,
vel extra manum suam ponendum, aut financiam aliquam faciendum,
nullatenus teneantur, vel etiam compellantur, predictas ducentas
libras parisiensium annui redditus, nec non et quodcumque hospicium
emendum et assignandum per predictos executores in civitate vel
suburbiis Parisiensibus pro habitacione scolarium predictorum. Quod
quidem hospicium, pro habitacione ipsorum scolarium, cum emptum
fuerit et assignatum per exequtores predictos, nominatim, et ex certa
scientia admortizabimus, et ex nunc ut ex tunc admortisamus, et
super admortisacione ipsius hospicii sive domus, alias dabimus litteras, quando per executores vel scolares predictos fuerimus requisiti.
Et ut, auctore Domino, predicta domus scolarium et ipsi scolares, de
bono in melius valeant prosperari, ipsos scolares et domum et ipsorum domus et scolarium bona, ubilibet constituta, sub protectione
et garda regia suscipimus speciali, volentes et decernentes scolares
eosdem ipsorumque scolarium familiares et bona gaudere omnibus
inmunitatibus, libertatibus et privilegiis quibus gaudent alie domus
scolarium per predecessores nostros reges Francorum fundate Parisius, vel que imposterum fundabuntur, promittentes, bona fide, pro
nobis et successoribus nostris omnia et singula supradicta servare,
tenere, complere et inviolabiliter observare, nec imposterum, per
nos, vel per alium seu alios, contra predicta vel eorum aliqua, facere
vel venire, et ea garentizare et defendere imperpetuum ab omnibus
et contra omnes. . . . . .[1] executoribus et scolaribus supradictis et de
evictione totali et particulari predictorum, nostris propriis sumptibus
et expensis. Quod ut firmum et stabile perpetuo perseveret, presen-

---

1. Il doit y avoir en cet endroit un membre de phrase oublié.

tibus litteris, nostrum fecimus apponi sigillum. Actum Parisius, anno
Domini Mº CCCº tricesimo, mense novembris.

Per vos.

J. Lagatu.

LXIV.

1330, novembre. Saint-Germain-en-Laye.

Philippe VI, à la requête de Jehannot d'Alençon, valet de ses nappes, lui
donne cinq petites maisonnettes confisquées sur Pierre Remi, sises à Paris,
en la rue du Franc-Murier.

(JJ. 66, nº 406.)

Philippe, par la grâce de Dieu rois de France, à touz ceus qui ces
presentes lettres verront, salut. Comme nostre amé Jehannot d'Alençon, vallet de noz nappes, nous eust requis que nous, en recompensacion de ses services, li vousissiens donner de grâce especial cinc
petites maisonnetes; c'est assavoir, deus à pignon et trois à appentiz
seanz en la rue dou Franc Mourier[1] à Paris, entre la porte d'icelle
rue et la maison qui fu Symon Blondeau, lesquelles nous sont avenues
par la forfaiture de Pierre Remi, lesquelles, si comme il disoit, ne
valoient mie vi livres de rente par an, franchement, rabatu le cens
que elles doivent; et nous eussiens mandé à nostre prevost de Paris
par noz lettres ouvertes, que tantost et sans delay se enformast des
choses dessusdites, et ce que il en troveroit, nous renvoiast enclos
souz son seel fealment; liquels, par vertu desdites lettres, se est enformez de ces choses et nous a rescript que eue sur ce deliberation aus
jurez de Paris; c'est assavoir maçons et charpentiers, par lesquels il
a fait lesdites maisons visiter, il a trouvé en iceus et par leur relation
sur ce faite à li, si comme il nous rescript que lesdites maisonnetes
ne puent pas valoir chascun an plus de huit livres de rente, excepté
le cens de quoy elles sont chargiées, liquel cens monte bien à quarante soulz et vi deniers, si comme dient lidit juré. Pourquoy nous,
considerans la petite value d'icelles maisons et ladite rescription, et
aussin les bons services que fais nous a lidit Jehannot, li avons donné
et ottroié, quitté et delaissé dou tout, de grâce especial et de certaine
science, lesdites maisons ainssint chargiées comme elles pevent estre
envers qui que ce soit, et tel droit comme nous y avons en propriété
ou en saisine, à tenir de li, de ses hoirs ou de ceus qui de lui ou de
ses hoirs auront cause ou temps avenir, perpetuelment et hereditablement, à touz jours, sanz aucun empeschement qui de par nous ou noz

---

1. Actuellement rue de Moussy, allant de la rue de la Verrerie à la rue de
Sainte-Croix de la Bretonnerie.

successeurs rois de France y puist estre mis pour cause de ce don, desoresmais, sanz volenté de jamais ycelui don rapeler ne venir encontre. Si mandons à nostre prevost et receveur de Paris, etc...

Donné à Saint-Germain-en-Laye, l'an de grâce mil CCC et trente, ou mois de novembre.

Par le roy, à la relacion monseigneur Guillaume Bertran.

Ger[vais].

LXV.

133o, novembre. Sainte-Gemme.

Philippe VI amortit en faveur de Simon Godichal, bourgeois de Paris et chirurgien de la comtesse de Savoie, 20 l. p. de rente pour lui permettre de fonder une chapellenie pour le salut de son âme.

(JJ. 66, n° 412.)

Philippe, par la grâce de Dieu roys de France, savoir faisons à touz presenz et avenir, que comme maistre Symon Gadichal, bourgois de Paris et cirurgien de nostre chere et amée suer la contesse de Savoie[1], ait volenté et entente de fonder une chapellerie pour le salu de l'âme de lui et de sa fame et de la doer jusques à vint livres parisis de terre ou rente chascun an ; et nostredite suer de Savoye, nous ait supplié pour lui qu'il nous pleust à lui admortir ladite rente pour convertir en la fondacion d'icelle chapellerie. Nous, qui moult desirons l'acroissement du service Nostre Seigneur, pour le remede de nostre âme et à la requeste de nostredite suer, avons ottroié et ottroions par la teneur de ces lettres, de grâce especial, ausdiz Symon Godichal et sa fame, que jusques à ladite somme de vint livres de terre ou rente acquise par lui ou [à] acquerre, sanz fié toutevoie et sanz justice, il puisse convertir en la fondacion de ladite chapellerie, et que le chapelain qui sera pour le temps establi à là desservir, puisse, en nom et pour raison d'icelle, ladite terre ou rente tenir et posseir paisiblement, à touz jours mais, sanz ce qu'il puisse estre en riens contrains à la vendre ou mettre hors de sa main et de ladite chapellerie, et sanz en paier à nous ne à noz successeurs roys de France aucune finance quelle que elle soit ou temps avenir. Et que ce soit ferme et estable, etc...

---

1. Blanche, fille aînée de Robert II, duc de Bourgogne, veuve d'Édouard, comte de Savoie, qu'elle avait épousé en 13o7, était la belle-sœur de Philippe VI qui avait épousé en 1313 Jeanne, troisième fille de Robert II.

Donné à Saincte-Jame[1], l'an de grâce mil CCC et trente, ou mois de novembre.

Par le roy.

Solunge.

LXVI.

1330, décembre. Saint-Germain-en-Laye.

Philippe VI confirme une sentence rendue le 17 juin 1305 par le chantre de l'église de Paris, Pierre de Grez[2], reconnaissant Pierre Baillet, d'Igny-le-Jard[3], Guillaume Renard, son frère, et Jean, dit le Grand, de Dormans, comme libres et nobles d'extraction, malgré les prétentions de l'église Saint-Martin de Tours qui les revendiquait comme ses hommes de corps[4].

(JJ. 66, n° 664.)

Par le roy, à la relacion maistre Robert Le Clerc.

Aubigny.

LXVII.

1330, décembre. Paris.

Lettres de Philippe VI autorisant Pierre des Fossés, prêtre de la chapelle royale de Paris, à acquérir une maison à Poissy pour le service de la chapellenie fondée en l'Hôtel-Dieu de cette ville par Robert de Fresnes, et l'amortissant.

(JJ. 66, n° 674.)

Philippe, par la grâce de Dieu roys de France, savoir faisons à touz presenz et avenir, que comme Pierre des Fossez, prestre, lequel a servi longuement en nostre chapelle roial à Paris, en faisant le devin service, et lequel tient à present une chapellerie en l'Ostel-Dieu de Poissi, fondée de novel pour le remede de l'âme de feu maistre Robert de Fresnes, jadis arcediacre de Evreux, nous ait fait humblement supplier que pour ce qu'il le convient orendroit aler desservir

---

1. Auj. Sainte-Gemme, Seine-et-Oise, arr. de Versailles, cant. de Marly-le-Roi, comm. de Feucherolles.

2. Pierre III de Grez, frère du maréchal Jean de Grez, fut évêque d'Auxerre du 5 janvier 1309 au 21 septembre 1325. (Voy. sur lui : abbé Lebœuf, *Mémoires concernant l'histoire ecclésiastique et civile d'Auxerre*. Paris, Durand, 1743, 2 vol. in-4°, t. I, p. 428, et *Gallia christiana*, t. XII, col. 314.)

3. Igny-le-Jard, Marne, arr. d'Épernay, cant. de Dormans.

4. Voy. aussi JJ. 66, n°⁵ 663 et 792, lettres par lesquelles le chantre de l'église de Paris est constitué juge dans cette affaire.

et faire residence à sadite chapellerie, et il n'y a nulle maison appartenant à icelle où il puist habiter ne demourer, il nous pleust à li donner et ottroier licence et congié de en achater une du sien, en la ville de Poissi, en non de ladite chapellerie, pour li et pour ses successeurs et à la li amortir. Nous, aianz consideration audit service qu'il a fait en nostredite chapelle roial et à sa bonne voulenté et entencion et pour le salu de nostre âme, avons ottroié et ottroions audit Pierre, de grâce especial, par ces lettres, pour nous et pour noz successeurs, qu'il puisse ladite maison achater et acquerre en ladite ville de Poissi, pour la demourance et habitacion de li et de ses successeurs qui tendront ladite chapellerie, et que il et sesdiz successeurs puissent icelle maison ainsi acquise tenir et posseir à touz jours mais ou nom et pour raison de la devant dite chapellerie, sanz ce qu'il puissent estre en riens constrainz ou temps avenir à la vendre ne mettre hors de leur main, et senz en faire ne paier à nous ne à noz successeurs finance quelle que elle soit ; sauve en autres choses nostre droit et en toutes l'autrui. Et que ce soit ferme et estable à perpetuité, nous avons fait mettre nostre seel en ces lettres. Donné à Paris, l'an de grâce mil CCC et trente, ou moys de decembre.

Par le roy, à la relation de l'aumosnier.

Solunge.

LXVIII.

1330. Vincennes.

Lettres de sauvegarde accordées par Philippe VI en faveur de la maison des Chartreux de Vauvert, près Paris.

(JJ. 66, n° 136.)

Philippus, Dei gratia Francorum rex, notum facimus universis tam presentibus quam futuris quod inter sollicitudinis nostre curas que undique in alveum mentis nostre confluunt, illa nostrum pulsat animum precipua, per quam conveniencius obviamus maliciis hominum religiosas personas inquietare nitencium, illas presertim que fastidiosum vite presentis umbraculum, sub voluntaria regularis ordinis arcitate transire securius elegerunt, quam iminentibus hujus maris mundani subici periculis, et concurrentibus in eodem opace fluentibus tribulacionis submergi. Ne igitur religiosi viri, prior et conventus monasterii sive domus Vallis Viridis prope Parisius, Cartusiensis ordinis, qui divine contemplacionis ministerio cum Maria dediti, Marthe curis humano cordi quietem dare nescientibus derelictis, aspere vite stimulo carnem cogunt servire spirituum (*sic*), ut consensu unanimi Deo dignum liberius impendere famulatum valeant, per aliquos injuriatores aut malefactores quoscumque turbari vel aliqualiter indebite molestari, temporibus successivis habeant, et ne sua per ipsorum male-factorum vel injuriatorum potenciam aut injustam violenciam impediatur intenta ad Deum devotio, religiosos ipsos, monasterium suum, seu domum suam predictam, domos, grangias, possessiones quascumque quas pacifice possident in presenti vel amodo possidebunt, familiam suam et quaslibet singulares personas ejusdem domus, sub nostra, successorumque nostrorum regum Francie protectione et gardia speciali suscipimus per presentes; earum tenore mandantes preposito Parisiensi moderno et qui pro tempore fuerit, quem etiam ex nunc, gardiatorem eorum precipuum constituimus, nec non ceteris justiciariis nostris, quatinus dictos religiosos, monasterium suum sive domum predictam, domos seu grangias, possessiones, res, familiam et quaslibet singulares personas ipsius domus, cum omnibus juribus et libertatibus seu franchisiis suis, sub dicta protectione seu gardia regia manuteneant et conservent, nec permittant eisdem aliquas indebitas fieri novitates; set ipsos, successoresque suos ac eorum familiam, ab injuriis, violenciis, oppressionibus, vi armorum, potencia laycorum molestiis et gravaminibus quibuscumque deffendant faciantque deffendi; et quantum ad predicta diligencius exequenda, predictis religiosis vel eorum mandato, quociens opus fuerit et super hoc fuerint requisiti, aliquem ydoneum servientem qui pro dicto preposito, cum alias impeditus fuerit, gardiatoris fungatur officio, deputent, quique de hiis que cause cognitionem requirunt se nullatenus intromittat. Quod ut ratum et stabile perseveret, fecimus nostrum presentibus apponi sigillum. Actum apud Vicennas, anno Domini, millesimo trescentesimo tricesimo.

Per dominum regem ad relationem domini G. Bertranni.

G. de Rivo.

LXIX.

1331 (n. st.), 7 janvier. Saint-Germain-en-Laye.

Philippe VI permet à Garnier Marcel, au nom de sa femme, fille de feu Geoffroi Coquatrix, de recueillir l'héritage de son beau-père sous bénéfice d'inventaire.

(JJ. 66, n° 824.)

Philippe, par la grâce de Dieu rois de France, à touz ceus qui verront ces presentes lettres, salut. Savoir faisons que nous, enclinans en ceste partie à la supplication de nostre amé Garnier Marcel[1], nostre

---

1. Si nous nous en rapportons à la généalogie des Marcel dressée par M. Perrens dans son ouvrage sur *Étienne Marcel, prévôt des marchands*, Impr. nat., 1874, p. 37, Garnier Marcel serait fils de Jacques Marcel et cousin germain du célèbre prévôt.

bourgois de Paris, li avons ottroié et ottroions, de grâce especial, par la teneur de ces presentes lettres, que il, ou nom de sa fame, fille feu Geffroy Coquatris, se puisse pourter et tenir comme hoir dudit feu Gieffroy, pour telle portion comme à sadite fame puet appartenir, et d'icelle portion, tant de meubles comme de heritage, prendre et entrer en possession par benefice d'imventaire, en telle maniere que ou cas ouquel il seroit trouvé que ledit Geffroy fust tenu à nous ou à autres personnes quelles que elles soient, de sommes d'argent ou d'autres choses, que ledit Garnier ou si hoir ne soient tenuz ne ne puissent pour ce estre contrainz à plus grant somme que ledit inventaire contendra, et que par rendant ce que il en aura ainsi receu, il et si hoir soient et demeurent quittes, non obstant coustume contraire, laquelle, quant à ce, nous ostons de certaine science. Donné à Saint-Germain-en-Laye, le septiesme jour de janvier, l'an de grâce mil CCC et trente.

Par le roy, à la relacion l'avoé de Theroenne, M. des Essars et E. d'Alement.

R. de Molins.

LXX.

1331 (n. st.), 4-31 janvier.

Philippe VI confirme la cession à héritage faite par le receveur de la vicomté de Paris à Jacques de Gentilli d'une place vide joignant aux murs des Halles, qui lui avait été cédée auparavant, seulement pour sa vie, celle de Jeanne, sa femme, et de Jeannin, leur fils.

(JJ. 66, n° 669.)

Philippe, par la grâce de Dieu roys de France, savoir faisons à touz presenz et avenir, nous avoir veu unes lettres ci-dedenz transcriptes contenant la fourme qui s'ensuit.

A touz ceus qui ces presentes lettres verront et orront, Jehan de Milon[1], garde de la prevosté de Paris, salut. Comme nagaires, Aubert Belot, receveur de la viconté de Paris, par le conseil des maistres charpentiers et maçons le roy nostre sire, pour le temps à Paris, et pour le profit du roy nostre sire, cler, evidant et apparant, eust baillié et accensé par enchieres, proclamacions et criz faiz sollempnelment, si et en telle maniere qu'il appartenoit à faire, à Jaques de Gentilli, Jehenne, sa fame, et Jehannin, leur filz, à leurs vies et qui plus vivra tant seulement, une place vuide joignant aus murs des

---

1. Jean de Milon succéda comme prévôt de Paris à Hugues de Crusy, le 19 novembre 1330, et occupa ce poste jusqu'au 13 avril 1334.

hales le roy nostre sire, par devers la Tonnelerie[1], qui est nostre sire
le roy, contenant environ douse toises de lonc et de nuef piés de
large, à la toise et au pié le roy, commençant à la porte des halles au
blé, jusques au coing, à la porte de la maison Nicholas Quipie ; c'est
assavoir : pour chascune toise, douze soulz parisis au roy et pour
deus cenz livres que ledit Jaques devoit mettre et emploier en ladite
place, en edifices et habitation convenablez, dedenz cinq ans ; et sus
ce, comme à darrenier enchirisseur, ledit receveur, audit Jaques,
pour li, sa fame et sondit filz, et (sic) promist à garantir et donna la
saisine et (sic) par lettres de Chastellet sus ce faites et [cer]tefiées plus
plainement. *Derechief*, depuis ces choses ainsi faites et accordées dudit
receveur et Jaques, pour ce que ledit Jaques avoit supplié et requis
à nos seigneurs des comptes que ce qu'il avoit pris à vie, si comme
dessus est dit, luy fust baillié à heritage par paiant et accroissant
ladite rente en oultre plus, ce qui seroit de raison, ou autrement, il
seroit tropt griement dommaigiez et deceuz en ce qu'il avoit pris à
vie, pour cause du grant edifice qu'il y convenoit à faire de necessité,
oultre la somme dessusdite et pour pluseurs autres raisons declairés
à euls. Nozdiz seigneurs des comptes qui enclinerent à sa requeste
qui juste leur sembloit, commanderent et commistrent audit receveur
qu'il alast au lieu et s'enformast par les sages se la place estoit convenable et profitable au roy pour la baillier à heritage, et ce qu'il en
trouveroit, leur raportast en verité pour en ordener au profit du roy.
Ledit receveur en sa personne, lesdiz maistres charpentiers du roy et
pluseurs autres dignez de foy à ce appellez pour avoir conseil sur le
lieu, furent presenz, consideranz, regardanz et approuvant en moult
de manieres, furent à accort que bon estoit et bien se povoit baillier
à heritage ladite place audit Jaques par plus grant sonme qu'il ne
l'avoit pris à vie, si comme dessus est dit, et traisterent ensemble
audit Jaques par ainsi que se il plaisoit au roy et à nozdiz seigneurs
des comptes, il auroit et tenroit ladite place heritablement parmi la
somme de seze soulz parisis la toise, qui valent en sonme nuef livres
douze soulz parisis, et pour cenz et en fons de terre, qu'il en rendroit
touz les anz au receveur de Paris pour le roy qui pour le temps
sera, à paier à deus paemenz ; c'est assavoir : à la Saint-Jehan-Bap-
tiste prochaine venant, quatre livres seze soulz parisis, et à Noel
ensuivant autant, et ainsi chascun an heritablement, et d'autel monnoie comme le roy nostre sire penrra et recevra en ces cenz et rentes
à li deues à Paris ; lequel traitié et ce que trouvé et conseillié en fu,

---

1. La rue de la Tonnellerie, qui aboutissait d'un côté dans la rue Saint-
Honoré, de l'autre dans celle de la Fromagerie, près de la pointe Saint-
Eustache, a disparu par suite de la construction des halles actuelles. (Voyez
Jaillot, *op. cit.*, t. II, quartier des Halles, p. 35.)

ledit receveur, tout par escript et mot à mot, en la maniere que dit est et oultre plus reporta et monstra à nozdiz seigneurs des comptes, lequel bail et accensement, en la maniere que dit est, nozdiz seigneurs voudrent, loerent et aggreerent, et ladite place estre tenue et edifiée par ledit Jaques, ses hoirs, ou ceus qui de lui auront cause heritablement, se il plaisoit ou roy nostre sire ; toutevoies par emploiant et edifiant en ladite place, à tout le mainz, lesdites deus cenz livres et oultre plus à sa volenté ; et en ceste maniere et par tout se, comme dessus est dit, ledit receveur, par devant nous, en jugement, nous raporta et dit avoir esté dit et fait, et ledit Jaques pardevant nous en donna la saisine de par le roy ; et après ce, incontinent, ledit Jaques, en jugement, par devant nous, touz avisés et pourveuz sus ce et à qui toutes les choses dessusdites furent dictes et devisées mot à mot, sanz aler en aucunnes à l'encontre ledit bail et accensement en la maniere que dit est, prist du roy nostre sire, de nous prevost et receveur de Paris, par paiant touz les ans lesdites nuef livres douze soulz parisis ausdiz deus termes et d'avoir mis et emploié lesdites deux cens livres oudit edifice dedenz lesdiz cincq anz, au regart des jurez et maistres des euvres le roy. Nientmoinz, se par aventure, ladite place demouroit à edifier, ou que le roy ne trouvast où panre son cenz avant ledit edifice et habitacion faite pour ce, et pour toutes autres choses faire, acomplir et poier, ledit Jaques obliga et oblige à la juridiction du roy touz ses biens meubles et heritages de ses hoirs et de touz autres qui de lui auroient cause, etc...

En tesmoing de ce, à la relacion et requeste dudit receveur, nous avons mis le seel de la prevosté de Paris en ces presentes lettres, avecques le signet dudit receveur. Données l'an de grâce mil CCC et trente, le quart jour de janvier.

Nous, adecertes, ladite baille de ladite place et toutes les autres choses par nozdites genz des comptes et receveur faites, si comme esdites lettres sont contenues et expressées, aiens fermes et aggreables, etc... Ce fu fait l'an de grâce mil CCC et trente, ou moys de janvier.

Par la Chambre des comptes.

Vistrebec.

LXXI.

1331, avril. La Neuville-en-Hez.

Philippe VI confirme pour Jacques Fava seulement des lettres de naturalité accordées par Philippe V au mois de janvier 1317 (n. st.) et par Charles IV au mois de mai 1322 en sa faveur et en faveur d'autres Italiens établis comme fabricants de draps à Saint-Marcel, près de Paris.

(JJ. 66, n° 704.)

Philippe, par la grâce de Dieu rois de France, savoir faisons à touz presens et avenir, que nous avons veu les lettres de noz très chiers seigneurs et cousins Philippe et Charles, jadiz rois, seellées en cire vert et en laz de soie, contenanz les fourmes qui s'ensuivent.

Philippus, Dei gratia Francorum et Navarre rex, notum facimus universis tam presentibus quam futuris, quod nos, attendentes quod Berthelinus Quercitani, Jaquinus Quercitani ejus frater, Jacobus Fava et Colinus Usimbardi, de Florencia, apud Sanctum Marcellum prope Parisius manentes, et ibidem draperiam fieri facientes et operari, in regno nostro Francie tanquam burgenses et incole dicti regni diutius morati fuerunt, nostrisque predecessoribus Francorum regibus in eorum exercitibus et aliis agendis, tanquam burgenses regni predicti, absque exceptione aliqua servierunt; volentes eis ob hoc gratiam facere specialem, ipsos et eorum quemlibet petentes et humiliter supplicantes, consideratione etiam dilecti et fidelis nostri domini de Granconio[1], nobis pro eis humiliter supplicantis, non obstante quod extra regnum nostrum predictum, in urbe videlicet Florentina traxerint originem, burgenses nostros et regni nostri Francie facimus et constituimus, statumque et conditionem aliorum Francorum burgensium nostrorum, eisdem et eorum cuilibet, perpetuo concedimus et donamus ex certa scientia et de plenitudine regie potestatis : volentes, concedentes, statuentes et ordinantes expresse quod predicti Berthelinnus, Jaquinus, Jacobus et Colinus et eorum quilibet, statu, consuetudinibus et libertatibus burgensium nostrorum regni nostri Francie, absque exceptione, et contradictione aliqua, perpetuo gaudeant et utantur et pro talibus habeantur, non obstante quod ultra montes originem traxerint, ut est dictum ; salvo tamen in aliis jure nostro et in omnibus alieno. Quod ut firmum etc...

Actum Parisius, mense januarii anno Domini M° CCC° XVI°.

Karolus, Dei gratia Francorum et Navarre rex, notum facimus universis tam presentibus quam futuris, quod nos, attendentes quod Berthelinus Quercitani, Jaquinus Quercitani ejus frater, Jacobus Fava et Colinus Usimbardi, de Florencia, apud Sanctum Marcellum prope Parisius manentes, et ibidem draperiam fieri facientes et operari, in regno nostro Francie tanquam burgenses et incole dicti regni diucius morati et conversati fuerunt[2] etc...

Actum in prioratu Sancti Christophori in Halata, anno Domini M° CCC° XXII°, mense maio.

Et nous, à la supplication de Jaques Fava nommé es dites lettres, icelles lettres et les choses contenues en icelles, en tant comme touche et peut touchier ledit Jaques Fava, avons fermes et aggreables et

---

1. Dans les lettres suivantes de Charles IV le Bel il est appelé : *de Grandissono*.

2. Ces lettres sont semblables aux précédentes de Philippe V le Long.

icelles volons, loons, greons, ratefions, approuvons, et de certaine
science, de grâce especial, au profit tant seulement dudit Jaques
Fava par la teneur de ces presentes lettres confermons; et voulons
que ledit Jaques Fava joisse paisiblement de ladite grâce à li faite
par nozdiz seigneurs, contenue es dites lettres, et aussi de ceste que
nous li faisons par ces presentes; sauf en autres choses nostre droit
et en toutes l'autrui etc...

Donné à la Nuefville en Hez[1], l'an de grâce mil CCC trente et un,
ou mois d'avril.

Par le roy, à la relation de monseigneur Aymeri Guenaut.

Ja. de Boulay.

LXXII.

1331, avril. Saint-Germain-en-Laye.

Philippe de Valois confirme la vente de certaines possessions sises à Beauvoir[2] et à Saint-Fargeau[3], en la châtellenie de Corbeil, qui avaient appartenu à feu Pierre de Grez[4], évêque d'Auxerre. Ces biens, vendus pour
rembourser le roi de sommes qui lui étaient dues par ledit évêque, pas-
sèrent d'abord à Jean d'Andresel, chambellan de Philippe VI, qui les céda
ensuite à Pierre de La Mote, trésorier d'Auxerre. Ce dernier les vendit enfin
au doyen et chapitre de l'église de Paris. Le roi approuve cette cession, à
condition que le revenu de ces biens, après en avoir payé toutes les
charges, servira à faire chaque année à Paris les services et anniversaires
de son père Charles, comte de Valois, et du roi Charles IV le Bel. Parmi
les charges dues par ces terres, il faut noter « un muy de blé metail deu
chascun an au frères des Blans Mantiaux de Paris, pris sur le champart. »

(JJ. 66, n° 886.)

LXXIII.

1331, mai. Abbaye de Bon-Port.

Philippe VI confirme la vente faite par Gentien Tristan, bourgeois de Paris,
de plusieurs terres et possessions qui lui appartenaient dans le Vexin
français, suivant les conventions passées entre lui et Marguerite, sa femme,
veuve de Nicolas de Lens, et les tuteurs des enfants de ce premier lit.

(JJ. 66, n° 705.)

Philippe, par la grâce de Dieu rois de France, savoir faisons à touz

---

1. La Neuville-en-Hez, Oise, arr. et cant. de Clermont.
2. Beauvoir, Seine-et-Oise, arr. et cant. de Corbeil, comm. d'Évry-sur-
Seine.
3. Saint-Fargeau, Seine-et-Marne, arr. et cant. de Melun.
4. Pierre III de Grez (voy. au n° 66 la note qui lui est consacrée). Au mois

presenz et avenir, que nous avons veu unes lettres seellées du seel de
nostre Chastellet à Paris faites sus certainz accorz et convenences
euz entre Gencien Tristain[1], bourgois de Paris, d'une part, et Margarite, sa fame, et ses amis et prochainz de char, d'autre part, desquelles lettres la teneur est telle.

A touz ceus qui ces presentes lettres verront et orront, Jehan de
Milon garde de la prevosté de Paris, salut. Sachent tuit que, par
devant nous, furent presenz en leurs propres personnes Gencien
Tristan, bourgois de Paris, et Marguerite, sa fame, sire Jehan Billouart[2], familier du roy nostre sire, oncle de ladite Marguerite,
Jehan Poilevillain[3], bourgois de Paris, son frère, et messire Adam
de Pressi, curé de Saint Gervais de Paris, leur cousin, amis naturels
et affins d'icelle Marguerite, à laquelle ledit Gencien, son mari, donna
et ottroia par devant nous licence, povoir et auctorité de faire, passer,
ottroier et accorder par le conseil de ses amis dessus nommez, toutes
les choses qui s'ensivent ci après, de les promettre à faire tenir et
accomplir et soy lier et obligier à ce par lettres souffisans, en la meilleur maniere qu'il porra estre fait, distrent et affermerent les personnes dessus nommées que ledit Gencien, de son propre heritage,

---

de janvier 1326 (n. st.), sa maison de Gretz, avec ses dépendances, fut vendue par Charles IV à Philippe de Valois, qui la donna en avril 1327 à son
chambellan, Jean d'Andresel. (Lebeuf, *Mémoires concernant l'histoire
d'Auxerre*, t. II, Pièces justif., n°ˢ 178 et 180.)

1. Le 5 mai 1330, Gentien Tristan fut condamné par le Parlement, qui
confirmait alors une sentence du prévôt de Paris, à asseoir 35 l. p. de revenu
annuel au profit de Jean Brice, bourgeois de Paris, dont la mère Pétronille
s'était remariée au père du dit Gentien. D'après les conventions passées
entre J. Brice et Gentien Tristan, ces 35 livres devaient être constituées dans
le délai de deux ans après la mort de Pétronille, en faveur de ses héritiers.
Or ce délai était alors expiré. (Arch. nat., X¹ᵃ 6, fol. 112 v°.) Voy. sur les
Gentien la notice consacrée à cette famille par M. le colonel Borrelli de Serres
dans ses *Recherches sur divers services publics du XIII° au XVIII° siècle*.
Paris, Picard, 1895, in-8°, p. 575 et suiv.

2. Sur Jean Billouart, qui fut argentier de Charles le Bel : Voy. Douët
d'Arcq, *Nouveau recueil de comptes de l'argenterie des rois de France*,
p. XVI et XVII.

3. Jean Poilevillain, qui, dans la suite, fut trésorier du roi et remplit
divers offices, avait été accusé de plusieurs délits civils et criminels. Il fut
mis en prison et Philippe VI confisqua ses biens. Cependant, à la prière de ses
amis, des lettres de rémission lui furent accordées le 11 février 1347 (n. st.)
(JJ. 77, n° 88). Voy. plus loin ces lettres. — Cela ne l'empêcha pas d'être
nommé, le 30 décembre 1348, gouverneur de toutes les monnaies de France,
et, en 1356, d'avoir encore le titre de « souverain maistre des monnoies
et maistre des comptes du roy. » Voy. aussi plus loin une lettre d'avril 1343
qui le concerne et Noël Valois, *le Conseil du roi, nouvelles recherches*, p. 13.

avoit, tenoit et posseoit un manoir, terres, prez, vignes et pluseurs
autres possessions audit manoir appartenanz, seanz et estanz en la
ville et ou terrouer de La Ville-ou-terre[1], et en pluseurs lieus, en Veu-
guesin le François, mouvanz en fié et en villenage de pluseurs seigneurs ; es quels heritages les enfanz dudit Gencien et de feu Agnès
sa premiere fame, avoient certain douaire, à cause de leurdite mere,
et ausi ausament ladite Marguerite, ou cas où elle seurvivroit ledit
Gencien, y pourroit bien avoir et prendre cinquante livrées de terre
ou de rente à parisis pour cause et pour raison de son douaire ; et
iceus heritages et possessions, presentement poient, et pevent estre
venduz haut pris et grant au proufit desdiz Gencien et Marguerite et
de leurs enfanz ; c'est assavoir : trois mille livres de parisis, de quoy
qui les auroit l'en pourroit bien achater et avoir autres heritages et
possessions non nobles assez plus proufitables et de plus granz revenues que ne sont ou onques ne furent les heritages et possessions dessusdiz, et ledit Gencien face doubte des devantdiz heritages vendre ou
mettre hors de sa main, pour ce que, par la coustume toute notoire,
le meuble qui ystroit de ladite vente et les possessions qui de celui
meuble seroient achatées pourroient estre et demourer comuns et
pour acquest à lui et à ladite Marguerite, et ainsi pourroit-il estre
amenisié de son propre heritage ou cas où il seroit converti en acquest
à ladite Marguerite et seroit icelle Marguerite devenue de meilleur
condition et il de pire. A la parfin, sachent tuit que ladite Marguerite meue de bonne volenté, eu sus tout ce avis, deliberation et deli-
gent conseil, consideré et regardé ensement l'utilité et le profit dudit
Gencien, de elle et des enfanz que il pourroient avoir ensemble
durant leur mariage, de la voulenté, conseil et assentement de ses
amis et affins dessus nommez, pour bonne foy garder et pour oster
toutes les doubtes qui en ces choses porroient estre faites et suppo-
sées, tant par ledit Gencien comme par autres, de sa bonne volenté,
de sa pure et franche liberalité et de sa certaine science, sanz aucune
constrainte, decevance, fraude ou erreur, voult, ottroia, accorda et à
ce se consenti expressement par devant nous o l'auttorité dudit Gencien à li donnée et ottroiée quant à ce par devant nous, comme dit
est dessus, que les heritages et possessions devantdiz soient venduz à
touz jours, à quelque personnes, une ou pluseurs que ledit Gencien
voudra, pour le pris et la somme desdites trois mille livres parisis,
sanz contredit ou empeschement nul que ycelle Marguerite, ses hoirs
ne sesdiz amis y puissent mettre par quelque voie que ce soit, ancois
ladite vende en la maniere et si comme ledit Gencien la voudra
faire, loera, confermara, ratiffiera et approuvera, pour elle et pour ses
hoirs à touz jours, en telle maniere toutevoies et par telle condition

---

1. Auj. La Villetertre, Oise, arr. de Beauvais, cant. de Chaumont.

que, de la some desdites trois mille livres, soient pris avant toute
euvre mil livres de parisis qui seront et demourront communs ausdiz
Gencien et Marguerite, pour eus acquitier, se mestier est, et pour
mieux maintenir et gouverner leur estat ; et les deus mille livres parisis demouranz desdites trois mille livres seront mis et emploiez en
achater autres heritages et possessions non mobles (*sic*) qui seront et
demouront à touz jours propre heritage audit Gencien et à ses hoirs,
es quels heritages et possessions ainsi achatez de novel desdites deux
mille livres, ladite Marguerite aura et prendra cinquante livres de
terre pour cause et pour raison de son douaire, en recompensation
du douaire que elle povoit ou peust avoir et prendre sus ladite terre
de La Ville-ou-terre et de Veugesin le François, se le cas si offrist,
avant que ladite terre fust vendue. Et parmi lesdites cinquante
livrées de terre ainsi pourveues et assignées à ladite Marguerite pour
raison de son douaire, elle quitta, recognut et confessa par devant
nous, elle avoir quittié et quitte clamé bonnement et absoluement
pour elle et pour ses hoirs, à touz jours, o l'auttorité dessusdite,
tout le droit et action que elle avoit, avoir povoit et devoit et entendoit à avoir, tant pour cause de douaire comme autrement, pour
quelque autre cause, titre, droit ou raison que ce soit ou fust, en
touz les heritages et possessions dessusdiz avant que il fussent venduz, et y renonça par son serement et par sa foy pour li et pour ses
hoirs especialment et expressement, à touz jours mais, par devant
nous, en la meilleur maniere que renonciacion se puet et doit faire
en tel cas, et ausi ensement à touz les heritages et possessions qui,
desdites deux mille livres, seront euz et achatez comment que ce
soit, sanz ce que elle ne ses hoirs y puissent jamais riens demander
ne reclamer pour raison de heritage, de conquest, de decevance ou
autrement, en quelque maniere que ce soit ou puisse estre, fors tant
seulement lesdites cinquante livrées de terre pour cause de sondit
douaire ou cas où elle seurvivroit ledit Gencien, son mari ; et se il
avenoit que ledit Gencien alast de vie à mort avant que ladite Marguerite et que par icelle mort ladite Marguerite eust acquis douaire
avant que lesdites deux mille livres fussent mises et emploiées en
heritage, en la maniere que dit est, en tout ou en partie, et il avenoit
que desdites deux mille livres fussent emploiez et mis en heritage
juques à la value de cinquante livrées de terre, y seroit et est en la
volenté et au chois de ladite Marguerite et de sesdiz amis, de prendre
et avoir lesdites cinquante livrées de terre ou cinq cens livres parisis desdites deux mille livres à avoir et prendre des deniers qui
encore seroient à emploier en heritage, lequel qui mieux leur plei-
roit ; et aussi, se meins de cinquante livres de terre estoient achatez,
seroit il ou chois de ladite Marguerite et de sesdiz amis de prendre
icelle terre et le seurplus des deniers dessusdiz, jusques à la somme

desdites cinq cenz livres, pour cause et pour raison de sondit douaire ; et de ce demoura et demeure ledit Gencien, ses hoirs et ses biens liez et obligiez envers ladite Marguerite et ses amis dessusdiz, en telle maniere que, après le decès d'icelle Marguerite, ladite terre ou les deniers et tout ce que elle auroit einsi eu et emporté pour son douaire reviegne et doie revenir et retourner aus hoirs desdiz Gencien et Marguerite nez durant leur mariage ; et se il avenoit semblablement que ladite Marguerite alast de vie à mort avant que ledit Gencien, et avant que lesdites deux mille livres fussent emploiées et mises en heritage en la maniere que dit est, et icelles deux mille livres estoient trouvées entre les autres biens desdiz Gencien et Marguerite, les hoirs ne les amis de ladite Marguerite, à cause de elle, n'y pourroient riens demander ne reclamer pour raison de meuble, de douaire, d'escheoite, de succession ou autrement, en quelque maniere que ce soit ou fust, ancois, les auroit, prendroit et emporteroit ledit Gencien, franchement et avant toute euvre, entre les biens où il seroient trouvez, comme les deniers venus et yssus de la vente de son propre heritage, si comme ladite Marguerite et sesdiz amis le voudrent et accorderent par devant nous ; et promistrent lesdiz Gencien et Marguerite, par leurs serement faiz de leur bon gré, sollempnement, par devant nous, sus les sains Euvangiles et par la foy de leurs corps baillée corporelment en nostre main, que contre les choses dessusdites ou aucune d'icelles, en tout ou en partie, il n'yront ne aler feront par eus ou par autres etc...

Et avec tout ce et d'abundant, les dessus nommez amis et affins de ladite Marguerite, de leur bonne volenté, sanz force ou constrainte, tesmognerent par devant nous, par leurs seremenz faiz sus les sains Euvangiles de Dieu, que la vente des heritages et possessions dessusdiz, et tout ce qui fait en estoit ou qui fait en seroit, en la maniere que dit est dessus, estoit et seroit fait au profit et pour le proufit de ladite Marguerite et de ses enfanz. Après ce vindrent et furent presenz en jugement, par devant nous, ledit Jehan Poilevillain et Michiel de Lens[1], orfevre, touz bourgois de Paris, tuteurs et curateurs des enfans meneurs de ladite Marguerite et de feu Nicholas de Lens, son premier mari, si comme il disoient et si comme nous le veismes plus plainement estre contenu en unes lettres de curation sus ce faites, seellées du seel de la court l'official de Paris, si comme il apparoit, desquelles la teneur est ci dessouz transcripte mot à mot, qui, de leur bonne voulenté, senz

---

1. Les 22 janvier et 7 février 1331 (n. st.) et 8 juillet 1334, nous trouvons des autorisations accordées par la Chambre des comptes à Michel de Lens, de faire de la vaisselle d'argent pour Guillaume Flotte et l'abbé de Saint-Denis. (Bibl. de Rouen, coll. Leber, *Extraits de Menant*, t. I, fol. 10 r° et v°.)

aucune contrainte, nous tesmoingnerent et jurerent sus les sains
Euvangiles de Dieu que ladite vente, et tout ce qui fait en seroit,
estoit bien et loyaument fait au profit de ladite Marguerite et de sesdiz enfanz; et promistrent iceus tuteurs et curateurs, par leursdiz
seremenz et d'abundant, sus obligation de touz les biens desdiz
enfans, meubles et non meubles, presenz et avenir, à tant faire et
pourchacier et mettre cure, que lesdiz enfanz, quant il seront enaagé,
loeront, greeront, ratiffieront et approuveront toutes les choses dessusdites et ce qui fait en sera, et se lieront et obligeront à les tenir
et garder fermement, à touz jours, en la meilleur maniere qu'il porra
estre fait; et se lesdiz enfanz, quant il seront aagiez, estoient refusans
et contredisans de ce faire et voloient et povoient ledit Gencien ou ses
hoirs lors aprochier et leur faire aucune demande à cause de ladite
Marguerite pour raison des choses dessusdites ou d'aucune d'icelles,
lesdiz tuteurs et curateurs promistrent desorendroit, pour lors, ou
non desdiz enfanz et pour eus agarentir, delivrer et deffendre ledit
Gencien et ses hoirs de la demande desdiz enfanz et à faire cesser et
rendre ou nom que dit est touz couz, dommages et interés, se aucuns
en y avoit, en quelque maniere que ce fust ou temps avenir, pour
deffaut de garentie ou autrement, par le fait desdiz enfanz, sus obligation de touz les biens desdiz enfanz seulement. La teneur de la
tuition ou curation, de quoy mencion est faite par dessus, est telle.

Universis presentes litteras inspecturis, officialis Parisiensis, salutem
in Domino. Noveritis quod nos, ad peticionem et requestam providi
et discreti viri, domini Johannis Billoardi civis Parisiensis et famu-
liaris domini nostri regis Francie, Johannis de Sailly aurifabri, Ade-
net [de] Lens et Johannis Massue[1] aurifabri, ac venerabilis et discreti
viri domini Ade de Preciaco, curati parrochialis ecclesie sancti Ger-
vasii Parisiensis, amicorum carnalium et affinium Johannini et Marote
liberorum impuberum deffuncti Nicholay de Lens in Artesio, quondam aurifabri et civis Parisiensis et Margarite ejus relicte, uxoris ad
presens Genciani Tristani civis Parisiensis, eisdem minoribus, tuto-
ribus seu curatoribus carentibus, ex officio nostro, Johannem dictum
Poilevillain, civem Parisiensem avunculum et Michaelem de Lens
aurifabrum, patruum dictorum minorum, ad onus tutele et cure ipsorum sufficientes et ydoneos, prout dicti requirentes juraverunt ad
sancta Dei Euvangelia coram nobis, adhibita sollempnitate juris super
hoc, que in talibus adhiberi consuevit tutores dedimus atque damus.
Qui tutores onere (*sic*) hujusmodi tuitionis in se sponte suscipientes;
videlicet dictus Michael die Lune post Dominicam qua cantatur Quasi-
modo, anno infrascripto, et dictus Johannes die Martis sequenti

---

1. Le 23 août 1335, Jean Massue eut l'autorisation de la Chambre des
comptes de refaire un pot d'argent pour le comte de Saint-Pol. (Bibl. de
Rouen, coll. Leber, *Extraits de Menant*, t. I, fol. 10 v°.)

coram nobis presentes, juraverunt ad sancta Dei Euvangelia coram nobis, personas, bona, res, lites et negocia dictorum minorum, bene et fideliter servare, custodire, regere, gubernare et pertractare, utilia dictorum minorum pro posse suo faciendo et inutilia penitus evitando, divisionemque bonorum communium inter ipsos minores et eorum matrem predictam bene et fideliter facere, et bonum compotum et legitimam rationem de gestis et administratis per eos reddere et facere dictis minoribus, se, quo ad hec, omnia sua et heredum suorum bona mobilia et immobilia, eisdem minoribus et nobis stipulantibus pro eisdem obligando et juridictioni curie Parisiensis supponendo, ubicumque se duxerint transferendo, renunciationibus et allegationibus quibuslibet retrojectis. In cujus rei testimonium, sigillum curie Parisiensis, presentibus litteris duximus apponendum. Datum, anno Domini millesimo CCC° tricesimo primo, diebus Lune et Martis predictis.

En tesmoing de toutes ses choses, nous avons mis en ces presentes lettres le seel de la prevosté de Paris, le mercredi dis jours du mois d'avril, l'an de grâce mil CCC trente et un.

Nous, les choses dessus dites, toutes et chascune d'icelles, loons, approuvons, etc...

Donné en l'abbaye de Bon Port[1], l'an de grâce mil CCC trente et un, ou moys de may.

Par le roy, à la relacion monseigneur Jehan d'Andresel.

Barriere.

LXXIV.

1331, juillet. Paris.

Philippe VI confirme la vente faite par Pierre des Essars, son valet, à André Giffart, de 5o l. t. de rente à prendre sur différentes maisons de Paris et autorise ledit Giffart à les consacrer comme amorties à de bonnes œuvres.

(JJ. 66, n° 589.)

Philippe, par la grâce de Dieu rois de France, savoir faisons à tous presens et avenir, que, comme noz très chers seigneurs et cousins les rois Loys et Philippes eussent ottroié, par leurs lettres ouvertes en soie et en cire vert, à nostre chier et feal cousin le duc de Bourbon que il peut acquerre jusques à trois cens livres tournois de annuel et perpetuel rente en leurs fiez et arrerefiez, exceptées forteresces et fiez de chief de chastellerie, et icelles transporter en eglises ou personnes d'eglise, enterinement ou par parties, par titre de vente ou autrement, sanz ce que les personnes en qui il seroient transportées fussent tenuz à en faire finance, ne peussent estre contrainz à les

---

1. Bonport, ancienne abbaye de Cisterciens, dont les ruines subsistent sur la commune de Pont-de-l'Arche, Eure, arr. de Louviers.

mettre hors de leurs mains. Et nostredit cousin eust transportée ladite grâce en Pierre des Essars, nostre amé vallet, lequel transport nous confermasmes par noz autres lettres seellées en soie et en cire vert, de grâce especial et de certaine science ; par vertu de laquelle grâce ledit Pierre et feu Thomasse, sa fame, transporterent par titre de vente en noz amez le doien et le chapitre Saint Pierre de Beauvez [cent livres tournois de rente], que il avoient acquises de nostre amé et feal Jehan de Choisy le juenne, chevalier, et de Ysabel, sa fame, sus les hales et moulins de Rouan, si comme en noz lettres sur ce faites, lesquelles ont esté receues en la chambre de noz comptes à Paris, est plus plainnement contenu. Et ledit Pierre nous ait signifié que, des deus cenz livres tournois de rente demourans de ladite somme de trois cens livres, il avoit transporté par titre de vente, en Andrieu Giffart, cinquante livres tournois de rente par an, lesquelles il avoit et prenoit de son conquest à perpetuité, si comme il disoit, sus les choses ci après contenues ; c'est assavoir : sur la maison Jehan de la Court Neuve, assise à Paris, en la Tonnelerie, tenant d'une part à la maison Gieffroy Renel et d'autre part à la maison Robert Foulchat, vint et cinc livres tournois de rente par an. *Item*, sur la maison Symon de Verdi, assise en la Tonnelerie, tenant d'une part à la maison Jaques de Gentilly et d'autre part à la maison feu Jaques des Illes, diz livres tournois de rente. *Item*, sur la maison Jehan de Compans, assise en la Ferron-nerie[1], tenant d'une part à la maison qui fu Beuves de Laon et d'autre part à la maison qui fu feu Bourgois de Compans, sept livres x s. t. de rente. *Item*, sur demi estal de mercier, assis en la Halle à Paris en haut, qui fu Estienne de Colombes, tenant d'une part à l'estal Michil Bespignier et d'autre part à l'estal Huitasse à la Pillate, c s. t. de rente. *Item*, sur la maison Nicholas du Guichet, assise en la Tonnela-rie, tenant d'une part à la maison Thomas de Failli et d'autre part à la maison Pierre Baudier, cinquante solz tournois de rente. Nous, à la sup-plication dudit Pierre des Essars et par vertu de la grâce dessusdite, de laquelle nous avons fait soustraire lesdites cinquante livres tournois de rente, avons ottroié et ottroions audit Andrieu Giffart que icelle rente, enterinement ou par parties, puisse translater et transporter pour le remede de l'âme de lui et de ses amis en la fondation de une chapellenie ou en autres lieus piteables, toutefois et en la maniere que il li pleira, et que les personnes en qui il les aura transportées et leurs successeurs tiegnent ladite rente paisiblement à touz jours, sanz ce que il puissent estre contrainz ou temps avenir à les mettre hors de

---

1. La rue de la Ferronnerie, qui existe encore, formait autrefois la con-tinuation de la rue Saint-Honoré pour aboutir à la rue Saint-Denis. (Jaillot, *op. cit.*, t. I, *Quartier Sainte-Opportune*, p. 17.)

leurs mains ou en paier finance quelle que elle soit. Et pour ce que soit ferme chose, etc...

Ce fu fait à Paris, l'an de grâce mil CCC trente et un, ou mois de juillet.

Par les gens des comptes.

R. de Molins.

LXXV.

1331, août. Abbaye de Joyenval.

Philippe VI, à la requête des frères et sœurs de l'Hôtel-Dieu de Saint-Gervais, à Paris, amortit en leur faveur une maison que leur donna Jean Gentien et leur quitte deux deniers et maille de cens annuel qui lui étaient dus [1].

(JJ. 66, n° 542.)

Philippe, par la grâce de Dieu roys de France, savoir faisons à tous presens et avenir, que à la supplicacion des freres et sereurs de l'Ostel Dieu de Saint Gervaise de Paris [2], en pure et perpetuel aumosne et pour le salu de nostre ame, nous leur avons ottroié et ottroions, de grâce especial, que une maison assise joignant de ladicte Maison-Dieu, laquelle Jehan Gencien [3], bourgois de Paris, leur a donné en pure aumosne, si comme il dient, il puissent tenir perpetuelment et paisiblement en nom et pour cause dudit hospital ou Maison-Dieu, sens ce qu'il soient contraint à la vendre ou mettre hors de leur main et sans paier finance quelle que elle soit, laquelle, telle comme elle nous em puet appartenir, nous leur quittons de nostre grâce especial; et aussi leur quitons de nostredicte grâce, pour tousjours mais, deux deniers et maille de cens annuel et perpetuel que ladicte maison nous devoit. En tesmoing desqueles choses, etc...

---

1. L'original de cet acte se trouve aux Archives nationales, dans le carton S. 6123, n° 14.

2. L'hôpital Saint-Gervais, construit près de l'église de ce nom, fut fondé sans doute en 1171 par Garin Le Maçon, et Harcher, son fils, qui destinèrent une maison qu'ils avaient au parvis Saint-Gervais à loger les pauvres passants. (Jaillot, *op. cit.*, t. III, quartier Saint-Antoine, p. 128. Voy. aussi la notice que consacre à cet Hôtel-Dieu M. Le Grand dans les *Mémoires de la Société de l'Histoire de Paris et de l'Ile-de-France*, t. XXIV, p. 158.)

3. La donation de Jean Gentien est du 15 novembre 1326. (Arch. nat., S. 6123, n° 13.) Ce Jean Gentien, frère de Pierre Gentien, tué en 1304 à la bataille de Mons-en-Puelle, était alors prévôt des marchands. On le trouve encore remplissant ces fonctions en 1321, 1324, 1328. En 1337, il était l'un des administrateurs de l'hôpital Saint-Jacques. (Borrelli de Serres, *Recherches sur divers services publics du XIIIe au XVIIe siècle*. Paris, 1895, p. 603.)

Donné en l'abbaye de Joienval[1], l'an de grâce mil trois cens trente et un, ou mois d'auoust.

Par le roy, à la relacion de l'aumonier.

Barriere.

LXXVI.

1331, août. Poissy.

Philippe VI, confirmant une sentence rendue par la prévôté de Paris le 6 février 1325 (n. st.), défend, à la requête des ouvriers courroyeurs d'Amiens, aux ouvriers courroyeurs de Paris de faire des courroies clouées et ouvrées d'étain ou de plomb.

(JJ. 66, n° 560.)

Philippe, par la grâce de Dieu roys de France, savoir faisons à tous presens et avenir, que nous avons veu unes lettres contenans la fourme qui s'ensuit :

A tous ceus qui ces lettres verront, Jehan L'Oncle, garde de la prevosté de Paris, salut. Comme il nous ait esté denuncié de par Jehan, dit Le Clerc, d'Amiens, Frumin de Rumeli, Jehan Lamere et de pluseurs autres courroiers de la ville d'Amiens, contre Jehan de Thunes, Nicolas de Menise, Jehan de Corbie, Gerart de La Vainerie, Henri du Moustier et contre tous leurs aherdans courroiers de la ville de Paris, faisans courroies clouées de piautre, d'estain et de plonc, contre tous essamble (sic) et contre chascun pour tant comme il li touchoit, en disant que les dessus nommés courroiers de la ville de Paris et pluseurs autres de la ville de Paris avoient fait et faisoient enquore courroies clouéez et autrement ouvréez d'estain, de piautre ou de plonc, lesquelles estoient fausses et mauvaises et decevables, et telles seroient elles trouvéez et approuvéez par ceux qui ou mestier se cognoissoient, et ce povoit apparoier clerement, car une boucle ou uns espinciaus[2] ou li autres ouvrages des courroies n'avoit mie force ne vertu de soustenir le fais du chaindre[3], mes convenoit que il rompist ou que il plaiast ; et mesmement que il estoit ordené et establi en l'ouvrage de courroierie, et laquele ordenance estoit approuvée et confermée du roy nostre sire et seellée de son grant seel de cire vert en las de soie, que nulz courroiers ne face courroies d'estain, ne clouer ne ferrer courroies d'estain, de plonc ou de piautre, et, se il estoit fait, chascun qui le faisoit devoit au roy

---

1. Joyenval, Seine-et-Oise, arr. de Versailles, cant. de Saint-Germain-en-Laye, comm. de Chambourcy.

2. *Espinciaus,* agrafe.

3. *Chaindre,* sans doute a le même sens que *chaint,* ceinture.

quinze solz d'amende, et li ouvrages estoit et devoit estre ars, si comme il disoient. Et disoient enquores que par pluseurs foiz teles courroies comme dessus est dit, qui avoient esté prises à Paris et en pluseurs autres lieus, avoient esté arses comme fausses et mauvaises et que il estoit mandé du roy no segneur à nous et à chascun autre justicier sans si et sans condicion, que partout où teles courroies seroient trouvéez elles fussent prises et arses, et que chascun qui seroit trouvez les faisant et sur qui elles seroient trouvéez, fussent contrains de paier quinze solz d'amende au roy nostre sire, si comme il disoient estre contenu plus plainement es lettres dudit nostre seigneur le roy faitez sur ce, contenans ceste fourme :

Karolus Dei gratia Francorum et Navarre rex, custodibus nundinarum Campanie ac universis senescallis, ballivis, prepositis, majoribus et aliis quibuscumque judicibus et subditis regni nostri ad quos presentes littere pervenerint salutem. Cum in ordinacione predecessorum nostrorum Francorum regum quondam facta super ministerio corrigiarum [1], inter cetera continetur expresse quod nullus potest vel debet in regno nostro sophisticas facere corrigias de stanno, videlicet clavare, ferrare, vel alias operare de stanno sophistice ; et qui faciet illud opus, si reperiatur, sine dilacione comburi debet, et ille qui facit debet solvere quindecim solidos pro emenda. Nonnulli tamen operarii corrigiarum, pretextu quarumdam litterarum surrepticiarum quas a nobis seu curia nostra tacito de premissis impetrasse dicuntur, in pluribus et diversis locis et villis dicti regni, contra dictam ordinacionem, cotidie, plures falsas et sophisticas corrigias, fingentes alterius speciei eas esse, faciunt et facere non cessant ; propter quod, magistri corrigiarum ville Ambianensis, tunc et alias, humiliter supplicaverunt ut super hoc remedium adhibere vellemus oportunum. Quocirca, nos, eorum supplicacionibus annuentes et indempnitati populi providere volentes, vobis et vestrum singulis mandamus, prout alias ex parte carissimi domini Philippi quondam dictorum regnorum regis, germani nostri mandatum extitit, districte precipiendo quatinus in locis et jurisdictionibus vobis commissis ad requestam latorum presencium, dictam ordinacionem publicari, et dictis litteris aut aliis surrepticis impetratis vel impetrandis non obstantibus, in omnibus punctis suis, prout de ipsa liquebit, observari faciatis ; quascumque falsas et sophisticas et sic factas post publicacionem hujusmodi, de stanno, plumbo, pestro factas, clavatas vel ferratas corrigias, quas in

---

1. Le *Livre des métiers* d'Étienne Boileau, éd. de Lespinasse et Bonnardot, p. 192, dit à l'art. xxx du titre LXXXVII : « Nus ne doit faire corroies d'estain, c'est à savoir clouer ne ferrer d'estain ; et, s'il le fet, elle doit estre arse et il doit au roy xv s. d'amende. » (Voy. aussi de Lespinasse, *les Métiers et corporations de la ville de Paris*, t. III, p. 384, n° 13.)

vestris potestatibus inveneritis, indilate, secundum ordinacionem
predictam comburi, dictosque quindecim solidos, ab illis qui eas
fecerint et penes quos inveneritis levari, nostrisque racionibus applicari faciatis, ita quod ad nos ulterius super hoc in vestrum defectum
non habeatur recursus, latorem presentium et alios hujusmodi negocium prosequentes, ab omnibus injuriis, violenciis, gravaminibus,
molestiis et oppressionibus quibuscumque custodientes et defendentes
ut fuerit rationis et ad vestrum quemlibet noverit pertinere. Datum
Parisius, xxiiiiᵃ die julii, anno Domini Mᵒ CCCᵒ vicesimo quarto.

Pourquoy les dessus nommez courroiers de la ville d'Amiens
disoient en excitant nostre office et par maniere de denunciacion,
tant seulement, que comme de droit commun tous ouvrages qui sont
faus ou tielx que on en peut et doit estre decheuz, doivent estre des-
truiz par les justices et ceux qui les justices avoient à garder, par quoi
les bonnes gens n'em peussent estre decheuz ; et que toutes fois que,
quant aucunes ordenances estoient faitez sus aucunes choses et con-
ferméez par le souverain, se aucune chose estoit au contraire, li souverains ou cilz qui sa persone representoit y devoit mettre remede et
punir ceux qui faisoient au contraire desdictes ordenances, nous
devions faire prendre et ardoir toutes les courroies ferréez, clouées
et autrement ouvréez d'estain, de piautre ou de plonc qui avoient esté
et seroient trouvéez en la ville de Paris, especiaument sus les dessus
nommez et pluseurs autres, et contraindre chascun d'iceux qui faitez
les avoient ou feroient, à paier au roy nostre sire quinze solz parisis
d'amende ; et le nous requeroient pour tant que à eulz touchoit et
povoit touchier, en nous offrant à enfourmer, se mestiers estoit, des
choses dessusdictes, se elles ne nous apparoient estre vraies evidan-
ment, par bonnes gens dignes de foy qui en ce se cognoissoient aus
fins dessusdictes. Et au contraire, eust esté proposé et maintenu de par
les dessuz nommez courroiers de la ville de Paris et leurs aherdans,
afin que par nous feust prononcié et à droit que il peussent fere
courroies clouées de piautre ou d'estain, et que leurs courroies prises
de nostre commandemant, à la requeste et instance des dessusdiz
courroiers d'Amiens, leur fussent rendues comme bonnes et souffisans, et que le trouble et empeschement par nous miz en leur ouvrage
et mestier indeuement et de nouvel feust par nous ostez, et eulz gar-
dés en leur possession et saisine, et lesdis courroiers d'Amiens condampnez et contrains à eulz rendre leurs cous, fraiz et dommages que
il avoient eu et soustenu pour cause dudit empeschement, lesquiex Il
estimoient à quatre cens livres parisis, reservée nostre taxacion, et
que lesdiz denonceurs fussent condampnez à amender au roy no seigneur, en tant comme il venoient contre un arrest, en disant que il
estoient et avoient esté en saisine et possession souffisant de fere
courroies clouées de piautre, d'estain ou d'autre matere et d'icelles

vendre à Paris, par tout le royaume de France et par tant de temps
qu'il souffisoit et devoit souffire droit et saisine avoir acquis; et que
puis an et demi ou environ, Richart Marcel et pluseurs autres courroiers de la ville de Paris avoient meu question par devant nos seigneurs tenans les jours de Troies contre les courroiers de Prouvins
et pluseurs autres de divers lieus, en disant que nulz ne povoit fere
courroies clouées de piautre ou d'estain par la vertu de certaines
ordenances; sus laquelle chose, tout veu et tout oy, fu par nosdiz
seigneurs pronuncié et par arrest que ladicte ordenance estoit contre
le proufit commun et fu mise au nient et anullée, si comme il
disoient; si disoient que puis ledit arrest, li roy no sires, en ycelui
fortefiant, nous avoit envoié ses lettres et à tous autres justiciers contenans ceste fourme :

Karolus, Dei gratia Francorum et Navarre rex, preposito Parisiensi
vel ejus locum tenenti, ceterisque justiciariis regni nostri ad quos
presentes littere pervenerint salutem. Conquesti sunt nobis Henricus
de Monasterio, Gerardus de La Vaniere, Johannes Corbie, Nicolas de
Meneise, Johannes de Thunes et plures alii corrigiarii, quod licet
quedam ordinacio per corrigiarios ville Parisiensis dudum facta super
ministerio corrigiarum, continens inter cetera quod nullas corrigias
facere aut clavare de stanno, seu ipsas sic confectas, Parisius aut alibi
vendere poterat vel debebat, pretextu cujusmodi ordinacionis et quarumdam litterarum a curia nostra impetratarum, corrigiarios Pruvinenses et alios regni nostri multimode fecerant molestari, per arrestum curie nostre Campanie, auditis hinc inde rationibus et eorum
visis litteris, fuerit tanquam contra utilitatem publicam facta penitus
anullata, prout in dicto arresto plenius continetur; vobisque et vestrum cuilibet, ut ad eum pertineret, mandassemus per nostras litteras, ut arrestum hujusmodi faceretis inviolabiliter observari, nec dictos corrigiarios Pruvinenses aut quosvis alios similis condicionis
permitteretis impediri quin ipsi suo uti predicto ministerio more
solito et corrigias suas sic factas ubique vendere valerent, ordinacione
predicta, ut premittitur anullata, non obstante, et non obstantibus
etiam quibuscumque litteris subrepticiis a nobis impetratis seu impetrandis, expressam de revocacione dicti arresti non facientibus mencionem, prout in dictis nostris litteris plenius, ut accipimus, continetur : nichilominus, prefati corrigiarii Parisienses, adhuc in suo
errore perseverantes, illam et eandem ordinacionem adnullatam, ut
prefertur, confirmari quathenus de ipsa gavisi hactenus pacifice fuerant et salvo etiam jure nostro et alieno in omnibus surreptice, et
veritate tacita, ut dicitur, per nostras litteras in cera viridi et serico
sigillatas postmodum procurarunt; cujusmodi confirmacionis pretextu,
et quarumdam aliarum litterarum sub umbra ipsius confirmacionis a
nobis obtentarum, ut dicitur, Adam Blondel et Colinus La Fille, ser-

vientes nostri Castelleti Parisiensis, corrigias ipsorum conquerencium sic factas, ad instanciam et requestam Johannis Clerici de Ambianis, Fremini de Rumelli, Johannis Lainé, Fourneti Le Courroier, Roberti Le Bouclier et quorumdam aliorum corrigiariorum ville Parisiensis, ceperunt et arrestarunt, contra arrestum predictum et mandatum nostrum hujusmodi veniendo, ac etiam in dampnum non modicum conquerentium predictorum, verum cum in nostris confirmatoriis litteris predictis seu aliis nulla facta sit mentio de arresto predicto, nec ipsi corrigiarii Parisienses, de ipsa ordinacione post arrestum predictum seu confirmacionem predictam gavisi fuerint pacifice, immo, ipsimet corrigiarii Parisienses et alii de dictis corrigiariis in villa Parisiensi, virtute predicti arresti et post hujusmodi confirmacionem operati fuerunt, et eas inibi vendiderunt et sic dicte littere confirmatorie et alie ex inde emanate, falso et surreptice impetrate fuisse manifeste videntur vobis et vestrum cuilibet, ut ad eum pertinuerit, sicut alias mandasse dicimur. Iterato mandamus quatinus, si visa dicta confirmacione et arresto, ac nostris litteris predictis, seu earum copiis sub sigillis autenticis, legitime constiterit ita esse, hujusmodi arrestum teneri inviolabiliter facientes, eosdem conquerentes et alios similis condicionis, suo uti predicto ministerio, more solito, pacifice permittatis, dicta confirmacione surreptica aut quibuslibet aliis surrepticis litteris a nobis impetratis aut impetrandis non obstantibus, nullam de revocacione dicti arresti facientibus mencionem, predictas captas corrigias cum eorum modulis et dampnis ob hoc sibi illatis ratione previa, reddi et restitui facientes, transgressores ejusdem arresti, propter transgressionem hujusmodi, per emendas pecuniarias condignas et aliter civiliter, taliter puniendo quod eorum punicio cedat ceteris in exemplum, vocato ad hoc procuratore nostro pro jure nostro circa hoc diligencius observando cum ceteris evocandis. Datum apud Vincennas xiiª die decembris anno Domini millesimo trecentesimo vicesimo quarto.

Et que par la vertu d'iceli arrest et desdictes lettres il avoient tous jours depuis ouvré dudit mestier en la fourme et maniere dessusdicte paisiblement, et disoient que indeuement et de nouvel le procureur du roy, à l'instance desdiz courroiers d'Amiens, les empeschoit et faisoit empeschier et avoit fait prendre leurs courroies et leurs moulles en leur grant prejudice et dommage, et en venant contre ledit arrest et lesdictes lettres, si comme lesdis courroiers de la ville de Paris avecques plusieurs autres resons disoient et maintenoient aus fins dessusdictes, en offrant à fere savoir de tout ce qui cheoit en fait, tant que souffire leur devroit, en niant les faiz de la partie adverse en tant comme il estoient contraires et prejudiciables au leur et sus toutes les choses dessusdictes ; et pour reson d'icelles, lesdictes parties eussent baillié par escript par devant nous pluseurs resons de fait et de droit, avecques pluseurs lettres, seur lesquelles et parmi lesquelles il requidrent que drois leur feust faiz, et pour avoir et oyr icelui, prinstrent et accepterent certaine journée qui de nous leur fu assignée; c'est assavoir : au jeudi dizieme jour de fevrier, l'an de grâce mil trois cens vint et quatre; pendant lequiel jour lesdiz courroiers de la ville d'Amiens nous apporterent unes lettres du roy no seigneur, sans seel, contenans ceste forme :

. Karolus, Dei gratia Francorum et Navarre rex, preposito Parisiensi vel ejus locum tenenti, salutem. Ex parte plurium corrigiariorum ville Ambianensis, nobis est denunciando non partem faciendo monstratum quod nonnulli corrigiarii Parisius commorantes, de die in diem faciunt et facere non cessant corrigias, plumbo, stanno, et pestro ferratas, falso modo, sophistice, fingentes alterius speciei eas esse, licet opus tale per totum regnum Francie, per ordinaciones regias, olim super dicto ministerio factas, sub certa pena in dictis ordinacionibus contenta, sit omnino prohibitum, prout in registris Castelleti Parisiensis dicitur plenius contineri. Et cum, pretextu dicte ordinacionis et litterarum nostrarum tibi super hoc directarum, ut dicitur, tu, quam plurimum dicti falsi operis et sophistici feceris arrestari, partem pro nobis in hac parte faciendo, tu nichilominus, executionem dicti falsi operis in nostri contemptum ac tocius rei publice dampnum non modicum et gravamen ut dicitur [non feceris]. Quare mandamus tibi, quatinus, quibuscumque frivolis excepcionibus, cavillacionibus et subterfugiis dictorum corrigiariorum, seu litteris subrepticis a nobis impetratis vel impetrandis, non obstantibus, opus falsum predictum, comburi juxta dictas ordinaciones, et emendas ab illis penes quos invenietur, levari, nostrisque racionibus applicari facias indilate, dictas ordinaciones faciens inviolabiliter observari, prout justum, et ad te noveris pertinere. Datum Parisius vıııª die januarii, anno Domini millesimo CCCᵐᵒ vicesimo quarto.

Et nous fu commandé de par nos seigneurs tenans les requestes du roy nostre sire en son palais à Paris, que à icelles lettres nous obeissions et feissions les choses contenues en icelles, aussi bien comme se elles fussent seellées. Et après tout ce, avant que nous feussions conseillé de faire ledit droit, fu de par lesdiz courroiers de Paris supplié au roy no sire en la maniere qui s'ensuit :

A nostre sire le roy supplient Henri du Moustier, Gerart de La Vaniere et pluseurs autres povres courroiers ouvrans d'estain ou de peautre à Paris et ailleurs, que comme une ordenance jadis faite par les courroiers de Paris sur le mestier de courroies, contenans que nulz ne puet faire courroies, ne clouer d'estain ou de peautre ne elles ainsi faitez, vendre en la ville de Paris ne ailleurs, par la vertu de laquelle ordenance iceus de Paris avoient fait prendre et ardre les courroies des ouvriers d'estain ou de piautre, en Champaigne et ailleurs, par l'arrest de nos seigneurs des jours de Troies derrenierement anullée et cassée eust esté du tout en tout, aussi comme faite contre le utilité publique et sans la licence du roy, par laquelle il disoient que il avoient faite icelle ordenance; et eust mandé nostre seigneur li roys au prevost de Paris et à tous autres justiciers, que ledit arrest feissent tenir et garder, et lessassent lesdiz courroiers d'estain et de piautre user et joir de leur mestier partout, en la maniere acoustumée, non contrestant lettres empetréez ou à empetrer au contraire, non faisans mencion expresse de l'arrest et de l'anullacion dessusdiz, et ja soit ce que depuis ledit arrest et par vertu d'icelui, les devantdiz supplians et pluseurs autres et ceus de Paris especialment, aient ouvré par un an et par plus dudit mestier en la ville de Paris et par tout l'an où il voloient, et nonobstant, ledit prevost de Paris, à l'instance d'aucuns courroiers de laton, de Paris et ailleurs leurs adherens, les devantdiz supplians a empeschié et enquore empesche à tort et de nouvel que il ne puent user dudit mestier si comme acoustumé a esté et mandé par le roy nostre sire; et après ont fait prendre leurs courroies et leurs molles en venant contre ledit arrest et contre le mandement le roy nostre sire, sous l'ombre d'unes lettres confirmatoires empetréez de par lesdiz courroiers de Paris sus l'ordenance dessusdicte ainsi adnullée emprès l'arrest dessusdit surrepticement et sans mencion fere dudit arrest ne de l'anullacion d'icelle ordenance; et jà soit ce que li roys nostre sire ait mandé nagaires audit prevost que se il estoit ainsi comme devant est dit, que il se cessast de molester lesdiz supplians et les lessast joir et user de leur mestier sans nul empeschement, en la maniere acoustumée, et leur rendissent leurs courroies et leurs molles pour ce pris, et adecertes contrainsist tous ceus qui contre ledit arrest yroient ou avoient alé par amendes pecuniaires, si comme il est plus plainement contenu oudit mandement le roy, non contrestant les lettres confirmatoires dessusdictes et toutes autres empetréez ou à empetrer surrepticement au contraire, ce non obstant ledit prevost n'en a voulu riens faire, mes se efforce de imterpreter le devantdit arrest, et pour ce les veulent traire en cause devant lui, laquelle interpretacion n'apartient pas à lui, mes à nozdiz seigneurs; pour quoy il requierent que il soit mandé et commis ausdiz nos seigneurs des jours qui presens sont maintenant à Paris, que eulz, ou trois ou quatre de eulz, se tous ni puent estre ou emtendre, voient l'arrest dessusdit, les lettres confirmatoires et toutes les autres d'une part et d'autre empetrées, et pregnent devers eulz les choses et les instrumens ou lettres que ledit prevost a tenu devers lui; et appellez ceus qui se voudroient faire partie ou autres qui seroient à appeller, et oyes les resons d'iceus, il enterpretent, desclairent, se mestiers est, facent, ordenent seur ce cas, ce qui verront qui sera à faire en defendant audit prevost que plus ne cognoisse de ce, mes lesse lesdiz süppliahs joir et user de leurdit mestier en la maniere acoustumée, et leur rende leurs courroies et leurs moulles pour ce pris, en la maniere que li roys no sire li a mandé et que il soit mandé à nosdiz seigneurs que se ledit prevost a riens fait contre eulz seur ce, que il le facent mettre à estat deu. Sus laquelle et pour reson de laquelle supplicacion, li roys nos sires leur fist baillier ses lettres contenans ceste fourme :

Karolus, Dei gratia Francorum et Navarre rex, dilectis et fidelibus gentibus nostris pro nobis Parisiis presidentibus, salutem et dilectionem. Supplicacionem Henrici de Monasterio, Gerardi de Varennia, corrigiariorum et nonnullorum aliorum ejusdem ministerii suorum consortum operantium de stammine et de peautro, Parisius et alibi, sub nostro contrasigillo clausam mittentes, vobis mandamus et committimus, quatinus ea visa et diligenter inspecta, vocatis evocandis super contentis in ea, faciatis quod justum et rationabile fuerit faciendum justicie plenitudinem super hoc exhibendo, taliter quod super hoc nulla nobis deinceps referatur querela. Datum apud Meson Marescalli[1] xxiₐ die januarii, anno Domini Mᵒ CCC vicesimo quarto.

Pour laquelle chose nous nous traismes devers nosdiz seigneurs et leur deismes et monstrames comment lesdiz courroiers avoient ja procedé pardevant nous en la maniere que dessus est dit; lesquiex nosdiz seigneurs, veue ladicte supplicacion et les lettres à eulz envoiées sus ce, et oy nous et les parties, renvoierent lesdictes parties par devant nous et nous commanderent que à iceulz feissions bon droit et hatif, et sur ce feussent lesdictes parties revenues pardevant nous, requerans à grant instance tel droit à avoir. Sachent tuit que nous, oy tout ce que il voudrent dire, veuez les resons d'une part et d'autre, veues lesdictes caintures ferréez de peautre, d'estain et de plonc, appellez à ce plusieurs ouvriers de la ville de Paris qui en ce se cognoissoient doudit mestier de courroier, de potiers d'estain, les mestres des merciers et orfevres qui ladicte œvre virent et firent veoir par ceus de leur mestier, qui tous distrent par leurs seremens que l'euvre estoit fausse et mauvaise et dommageuse au pueple et au profit commun; veuz aussi les molles esquiex tele maniere de œvre estoit faite et getée; consideré et regardé que en l'ombre de ce on y povoit geter monnoie, laquele chose n'est mie à souffrir; consideré ledit arrest, et que par icelui nozdiz seigneurs qui li donnerent n'approverent mie l'euvre pour bonne, ne ne pronuncierent mie l'ordenance pour nulle pour chose que ladicte euvre feust bonne, mes pour ce que lesdiz courroiers avoient abusé de ladicte ordenance; veuez

---

1. Metz-le-Maréchal, Loiret, arr. de Montargis, cant. de Ferrières, comm. de Dordives.

les anciennes ordenances faitez seur ledit mestier de courroier, con-
sideréez et regardéez toutes les autres choses qui à ce nous povoient
mouvoir de reson ; eu seur tout grant deliberacion de bon conseil à
nosdiz seigneurs de la court et à autres personnes sages et expers ; par
le conseil que nous avons eu seur ce, condampnons ladicte euvre de
peautre, d'estain et de plonc comme fausse et mauvaise et prejudi-
cial à tout le commun pueple ; et lesdiz courroiers à Paris et tous
autres à qui il appartient condampnons à cesser d'ores en avant de
fere tele maniere de œvre, sus paine de l'amende le roy des quinze
solz dessusdiz, et sus quanques il se pevent meffaire envers nostre
seigneur le roy ; et du commandement de nosdiz seigneurs les quittons de l'amende du roy nostre sire, en quoy ils estoient tenus pour
les causes dessusdictes, pour ce que, ce qu'il faisoient et avoient fait,
il l'avoient fait sous l'ombre dudit arrest par nostre sentence diffinitive
et par droit. En tesmoing de ce, nous avons miz en ces lettres le seel
de la prevosté de Paris. Ce fu fait l'an de grâce mil trois cens et vint
et quatre, le mardi après la Chandeleur[1].

Nous adecertes, lesdictes condampnacion et sentence, en tant
comme elles sont faitez et pronunciez deuement et justement, à la
requeste et supplicacion de Jehan dit Clerc d'Amiens, Fremin de
Rumeli, Jehan Lamere et de pluseurs autres courroiers de la ville
d'Amiens, aians aggreables, fermes et estables, icelles voulons,
greons, etc...

Donné à Poissy[2], l'an de grâce mil trois cens trente et un, ou mois
d'auoust.

Par le roy, à la relacion l'avoe de Therouenne.

Aubigny.

Collacion est faite avec la lettre original.

LXXVII.

1331, août. Paris.

Philippe VI, à la requête des doyen et maîtres de la Faculté de médecine
de Paris, confirme quelques usages relatifs aux examens de la licence[3].

(JJ. 66, n° 914.)

---

1. Le 7 février 1325 (n. st.).
2. Poissy, Seine-et-Oise, arr. de Versailles, ch.-l. de cant.
3. Ces lettres sont publiées dans le *Recueil des Ordonnances*, t. II, p. 70,
et dans Denifle, *Chartularium Universitatis Parisiensis*, t. II, p. 382, n° 934.

LXXVIII.

1331, septembre. Saint-Germain-en-Laye.

Philippe VI, en exécution du testament de son père, assigne 40 l. t. de rente annuelle sur la prévôté de Torcy pour la fondation d'une chapellenie en l'église Saint-Eustache de Paris.

(JJ. 66, n° 568, et JJ. 68, n° 24.)

Philippe, par la grace de Dieu roys de France, savoir faisons à touz presens et avenir, que nous avons fait estraire du testament de nostre très chier seigneur et pere, dont Dieux ait l'ame, une clause dont la teneur est tele :

Je laisse pour une chappellenie fonder en l'eglise Saint Eustace de Paris quarante livres tournoys de rente, et y chantera le chappellain de ladicte chappellenie, qui sera pour le temps, trois fois la sepmaine de *Requiem* pour l'âme de moy et de mes parens, et es autres jours de ce que il voudra selonc sa devotion, et seront tenuz celui à cui l'en aura pourveu de ladicte chappellenie et ses successeurs à touz jours euls faire promovoir à prestre se il ne l'estoient, dedens l'an aprez que la collation leur en aura esté faite. Et se il y avoit aucun qui ainsi ne le feist, que à la requeste de celui ou de ceulz en qui collation elle sera, l'evesque de Paris qui sera pour le temps, l'en doie et puisse priver.

Par vertu de laquelle clause, nous qui desirons de tout nostre cuer enteriner et acomplir l'ordenance et la volenté de nostredit seigneur et pere, lesdictes quarante livres tournois de rente, avons assises et assignées, asseons et assignons perpetuelment sur les emolumenz de nostre prevosté de Torcy; et ycelle prevosté et les emolumenz quiex que il soient ou puissent estre ores et ou temps avenir, appartenans à ladicte prevosté, pour quelque cause ou titre que ce soit, chargons de ladicte rente de quarante livres tournois à prandre sus les emolu-menz de nostredicte prevosté de Torcy[1] et à recevoir du chappellain qui servira en ladicte chappellenie à deux termes : c'est assavoir aus octaves de la Toussains la moitié, et aus octaves de l'Ascension l'autre moitié, par la main du prevost qui pour le temps sera. Et pour ce que ledit chappellain puisse plus devotement entendre à faire le dei-vin service et que il ne soit grevé et endommaigé à poursuir les paie-menz de ladicte rente, nous, de certaine science, ordenons et volons

---

1. Cette phrase, depuis : *et ycelle prevosté,* n'existe pas dans JJ. 66, n° 568.

que quiconques tiegne les emolumenz de ladicte prevosté soit à fermée ou en garde, il soit tenu de paier ladicte rente aus termes dessusdiz sanz autre mandement attendre; et, se il deffailloit en tout ou en partie, que il soit encheuz pour chascun jour qu'il cessera à paier en cinq sols de paine envers le chappellain de ladicte chappellenie; à laquelle paine paier avec le principal et tous cous et demmaiges que ledit chappellain soustendroit par deffaut dudit paiement, nous volons et commandons que ledit prevost ou celui qui tendra lesdictes rentes soit contraint par nostre prevost de Paris ou par son lieutenant ou par ceuls que il y voudra commettre sanz aucun deport et sanz autre mandement attendre. De laquelle chappellenie nous retenons à nous et à noz successeurs roys de France la collation et institution à touz jours mais. Et voulons encore et ottroions de grace especial que le chappellain auquel nous avons donné ladicte chappellenie et touz ses successeurs tiegnent et puissent tenir et percevoir en la maniere que dessus est dit ladicte rente à touz jours mais, sanz estre contrainz à la mettre hors de leurs mains, ne de en paier aucune finance[1]. Et, pour ce que ce soit chose ferme et estable ou temps avenir, nous avons fait mettre nostre seel en ces presentes lettres faites et données à Saint Germain en Laye, l'an de grâce mil trois cens trente et un, ou moys de septembre.

Doublée du comandement de messeigneurs de la Chambre des comptes, l'autre signée ainsi[2] : Par le roy, present M. des Essars.

R. de Molins.

J. de Cova.

LXXIX.

1331, septembre. Saint-Germain-en-Laye.

Philippe VI, à la requête des prieur et frères de Sainte-Croix de Paris, amortit en leur faveur deux maisons qui leur furent données par Pierre de Maucreux, avocat au Parlement, et Alix, sa femme.

(JJ. 66, n° 932.)

Philippe, par la grace de Dieu rois de France, savoir faisons à touz presenz et avenir, que comme maistre Pierre de Maucreus[3], advocat

---

1. Cette phrase, depuis : *Et voulons encore*, n'existe pas dans JJ. 66, n° 568.

2. La pièce donnée par JJ. 66 est signée seulement : « Par le roy, present M. des Essars. R. de Molins. »

3. Pierre de Maucreux fut anobli par Charles IV le Bel le 26 mai 1326. Il figure comme avocat au Parlement dès le 20 mai 1327. (Delachenal, *Hist. des avocats au Parlement de Paris*. Paris, Plon, 1885, in-8°, p. 365.)

en noz Pallemenz, et Alis, sa fame, aient donné en pure et perpetuel aumosne, au prieur et aus freres de Sainte-Croiz de Paris[1], deus mannoirs ou maisons, avec leurs appartenances, seanz à Paris, l'une en la rue appellée la Viez Tesseranderie[2], tenant d'une part à la maison qui fu feu Guillaume de Noisy et issant en la rue de Sartron[3], et d'autre part à la maison qui fu Jaques Chardot; et l'autre que l'en dit au Chapeau roge, seant en ladite rue de la Viez Tesseranderie, tenant d'une part ou dessusdit manoir ou maison, et d'autre part à la maison maistre Jaques Vincent, nostre charpentier, et à la maison de l'abbé de Saint-Faron[4] de Meaux, aboutissant par derrieres au manoir de l'abbé de Saint-Mart de Soissons[5]; lesquels manoirs ou maisons ou leurs appartenences sont en nostre censive et justice, haute, moienne et basse, si comme nous l'avons seu par nostre prevost de Paris, qui de nostre commandement en a fait faire information. Nous, à la supplication des dessusdiz prieur et freres, leur ottroions de nostre grace especial et pour le salu de nostre ame que les devantdiz manoirs ou maisons, avec leursdites appartenances, à eus données si comme dit est, il puissent tenir perpetuelment et paisiblement sanz ce qu'il soient contrainz de les vendre ou mettre hors de leur main et senz paier finance, quelle que elle soit, laquelle nous leur quittons et donnons en ausmone de nostredite grâce, sauve et retenu à nous et à noz successeurs rois de France la censive et la justice dessusdites, et sauve nostre droit en autres choses et l'autrui en toutes. Et que ce soit ferme et estable à touz jours, mais nous avons fait mettre nostre seel en ces lettres.

Donné à Saint Germain en Laye, l'an de grâce mil CCC trente et un, ou mois de septembre.

Par le roy.

Barriere.

---

1. C'est en 1258 que les chanoines réguliers, connus sous le nom de Frères de Sainte-Croix, s'établirent dans une maison sise en la rue Sainte-Croix-de-la-Bretonnerie, que leur céda Robert de Sorbon. (Jaillot, *op. cit.*, t. III, quartier Sainte-Avoie, p. 31.)

2. La rue de la Tisseranderie, appelée à partir du XIVᵉ siècle de la « Viez Tisseranderie, » allait du carrefour Guillori à la place Baudoyer. Elle est remplacée actuellement par une partie de la rue de Rivoli.

3. La rue de Sartron ou Chartron, connue à partir du XVIᵉ siècle sous le nom de rue des Mauvais-Garçons, existe encore sous ce nom. Elle allait de la rue de la Tisseranderie à celle de la Verrerie.

4. Saint-Faron, abbaye de Bénédictins établie près de Meaux. Les abbés avaient un hôtel en la rue de la Tisseranderie. C'est de cet hôtel que le cul-de-sac Saint-Faron prit son nom.

5. Saint-Mard ou Saint-Médard, abbaye de Bénédictins, de Soissons.

LXXX.

1331, septembre. Bois de Vincennes.

Philippe VI amortit en faveur des écoliers appelés les Bons-Enfants, près la porte Saint-Victor, 20 l. p. de rente, tant pour leur entretien que pour accroissement de leurs bourses.

(JJ. 66, n° 936.)

Nous, Philippe, par la grâce de Dieu rois de France, savoir faisons à touz presenz et avenir, que nous avons ottroié de grâce especial aus povres escoliers appelez les Bons-Enfans[1], delez la porte Saint Victor de Paris[2], que pour leur vivre, et en acroissement de leurs bourses, il puissent acquerre souz nous vint livrées de rente à parisis sanz fié et sanz justice, et que euls et leurs successeurs les puissent tenir aus usages dessusdiz perpetuelment et paisiblement, sanz estre contrains de les metre hors de leurs mains et sanz paier à nous ne à noz successeurs aucune finance pour yceus, sauf nostre droit en autres choses et l'autruy partout. Et pour ce que ce soit ferme et estable à touz jours, nous avons fait seellés ces lettres de nostre seel, qui furent données au Bois de Vincennes l'an de grace mil CCC trente et un, ou mois de septembre.

Par le roy, à la relacion monseigneur Guy Baudet[3].

Reli (*sic*).

LXXXI.

1331, octobre. Bois de Vincennes.

Confirmation par Philippe VI de l'acensement fait par Yves Raoul, chapelain de la chapelle Saint-Georges de l'hôtel du roi à Saint-Ouen, de trente-deux arpents de terres arables sis au finage de Saint-Ouen et aux envi-

---

1. Le collège des Bons-Enfants, fondé probablement sous le règne de saint Louis, devint au xvii° siècle le siège de la congrégation de la Mission, fondée par saint Vincent de Paul. (Jaillot, *op. cit.*, t. IV, quartier de la place Maubert, p. 157.)

2. Cette porte était à l'extrémité de l'ancienne rue Saint-Victor, qui finissait à l'intersection des rues actuelles des Fossés-Saint-Bernard et du Cardinal-Lemoine.

3. Guy Baudet, chanoine de Paris, puis évêque de Langres, était chancelier de France dès le 16 mars 1334. Il mourut au commencement de l'année 1338. (Le P. Anselme, *Hist. généal.*, t. VI, p. 324.)

rons, à Jean de la Croix et à Nicolas Osmont, d'Aubervilliers, moyennant 22 l. p. de rente annuelle et perpétuelle [1].

(JJ. 66, n° 584.)

Philippe, par la grace de Dieu rois de France, savoir faisons à touz presenz et avenir, que nous avons veu unes lettres seellées de nostre seel du Chastelet de Paris, desquelles la teneur est telle.

A touz ceus qui ces lettres verront, Jehan de Milon, garde de la prevosté de Paris, salut. Savoir faisons que par devant nous personelment establi, missire Yves Raoul, chapelain de la chapelle Saint George de l'ostel nostre seigneur le roy à Saint Yon, aferma que il, à cause de ladite chapelle, avoit, tenoit et posseoit, et que à ycelle chapelle appartenoient, entre les autres choses, trente deus arpens ou environ de terres arables assises ou terrouer de Saint Oyn et ou finage d'environ, en pluseurs lieus ci-dessouz nommez, en ceste maniere ; c'est assavoir : dis arpens ou environ, ou lieu que l'en dit Biaumont [2], tenanz d'un costé à la terre que tient Guillaumes le Flament, bourgois de Paris, et d'autre au chemin que l'en dit le Chemin aus Poissonniers et à la terre Jehan Hugon de Saint Denis. *Item*, unze arpens ou environ, tenenz d'une part à la terre que tient Bertaut Jolis de Haubervillier, et d'autre part à la terre Jehan Leber de Saint Denys, aboutissanz au Chemin aus Poissonniers. *Item*, sept arpens ou environ au Mabre, tenans d'une part à la terre que tient la fille Garnier de Lyons, bourgoise de Paris, et d'autre part à la terre que tient Ysabiau La Cantaise, aboutissanz au Chemin aus Poissonniers. *Item*, et cinq arpens ou environ à la pointe de Montmartre, ou lieu que l'en dit Fesschart, tenanz d'une part à la terre à la Lyonaise et d'autre part à la terre au seigneur de Clichi, et est le Chemin

---

1. On pourra comparer cette pièce à l'*État des terres ayant appartenu à la chapelle de Saint-Georges à Saint-Ouen,* du 6 juin 1643, publié par L. Pannier dans son ouvrage intitulé *la Noble maison de Saint-Ouen.* Paris, Franck, 1872, in-8°, pièce justif. 51, p. 55, et à la pièce n° 6 du carton S. 948ᴮ des Arch. nat. Ce document est la copie d'un acte de Philippe VI du mois de juillet 1331, daté de Breteuil en Normandie, par lequel, pour exécuter la volonté de son père, il assoit les 40 l. t. de rente destinées au chapelain de la chapelle Saint-Georges. Outre les trente-deux arpents déjà désignés dans les lettres que nous publions, on trouve encore : un arpent et demi de terre à « la Croiz au Conte, comme l'en va de Saint Oeyn à Saint Denys, » quatre arpents de terre « joignanz du chemin comme l'en va de Saint Oeyn au Landit, » deux arpents et deux pièces « aboutissanz au chemin de Montmartre, » huit arpents « ou terrouer que l'en appelle les Quarriaus. » — Voir aussi Pannier, *Ibid.*, p. 76 et 77.

2. Actuellement les Beaumonts, quartier de Saint-Denis, situé près de Saint-Ouen.

aus Poissonniers parmi; touz admortiz du roy nostre sire, et par ses
lettres, si comme ledit chapelain disoit. Lesquieux trente deux arpens
ou environ de terre dessusdiz; c'est assavoir : chascune piece dessus
especefiée, si comme elle se comporte, souz la mesure que elles ont
et contiennent senz autre faire, ledit messire Yves comme chapellain,
ou nom de ladicte chapelle, pensé sur ce le profit de lui et de ses
successeurs en ycelle, pardevant nous acensa et recognut en droit
lui avoir acensé et en nom de pur et perpetuel acensement, baillé,
ottroié et deleissié desorendroit à touz jours, à Jehan de la Croiz et
à Nicholas Osmont, touz de Hauberviller, pour ce presenz en jugement pardevant nous et confessanz euls ensamble et chascun de euls
principalment pour le tout, avoir pris et retenu dudit chapelain à touz
jours mes pour euls, pour leurs hoirs et pour ceuls qui de euls auront
cause, les trente deus arpens ou environ de terres dessuz nommez
souz la mesure que chascune piece contient et puet ou doit contenir,
pour vint deus livres parisis de cens et de rente annuel et perpetuel,
que lesdiz preneurs promistrent chascun de euls pour le tout rendre
et paier desorenavant par euls, par leurs hoirs et par ceuls qui de euls
auront cause, chascun an aus quatre termes à Paris acoustumez,
egalment à chascun d'iceus termes, cent et dix solz parisis audit chapelain et à ses successeurs ou à ceus qui de lui et de ses successeurs
auront cause, senz autre charge, servitute ne redevance quele que
elle soit. Et promist ledit bailleur par son loial creant que, contre ce
present bail et acensement il ne venra ne venir fera pour decevance,
ne par quelconques voie ou cautele de droit ou de fait ou temps
avenir; mais, les trente deux arpens ou environ de terre dessusdiz,
souz la mesure que chascune piece contient et puet ou doit contenir,
si comme dit est, garantira et defendra par lui et par ses successeurs
perpetuelment, à la charge des vint deus livres parisis de cenz ou de
rente par an tant seulement, contre touz et envers touz, en jugement
et dehors, ausdiz preneurs, à leurs hoirs et à ceuls qui de euls auront
cause, toutes foiz et quantes que mestiers sera; et plenement leur
rendra touz couz, domages, interés, mises et despens, se aucuns en
avoient par deffaut de sadite garantie. Pour lesquelles choses toutes
et singulaires dessusdites tenir, garder et aemplir fermement et loialment en la fourme et maniere dessus escriptes, ledit bailleur, pour
tant comme il li touche d'une part, et lesdiz preneurs chascun pour
le tout en tant comme à euls appartient d'autre part, obligerent l'une
partie à l'autre et souzmistrent du tout, sanz aucune exception, à la
jurisdicion de nous et de noz successeurs prevoz de Paris; c'est assavoir : ledit chapellain, soi et tout le temporel de ladite chapelle, quel
et en quelconques choses que il soit, ores et ou temps avenir; et lesdiz preneurs, euls, leurs hoirs, touz leurs biens meubles et de leurs
hoirs; et par especial contreplege et en nom de gage, ledit Jehan de

la Croiz, une sene masure avec les edifices dedenz assis et le jardin, si comme tout ce se comporte, seant à Aubervillier, tenant d'une part à la masure Robert Le Noir et d'autre part au chemin du Moustier, en la censive du panetier de l'eglise Saint Denis, chargiées en huit deniers parisis de cens tant seulement, paiez par an, moitié aus octeves Saint Denis et moitié lendemain de Noël; et ledit Nicholas, une sene masure, si comme elle se comporte en mesons et edefices, jardin et autres appartenences, seant à Aubervillier, tenant d'une part à la masure Jehannot Le Petit et d'autre part à la masure Jehan Le Noir, en la censive Adam de Hauberviller, chargée en onze soulz parisis ou environ de cenz et de rentes deuz par an audit escuier à pluseurs termes, sanz autre charge, pour avoir recours à ycelles masures et à chascune pour le tout sommerement et de plein, pour les vint deus livres de cens ou de rente dessusdites, semblablement comme aus trente-deux arpens ou environ de terre dessus acensez et touz leurs autres biens et de leurs hoirs, meubles et heritages presenz et avenir, ou qu'il soient et pourront estre trouvez pour vendre et despendre, sanz aucun delay pour ces lettres enteriner tant comme à euls touche et appartient. Et renoncerent, etc...

Supplians lesdites parties, par la teneur de ces presentes lettres, au roy nostre sire, que il, à greigneur fermeté de ces choses, vueille à ce present acensement donner son assent et ces choses toutes confermer par ses lettres seellées de son grant seel en cire vert et en soie. En tesmoing de ce, nous avons mis en ces lettres le seel de la prevosté de Paris, l'an de grace mil CCC trente et un, le mardi huitime jour du mois d'octobre.

Et nous, tant à la supplicacion desdites parties, comme consideré le profit de ladite chapellenie dudit chapelain et de ses successeurs, et eu sur ce l'avis d'aucuns de noz genz des comptes, le acensement, bail, ottroy et delessemenz dessusdiz faiz, dudit Yve Raoul, en non et pour cause de ladite chapellenie, aus devantdiz Jehan de la Croiz et Nicholas Osmont, pour euls, pour leurs hoirs et pour ceuls qui de euls auront cause, et toutes les autres choses contenues esdites lettres, loons, agreons, etc...

Donné au Bois de Vincennes, l'an de grâce mil CCC trente et un, ou mois d'octobre.

Par le roy, à la relacion le doyen de Saint Martin de Tours.

Barriere.

Dupplicata.

LXXXII.

1331, octobre. Fontainebleau.

Philippe VI, à la requête de Jacques Coquatrix, jadis échanson de Philippe le Bel et de Louis Hutin, amortit en sa faveur 30 l. p. de rentes assises sur différentes maisons de Paris, qu'il destine à la fondation d'une chapelle en l'église Saint-Gervais[1].

(JJ. 66, n° 55o.)

Philippe, par la grâce de Dieu rois de France, savoir faisons à touz presenz et avenir que comme nostre amé Jaques Coquatriz, bourgois de Paris, jadis eschancon de bonne memoire, noz très chiers seigneurs le roy Philippe nostre oncle et le roy Loys nostre cousin que Diex absoille, nous ait fait humblement supplier que en recompensacion des bons services que il avoit fait ou temps passé à nozdiz oncle et cousin, nous li voussissions ottroier de grâce especial que de trente livrées parisis de terre sanz fié et sans justice que il avoit à Paris chascun an en nostre terre, sus les maisons qui s'ensuivent. C'est assavoir : vint livres parisis sus la maison Jehan de Montmartre, assise es hales au poisson. *Item*, soissante soulz parisis sus la maison maistre Guy, nostre mareschal, esdictes hales. *Item*, soissante soulz parisis sus la maison Nicholas Le Borrelier, esdictes hales. *Item*, quatre livres parisis sus la maison Michiel de Bethune, assise en la Viez Tisseranderie; il peust convertir en la fondacion de une chapelle que il a fait faire et edifier en l'eglise Saint Gervais à Paris, en l'onneur de Dieu et de la Vierge Marie, pour le salu de l'âme de lui et de ses predecesseurs et à les li amortir. Nous, loans et approvans son bon propos, pour consideration de sesdiz services, pour le salu et remede des âmes de nous et de noz predecesseurs, par la teneur de ces presentes lettres, avons ottroié et ottroions audit Jaque, de grâce especial, que ladicte chapelle il puisse fonder et doer desdictes trente livres de rente, et icelles transporter du tout en ladicte chapelle, et que li chapellains qui icelle chapelle tenra et la deservira de ci en avant, puisse dore en avant, perpetuelment, à touz jours mais, les trente livrées de rente dessusdictes, paisiblement et en pais tenir et posseir en nom et pour cause d'icelle chapelle, sanz ce que il puisse estre contrains de les vendre ou mettre hors de sa main, et sanz poier pour icelles à nous ou à noz successeurs rois de France finance quelle que elle soit ou temps avenir. Et pour que ce soit ferme chose, etc...

Donné à Fontainebliaut, l'an de grâce mil CCC trente et un, ou mois d'octobre.

Par le roy, à la relation monseigneur P. de Jaunay.

Aubigny.

---

1. Cette pièce complétera la notice consacrée par l'abbé Lebeuf (*Hist. de la ville et de tout le diocèse de Paris*, éd. Cocheris, t. I, p. 3i9, 32o et 344) aux chapellenies de Saint-Gervais. Il ne signale la chapelle des Coquatrix, d'après Sauval, qu'en 1487. M. Bournon, dans ses additions à la dernière édition de l'abbé Lebeuf (t. I, p. 57 et 58), ne fait également rien connaître de plus sur cette chapelle.

LXXXIII.

1331, octobre. Fontainebleau.

Philippe VI amortit 20 l. p. de rente en faveur de Gilles de Crespy, qui désire fonder une chapelle en l'abbaye de Sainte-Geneviève de Paris.

(JJ. 66, n° 583.)

Philippe, par la grâce de Dieu roys de France, savoir faysons à touz presens et avenir, que comme Giles de Crespy nous ait humblement supplié que pour la fondacion d'une chapellenie que il entant à fonder pour le salu de s'âme en l'onnour de Nostre Seigneur et des sains Apostres saint Pere et saint Poul, en l'abbaye de Sainte Genevieve à Paris, il nous pleust à li amortir vint livres de rente à parisis, lesquelles il entent à acquerre pour ce. Nous consideranz son bon propos et qui touz jourz desirons l'acroissement du service divin, li avons ottroié et ottroions de grâce especial par ces lettres, que pour ladite chapellenie fonder, il puisse acquerre en la cité de Paris et environ lesdites vint livres parisis de rente sus censives, senz fié et senz justice, et icelles acquises ainsi, transporter en la fondation de la chapellenie dessusdicte, et que le chapelain qui sera pour le temps establi à desservir ladicte chapellenie, puisse ladicte rente ainsi transportée tenir et posseir en non et pour cause d'icelle chapellenie paisiblement, à touz jours mais, sanz ce qu'il puisse estre contrainst à la vendre ou mettre hors de sa main, et sanz en paier à nous ne à noz successeurs rois de France finance quelle que elle soit ou temps avenir. Et que ce soit ferme, etc...

Donné à Fontainebliaut, l'an de grâce mil CCC trente et un, ou moys d'octobre.

Par le roy.

Solunge.

LXXXIV.

1331, décembre. Au Louvre.

Lettres de Philippe VI accordant à héritage à Richard Dujardin et à Perronnelle, sa femme, moyennant 16 s. p. par an, trois toises de place vide qui leur avaient été données précédemment par Aubert Belot, receveur de la vicomté de Paris, à vie seulement et à leur premier héritier moyennant une redevance de 12 s. p.

(JJ. 66, n° 652.)

Philippe, par la grâce de Dieu rois de France, savoir faisons à touz presens et avenir que nous avons veues unes lettres contenanz la forme qui s'ensuit :

A touz ceus qui ces presentes lettres verront et orront, Hugues de Crusi, garde de la prevosté de Paris, salut. Sachent tuit que par devant nous vint et fu presens Aubert Belot, receveur de la visconté de Paris, disant et affermant que pour le profit du roy nostre sire, cler evident et apparent, eu sus ce conseil, avis et deliberacion et du consentement et accort des maistres charpentiers et maçons jurez au roy nostre sire, il avoit baillié et delaissié à Richart Du Jardin, Perronnelle sa fame et à leur plus prochain hoir male ou femele et qui premiers naitra et sera procrées desdiz mariés et au seurvivant d'iceuls mariez et de leurdit premier hoir tant seulement, trois toises de place wide de nuef piez de large, à la toise et au pié le roy, tenant d'une part à Philippe de Illes, et à Richart de Socheforde d'autre part, et sera et est tenuz de faire li diz Richars en tant comme lesdites trois toises se comportent en lonc et en lé, de faire edifice et habitation selonc ce que bon leur semblera, jusques à la value et estimation de trente livres parisis d'amendement dedens trois ans prochains venans, au regart des jurez nostre seigneur le roy et autres à ce cognoissans ; et doit commencier à ouvrer et edifier dedens Noël jusques à la value de diz livres parisis dedans un an prochain, et ainsi d'an en an, jusques à la somme de trente livres à tout le moins, et se plus y veullent mettre, il le pourront faire, et feront lesdiz murs le roy cloison d'une part, et ausdiz murs pourront mettre et fichier leur et avoir toute aisance, sans yceuls murs empirier ; et avecques ce lesdiz Richars, Perrenelle sa fame et leurdit premier hoir, sont et seront tenuz rendre et paier au receveur du roy nostre sire, qui pour le temps sera, pour chascune année et pour chascune toise, douze soulz parisis, qui valent en somme trente et sis soulz parisis par an, aus quatres termes de Paris acoustumez ; et nous tesmoigna et resporta ledit receveur que lesdites trois toises de place wuide, en la maniere que dit est estoient bailliées et delaissiées audit Richart, etc., et que il l'avoit fait crier et signifier notoirement aus lieus de ce faire acoustumez par Rogier de Sauqueuses, sergent le roy, crieur et garde des estauz des hales, par premiere, seconde, tierce et quarte fois d'abondant, que quiconques en voudroit plus donner venist avant, et il y seroit volentiers oys et receuz, et ainsi le rapporta ledit Rogier par son serement que il l'avoit fait. Et pour ce que nuls ne vint avant qui plus en vousist donner, ledit receveur, ou nom du roy, a baillié à cense et delaissié audit Richart, Perrenelle sa fame et leurdit premier hoir, à leur viez et qui plus vivra tant seulement, lesdites trois toises de place vuide en la fourme et en la maniere que dessus est dit et devisé, et leur promist à garentir et delivrer envers touz aus couz du roy nostre sire ; et après le decès dudit Richart, de sadite fame et de leurdit premier hoir, tout ledit edifice sera et retournera au roy sans ce que nuls autres de leur enfans ou autres leurs plus hoir y aient que veoir ou reclamer. Et pour ce que ladite place estoit occupée et empeschié de terrail et autrement, par quoy ledit edifice ne se povoit si tost avancier pour demorer, accordé fu dudit receveur que le premier terme de paie ne seroit devant Pasques prochaines. Et après ce fu present par devant nous en jugement ledit Richart, qui les choses dessusdites, en la maniere que dit est, vost, loa, aggrea, ratifia estre fait, tenu et accordé sans aler jamais encontre en aucune maniere ; et en la maniere que dit est, le promist faire tenir et accomplir souz obligation de touz ses biens meubles et non muebles, presens et avenir, à justicier par le prevost de Paris et par toutes autres justices souz qui juridiction il seroient trouvez, pour les choses dessusdites faire et acomplir ; et renonce expressement ledit Richart, par la foy de son corps, à toutes erreurs et decevances et à toutes autres choses quelconques il pourroit dire ou proposer contre les choses dessusdites ou en aucunes d'icelles. En tesmoing des choses dessusdites estre vraies en la maniere que dit est, à la requeste dudit receveur et dudit Richart pour ce presens par devant nous, et à greigneur confirmation de ce, nous avons mis le seel de la prevosté de Paris avecques le signet dudit receveur en ces presentes letres qui furent faites l'an de grâce mil CCC et trente, le quinzieme jour de septembre.

Et depuis, nous ont humblement suplié lidit conjoint, que ce que ainsi comme dit est leur est ottroié par nostredit receveur à vie, leur voussissiens ottroier à heritage à touz jours mais. Nous qui vouliens savoir quel profit ou quel dommage nous porriens avoir sur ce, mandames audit receveur qu'il s'en enformast diligemment et nous rescrisist ce que trouvé en auroit ; laquelle information faite par ledit receveur et renvoié par lui à nous, veue par noz amez et feals gens des requestes de nostre hostel et à nous rapportée, contenant entre les autres choses, que jasoit ce que ledit receveur eust baillié ausdiz conjoins à vie, pour xii solz parisis chascun an pour chascune toise et pour autres charges, si comme es dites lettres est contenu, il seroit nostre profit de ottroier les choses dessusdites ausdiz conjoins à heritage, en paiant à nous, en lieu desdiz douze soulz pour chascune toise, seze solz. Nous, de certaine science, lesdites choses baillons et deleissons ausdiz conjoins et à leurs hoirs et successeurs, ou à ceuls qui de euls auront cause, à touz jours mais, en paiant à nous seze solz parisis chascun an, en la maniere que il doivent paier pour chascune toise lesdiz douze soulz à vie, et acompliront les autres charges contenues es dites lettres, sauf en autres choses nostre droit et en toutes l'autrui. Et pour ce que ce soit ferme et establc à touz jours, nous avons fait mettre nostre seel en ces presentes lettres.

Donné au Louvre de lez Paris, l'an de grâce mil CCC trente et un, ou moys de decembre.

Par le roy, à la relacion messire Guy Baudet.

Savigny.

LXXXV.

1331, décembre. Paris.

Lettres par lesquelles Philippe VI donne à Nicolas Behuchet, son trésorier, une maison sise à Paris, au mont Sainte-Geneviève, confisquée sur Pierre Fauvel, collecteur des dixièmes en la province de Bourges et débiteur envers le roi de plusieurs sommes non rendues.

(JJ. 66, n° 881.)

Philippe, par la grâce de Dieu rois de France, savoir faisons à touz presens et avenir que comme pour l'execution et esploit de certaines et grant sommes d'argent, en quoy feu maistre Pierre Fauvel, jadis colecteur des disiemes en la province de Bourges, nous estoit tenuz pour cause des receptes [faites] par li pour noz devanciers rois de France es temps passez, nostre prevost de Paris, à la requeste de nostre procureur, ait fait prisier par les jurez en nostre ville de Paris et appliquer à noz demaines, par criz et subastacions acoustumez, une maison que ledit maistre Pierre acquist et tint depuis que il s'entremist des receptes; laquelle maison est assise ou mont Sainte Genevieve à Paris, devant la chapelle Saint Si[m]phorien[1], d'une part, et devant l'ostel l'evesque du Mans, d'autre part, près des escoliers du cardinal Cholet[2], ainsi comme elle se comporte avecques toutes ses appartenences, pour le pris de quatre cenz livres parisis fors, à quoy ladite maison fu prisée par lesdiz jurez et criée sollempnelment par subastacions deues et acoustumées, en tel cas, si comme es lettres du decret de ladite prisée et desdites criées et subastacions sur ce faites par nostredit prevost de Paris et rapportées et bailliées souz le seel de ladite prevosté par devers noz amez et feaux les gens de noz comptes à Paris, est plus plainement contenu, lesquelles quatre cens livres parisis ont ja esté deduites et rabatues de la somme d'argent en quoy ledit maistre Pierre Fauvel estoit tenuz à nous pour cause desdites receptes; et ainsi, ladite maison a esté et est adjoincte

---

1. La chapelle Saint-Symphorien, d'origine fort ancienne, était située rue des Cholets. (Voy. *Topographie historique du vieux Paris*, t. VI, p. 57.)

2. Le collège des Cholets, fondé vers 1292 par le cardinal Jean Cholet, légat en France, occupait l'emplacement d'une partie du lycée Louis le Grand actuel, en face de l'École de droit. (Voy. *Topographie historique du vieux Paris*, t. VI, p. 72.)

et encorporée à noz domaines hereditablement et mise avecques noz autres domaines en la chambre de noz comptes à Paris, sur le chapitre de noz domaines de la ville de Paris. Nous, considerans les bons, profitables et aggreables services que nostre amé et feal tresorier à Paris, Nicholas Beuchet[1], nous a fais es temps passés, avant que nous venissons au gouvernement du royaume et après, continuelment et fait encore de jour en jour sanz cesser, li avons donné et ottroié, donnons et ottroions gracieusement, de nostre propre mouvement et liberalité roial et de certaine science, comme à bien deservi, ladite maison avecques toutes ses appartenances et appendances, ainsi comme elle se comporte en lonc et en large, devant et derrere, comme nostre propre chose et appliquée deuement et justement à noz domaines pour li et pour ses hoirs et pour touz ceuls qui de li auront cause, en perpetuel heritage, souz le cens et les charges acoustumées ; et d'icelle maison, avecques toutes ses appartenances et appendances li avons fait baillier et delivrer la possession et saisine corporele. Et pour ce que ce soit ferme chose et estable perpetuelment, à touz jours, nous avons fait mettre nostre seel en ces presentes lettres faites et données à Paris, l'an de grâce mil CCC trente et un, ou mois de decembre.

Par le roy à vostre relacion, present M. des Essars ; et fu veu le decret fait sus la prisié de ladite maison en la chambre des comptes.

R. de Molins.

LXXXVI.

1332 (n. st.), janvier. Paris.

Philippe VI confirme la vente faite par les sergents du Châtelet à Guérin de Senlis, bourgeois de Paris, des biens de Gui de Goussainville, sis à Gonnesse et à Louvres en Parisis, confisqués pour cause d'une dette de 4,000 l. p. contractée envers le roi.

(JJ. 66, n° 609.)

Philippe, par la grâce de Dieu rois de France, savoir faisons à

---

1. Nicolas Behuchet, maître des eaux et forêts le 6 juin 1328, anobli au mois de septembre suivant, trésorier du roi vers la fin de 1331, conseiller du roi en 1335, maître des comptes et amiral de la mer en 1338, prit Southampton et ravagea les côtes méridionales d'Angleterre en 1338 et 1339. Défait à la bataille de l'Écluse avec Hue Quiéret, il fut pendu par ordre d'Édouard III. Il avait épousé Philippe de Dreux, fille de Jean de Dreux et de Marguerite de La Roche ; il en eut deux fils, Jean et Pierre Behuchet. (Le P. Anselme, *Hist. généal.*, t. VII, p. 750, et S. Luce, *la France pendant la guerre de Cent ans*, 2ᵉ série. Hachette, 1895, p. 5.)

touz presens et avenir que nous avons veues les lettres ci dessouz
transcriptes, contenans la fourme qui s'ensuit :

A touz ceus qui ces lettres verront, Pierres Auffrie, prevost de
Gonnesse, salut. Savoir faisons que nous avons veues et receues les
lettres du roy nostre sire contenans la fourme qui s'ensuit :

Philippe, par la grâce de Dieu rois de France, à Jehan, dit Le
Maistre, Jehan Honderol, Jehan de Tricot et Tassin de Plailly, sergens à cheval en nostre Chastellet de Paris, salut. Comme Guy de
Goussainville, chevalier, soit tenuz et obligiez à nous pour certaine
cause par lettres souz le seel de nostredit Chastellet en la somme de
quatre mile livres parisis à paier à nostre volenté, si comme es dites
lettres est contenu, desquelles nous voulons que vous aiez le transcript, et l'original demeure en nostre tresor à Paris jusques à tant
que nous soions satisfiez à plein de ladite somme. Nous vous mandons et commetons, et à chascun de vous, par la teneur de ces presentes, que tantost et sanz delay vous contraigniez ledit chevalier,
par prise et vendue de ses biens meubles et heritages, et prise de son
corps, se mestiers est, si comme il est acoustumé à faire pour noz
propres debtes, à paier et apporter en nostredit tresor ladite somme,
en tele maniere que vous n'en doiez estre repris de necligence; et se,
pour l'execucion d'icelle somme, les biens meubles dudit chevalier
ne souffisoient et vous vendissiez aucuns de ses heritages, nous voulons que les criées et subastacions d'iceuls heritages et les intervalles
en telles choses acoustumées, passées, vous bailliez ou faites bailler
decret souz voz seaux ou souz seel autentique aus achateurs, lequel
nous leur confermerons. Et se il se veult opposer à ladite execution,
nostre main garnie souffisaument jusques à la value de ladite somme,
donnez lui jour et assignez par devant noz amez et feaus gens de noz
comptes à Paris, laquelle vous certifiez dudit jour à aler avant en
ladite opposition. De ce faire vous donnons povoir et à chascun de
vous ; mandons et commandons à touz noz justiciers et subgiez que à
vous et à chascun de vous obeissent es choses dessusdites. Donné à
Paris, le VIIe jour d'avril, l'an de grâce mil CCC trente et un.

Et comme par vertu d'icelles lettres, et pour leur teneur acomplir,
à la requeste des dessusdiz Jehan, dit Le Maistre, et Jehan de Tricot,
sergens dudit Chastellet, qui trouver ne povoient biens meubles
dudit chevalier souffisans à ladite execution parfaire, si comme il
disoient, nous eussiens fait crier et publier sollempnelment en vente,
de par le roy nostre sire, pour lesdites lettres enteriner, les heri
tages et choses qui s'ensuient, qui estoient audit chevalier, si comme
l'en disoit, assis à Gonnesse, à Louves en Parisis[1], et es terrouers
d'icelles villes, es lieus ci après devisez. *Premierement*, deux arpens

---

1. Louvres, Seine-et-Oise, arr. de Pontoise, cant. de Luzarches.

de terre assis ou terrouer de Gonnesse, tenans à Guerin de Senliz, d'une part, et à Guillaume Le Thyais, d'autre part. *Derechief,* soixante et dix soulz de menu cens pris et receuz sus pluseurs heritages en la ville de Gonnesse et ou terrouer d'icelle. *Derechief,* trois arpens et demi de terre seans ou terrouer de Louvres, ou lieu que l'en dit sus Orville, mouvans en fié de monseigneur Gautier d'Aunay, chevalier; de quoy, Guillaume Le Thiais, escuier, rent quatre livres parisis, si com l'en dit; avecques ce, touz les drois, actions, seignories et autres choses quelles que elles soient, appartenans et appendans à iceulx heritages et choses. Sur le cry et publication dessusdites, fust venuz avant Guerin de Senliz, bourgois de Paris, qui eust baillié un denier à Dieu et mis à feur iceuls heritages sur l'offre et pris de soixante diz livres de parisis, lequel denier [à] Dieu receu, lui eust esté ledit marchié ottroié; et einsi, eussiens fait assavoir, crier et publier sollempnelment en plainz marchiez à Gonnesse, aus lieus usés et accoustumez à ce faire, de par le roy nostre sire comme justicé et souverain au lieu, que les choses et heritages dessusdiz estoient venduz audit Guerin de Senliz le pris dessusdit, et quiconques y voudroit plus donner, riens dire, demander, reclamer ou soy en aucune maniere opposer, venist avant, les cris et subastacions pendens, et il seroit volentiers oiz et receuz, ou se ce non jamais n'y seroit oiz, par une quatorzaine, par deux, par trois et d'abundant par la quarte quatorzaine entressivenz, dont le premier cry fu fait le lundi devant la Magdalene, le secont le lundi avant la saint Pere entrant aoust, le tiers, le lundi avant le mi aoust, et le quart cry, d'abundant, le lundi avant la saint Barthelemi apostre, tout en l'an de grâce mil CCC trente et un, si comme Jehan Le Barbier, sergent de Gonnesse, le nous rapporta et tesmoigna avoit fait et crié en la maniere que dit est, et comme il nous apparust par la teneur des memoriaux et criées sur ce faites, ausquiex diz cris et subastacions ainsiques faites, passées et toutes completes, aucuns ne vint ne se opposa qui riens vousist dire, reclamer, demander, ne soy en aucune maniere contre ladite vente opposer, ne plus ne autant comme le dessusdit Guerin de Senliz y vousist donner. Pourquoy, nous, ladite sollempnité ainsiques faite, touz les choses et heritages dessus devisez, si comme il se comportent, ensemble tous les droiz, seigneuries, appartenances et appendances d'iceus, à tele redevance comme il pevent devoir, avons venduz, quittez et deleissiez à touz jours mais, dès maintenant, heritablement au dessusdit Guerin de Senliz, bourgois de Paris, à ses hoirs et à ceus qui cause auront de li comme à plus offrant, et leur promettons comme justicé, à garentir par nous et par noz successeurs prevoz de Gonnesse, si comme il appartient, et en avons ledit achateur mis en saisine comme par main de souverain au lieu de par le roy nostre sire, pour le pris et la somme de soissante et diz livres parisis dessusdites que iceli achateur en doit baillier et paier au tresor dessusdit, à Paris, du roy nostre sire ; laquelle vente, comme justicé et souverain, comme dit est, nous acceptames, acceptons, ratefiames, ratefions, approuvames, approuvons, confermames, confermons, et nostre decret, à requeste des dessusdiz Jehan Le Mestre et Jehan Tricot, sergens dudit Chastellet, et par vertu des lettres le roy nostre sire dessus transcriptes, comme justicé, y meismes et mettons, toutes voies sauf le droit des seigneurs fonciers, de qui lesdiz heritages sont tenuz et mouvans. Si mandons et commandons à touz noz subgiez, etc...

En tesmoing de ce, nous avons fait mettre en ces lettres le seel de la prevosté de Gonnesse, le samedi après la Thifaine[1], l'an de grâce mil CCC trente et un.

Nous, adecertes, lesdites vente, quittance, delessement, promesse, dont mention est faite esdites lettres par ledit prevost, faites audit Guerin, et le decret avecques toutes les autres choses es lettres dessus transcriptes contenues, et chascune d'icelles, aiens fermes et aggreables, etc...

Ce fu fait à Paris, l'an de grâce mil CCC XXXI, ou mois de janvier.

Par la Chambre des comptes.

Vistrebec.

LXXXVII.

1332 (n. st.), janvier. Neuvy-sur-Loire.

Philippe VI amortit en faveur de Marie La Gosequine, veuve d'Étienne Haudri, 20 livres de rente annuelle à percevoir sur différentes maisons de Paris, pour lui permettre de fonder une chapelle.

(JJ. 66, n° 641.)

Philippe, par la grâce de Dieu rois de France, savoir faisons à touz presenz et avenir, que comme Marie La Gosequine, bourgoise de Paris, fame de feu Estienne Audri, nous ait donné à entendre que de vint livrées d'annuelle et perpetuel rente en noz censives, sanz fié et sanz justice, assise en la banliue de Paris, es lieus ci dessouz devisés. *Premierement*, sus une meson que l'en dit la Voute, seant dessouz Chastellet de Paris, tenant, d'une part, à la meson des religieuses de Lonc Champ, et d'autre part, à la meson Jaques Hure le jouene, et abute par darrieres au degrès dudit Chastellet ; cent souls parisis pris sanz moien, après un denier de fons de terre. *Item*, sus la meson Denis de Savigny, seanz souz les auvens en la Tonnelerie

---

et issant en la rue aus Prouvoires[1], tenant d'une part à la meson
Jehan de Senliz, et d'autre part à la meson qui fu Jehan Lenglois,
peletier, quatre livres huit soulz pris après deus souls deuz [deniers]
de fons de terre. *Derrechief*, sus la meson de Jehan de Courtneuve,
seant souz les auvens en la Tonnelerie, tenant d'une part à la meson qui
fu Adam Le Camus, et d'autre part à la meson Andrieu de Darency,
drapier, quatre livres dis et sept souls sis deniers pris après deus
soulz sis deniers de fons de terre. *Derechief*, sus la meson Nicholas
Motet qui fu Guillaume du Four et Marguerite sa fame, seant sus les
piliers des Hales, tenant d'une par à la meson qui fu Guillaume de
la Benoite, et d'autre part à la meson qui est aus Cordelieres de
Saint Marcel, et aboute par darrieres à la rue de Maudestour[2], vint
et trois souls pris après cent soulz de rente. *Derechief*, sus la meson
Guillaume Le Pastissier, qui fu feu Robert Renouart, seant à la porte
Baudair[3], tenant d'une part à la meson qui fu Gautier Lescuier, et
d'autre part à la meson dudit Guillaume Le Pasticier, cinquante souls
pris après sept livres dis souls de rente. *Derechief*, sus la meson
Girart Voisigne qui fu aus longues goues, seant ou Martelest Saint
Jehan en Grieve[4], tenant d'une part à la meson qui fu aus enfans
feu Alain Le Tailleur, et d'autre part à la meson qui fu feu Pierres
Le Ferier, quarante et un soult sis deniers pris après sis livres de
rente ; desquelles rentes ladite Marie a fondé, ou entent à fonder et
douer une chappellenie en l'eglise de Paris, en l'oneur de la Vierge
Marie et de Saint Denis. Nous, à la supplication de ladite Marie,
afin que nous soions participanz es prieres et biens espirituels qui
seront faites en ladite chappelle, de certaine science, avons ottroié
et ottroions par ces presentes lettres, de grâce especial et de nostre
auctorité royal que le chappellain ou les chappellains qui desore en
avant seront instituez en ladite chappelle pour le temps, tiegnent et
puissent tenir à perpetuité, paisiblement, ou nom de ladite chappe-
lenie et pour ycelle, lesdites vint livres de rente, sanz estre contrains
de nous ne de noz successeurs rois de France, à vendre ladite rente

---

1. La rue des Prouvaires, qui existe encore et va de la rue Saint-Honoré
à la rue Berger, se prolongeait autrefois jusqu'en face de l'église Saint-
Eustache.

2. Cette rue, qui existe encore sous le nom de rue Mondétour et va de la
rue Rambuteau à la rue de Turbigo, aboutissait autrefois d'un côté à la rue
des Prêcheurs et de l'autre à celle du Cygne.

3. La porte Baudoyer, porte de l'enceinte de Philippe-Auguste qui, d'après
Jaillot (t. III, quartier de la Grève, p. 7), aurait été vis-à-vis la rue Geoffroi-
l'Asnier.

4. Nom donné à l'ancienne rue du Martroi, qui disparut par suite des
agrandissements de l'hôtel de ville. Elle allait de la place de Grève à la rue
du Monceau-Saint-Gervais.

ne metre hors de leur main ne paier pour ce finance quele que elle
soit. Et que ce soit ferme, etc...

Donné à Nevoi sus Loire [1], l'an de grâce mil CCC trente et un, ou
moys de janvier.

Par le roy, à la relacion de messeigneurs Guy Baudet et Philippe
de Meleun.

H. Martini.

LXXXVIII.

1332 (n. st.), février. Paris.

Confirmation par Philippe VI de l'assiette faite par Robert Bretel, bailli de
Caen, en faveur des chapelains et chanoines de la chapelle royale de Paris,
de 48 l. t. de rente à prendre chaque année sur le fief de Guillaume de
Villers et sur la terre de Guillaume Marie, en la vicomté de Bayeux [2].

(JJ. 66, n° 503.)

LXXXIX.

1332 (n. st.), février. Paris.

Lettres de Philippe VI accordant à son conseiller Martin des Essars les droits
que percevait Mâche des Mâches sur les poissons amenés aux halles de
Paris, en échange d'une rente sur le trésor que ledit Martin avait acquise
de Robillart de Gamaches, chambellan de Philippe V le Long.

(JJ. 66, n° 622.)

Philippe, par la grâce de Dieu roy de France, savoir faisons à tous
presens et avenir que comme nostre amé Robillart de Gamaches,
segnieur de Bonnemare, chevalier, eust et prist en nostre tresor à
Paris, de nostre don fait à lui, en recompensation de certaines choses,
pour li, ses hoirs, ses successeurs et pour ceus qui de li auroient
cause, douze vins diz et huit livres, diz et huit soulz et six deniers
parisis de annuel et perpetuel rente, aus termes acoustumez, juques
à tant que nous lui eussiens fait aillieurs baillier et asseoir en forfaitures, laquele chose nous li promeimes pour nous et nos successeurs faire et acomplir bien et deuement es premieres qui nous

---

1. Neuvy-sur-Loire, Nièvre, cant. et arr. de Cosne.

2. Publiée par S.-J. Morand, *Hist. de la Sainte-Chapelle royale du palais*,
1790, in-4°, p. 52 des pièces justif. L'original de cette pièce se trouve aux
Archives nationales, dans le carton S. 953, n° 9. Voy. aussi L. Delisle,
Notice sur les biens de la Sainte-Chapelle en Normandie, dans les *Mémoires
de la Société des antiquaires de Normandie*, t. XVII, p. 297.

escharroient, si comme plus plainement est contenu en nos lettres sur ce faites, seelleez en las de soie et cire vert, lesquelles nous avons fet retenir en la chambre de nos comptes, chanceleez, contenans la fourme qui s'ensieut :

Philippe, par la grâce de Dieu roy de France, savoir faisons que comme nostre très cher segnieur Philippe, jadis rois de France et de Navarre, que Dieux absoille, eust donné et ottroié à son amé chevalier et chambellent Robillart de Gamaches, en renumeration de son service, pour li, pour ses hoirs et pour ses successeurs et pour ceuls qui de li auroient cause, le manoir de Salonel avecques toutes ses appartenances et appendances, fussent en edefices, terres, eaues, forez, bois, cressonnieres, censes, fermes, rentes ou en autres choses quelles que elles fussent, avecques toute justice haute et basse, lesquelles avoient esté nostre amé et feal chevalier Ferry de Piquegny[1], et lesquelles estoient venues audit roy en commis pour le meffet d'iceli Ferry, si comme l'on disoit. Et après ce, pour ce que nous avions trouvé que ledit don n'estoit vaillable, parce que ledit Ferry ne avoit esté conveincus, adjournez ou banni, ou procès fait contre li sur meffait par quoi il eust ou avoir deust encouru forfaiture de biens ; pour quoi nous avons rendu à iceli Ferry lesdites choses ainsi donnéez audit Robillart. Nous, entendanz le bon et agreable service que icil Robillart fist audit roy ; et pour ce, nostre entencion n'estoit pas ne est que il fust ne soit deffraudez du guerredon de sondit service ; ains desirans acomplir la volenté que nostredit segnieur le roy avoit à li, avons voulu premierement estre adcertenez de la value de ces choses ainsi donnéez audit Robillart, et pour ce, mandasmes et commeismes à nostre bailli d'Amiens, que il, par bonnes genz dignes de foy et jurez, enquerist diligenment combien les choses dessusdites povoient et devoient valoir de rente par an, par juste et loyal estimation, liquel bailli, jouxte la teneur de nostre mandement et de la commission sur ce faite à li a enquis, et l'enqueste renvoiée à nous, laquelle nous avons fete voer par nostre consoil. Et est trouvé par celle enqueste que les choses dessusdites

---

1. Ferri de Piquigny, chevalier, seigneur d'Ailly et de Villiers-Faucon, était fils de Jean de Piquigny, vidame d'Amiens. Philippe de Valois, qui en 1329 lui rendit ses biens confisqués par Philippe le Long pour cause de forfaiture (Arch. nat., JJ. 65ᴮ, nᵒ 342, et JJ. 67, nᵒ 19), le nomma ensuite maître des requêtes ordinaires de son hôtel. En 1339, en récompense de ses services, Philippe VI lui donna les biens qui avaient appartenu à Betin de Saint-Denis et à son frère Laurent. (Ibid., JJ. 71, nᵒ 287.) Voy. Blanchard, *Généalogies des maîtres des requêtes*, p. 12 ; Duchesne, *Hist. généal. de la maison de Châtillon*, p. 316, et dans les *Mém. de la Soc. de l'Hist. de Paris et de l'Ile-de-France*, t. XI, p. 38, le récit de son arrestation et de sa fuite.

données audit Robillart et renduez audit Ferry comme est dit, valent par an, par juste et loyal estimation, douze vins dix et huit livres dix et huit souls six deniers parisis. Pourquoi nous, voulans jouxte la volenté dudit roy acomplir, tenir et garder ledit don fait de li audit Robillart desdites choses rendues audit Ferry, en la value ou estimation d'icelle somme, en perpetuel rente, si que cil Robillart ne soit deffraudez du guerredon de son service comme est dit; en recompensation d'yces choses ainsi prisiéez et estiméez, donnons et ottroions par la teneur de ces lettres, audit Robillart, pour li, ses hoirs, ses successeurs et pour ceuz qui de li auront cause, lesdites douze vins dix et huit livres, dix et huit soulz six deniers parisis de annuel et perpetuel rente à prenre sur nostre tresor à Paris, aus termes acoustumez, juques à tant que nous li aions autant de rente baillié ou fait baillier et asseoir en forfaitures, des premieres qui nous escharront. Et ce, prometons nous pour nous et nos successeurs ce faire et acomplir bien et deuement, et donnons en mandement à nos amez et feaulz tresoriers à Paris qui sont et pour le temps seront, que ladite rente, ausdiz termes, audit Robillart, à ses hoirs, ses successeurs, ou à ceus qui de li auront cause, paient et delivrent senz autre mandement attendre, juques à tant que celle rente li soit assise comme est dit. En tesmoing de laquelle chose nous avons fet metre en ces presentes lettres nostre seel. Donné à Beauvez, l'an de grâce mil CCC vint et nuef, ou mois de juing.

Et ledit chevalier ait par non de pur et perpetuel eschange ou permuttacion, tant en son nom comme ou nom de sa fame, aiant sur ce souffisant povair de elle, pour ce que il li en povait appartenir, delessié à nostre amé et feal familier et consiller Martin des Essars[1], pour li, ses hoirs, ses successeurs et ceuz qui auront cause de li, lesdites douze vins dix et huit livres dix et huit soulz six deniers parisis de rente à toujours mes; et ait ledit chevalier, es noms de li et de sa fame, cessé et transporté à nostredit consiller touz les drois, segnieuries, propriétés, possessions, saisines, actions et toutes autres choses quelles que elles soient, que lesdiz chevalier et sa fame, tant conjointement comme deviseement, povoient et devoient avoir en ladite rente, envers nous et nos successeurs, et en tout le don dessusdit, si comme il nous a apparu plainement et evidenment par lettres de nostre Chastellet de Paris seellées de nostre seel d'iceli Chastellet, ausquelles nous adjoustons pleniere foy en ce cas et en gregnieur. Et par vertu de l'eschange ou permuttacion, cession et

---

1. Martin des Essars, conseiller, maître des comptes et familier du roi en 1320, fut l'un des exécuteurs testamentaires de Philippe le Bel. (Voy., dans les *Mém. de la Soc. de l'Hist. de Paris et de l'Ile-de-France*, t. XI, p. 105, note 11, les renseignements donnés sur lui et sur son origine.)

tran[s]pors dessusdiz, nous, à la supplication et requeste desdis chevalier et sa fame, avons mis et reçeu ledit Martin en nostre foy et hommage de la rente dessusdite, si comme il appert par nos lettres seelléez en jaune chire, dont la teneur est telle :

Philippe, par la grâce de Dieu roy de France, à nos amez et feaulz les genz de nos comptes et tresoriers à Paris, salut et dilection. Savoir vous faisons que pour raison de douze vins dix et huit livres dix et huit soulz six deniers parisis de annuel et perpetuel rente que Robillart de Bonnemare, chevalier, prenoit chascun an sur nostre tresor à Paris et les tenoit en foy et en hommage de nous; et lesquelles sont venuez à nostre amé et feal consiller Martin des Essars, par eschange et permuttation fete audit chevalier du manoir, rentes et appartenances que ledit Martin avoit à Roumilly[1], delez le Pont Saint Pierre[2], aveuques plusieurs autres choses, ledit Martin nous a fet hommage, lequel nous avons receu de li. Si vous mandons et à chascun de vous que la rente dessusdite vus faites metre sur ledit Martin et li en faire sattiffacion dore en avant, sanz attendre nul autre mandement. Donné à Saint Christofle en Hallate, le xiiiie jour d'avril, l'an de grâce mil CCC trente et un.

Et après ce, nous, considerans que par la promesse contenue es lettres dudit don dessus transcriptes, nous estions tenuz ladite rente ailleurs que en nostredit tresor asseoir et assigner audit chevalier; c'est assavoir, es premieres forfaitures qui nous escharroient, et par consequent audit Martin qui en ce a tout le droit et l'action d'iceli chevalier[3], aions voulu et voulons par la teneur de ces presentes

---

1. Romilly-sur-Andelle, Eure, arr. des Andelys, cant. de Fleury-sur-Andelle.

2. Pont-Saint-Pierre, Eure, arr. des Andelys, cant. de Fleury-sur-Andelle, comm. de Saint-Nicolas-de-Pont-Saint-Pierre.

3. Au n° 623 du registre JJ. 66, les mêmes lettres sont reproduites; la fin seule diffère, à partir de ces mots :

« *Et par consequent audit Martin, qui à ce a tout le droit et l'action d'icelli chevalier,* ayons à ycelui Martin, pour li, ses hoirs et successeurs, de ladicte somme de douze vinz dix et huit livres dix et huit solz et six deniers parisis assis et assigné sur certaine forfaiture qui nous estoit venue de Mâche de Mâches, justicié pour ses meffaiz, neuf vinz livres parisis, si comme en noz lettres faites sur ladicte assiete, seellées en laz de soye et cire vert, est contenu plus plainement; et ainsi demeure encore et doit demourer audit Martin, pour li, ses hoirs, ses successeurs et ceulz qui auront cause de li, sur nostredit thresor, à heritage, soixante dix et huit livres, dix et huit solz et sis deniers parisis. Pourquoy nous voulons que ycelle somme demourant; c'est assavoir : soixante dix et huit livres dix et huit solz et six deniers parisis, ledit Martin, ses hoirs et successeurs et ceuls qui auront cause de eulz aient, prengnent et apperçoivent perpetuelment et à heritage en nostredit tresor, aus termes et en la maniere que il y prenoit toute la

lettres nostredit tresor deschargier et assigner audit **Martin** la rente qui nous est venue de la forfaiture Mache de Maches[1], sur tous les poissons et harens fres et sallez, envoiez à Paris, à cheval, à charetes ou en chars, pour tant comme elle porra valoir à pris convenable, en deduction et rabat de ladite rente que il prenoit sur nostredit thresor, et sur ce aions escript à nos amez et feaulz les genz de nos comptes et thresoriers à Paris en la fourme qui s'ensieut :

Philippe, par la grâce de Dieu roy de France, à nos amez et feaulz les genz de nos comptes et nos tresoriers à Paris, salut et dilection. Comme nostre amé et feal conseiller Martin des Essars, ait et prengne chascun an en nostre tresor à Paris, douze vins dix et huit livres dix et huit soulz six deniers parisis de rente, laquelle il ot par eschange fet à Robillart de Bonnemare, chevalier, et laquelle rente nous estions tenuz à eschangier et assigner audit Robillart sur les premieres forfaictures à nous venans, si comme il appert par nos lettres seelléez en cire vert. Nous vous mandons et commetons que vous asseez et delivrez audit Martin la rente qui nous est venue de la forfaiture Mache de Maches, pour tant comme elle porra valoir à pris convenable, en deduction et rabat de ladite rente que il prent sur nostredit tresor, à tenir ce que vous li aurez assis et baillié en la maniere que il tient et prent sur ledit tresor ladite rente ; et sur ladite assiette ou assignacion que fete li aurez, li bailliez nos lettres seelléez en cire vert, telles et si convenables comme vous verrés que il appar-

---

somme, jusques à tant que nous li aiens ailleurs fait asseoir et assigner, si comme tenuz y sommes par les premieres lettres dessus transcriptes, mandons et commandons à noz amez et feaux thresoriers à Paris qui ores sont et seront pour le temps, que audit Martin, ses hoirs, ses successeurs et ceulz qui auront cause de eulz paient et delivrent audiz termes les-dictes soissante dix et huit livres et dix et huit soulz six deniers parisis, sanz aucune difficulté ne autre mandement attendre, jusques à tant que ailleurs leur soit assise, comme dit est ; et est assavoir que pour toute la somme de douze vinz et dix huit livres, dix et huit soulz et six deniers parisis, ledit Martin, ses hoirs et successeurs nous seront tenuz faire une seule foy et un seul hommage, combien que eulz les prengnent ou leurs soient assis et assignez en divers lieux. Et que ce soit ferme chose et vaillable ou temps avenir, etc...

« Ce fu fait à Paris, l'an de grâce mil trois cens trente et un, ou mois de fevrier.

« Par les gens des comptes et les tresoriers, du mandement du roy à euls envoié par ses lettres

« Vistrebec. »

1. Mâche des Mâches, Florentin d'origine, fut d'abord attaché au service de Charles le Bel, dont il fut le valet de chambre et le changeur. Au commencement du règne de Philippe de Valois, il conserva encore cette fonction de changeur, mais, accusé de malversations, il fut condamné à être

tendra. Donné à Ferrieres en Gastinois[1], le xvᵉ jour de janvier, l'an de grâce mil CCC trente un.

Par la vertu duquel nostre mandement, nosdites genz et tresoriers ont fait faire information par nos prevost et receveur de Paris, et après ce se sont enfourmez de euls mesmes par plusieurs genz dignes de foy, en ce sachans et congnoissans, sur, et de la value de la rente que ledit Mache souloit prendre sur les poissons et harens dessusdis, à nous appartenans par la forfaiture dudit Mache, comme dit est. Et tant par l'une information comme par l'autre, faites et enquises diligenment, ont trouvé que ledit Mache avoit et prenoit à heritage, et nous, pour cause de sa forfaiture, avions et prenions sur chascun panier de poissons et de harens frez ou sallez, amenez ou aportez à Paris, à chevaux, en charetes ou en chars, trois mailles tournoises. *Item*, sur chascune charetée aportant à Paris poissons ou harens frès ou sallez, en bannes ou en froyaux, nuef tournois, et sur chascun char aportant poissons ou harens senblabement, dix et huit tournois, ainsi que le char paie le double plus que la charete; lesquels devoirs, des troiz mailles, nuef tournois et dix huit tournois dessusdiz, ont esté prisiez et estimez par les seremens des tesmoings desdites informations, valoir l'un an par l'autre, pour ce que egalment ne se remennent pas, nuef vins livres parisis de rente par an à heritage. Et parmi ce, nous, en consideration et resgart à ce que les choses ont esté ainsi deuement et soufisaument faites, yceus devoirs de trois mailles, nuef tournois et dix et huit tournois, à nous deuz, ainsi comme dessus est dit, pour le pris et la somme de nuef vins livres parisis de rente par an, avons assiz, baillié et assigné, asseons, baillons et assignons par la teneur de ces presentes lettres audit Martin, pour li, ses hoirs, ses successeurs et ceuls qui de li auront cause en deschargant nostredit tresor et diminution et rabat desdictes douze vins dix et huit livres dix et huit souls et six deniers parisis de rente que il y avoit et prenoit comme dessus est dit; et ainsi li demeure encores à avoir et prendre chascun an, pour li, ses hoirs, ses successeurs et ceus qui auront cause de li en nostredit tresor, soixante dix et huit livres dix et huit soulz et six deniers parisis de rente à heritage, dont nous li avons fet baillier nos autres lettres seelléez en las de saye et cire vert, pour les prendre et avoir aussi en la maniere et aus termes que il y prenoit toute ladicte somme, juques à tant que nous li aiens aillieurs fet asseoir et assigner souffisaument, à tenir,

---

pendu par arrêt du 23 août 1331 et il fut exécuté le 26. (Voy. l'article que lui a consacré M. de Boislisle dans son étude sur *le Budget et la population de la France sous Philippe de Valois. Annuaire-Bulletin de la Société de l'histoire de France*, 1875, p. 200, note *u*.)

1. Ferrières, Loiret, arr. de Montargis, ch.-l. de cant.

avoir et posseoir paisiblement, à toujours mes, de nous, de nos hoirs
et successeurs, en faisant nous, desdictes nuef vins livres assises
comme dessus est dit, comme desdictes soixante dix et huit livres
dix et huit soulz six deniers parisis demourans sur nostredit thresor,
foy et hommage ainsi comme lesdiz chevalier et Martin nous estoient
tenuz faire pour prendre toute ladicte rente en nostredit tresor, voulans que iceli Martin, ses hoirs, ses successeurs et ceuz qui auront
cause de euls, aient et prengnent dores en avant les devoirs des trois
mailles, nuef tournois et dix et huit tournois dessusdiz, en telle
maniere, à telz drois, pourfiz, contrainte et emolumens, comme nous
les avions et prenions, et eussions et preissions, se il demourassent en
nostre main et en nostre demaine; et pour les cuillir et recevoir,
puisse ordenner, establir et avoir une boiste es halles de Paris, delez
la nostre ou ailleurs, en tel lieu comme il li plera, auquel ceuz qui
lesdictes mailles et tournois devront, les soient tenuz porter et paier,
ainsi et sur telle paine, comme il fussent tenuz à nous. Et li prometons, pour nous, nos hoirs et ses successeurs les choses dessusdictes
garantir et deffendre vers touz et contre touz, ou aillieurs eschangier
et restituer, value à value, se mestiers estoit. Et que ce soit ferme
chose et vaillable perpetuelment, etc...

Ce fut fet à Paris, l'an de grâce mil CCC trente un, ou mois de
fevrier.

Par les genz des comptes et les tresoriers, du mandement du roy,
par ses lettres dessus encorporéez.

Vistrebec.

XC.

1332 (n. st.), mars. Paris.

Confirmation par Philippe VI d'une lettre de Gautier de Rouvre, lieutenant
de Robert de Condé, député sur le fait des finances des nouveaux acquêts,
constatant que les écoliers du collège de Bayeux ont versé au trésor 15 l.
6 s. p., montant de la somme due pour 102 sous de rente qui leur furent
donnés à percevoir sur deux maisons sises à Paris.

(JJ. 66, n° 615.)

Philippus, Dei gratia Francorum rex, notum facimus universis tam
presentibus quam futuris, nos infrascriptas vidisse litteras, formam
que sequitur continentes.

A touz ceus qui ces presentes lettres verront, Gautier de Rouvres,
lieutenant de sage homme et honorable Robert de Condé, commis et
deputé de par le roy nostre sire sus le fait des finances des noveaux
acquès fais par les eglises ou personnes de eglises et des fiez nobles
acquis par personnes non nobles en la visconté de Paris et es ressors

d'icelle, salut. Comme tant par la vertu du commandement que mes très chiers et redoutez seigneurs des comptes m'ont fait de bouche que par la vertu du povoir que ledit Robert m'a donné et ottroié contenant ceste fourme :

A touz ceus qui ces presentes lettres verront et orront, Robert de Condé, commis et deputé de par le roy nostre sire sus le fait des finances des acquez fais par les eglises ou pour les eglises et des fiez nobles acquis par personnes non nobles, à Gautier de Rouvres, salut. Savoir vous faisons que nous avons receu unes lettres seellées du seel nostre seigneur le roy, contenans la fourme qui s'ensuit :

Philippe, par la grâce de Dieu roys de France, à nostre amé Robert de Condé, salut et dilection. Comme pluseurs finances des acquès faiz par les eglises ou pour les eglises en fiez, arrerefiez, alleux, censives et possessions temporeuls et aussi des acquès fais par personnes non nobles, en fiez nobles, laquelle chose il ne pevent avoir fait ne faire sanz le congié ou assentement de noz predecesseurs ou de nous, soient encore à faire et à acomplir en la visconté de Paris et ou ressort d'icelle, nous, qui nous fions de ta loiauté et diligence, te commettons et mandons, par la teneur de ces presentes lettres, que tu voises par toutes les chastelleries de ladite visconté et des ressors, là où tu verras que il appartenra, et tout ce que tu trouveras qui à faire sera des choses dessusdites, fay et parfay diligemment et lieve et esploite les finances qui ont esté faites et que tu feras sus ce, selonc l'ordenance faite en ceste partie, laquelle nous t'avons envoiée enclose souz nostre contreseel, et des finances que tu feras, donne lettres souz ton seel, lesquelles nous confermerons se nous en sommes requis, et les deniers desdictes finances, envoie au tresor à Paris sanz nul delay. Mandons et commandons à touz noz justiciers et subgez, etc...

Donné à Paris, le xvii⁰ jour de fevrier, l'an de grâce mil CCC vint et nuef.

Par la vertu desquelles lettres, nous vous mandons et commettons que vous, pour nous et en lieu de nous, lesdites lettres acomplissiez en ladite visconté de Paris et ou ressort, en la fourme et en la maniere contenue en ycelles. Mandons et commandons à touz les justiciers et subgiez du roy nostre sire, etc...

Donné à Paris, le venredi veille de la Conception Nostre Dame, l'an de grâce mil CCC et trente[1].

Je, en absence dudit Robert, ay receu a faire finance les escoliers fondez en la rue de Harpe[2] par homme de bonne memoire monsei-

---

1. 7 décembre 1330.

2. Collège de Bayeux, fondé en 1308. Annexé en 1763 au collège Louis le Grand, il fut remplacé par un passage qui donnait entre les rues de la

gneur Guillaume Bonnet[1], jadiz evesque de Baieux, de cent et deus soudées de rente que il tiennent par titre d'aumosne, dont les quatre livres et deus soulz sont assiz sus deus mesons entretenanz qui sont assises en la rue de la Cossonnerie[2], oultre Grant Pont[3], estans en la censive de Therouenne, tenens d'une part à la meson Pierre de Senliz et d'autre part à la meson Jehan Lievre, et les autres vint soulz sont assis sus une meson seant en la rue de Sacalie, oultre Petit Pont[4], qui est appellée la Plastriere, si comme elle se comporte, tenant d'une part à la meson Adam de Greve et à la maison la Frisonne, et d'autre part à Guiart de Charny et à Martin Le Barbier, estant en la censive du roy nostre sire, parmi la somme de quinze livres et sis soulz parisis, laquelle somme d'argent lesdiz escoliers ont paiée au tresor nostre seigneur le roy, si comme il m'est apparu par une cedule escripte et signée par la main maistre Mile de Fruignicourt, clerc du tresor, contenant ceste fourme : *Thesaurarii domini Regis, Parisius, reddiderunt eidem : De Roberto de Condeto deputato super financiis acquestuum in vicecomitatu Parisiensi, XV l. VI s. p., per scolares episcopi quondam Baiocensis, pro financia certi redditus per eos acquisiti in dicto vicecomitatu. Scriptum XXVIII die februarii, anno Domini millesimo CCC XXXI*, dont je les quitte ou nom du roy et dudit Robert ; et parmi ceste finance je leur ay accordé et ottroié, du povoir dont mention est faite par desus, que euls et leurs successeurs puissent tenir et possesser la rente dessusdite, toute amortie, perpetuelment et paisiblement, sans contrainte de vendre ou de mettre hors de leurs mains et sans paier en jamais autre finance au roy nostre sire ne à ses successeurs, sauf son droit en autres choses. En tesmoing de ce, j'ay mis mon seel en ces presentes lettres qui furent faites le derrenier jour de fevrier, l'an de grâce mil CCC trente et un.

Nos autem, omnia et singula in suprascriptis contenta litteris rata habentes et grata, etc...

Datum Parisius, anno Domini, millesimo CCC XXXI, mense marcii.

Per Cameram compotorum.

P. Julianus.

Harpe et des Maçons. Le percement du boulevard Sébastopol en a fait disparaître toutes traces. (Lebeuf, *op. cit.*, éd. Cocheris, t. I, p. 413 et 447, et *Topographie historique du vieux Paris*, t. VI, p. 188 et suiv.)

1. Guillaume Bonnet fut évêque de Bayeux du mois de décembre 1306 à 1312.

2. La rue de la Cossonnerie, qui va maintenant du boulevard Sébastopol à la rue Pierre Lescot, allait autrefois de la rue Saint-Denis aux Halles.

3. Actuellement le Pont-au-Change.

4. Le Petit-Pont, qui porte encore aujourd'hui le même nom, va de la place du Parvis-Notre-Dame à la rue du Petit-Pont.

XCI.

1332 (n. st.), mars. Paris.

Philippe VI amortit en faveur d'Amis d'Orléans[1], doyen de Paris, moyennant
40 l. t. versées au trésor, une maison, une grange et d'autres possessions
sises à Nouveville, paroisse de Luigny[2], au diocèse de Chartres, qu'il veut
donner à la maison des aveugles d'Orléans pour la construction d'une
chapelle.

(JJ. 66, n° 633.)

Par la Chambre des comptes.

Vistrebec.

XCII.

1332 (n. st.), mars. La Roberdière.

Philippe VI amortit 20 l. p. de rente en faveur de Renoult Bonnefoy, vicaire
en l'église de Paris, pour lui permettre de fonder une chapellenie en cette
église.

(JJ. 66, n° 634.)

Philippe, par la grâce de Dieu roys de France, savoir faisons à
touz presens et avenir, que à la supplication de Renoult Bonnefoy,
vicaire en l'eglise de Paris, disant qu'il a grant devotion et entente
de fonder en ladite eglise une chapellenie perpetuelle pour prier pour
sa ame et pour les ames de ses bienfaiteurs et de doier icelle chapellenie de vint livres parisis de rente à touz jours mais. Nous, loans sa
voulenté, ottroions audit Renoult, de grâce especial et en aumosne,
et pour cause de accroistre le service Nostre-Seigneur, que desdites
vint livres de rente hors fié et justice, se il les a de present ou quant
il les aura acquises, il puisse fonder et doer ladite chapellenie, et que
li chapellains qui pour le temps y sera establiz pour la desservir,
puisse tenir et tiegne paisiblement ladite rente, sans ce qu'il puisse
estre ou soit contrainz à la vendre ou mettre hors de sa main et sens

---

1. Voy., sur Amis d'Orléans, *Gallia christiana*, t. VIII, col. 208-209.
Charles IV, par lettres du 30 mars et du 19 juillet 1325, chargea Amis d'Orléans et Philippe de Pesselières, chevalier et conseiller du roi, de faire l'assiette du douaire de la reine Jeanne d'Évreux, en Brie et en Champagne.
(Arch. nat., KK. 3a, fol. 8 r° et 45 r°.) Philippe VI, par lettres datées de
Saint-Denis le 18 février 1329 (n. st.), leur continua cette mission et leur
adjoignit Thomas de Reims. (Ibid., fol. 100 r°.) Voy. aussi *Journaux du
trésor de Philippe VI de Valois*, n° 138, mention d'un paiement fait au
doyen de Paris pour cette opération.

2. Luigny, Eure-et-Loir, arr. de Nogent-le-Rotrou, cant. d'Authon.

en paier jamais finance quelle que elle soit. Et à perpetuelle memoire
et fermeté de ce, etc...

Donné à La Roberdiere[1], l'an de grâce mil CCC trente et un, ou mois
de mars.

Par le roy, à la relacion de l'aumonnier.

Barriere.

XCIII.

1332 (n. st.), mars. Longpont.

Philippe VI, à la requête de Thomas de Saint-Benoît, bourgeois de Paris,
amortit 25 l. de rente annuelle qu'il donne à l'église Saint-Pierre-des-
Arcis pour y faire célébrer chaque jour le divin office, savoir, matines et
les autres heures, et une messe.

(JJ. 66, n° 636.)

Philippe, par la grâce de Dieu roys de France, savoir fayssons à
touz presens et avenir, que nous, à la supplicacion de Thomas de
Saint-Benoist, bourgois de Paris, disant que pour cause de ce que
l'iglise parrochial de Saint-Pierre-des-Arsis[2], en la parroisse de
laquelle eglise il a longuement demeuré et encore demoroit, estoit
pouvre, et pour ce estoit petitement servie du divin office, il avoit
grant devotion et voulenté pour l'onneur de Nostre-Seigneur Jhesu-
Crist et de la Vierge Marie, sa benoite mere, et de touz sains, nous premierement appellé en toutes oroisons, prieres et bien fais, de donner,
des biens que Diex li avoit donnez, certaine rente pour faire le divin
office ; c'est assavoir matines et toutes autres heures ordenées, et une
messe chascun jour perpetuelment. Nous, loans le bon propos dudit
Thomas, à yceli Thomas, de grâce especial et de certaine science
avons ottroié et ottroions que il puisse fonder et instituer en dotacion d'icelle eglise vint et cinq livres de annuel et perpetuel rente,
toutevois sans fié et sans justice, pour faire le divin office en la
maniere que dessus est dit, et que li perpetuel chapellain de ladite
eglise qui pour le temps seront, lesdites vint et cinq livres de annuel
et perpetuel rente puissent tenir sans ce qu'il soient contraint de les
vendre ou de les mettre hors de leur main, ou en soient tenuz à
nous ou à noz successeurs rois de France pour [d']icelles faire finance

---

1. La Roberdière, probablement Mayenne, arr. de Laval, cant. de Mont-
surs, comm. de Saint-Ouen-des-Vallons ou des Oyes.

2. L'église Saint-Pierre-des-Arcis était située dans la cité ; elle a totalement
disparu ; son emplacement est occupé aujourd'hui en partie par le marché
aux fleurs. (Lebeuf, *Hist. de la ville et du diocèse de Paris*, éd. Cocheris,
t. III, p. 386 et 426.)

quelle que elle soit ; sauf nostre droit en autres choses et le droit
d'autrui en toutes. Et pour ce que ce soit ferme chose et estable,
etc...

Donné à Loncpont, dessouz Montleheri, l'an de grâce mil CCC
trente et un, ou mois de mars.

Par le roy, à la relacion l'avoé de Therouanne.

Aubigny.

XCIV.

1332 (n. st.), mars. Melun.

Philippe VI, à la requête des Chartreux de la maison de Vauvert près Paris,
amortit en leur faveur différents héritages situés notamment à Longjumeau
et à Saulx-les-Chartreux.

(JJ. 66, n° 645.)

Philippe, par la grâce de Dieu rois de France, savoir faisons à touz
presens et avenir, que comme religieus hommes le prieur et le convent
de la meson de Valvert de lez Paris, de l'ordre de Chartreuse, nous
eussent fait supplier que nous, pour l'amour de Dieu, leur vousissiens amortir certains heritages que il avoient acquis de deniers à els
donnez pour Dieu et en amosne, c'est assavoir : so[i]xante et douze
arpens, tant de terre arable quant de pré, une masure et un jardin,
acquis et achatez de maistre Guy de la Grange, seigneur de Cham-
pegny de lez Meleun, chanoine de Baiex, avecques touz les drois,
actions, possessions, proprietez, seigneuries que cil vendeur avoit ou
avoir povoit envers quelconques persones et biens pour raison d'ices
heritages. *Item*, sexante solz de parisis de menuz cens que plusieurs
personnes doivent à Lonc Jumel[1] à plusieurs et certains termes, une
droiture paiée chascun an audit lieu, sept sextiers et plaine mine que
blé, que avaine, que segle pris sur plusieurs heritages ou terrouer de
Lonc Jumel acquis et achatez par lesdiz religieus de Adam de Saint-
Mesmer, escuier. *Item*, environ six livres de parisis de menuz cens,
ovecques la basse justice et maine, et toutes les appartenances, un
quartier de terre, quatre poules, droitures estans à Saux[2], appartenanz à Jehan et Symon de Rainvillier, escuiers, freres, qui ces choses
ont vendues asdiz religieus. Nous, enfourmez de la value desdiz
heritages par information sur ce faite, laquelle nous feismes veoir par
noz gens, et voulans estre parçonniers des biens de ladite meson et
de tout leur ordre, tant pour le salut de nostre ame quant de noz

---

1. Longjumeau, Seine-et-Oise, arr. de Corbeil, ch.-l. de cant.
2. Saulx-les-Chartreux, Seine-et-Oise, arr. de Corbeil, cant. de Longjumeau.

predecesseurs, ottroions par ces lettres asdiz religieus que il et leur successeurs, pour els et leur dite meson, touz les heritages dessus nommez et toutes les appartenences de icels, en quelque chose que ce soit, tiegnent, puissent tenir et posseoir heritablement, en perpetuité, franchement et quittement et en perpetuel amosne comme amortiz, sans estre contrainz de vendre les ou de mettre hors de leur main et sans paier de ce finance quelle que elle soit dore en avant, à nous ou à noz successeurs. En tesmoing, etc...

Ce fu fait à Meleun, l'an de grâce mil CCC trente et un, ou mois de mars.

Par le roy, à la relacion de messire Philippe de Meleun.

Verberie.

XCV.

1332 (n. st.), mars. Paris.

Philippe VI amortit en faveur de Guillaume de Gien, bénéficier de l'église Notre-Dame de Paris, 16 l. p. de rente annuelle, qu'il veut donner à la communauté des chapelains de cette église pour la fondation d'une chapellenie.

(JJ. 66, n° 807.)

Philippe, par la grâce de Dieu rois de France, savoir faisons que nous avons ottroié et ottroions de grâce especial, par la teneur de ces lettres, à maistre Guillaume de Gyem[1], beneficié en l'eglise Nostre-Dame de Paris, que seze livres parisis de rente annuele et perpetuelle que ledit maistre Guillaume entent et veult achater en noz censives, en la ville de Paris ou ailleurs, pour donner et delaissier à perpetuité à la communité des chapellains de ladite eglise de Paris, pour fonder une chapellenie perpetuelle ou pour celebrer chascun jour une messe en ladite eglise par lesdiz chapellains par semaines ; c'est assavoir : par chascun desdiz chapellains en son tour pour ledit maistre Guillaume ; ledit maistre Guillaume puisse achater et acquerre en la maniere et pour la cause devant dites, et que icelles seze livres parisis acquises, achatées et données par ledit maistre Guillaume à ladite communité desdiz chapellains, la devantdite communité desdiz chapellains ou leur procureur ou nom de euls et pour euls, puissent tenir à perpetuité, paisiblement, sanz ce ce que euls ne leurs successeurs soient contrains de nous ou de noz successeurs roys

---

1. Le 13 novembre 1335, Guillaume de Gien, chanoine de l'église de Paris, rendit avec R. Bonnefoy une sentence pour clore le différend qui s'était élevé entre plusieurs autres chanoines au sujet des prébendes de la chapelle Saint-Aignan, à Notre-Dame. (Guérard, *Cartulaire de l'église Notre-Dame de Paris*, t. I, p. 232.)

de France à vendre lesdites seze livres parisis de rente annuelle et
perpetuelle, ne mettre hors de leur main, ne paier à nous ne à noz
successeurs pour ce finance quelle que elle soit. Et que ce soit ferme
et estable, etc...

Donné à Paris, l'an de grâce mil CCC trente et un ou moys de mars.
Par le roy, à la relacion monseigneur G. Bertran.

H. Martin.

XCVI.

1332 (n. st.), mars. Paris.

Lettres par lesquelles Philippe VI laisse à Jean et Louis Bonnetin, bourgeois
de Paris, pour 700 l. p., en déduction de sommes qu'il leur doit, une
maison et une place sises à Paris, en la rue de la Bretonnerie, qui avaient
été confisquées sur Mâche des Mâches.

(JJ. 66, n° 890.)

Philippe, par la grâce de Dieu rois de France, savoir faisons à touz
presens et avenir, que comme nous eussiens une maison soiant en la
ru appellée la Bretonnerie[1], de Paris, de lez l'eglise Sainte-Croix, de
Paris, tenant à la maison maistre Jehan Halegrin devant et derrieres, aboutant par derrieres à la rue Dame Agnès la Buschière[2], et
une place vuide tenant à ladite maison d'une part et à ladite eglise
de l'autre, en la censive de l'ospital d'une part et en la terre Hugue
Haubert de l'autre, et par derrieres, en la terre Pierre de Hangest,
et eust en ladite place merrien et pierre ou quarrel à ycelle place
appartenans; lesquelles maison, place merrien ou carrel nous estoient
venuz en confiscacion par la forfaiture Mache des Maches, justicié
pour ses meffais, et nous fussiens tenuz à noz amez Jehan et Loys
dis Bonnetin, bourgois de Paris, en certaine somme d'argent à euls
deue pour certaines et justes causes du temps de nostre très chier seigneur et oncle le roy Philippe le Bel, que Dieu absolle, si comme il
nous est apparu soufisaument. Pour quoy, nous, volans ausdiz
bourgois faire satisfaction de leur dite debte, si comme il appartient,
et considerans que lesdites maison et place ne nous estoient neces-
saires ne profitables pour tenir en noz demaines, avons lesdites maison, place, merrien et pierres ou carreaux, si comme elles se comportent et estendent en lonc et en lé, frans et quittes de touz

---

1. Rue Sainte-Croix-de-la-Bretonnerie, qui va de la rue Vieille-du-Temple
à la rue du Temple.

2. Ce nom, d'après Jaillot (*op. cit.*, t. III, quartier Sainte-Avoie, p. 31),
aurait été donné au commencement de la rue Sainte-Croix-de-la-Bretonnerie, au xive siècle.

arrerages jusques à la date de ces presentes lettres, fait par noz amez
et feaus les gens de noz comptes et tresoriers à Paris, pour nous et
en nostre nom, vendre, cesser, transporter et par nom de pure et perpetuel vente, cession et transport, delessier à touz jours mais à heritage perpetuel ausdiz Jehan et Loys diz Bonnetin et à leurs hoirs et
successeurs, et à ceuls qui aront cause d'euls, pour le pris de sept
cens livres parisis fors, lesquelles sept cens livres, nosdites gens et
tresoriers ont deduites et rabatues ausdiz Jehan et Loys de leur dite
debte, et nous en tenons pour bien poiez et en quittons et absolons
les bourgois dessusdiz. Et nous, la vente, cession et transport, deduction et rabat dessusdiz, ainsi fais par nozdites gens et thresoriers,
aiens fermes et aggreables, etc...

Mandans au prevost de Paris ou à son lieutenent, etc...

Ce fu fait à Paris, l'an de grâce mil CCC trente et un ou moys de
mars.

Par la Chambre des comptes et P. Forget[1], tresorier.

Vistrebec.

XCVII.

1332 (n. st.), mars. Paris.

Philippe VI confirme la vente de 11 l. 6 s. p. de rentes assises sur différentes
maisons de Paris, et appartenant à Guy de Goussainville, faite à Jean
Chauveau par Jean dit le Maistre et Jean de Tricot, sergents à cheval du
Châtelet, pour rembourser au roi une somme de 4,000 l. p. qui lui était
due par ledit Guy.

(JJ. 66, n° 1032.)

Philippe, par la grâce de Dieu roys de France, savoir faisons à touz
presens et avenir, nous avoir veu deux paires de lettres ci-dessouz
encorporées, dont la premiere contient la fourme qui s'ensuit :

A touz ceus qui ces lettres verront, Jehan dit le Maistre et Jehan
de Tricot, sergens à cheval du roy noseigneur en la prevosté de
Paris et ou ressort, commis de par icelli seigneur en la besoigne dont
mention est faite ci-dessouz, salut. Comme par vertu des lettres du
roy nostre sire à nous commises et du povoir à nous donné de par
icelli seigneur par ses lettres dessusdites, desquelles la teneur est
telle :

Philippe, par la grâce de Dieu, etc.[2]...

Nous, Jehan dit le Maistre et Jehan de Tricot, dessus nommez,

---

1. Pierre Forget exerçait les fonctions de trésorier déjà dès le 23 août 1331.
(*Annuaire-Bulletin de la Société de l'Histoire de France*, 1875, p. 201-202.)

2. Cette pièce est déjà reproduite dans JJ. 66, n° 609. — Voy. ci-dessus

nous fussiens transportez es lieus ou ledit monseigneur Guy de Goussainville, chevalier, avoit ses biens meubles et sa terre, pour ledit
mandament et lesdites lettres du roy nostre sire mettre à exequcion
deue ; et en yceulz lieus nous ne peussiens avoir trouvé tant de biens
meubles qui peussent souffire ausdites lettres du roy nostre sire
enteriner ; et pour ce, nous, des heritages, cens, rentes, justice et seigneurie qui estoient et appartenoient audit chevalier, si comme on
disoit, eussions pris, saisi et arresté en la main du roy nostre sire,
especialment les cens et rentes ci-dessouz esclarciez que ledit chevalier avoit en la ville de Paris sus les lieux ci-dessouz nommez. C'est
assavoir : sus la maison Thomas de Chaalons, en la rue des
Escoufles[1], quarante et huit soulz parisis de cens ou de rente par an,
pris tantost après fons de terre en la censive du Temple ; ladite
maison tenant d'une part à Oudin le Charretier et d'autre part à Hue
de Saint Ouyn et par darrieres aus Pouliers[2]. *Derrechief*, en ladite
rue, sur l'ostel Jehan de Croistres, trente cinq soulz parisis de cens
ou de rente par an, pris tantost après fons de terre, en la censive du
Temple, tenant d'une part à la maison feu Marguerite de Longueil
et d'autre part à Estienne Harent, peletier. *Item*, sus la maison dudit
Estienne Harent, seant en ladite rue, quatorze soulz parisis de cens
ou de rente par an pris après fons de terre, en la censive dudit hospital, tenant d'une part à Remy le Messagier et d'autre part à la
maison Raoul Tacon Dieu. *Item*, à la porte Baudoier, sur la maison
Guiot de Corbie, escrivain, delez l'Ostel Dieu Saint Gervais, trente

---

le n° LXXXVI. — A la fin de l'année 1332, d'autres biens de Gui de Goussainville, sis à Meudon, Attainville, Goussainville, Luzarches et Fontenay,
furent encore vendus. Philippe VI approuva cette vente au mois de février
1333. (JJ. 66, n° 1090.) Ces ventes eurent lieu à la suite du bannissement
dont il fut frappé, comme soupçonné d'avoir fait assassiner, le 29 juin 1319,
frère Gui de Fayel, convers de l'église du Val. Bien que, par des lettres de
Philippe le Long du 10 février 1320 confirmées par Philippe VI au mois de
mars 1331 (JJ. 66, n° 689), il ait été déchargé de ce soupçon, le bannissement fut néanmoins maintenu. Peu après, il dut revenir en France et entra
à la Chartreuse du Liget, où on le trouve religieux profès le 20 avril 1340,
date d'une lettre de Philippe VI levant la peine dont il avait été frappé. Le roi
donne la moitié des biens meubles dudit chevalier à ce couvent, mais garde
l'autre moitié avec tous les immeubles qui pourraient encore lui rester.
(JJ. 74, n° 375.)

1. La rue des Écouffes, qui va maintenant de la rue de Rivoli à la rue
des Rosiers, allait autrefois de la rue des Rosiers à celle du Roi-de-Sicile.

2. On appelait autrefois *pouliers*, sans doute pour *poulies*, le lieu où l'on
étirait, où l'on étendait les étoffes pour les faire sécher. La rue voisine de
ce lieu, qui est celle des Francs-Bourgeois, fut aussi désignée anciennement
sous le nom de rue des Poulies. (Jaillot, *op. cit.*, t. III, quartier Saint-
Antoine, p. 75.)

cinq soulz parisis de cens ou de rente par an, tantost pris après fons de terre en la censive du roy nostre sire, tenant d'une part à la maison Martin Coustain et par derrieres à la maison feu Estienne Aus Enfans. *Item*, sur la maison qui fu Robert l'Escrivain, seant en la rue aus Commanderresses[1], qui est à present Jehan de la Crois, tailleur de robes, soixante soulz parisis de cens ou de rente par an pris emprès fons de terre en la censive Saint Victor, tenant d'une part à Marguet la Regratiere et d'autre part à Jehan de Gurion, marchant de vins, aboutissant par derrieres à Jehan de la Verriere, notaire de Chastellet. *Derechief*, sus la maison maistre Richart le Mareschal et sus la maison Guillaume Martin, tonnelier, seanz en Greve, l'une delez l'autre, vint soulz parisis de cens ou de rente par an après fons de terre. Et ce fait, nous, par vertu du povoir à nous commis eussions fait assavoir et crier souffisaument de par le roy nostre sire, en plaine audience ou Chastellet de Paris, que lesdiz cens et rentes dessus esclarciz montans en somme, onze livres et six soulz parisis de cens ou de rente par an, estoient en vente de par le roy nostre sire et pour la propre debte d'icelli seigneur, et que se il estoit aucun qui les vousist acheter, venit avant et nous les lui vendrions et deliverrions de par le roy nostre sire aus us et aus coustume de France. Auquel cri s'apparut par devant nous Colart Touquart qui, desdites onze livres six soulz parisis de cens ou de rente par an, mist et bailla un denier à Dieu en nostre main ou pris et pour le pris de quatre vinz livres parisis. Et sur ce, nous, derechief, eussions fait savoir et crier en ladite audience du Chastellet de Paris par Jehan de Berne, sergent du roy nostre sire, deputé à ce faire, que lesdites onze livres et six soulz parisis de cens ou de rente par an pris sus les lieux dessus esclarcis et emprès fons de terre comme dit est, estoient venduz de par le roy nostre sire et pour la propre debte d'icelly seigneur, au devantdit Colart Touquart, le pris desdites quatre vins livres parisis, et que se il estoit aucun qui plus en vousist donner, venist avant et il seroit ois et receuz, c'est assavoir : pour la premiere quatorzaine, le mardi avant la feste Saint Jehan Babtiste[2], l'an de grâce mil CCC trente et un ; pour la seconde quatorzaine, le mardi après la feste Saint Pierre et Saint Pol[3], l'an dessusdit ; pour la tierce quatorzaine, le mardi quinze jours du mois de juillet l'an dessusdit[4].

---

1. D'après Jaillot (*op. cit.*, t. Ier, quartier Sainte-Opportune, p. 50), la rue des Commanderesses serait probablement la même que celle du Plat-d'Étain, qui encore maintenant va de la rue des Déchargeurs dans celle des Lavandières.

2. 18 juin 1331.

3. 2 juillet.

4. Il y a erreur ; le mardi n'est pas le 15, mais le 16 juillet.

Et pour la quarte quatorzaine d'abundant, nous feismes derechief crier par ledit Jehan de Berne en ladite audience, le mardi après la feste Saint Jaques et Saint Cristofle[1], l'an dessus dit, pour ce que durant ladite tierce quatorzaine, Jehan Chauvel, bourgois de Paris, s'estoit trais par devers nous et avoit enchieri lesdites onze livres et six soulz parisis de cens ou de rente par an, de quarante soulz parisis et les avoit mis à quatre vinz et deux livres parisis et de ce et sur ce baillié un denier à Dieu en nostre main, que lesdites onze livres et six soulz parisis de cens ou de rente par an estoient venduz de par le roy nostre sire et par enchiere, le pris desdites quatre vinz et deux livres parisis, et que se il estoit aucun qui plus en vousist donner ou aucun droit reclamer, feust par lettres, pour cens, pour arrerages, ou autrement comment que ce fust et avant que ladite quarte quatorzaine fust chaete, ou se ce non, il n'y seroit jamais oys ne receuz. Durant laquelle quatorzaine, ledit Jehan Chauveau enchieri lesdites onze livres six soulz parisis de cens ou de rente par an, de soixante soulz parisis et ainsi mist lesdites onze livres et six soulz parisis à quatre vins et cinq livres parisis par enchiere; et depuis toutes les choses dessusdites ainsi faites comme dit est dessus, nous, pour ce que ledit monseigneur Guy estoit absent et que nous ne le savions ou trouver, eussiens fait savoir souffisaument à Guillaume Justice et à Robert de Louvres qui se disoient et dient et portent pour procureurs dudit chevalier. *Derechief*, à Guiot, filz dudit monseigneur Guy[2], à Robert de Nantoillet, gendre dudit chevalier et à monseigneur Guillaume de Chenevieres, cousin dudit chevalier, pour tant comme à chascun povoit touchier et appartenir, que lesdites onze livres et six soulz parisis de cens ou de rente par an, assises à Paris sus les lieus dessusdiz, estoient vendues de par le roy nostre sire et pour les causes dessusdites à Jehan Chauveau, le pris de quatre vins et cinq livres parisis, comme au plus offrant; et se contre icelle vente ou contre aucune des choses dessusdites, il se vouloient opposer, il li donroient et assigneroient jour par devant noz seigneurs

---

1. 3o juillet 133i.

2. Gui de Goussainville avait épousé Jeanne d'Attainville, morte avant le mois de juin 1334. Nous voyons par une lettre du mois d'août 1335, donnant de bons détails sur ces deux familles, qu'ils eurent trois enfants, Guyot, Jehannot et Agnès. Guyot obtint une lettre d'émancipation le 12 juillet 1334; les deux autres étaient encore mineurs en août 1335, date à laquelle Philippe VI approuve la vente qu'ils font aux religieux de la Grande-Chartreuse d'une rente de 100 livres à percevoir chaque année sur la ville de Laon. Cette rente, qu'ils tenaient de leur mère, fut vendue pour 900 livres, et cette somme fut employée au rachat du château et de la terre de Goussainville, vendus pour payer les amendes encourues par leur père. (JJ. 6g, n° 218.) Voy. aussi Lebeuf, *Histoire du diocèse de Paris*, 1755, t. V, p. 462.

et maistres des comptes pour poursuivre leur opposicion, se aucune
en fasoient ou vouloient faire à present; lesquiex procureurs, ou nom
dudit monseigneur Guy et lesdiz Guiot, Robert de Nantoullet,
gendre dudit monseigneur Guy, et ledit messire Guillaume de Cha-
nevieres distrent et respondirent par devant nous, chascun pour tant
comme il li povoit touchier et appartenir ou nom que dessus, que
contre icelle vente, il ne se vouloient de riens opposer, ne contredire
ycelle, ne aussi contre l'execucion desdites lettres obligatoires, ne
contre chose qui par vertu d'icelles en soit faite. Après toutes lesquelles choses dessusdites ainsi faites et signifiées, comme il est
ci dessus devisé et esclarci, ledit Jehan Chauveau nous eust et ait
requis que nous, par vertu de tout ce que dit est, alissiens avant en la
delivrance d'icelle vente en li baillant nostre decret d'icelle vente
comme au plus offrant, en paiant ladite somme de quatre vins et
cinq livres parisis par devers le tresor du roy nostre sire, en l'acquit
dudit chevalier. Sachent tuit que nous, oye la requeste dudit Jehan
Chauveau, veu et regardé le transcript desdites lettres obligatoires,
esquelles ledit chevalier est obligiez envers le roy nostre sire, les
criées et subastacions faites en la maniere que dit est dessus et pour
les causes dessusdites; consideré et regardé tout ce que dit est et
que contre ladicte vente ou contre aucune des choses dessusdites nuls
ne s'est opposez ne venuz par devers nous qui en ladite vente ou en
aucune des choses dessusdites vousist mettre empeschement, comment que ce fust que à nostre cognoissance soit venuz; adjousté
toute sollennité qui doit estre faite et gardée en tel cas; et eu sur ce
conseil à sages par vertu du povoir à nous commis du roy nostre sire,
comme dit est; et pour les causes dessusdites, vendismes, ottroiasmes
et delivrasmes, vendons, ottroions et delivrons de par le roy nostre
sire et ou nom d'icelli seigneur audit Jehan Chauveau, à ses hoirs et
à ceulz qui de li ou de sesdiz hoirs auront cause, lesdites onze livres
et sis soulz parisis de cens ou de rente annuele à prendre, avoir, percevoir, recevoir, lever, gaigier et esploitier des ores en avant, perpetuelment et hereditablement, à touz jours, dudit Jehan Chauveau, de
ses hoirs et de ceulz qui de li ou de sesdiz hoirs auront cause, chascun
an sus les lieus dessus esclarciz et sus les appartenences d'iceus, en la
maniere que il est dit dessus; c'est assavoir : pour le pris de quatre
vins et cinq livres parisis, bonne et forte monnoie courant à present,
que ledit Jehan Chauveau, en nostre presence et de nostre consentement, mist et bailla par devers le tresor du roy nostre sire à Paris en
l'acquit dudit messire Guy; et d'icelles quatre vins et cinq livres
parisis, par le bail que ledit Jehan Chauveau en fist et a fait audit
tresor, present nous comme dit est et pour la cause dessusdite, nous,
ou nom du roy nostre sire, nous tenons à bien paiez et en quittons

ledit Jehan Chauveau, ledit messire Guy, leurs hoirs et touz autres ou nom que dessus, etc...

Ce fu fait l'an de grâce mil CCC trente et un, le samedi avant la Tiphaine[1]. *Item*, la seconde lettre contient tele fourme :

A touz ceus qui ces lettres verront, Jehan de Milon, garde de la prevosté de Paris, salut. Sachent tuit que par devant nous vindrent en jugement Jehan dit le Maistre et Jehan de Tricot, sergens à cheval du roy nostre sire en la prevosté de Paris et ou ressort d'icelle, et nous tesmoignerent par leurs serementz que les lettres parmi lesquelles ces presentes sont annexées, estoient et sont seellées de leurs seaux, desquiex il usent et entendent à user en leurs offices et que il, toutes les choses contenues esdites lettres, comme commis de par le roy nostre sire en la besoigne dont mention est faite en icelles, par vertu du povoir à eux donné et commis de par ledit seigneur, avoient faites, passées et seellées de leursdiz seaux ; et toutes icelles choses, en la maniere que elles sont escriptes et contenues esdites lettres, nous tesmoignerent estre vraies. En tesmoing de ce, nous avons mis en ces lettres le seel de la prevosté de Paris, à la relacion des sergens dessusdiz.

Ce fu fait l'an mil CCC trente et un, le jeudi après la feste Saint Mor et Saint Bon[2].

Nous, adecertes, lesdites ventes, etc.

Ce fu fait à Paris, l'an de grâce mil CCC XXX et un, ou mois de mars.

Par la Chambre des comptes.

Vistrebec.

XCVIII.

1332 (n. st.), 1-18 avril. Saint-Germain-en-Laye.

Philippe VI amortit en faveur de Guillaume Le Tyais 40 s. p. de rente annuelle, assise sur la maison des Trois-Écus à Paris, qu'il désire donner à une église pour acheter « froment à faire pain à célebrer. »

(JJ. 66, n° 531.)

Philippe, par la grâce de Dieu rois de France, savoir faisons à touz presens et avenir, que comme Guillaume Le Tyais ait devotion de donner à Dieu et à sainte Eglise pour achater froment à faire pain à celebrer, quarante soulz parisis de rente annuelle et perpetuele sur la maison qu'en dit la maison des Trois Escus, seant à Paris en la grant rue Saint Denis, tenant à la maison Robert de la Mote d'une

---

1. 4 janvier 1332 (n. st.).
2. 16 janvier 1332 (n. st.).

part et à la maison Jehan Le Rousfesse, balancier, d'autre part. Nous, pour l'accroissement du service Nostre Seigneur, de grâce especial et pour la devotion dudit Guillaume, li avons ottroié, ottroions et vou·lons que il, ses hoirs, ses successeurs et ceus qui de lui auront cause en ce, aient et tiegnent et puissent transporter en eglises ou personnes d'eglise, ensamble ou par parties, par titre d'aumosne toutevois et non autrement, et pour convertir oudit usage, lesdiz quarante soulz de rente sur ladite maison, frans, quittes et delivrés de toutes tailles, exactions, servitutes et redevances, et sans ce que eus ou les eglises ou personnes d'eglise, esquelles ladite rente sera transportée, si comme dit est, puissent estre contrains à mettre ladite rente hors de leur main, ou à faire à nous, ou à noz successeurs pour cause de ce, finance quelle que elle soit. Et pour ce que ce soit ferme chose et estable à touz jours, etc...

Ce fu fait à Saint Germain en Laye, l'an de grâce mil CCC trente et un avant Pasques, ou moys d'avril.

Par le roy, à la relacion de l'aumonnier.

Nevelon.

XCIX.

1332, mai. Saint-Denis.

Philippe VI donne à son fils Jean, duc de Normandie, la maison qui avait appartenu à Robert d'Artois, sise à Paris, en la rue Saint-Germain-des-Prés, devant l'hôtel de Navarre.

(JJ. 66, n° 659.)

Philippe, par la grâce de Dieu roy de France, à touz ceus qui ces presentes lettres verront, salut. Comme pour certaine cause, touz les biens de Robert d'Artois, jadis comte de Beaumont, soient appliquez et confisquez à nous par arrest de nostre court, savoir faisons que nous, de certaine science et de grâce especial et liberalité roial, avons donné et ottroié, donnons et ottroions, purement et franchement, par donation faite entre vis non rappellable, à nostre très chier et feal filz Jehan, duc de Normandie et comte d'Anjou et du Meine, present et recevant et emancipé et aagié par nous, pour li et pour ses hoirs et successeurs et ceus qui de li auront cause, à touz jours, la maison qui fu [au]dit Robert d'Artoys[1] et toutes les appartenances et appendences

---

1. Sauval, dans ses *Recherches des antiquités de Paris*, t. II, p. 64, nous apprend que cet hôtel donnait aussi dans la rue des Boucheries, de l'autre côté de la foire, et que Robert d'Artois avait encore un autre hôtel, le long des murs de Philippe-Auguste, entre la rue Pavée et la rue Mauconseil; cet hôtel passa ensuite à Philippe le Hardi, fils de Jean le Bon. (Voy. aussi, sur

d'icelle maison assise à Paris en la rue de Saint Germain des Prés, devant l'ostel de Navarre ; de laquelle maison nous avons baillié et baillons à nostredit filz la possession et saisine corporele par ces lettres, et voulons que doresenavant, il en puisse faire sa plaine volenté comme de sa propre chose, et promettons en bonne foy, pour nous et pour noz hoirs et successeurs, lesquiex nous obligons à ce et sus obligation de touz noz biens, ceste donnoison et toutes les choses contenues en ces lettres tenir et garder fermement à touz jours et non venir encontre par nous ne par autre, james, à nul jour, et garantir de ladite maison et appartenances, à nostredit filz, à ses hoirs et ceus qui de li ou de ses hoirs auront cause, envers touz et contre touz à noz propres despens. Laquelle donation et les choses dessusdites, nous, de nostre plain povoir et auctorité roial, decernons et declairons valoir et tenir au profit de nostredit filz, de ses hoirs et de ceus qui auront cause de li et y mettons nostre auctorité et nostre decret, et suppleons touz defaus, se aucuns en y avoit, non contrestant droit escript et non escript, us, coustumes et toutes autres choses par lesquelles l'en voudroit anuller ou empeschier les choses dessusdites ou aucune d'icelles ; et tout ce que l'en pourroit ou voudroit dire ou opposer encontre, nous, de nostre plain povoir et auctorité royal et de certaine science mettons au neant. Et pour ce que ce soit ferme et estable à touz jours, nous avons fait mettre nostre seel en ces lettres.

Donné à Saint Denis en France, l'an de grâce mil trois cens trente et deus ou moys de may.

Par le roy.

Guichart.

Dupplicata.

C.

1332, mai. Saint-Denis.

Lettre de donation entre vifs, faite par Philippe VI au profit de sa femme, Jeanne de Bourgogne, de l'hôtel de Nesle et de ses dépendances.

(JJ. 66, n° 939.)

Philippe, par la grâce de Dieu rois de France, savoir faisons à touz presens et avenir, que nous, considerans les grans biens et loyauté que nous avons trouvé en nostre très chiere et amée compaigne, la royne et la bonne amour que nous avons à li, avons donné et ottroié, donnons et ottroions à ycelle nostre compaigne presente et

---

l'hôtel possédé par Robert d'Artois en la rue Saint-Germain-des-Prés, la *Topographie historique du vieux Paris*, t. V, p. 133.)

recevant, de certaine science et de grâce especial et de nostre liberalité royal, franchement et par pure et non revocable donacion faite entre vis, sans jamais rappeller, nostre hostel que l'en dit Neelle[1] et toutes les appartenances dudit hostel assis à Paris, sus Sayne, à l'encontre du Louvre, tenant au chemin par lequel l'en va de la tournelle de ladite maison de Nelle au Pré aus Escoliers[2] et à l'abbeye de Saint Germain des Prés d'une part, et à la maison et vergiers Mile de Mesy, chevalier, et au vergiers ou jardins de la maison des escoliers de l'eglise Saint Denis en France[3] et les Augustins d'autre part, ensemble touz les drois, appartenences et appendences d'iceli, et avec les jardins, vergiers et places qui sont dedens les murs d'icelle maison ainsi comme elle se comporte et extent en lonc et en large, lequel nous avons acheté des executeurs de nostre très chiere dame et cousine, la royne Jehanne de Bourgoigne, que Dieus absolle, à avoir, tenir et posseir par ladite nostre compaigne, par ses hoirs et ceus qui de li ou de ses hoirs auront cause à tous jours et pour en faire sa pure et franche volenté, comme de sa propre chose, sans nul contredit ou empeschement; et dès maintenant, li en avons bailliée et baillons la possession et saisine corporelle et promettons en bonne foy, pour nous et pour noz hoirs et su[cce]sseurs, lesquiex nous obligons à ce, et sus obligacion de tous noz biens, ceste donacion et toutes les choses contenues en ces lettres, tenir et garder fermement à touz jours et non venir encontre par nous ne par autres, jamais, à nul jour, et à garantir ledit hostel et appartenences à ladite nostre compaigne et à ses hoirs et ceus qui de li ou de ses hoirs auront cause, envers touz et contre touz, à noz propres despens. Laquelle donacion et les choses dessusdites, nous, de nostre plain povoir et auctorité royal, decernons et declairons valoir et tenir au profit de nostredite compaigne, de ses hoirs et de ceus qui auront cause de li et y mettons nostre auctorité et nostre decret, et suppleons touz deffauz, se aucuns en y avoit, non contrestans droit escript, non escript, us, coustumes et toutes autres choses par lesquelles l'on pourroit ou voudroit anuller ou empeschier les choses dessusdites ou aucune d'icelles; et tout ce que l'en pourroit ou voudroit dire ou proposer encontre, nous, de nostre plain povoir et auctorité roial et de certaine science, met-

---

1. Cette maison, comme nous l'avons déjà vu au mois de novembre 1330, avait été vendue à Philippe VI par les exécuteurs testamentaires de la reine Jeanne de Bourgogne. — Voy. ci-dessus, n° LXIII.

2. Le Pré aux Clercs.

3. Collège fondé pour les religieux de Saint-Denis en 1263 par Mathieu de Vendôme, abbé de ce monastère; il était situé dans la rue des Grands-Augustins. (Jaillot, *op. cit.*, quartier Saint-André-des-Arts, t. V, p. 19, et *Topographie historique du vieux Paris*, t. V, p. 233.)

tons au neant. Et pour ce que ce soit ferme et estable à touz jours, nous avons fait mettre nostre seel en ces lettres.

Donné à Saint Denis en France, l'an de grâce mil CCC trente et deux, ou mois de may.

Par le roi.

Duplicata.

Guichart.

CI.

1332, mai. Senlis.

Philippe de Valois, à la requête de son conseiller Jean Billouart, accorde des lettres d'émancipation en faveur de son fils, Charles Billouart[1], qui a passé l'âge de quatorze ans.

(JJ. 66, n° 946.)

Par le roy, à la relacion de monseigneur G. Baudet.

Ger[vais].

CII.

1332, mai. Senlis.

Philippe VI confirme des lettres donnant le titre de bourgeois de Paris, accordées par Charles IV en août 1326, à la requête d'André de Florence, son conseiller, en faveur de Chone Lappi, son neveu, et accorde le même titre à Bernard et Bardo, frères dudit Chone, et à Guillaume Ducci, tous nés à Florence et neveux dudit André, alors évêque d'Arras.

(JJ. 66, n° 1240.)

Philippus, Dei gratia Francorum rex, notum facimus universis tam presentibus quam futuris, nos infrascriptas vidisse litteras formam que sequitur continentes.

Karolus, Dei gratia Francorum et Navarre rex, omnibus tam presentibus quam futuris ; quia regalem decet magnificenciam illos qui ipsius obsequiis prompta devotione exhibent se paratos, beneficiis et privilegiis decorare, apud eosque et suos pro eis graciosos ampliare favores, notum facimus quod nos, attendentes prompte devotionis obsequia fructuosa, quibus dilectus et fidelis magister Andreas de Florencia[2], clericus, consiliarius noster, nostris obsequiis nedum postquam sed tamquam (*sic*)[3] eciam dyadema susciperemus regale, sincere fidelitatis constancia, fructuosis laboribus laudabiliter insudavit, in

---

1. Voy. au n° 135 d'autres lettres d'émancipation accordées en faveur du fils aîné de Jean Billouart.

2. Voy. ci-dessus la note que nous lui avons déjà consacrée, p. 8, n° IX.

3. Il faut lire certainement : *antequam.*

hiis de die in diem fructuosius et laudabilius exuberans et habundans. Harum consideratione, et contemplatione magistri Andree predicti, dilectum nostrum Chone Lappi de Florencia oriundum, nepotem suum, in eo honorare volentes et favoribus gratie specialis amplecti, eundem Chone pro se et liberis suis de proprio corpore procreatis et etiam procreandis, ex certa sciencia, de speciali gratia, in burgensem nostrum Parisiensem admittimus et burgensium ipsorum consorcio aggregamus, concedentes eidem quod ex nunc in antea habeatur pro burgensi et tanquam burgensis Parisiensis tractetur et recipiatur ubique, quodque privilegiis, graciis, franchisiis, immunitatibus et libertatibus dictorum burgensium, pacifice pleneque gaudeat et utatur ac si esset de Parisius oriundus : nostro in aliis et alieno in omnibus jure salvo. Quod ut firmum et stabile perpetuo perseveret, presentes litteras, fecimus sigilli nostri munimine roborari. Actum apud Jaugonam[1] anno Domini millesimo CCC° vicesimo sexto, mense Augusto.

Nos autem, omnia et singula in suprascriptis litteris contenta rata habentes et grata, ea volumus, laudamus, ratifficamus, approbamus et auctoritate nostra regia tenore presencium et ex certa sciencia confirmamus. Et nichilominus, ad supplicationem dilecti et fidelis consiliarii nostri Andree de Florencia predicti, nunc episcopi Attrabatensis, cui propter grata et acceptabilia ac commendabilia servicia que tam dicto domino nostro Karolo quondam regi, quam nobis multipliciter impendit hactenus et impendere non desinit incessanter, volumus complacere, Bernardum et Bardum filios Lappi Guinii, fratres dicti Chone, necnon et Guillelmum Duchii, de Florencia oriundos, dicti episcopi nepotes, eorumque liberos tam procreatos quam et procreandos, in burgenses nostros ville Parisiensis et regni nostri, de speciali gratia et ex certa sciencia, auctoritate nostra regia recipimus et admittimus, et aliorum burgensium ville et regni nostri predictorum consortio aggregamus, volentes et concedentes eisdem, necnon et Chone predicto, pro se et suis liberis, quod ut burgenses dicte ville et regni nostri predicti, in quibuscumque casibus tractentur et habeantur, aliorumque burgensium dictorum ville et regni privilegiis, graciis et favoribus gaudeant et utantur ac si essent de dicta villa Parisiensi oriundi, et quod ut Ytalici in aliquibus casibus de cetero non tractentur seu quomodolibet habeantur, quibusvis ordinationibus contrariis non obstantibus factis vel faciendis aut editis seu eudendis. Quod ut firmum sit, etc...

Actum Silvanecti. Anno Domini millesimo CCC tricesimo secundo, mense Mayo.

Per dominum regem, ad relationem vestram.

Ja. de Boulayo.

---

1. Jaulgonne, Aisne, arr. de Château-Thierry, cant. de Condé-en-Brie.

CIII.

1332, juillet. Melun.

Confirmation par Philippe VI des statuts de la confrérie établie en l'église Saint-Paul par Raymondin le Monnoier et Jacques de Lange, bourgeois de Paris [1].

(JJ. 66, n° 1123.)

Philippe, etc., savoir faisons à touz presens et avenir, que comme nostre amé huissier de sale, Raymondin le Monnoier et Jaques de Lange, bourgois de Paris, aient propos et devotion de faire et establir une confrarie en honneur de Nostre Seigneur et de saint Pol l'apostre, en l'eglise de Saint Pol de lez Paris, une fois chascun an, lendemain de la feste dudit saint Pol, ou à un autre jour la sepmaine de ladite feste qui mieux leur plaira ; et, afin que ladite confrarie soit miex et plus fermement tenue et gardée, il nous aient humblement supplié que de nostre grâce nous vousissions confermer les ordenances establies par eus sus l'estat de ladite confrarie, dont la teneur s'ensuit :

Ces sont les ordenances de la confrarie Saint Pol de lez Paris, establie par Raymondin le Monnoier et Jaques de Lenge, bourgois de Paris. *Premierement*, que à la feste dudit saint Pol a un bastonnier qui y donne ce qui li plait ; et ce qu'il donne est converti au proffit de ladite confrarie. *Item*, à ladite feste, les confreres font chanter vespres les veilles, et messe le jour, à diacre et à surdiacre, et vespres aussi ledit jour en certain lieu à Paris ; et pour ce le curé ou elles sont chantées a certaine porcion desdiz confreres. *Item*, il faut fere luminaire tout nuef chascun an, à ladite feste. *Item*, nul ne puet estre de ladite confrarie ne estre en aucun service d'icelle, s'il n'est souffisaument pelez. *Item*, qui est de ladite confrarie et est souffisaument pelé, comme dit est, paie cinq soulz d'entrées, douze deniers d'aumones, trois soulz pour siege qui veut seoir, II deniers au clerc pour l'entrée, et chascun an doze deniers d'aumosnes et trois soulz qui siet. *Item*, il font leur siege chascun an, lendemain de ladite feste saint Pol ou à un autre jour la sepmaine, tel comme il leur plait. *Item*, audit siege a quinze povres souffisaument pelez, qui sont les premiers assis et servis à un doys des plus riches hommes. *Item*, lesdiz confreres eslisent chascun an certains procureurs de ladite confrarie, qui chascun an rendront compte audit Raymondin et Jaques des profis et emolumenz qu'il recevront et leveront de ladite confrerie. *Item*, quant il trespasse aucun de ladite confrarie, il a quatre

---

1. Toute la partie de cette pièce contenant les statuts de la confrérie a déjà été publiée par M. G. Fagniez dans ses *Études sur l'industrie et la classe industrielle à Paris au XIIIe et au XIVe siècle*, p. 289.

torches, quatre cierges, la crois et le poile de ladite confrarie, et leisse du sien ce qui li plait à ladite confrarie. *Item*, le lundi prochain qu'il sont trespassez, il ont messe de *Requiem* à dyacre et à surdiacre, aus couz de ladite confrarie; exceptez pain et vin et pointes ou chandeles que les amis des trespassez paient.

Nous recomandans le bon propos et devotion desdiz supplians, lesdites ordenances et chascune d'icelles, si comme elles sont par dessus escriptes, voulons, loons, etc...

Donné à Meleun sur Saine, l'an de grâce mil CCCXXXII, ou mois de juillet.

Par le roy.

Guichart.

CIV.

1332, juillet. La Villeneuve-Saint-Denis.

Philippe VI, à la requête du prieur et des frères de Sainte-Croix, amortit 9 l. 2 s. 6 d. p. de rentes assises sur différentes maisons de Paris, qui leur furent données par Perrenelle la Flamenche et Guibourt d'Étampes.

(JJ. 66, n° 1131.)

Philippe, par la grâce de Dieu roys de France, savoir faisons à touz presens et avenir, que comme le prieur et les freres de Sainte Croiz de Paris nous aient fait humblement supplier que nuef livres deux solz sis deniers parisis que Perrenelle la Flamenche et Guibourt d'Estampes, bourgoises de Paris, ont donné en aumosne à eux et à leur eglise à touzjours mais; c'est assavoir : ladite Perrenelle, soissante solz que elle avoit chascun an sus la maison Jehan de Moncornet, chapelier, seant en la Grant Rue de Paris [1], tenent d'un costé à la rue que l'en dit Jehan le Conte [2]. *Item*, quarante et deux solz et six deniers que elle avoit par an sus une maison dudit Jehan de Moncornet, seant sus le coing de la Heaumerie [3], en ladite Grant Rue. *Item*, soissante solz que elle prenoit et avoit chascun an sus la

---

1. Nom porté anciennement par la rue Saint-Denis.

2. Cette indication permet de préciser et de rectifier ce que Jaillot avance au sujet de la rue Jean-le-Comte (*op. cit.*, t. I, quartier Saint-Jacques-de-la-Boucherie, p. 10). Lebeuf (*op. cit.*, éd. Cocheris, t. IV, p. 27), qu'il veut corriger, a cependant raison de dire que la rue Jean-le-Comte est celle d'Avignon; et ce que dit Jaillot prouve que cette rue Jean-le-Comte comprenait aussi anciennement la rue Trognon.

3. La rue de la Heaumerie donnait d'un bout dans la rue Saint-Denis et de l'autre à l'extrémité des rues de la Vieille-Monnaie et de la Savonnerie; elles ont aujourd'hui disparu à la suite du percement de la rue de Rivoli et du boulevard Sébastopol.

maison que l'en dit Marteriau, seant de lez l'eglise saint Jehan en Greve[1], tenant ladite maison, si comme elle se comporte, devant et derriere, à la maison du curé de ladite eglise ; et ladite Guibourt vint solz que elle avoit chascun an sus la maison Estienne de Bruyeres, qui jadiz fu Nicholas de la Cousture, seant en la rue qui se fiert en la Ferronerie, tenant à la maison Gilebert l'Escot d'une part, et à la maison dudit Estienne d'autre part, tout seant en nostre censive ; il nous pleust à leur amortir de grâce especial et en aumosne. Nous, enclinans à leur devote supplication, pour le salut et remede de nostre ame et de noz predecesseurs, avons ottroié et ottroions par ces lettres, de grâce especial et en aumosne, ausdiz religieus, que eux et leurs successeurs puissent tenir et tiegnent paisiblement à touzjours mais, en nom et pour cause de leurdite eglise, les nuef livres deux solz et six deniers parisis de cenz ou rente dessusdiz ainsi donnés comme dit est, sans ce qu'il soient ne puissent estre constrainz à les vendre ou mettre hors de leur main ne de leurdite eglise et senz paier pour ce à nous ne à noz successeurs roys, finance quelle que elle soit ou temps avenir. Et que ce soit ferme et estable à perpetuité, etc...

Donné à la Villeneuve Saint Denis[2], l'an de grâce mil CCC XXX et deux, ou mois de juillet.

Par le roy.

Solunge.

CV.

1332, juillet. Villeneuve-Saint-Denis.

Philippe VI, à la requête des exécuteurs testamentaires de feu Jean du Temple, son clerc, amortit 20 sous de rente qu'il laissa aux curés de Saint-Gervais de Paris et de Ris-Orangis pour célébrer chaque année des obits solennels.

(JJ. 66, n° 1299.)

Philippe, par la grâce de Dieu roys de France, savoir faisons à tous presens et avenir, que comme feu maistre Jehan du Temple[3], jadis nostre amé clerc, eust leissié en son testament ou darreine

---

1. L'église Saint-Jean-en-Grève, qui fut anciennement la chapelle baptismale de Saint-Gervais, était autrefois située derrière l'hôtel de ville ; elle fut démolie pendant la Révolution et son emplacement est occupé par une partie du nouvel hôtel de ville.

2. Villeneuve-Saint-Denis, Seine-et-Marne, arr. de Coulommiers, cant. de Rozoy-en-Brie.

3. Voy. plus loin, au 11 janvier 1341 (n. st.), des lettres par lesquelles Philippe VI donne à Pierre Belogent une maison sise en la paroisse Saint-Gervais, qui avait appartenu à Jean du Temple.

volenté certainnes rentes aus curez des eglises de Saint Gervays de
Paris, de Orengis[1] et de Ris, pour faire chascun an certains obiz
solenneux, pour les ames de li, de feu Gile, sa mère, et de feu Jehan
du Temple, jadiz son filz ; c'est assavoir : audit curé de Saint Gervais,
dis soulz de rente pour faire un obit solennel chascun an en ladicte
eglise pour l'ame dudit nostre clerc et v s. à yceli curé, pour faire
aussi un obit solenne[l] chascun an pour l'ame de sondit filz ; et ausdiz
curez de Orengy et de Ris, à chascun v s. de rente, pour faire chascun en s'eglise un obit solennel, chascun an pour l'ame de ladicte feu
Gile sa mère ; et les executeurs dudit maistre Jehan nous aient
humblement supplié que lesdictes rentes nous vousissions amortir.
Nous, pour consideracion des bons services que ledit maistre Jehan
fist longuement et loyalment à noz devanciers et à nous, voulons et
ottroyons, de grâce especial, par ces lettres, que lesdiz curez puissent
avoir, tenir et posseoir lesdictes rentes, chascun selonc la teneur
dudit testament, franchement et quittement et paisiblement à tous
jours mais perpetuelment, sanz ce qu'il soient ou puissent estre en
riens contrains à les vendre ne mettre hors de leur main et sanz
paier pour ce à nous ne à noz successeurs roys aucune finance quele
que elle soit ou temps avenir. Et que ce soit ferme et estable à tous
jours, etc...

Donné à Villeneuve Saint Denis, l'an de grâce mil trois cens trente
et deux, ou mois de juillet.

Par le roy.

Solunge.

CVI.

1332, 11 août. Metz-le-Maréchal.

Philippe VI, à la requête du duc de Bourbon, accorde à Gentien Coquatrix,
   bourgeois de Paris, la grâce de posséder, au même titre que les avait
   tenus le couvent de Saint-Germain-des-Prés, certains biens qui étaient
   venus à titre d'échange à son père, feu Geoffroy Coquatrix.

(JJ. 66, n° 953.)

Philippe, etc. Savoir faisons à touz presens et avenir, que nous, à
la supplicacion de nostre très cher et feal cousin le duc de Bourbon-
nois, conte de Clermont et de la Marche, chamberier de France,
avons de especial grâce ottroié et ottroions à Gencien Coquatrix,
bourgois de Paris, que certaines rentes et possessions qui li sont
escheues et à li parvenues par la succession de feu Gieffroy Coquatrix,

---

1. Orangis, Seine-et-Oise, arr. et cant. de Corbeil, comm. de Ris-Orangis.

son pere, jadiz estans ou bourc Saint Pierre d'Estampes[1] et en la
ville et ou terrouer de Bauviller, transportées jadiz oudit Gieffroy et
en Jehanne, sa fame, par religieux hommes l'abbé et le convent de
Saint Germain des Prez de lez Paris, par titre de eschange et permu-
tacion à autres rentes et possessions que tenoient avant ledit transport
lesdiz Gieffroy et Jehanne, sa fame, à Dammartin et en autres certains
liex, si comme plus pleinement est contenu es lettres sus ledit eschange
faites, lesquelles rentes et possessions escheues oudit Gencien, si
comme dit est, lesdiz religieus tenoient et possidoient amorties avant
ledit transport, ledit Gencien, celui ou ceus qui de li auront cause,
tiegnent et possident perpetuelment amorties et en celle meisme
maniere que les soloient tenir lesdiz religieus, si comme dit est, ou
cas ou il n'y a forteresce ne haute justice, et qu'il ou ses hoirs les
puissent quant il leur plera vendre, aliener et transporter par quelque
bon titre et en quelque college ou personne, persones d'eglise que ce
soit, sans ce que celui ou ceus en qui ledit Gencien ou ses hoirs les
auront transportez en soient tenuz à nous en paier finance ne à noz successeurs aussi, ne qu'il puissent estre contrains james ou temps avenir à
les mettre hors de leurs mains, sauf en autre chose nostre droit et en
toutes l'autrui. En tesmoing de laquelle chose et à ce qu'elle soit
perpetuelment ferme et estable, nous avons fait mettre nostre seel à
ces lettres.

Donné au Meis le Mareschal, le xie jour d'aoust, l'an de grâce mil
CCC XXXII.

Par le roy, à la relacion le archediacre de Reins.

Vitri.

CVII.

1332, novembre. Paris.

Confirmation par Philippe VI d'une ordonnance enregistrée au Châtelet
concernant les valets chaussetiers de Paris, de la confrérie Notre-Dame-
des-Voûtes-Saint-Barthélemy.

(JJ. 66, n° 991.)

Philippe, par la grâce de Dieu roys de France, savoir faisons à
touz presens et avenir, que nous, à la supplication des vallez chauciers de nostre ville de Paris, de la confrairie Nostre Dame des
Voustes Saint Berthelemy[2], une certaine ordenance jadis faite des

---

1. Saint-Pierre, l'une des anciennes paroisses d'Étampes.
2. Sur la chapelle de Notre-Dame-des-Voûtes à Saint-Barthélemy, voy.
Lebeuf, *op. cit.*, éd. Cocheris, t. II, p. 261. Cet auteur dit qu'en 1564 cette

mestiers de ladite ville de Paris, laquelle lesdiz vallez dient estre registrée en nostre Chastellet de Paris, en tant comme elle est raisonable et a esté mandée jusques ci paisiblement, et que il touche lesdiz vallez chauciers de ladite confrairie, ratifions, approuvons et confermons, voulens que en la maniere que il en ont usé deuement le temps passé, il en puissent user ou temps avenir, et que nostre prevost de Paris, qui ores est et qui pour le temps seront, en prejudice desdiz vallez, de leur mestier ne de leur confrarie, il n'atemptent aucune chose ne ne seuffrent estre attempté. Et que ce soit ferme et estable ou temps avenir nous avons fait mettre nostre seel à ces presentes lettres, sauf nostre droit et l'autrui en toutes choses.

Ce fu fait à Paris, l'an de grâce mil CCC trente et deux, ou mois de novembre.

Par le roy, à vostre relacion.

Mathieu.

CVIII.

1332, novembre. Paris.

Philippe VI confirme la donation faite par Pierre de Chaumont, barbier, demeurant à la porte Saint-Antoine, à Guillot Tarde et à Denisette et Philippot, neveu et nièces de Jeanne, sa femme, et à leurs héritiers, de la moitié de tous les biens meubles, conquêts et héritages qu'ils possèdent, s'en réservant seulement l'usufruit.

(JJ. 66, n° 1070.)

Philippe, par la grâce, etc. A touz ceus qui ces lettres verront, salut. Savoir faisons que nous avons veu unes lettres saines et entieres contenant la forme qui s'ensuit :

A tous ceus qui ces lettres verront, Guillaume de la Madaleine[1], clerc, garde de la prevosté de Paris, salut. Sachent tuit que par devant nous vint en jugement, en propre personne, Pierres de Chaumont, barbier, bourgois de Paris, demourant à la porte Saint Anthoine[2],

---

confrérie de Notre-Dame-des-Voûtes était à Saint-Denis-de-la-Chartre. (*Ibid.*, p. 503.) Peut-être faut-il voir dans la confrérie des faiseurs de brayes, qui existait encore en 1621 à Saint-Barthélemy, celle qui est signalée dans la pièce que nous publions. (*Ibid.*, p. 279.)

1. *Le Trésor de chronologie*, dans la liste qu'il donne des prévôts de Paris (col. 2186), en fait connaître trois qui exercèrent en l'année 1316, Simon de Courceaux, que l'on trouve au mois de mars, Guillaume de la Madeleine et Henri Taperel. Cette pièce servira à fixer au moins une date dans l'exercice des fonctions de Guillaume de la Madeleine.

2. La porte Saint-Antoine semble être la même que la porte Baudoyer, à laquelle on donnait quelquefois ce nom. (Voy. Bonnardot, *Dissertations*

recognut et confessa en droit, de sa bonne voulenté, lui avoir donné,
quittié, ottroié, cessé, transporté et du tout en tout delaissié desorendroit à touz jours, perpetuelment et heritablement, par don fait entre
viz et sanz esperance de rappeller le don, en pure et perpetuel
aumosne, à Guillot Tarde, à Denisete et Philippot, seurs, neveu et
nieces de Jehanne, fame du devantdit Pierre de Chaumont, à leurs
hoirs et à ceus qui ont ou auront cause d'euls, la moitié enterinement
de touz les biens meubles, conquez et heritages que il et ladite
Jehane, sa fame, ont acquis et conquestez ensemble et que il ont,
tiennent et poursivent en quelconques choses que ce soient et comment que nommées et appellées soient à Paris et dehors, transportant, mettant, quittant, cessant, ottroiant et du tout en tout delaissant
desorendroit ledit Pierre de Chaumont esdiz Guillot, Denise et Phelipote, en leurs hoirs et en ceus qui ont ou auront cause de eux, tout
le droit, action, seigneurie, proprieté, possession et saisine reele, corporele, mixte, enterine et parfaite et toute autre que il avoit, povoit
avoir et devoit, tant par droit comme par coustume, en la moitié desdiz biens meubles et inmeubles et en toutes ses appartenences et
appendences, sauf et retenu tant seulement audit Pierre de Chaumont l'uffruit esdiz biens, tant longuement comme ledit Pierre aura
la vie au corps, en touz proufis et emolumenz; et promist ledit Pierre
par son serement et par la foy de son corps donnée en nostre main
corporelment, que contre cest don, transportacion, cession et quitance ne vendra ne venir fera par lui ou par autres a nul jour ou
temps avenir, etc...

En tesmoing de laquelle chose, nous, à la requeste dudit Pierre,
avons mis en ces lettres le seel de la prevosté de Paris le mardi
après la feste Saint Barnabé apostre, l'an de grâce mil CCC et seze[1].
— *Item*, unes autres lettres annexés par les dessusdites, dont la
fourme s'ensuit :

Universis presentes litteras inspecturis, frater Johannes de Boleyo,
humilis prior prioratus Sancti Elegii Parisiensis, salutem in Domino
sempiternam. Noverint universi quod cum Petrus de Calvo Monte,
barberius commorans Parisius prope portam Sancti Anthonii Parisiensis, in justicia et dominio nostro, dedisset imperpetuum, in puram
et perpetuam volumptatam ac elemosinam Guilloto dicto Tarde,
Dyonisete et Philippote ejus sororibus nepoti et nepotibus Johanne,
uxoris ipsius Petri et eorum heredibus seu causam ab ipsis imposte-

---

archéologiques sur les anciennes enceintes de Paris, 1852, in-4°, p. 222.) La
censive de Saint-Éloi s'étendait en effet jusqu'à la porte Baudoyer, où elle
avait plusieurs maisons, et à la rue Saint-Antoine. (Lebeuf, *op. cit.*, éd.
Cocheris, t. III, p. 413.)

1. Le 15 juin 1316.

rum habituris, partem suam sibi contingentem in omnibus et singulis bonis suis mobilibus et inmobilibus quibuscumque acquisitis et imposterum acquirendis, inter ipsum Petrum et dictam Johannam ejus uxorem communibus, prout et secundum quod in quibusdam litteris sigillo Castelleti Parisiensis sigillatis, presentibus hiis annexis, plenius continetur, et specialiter medietatem in duabus domibus situatis in censiva et dominio nostro terre nostre, in vico Sancti Anthonii Parisiensis, quarum, una contingua est domui Agnetis dicte La Bardelle ex una parte, et domui Johannis de Hollandia ex altera, ab ipsis Guillote, ejus sororibus et eorum heredibus, habendum, tenendum et possidendum, salvo tamen sibi et retento et ejus uxori in predictis bonis mobilibus et conquestibus inmobilibus, quamdiu vixerint seu vitam duxerint in humanis, solummodo usufructu, prout et secundum quod in quadam littera inter ipsum Petrum et ejus uxorem, de gratia speciali facta, plenius dicitur contineri, ac etiam ipso Petro retento quod in et super bonis suis mobilibus, suum possit causa sue ultime voluntatis condere testamentum. Quod donum sic a dicto Petro, dictis Guilloto, Dionisete et Philippote factum, in quantum nostra interest, volumus et laudamus, salvo in omnibus jure nostro et ecclesie nostre et quolibet alieno. In cujus rei testimonium, sigillum nostrum proprium de quo uti consuevimus, presentibus hiis duximus apponendum. Datum anno Domini M° CCC° XXVI° die martis post Assumptionem beate Marie Virginis[1]. — *Item*, unes autres lettres dont la teneur est telle.

Sachent tuit que par devant nous, frere Adam de Fontaines, prieur de l'eglise Saint Eloy de Paris, fu present Pierre de Chaumont, barbier de la porte Saint Anthoine, bourgois de Paris, lequel se dessaisi en nostre main de la moitié enterinement de touz les biens meubles, conquez et heritages que il et Jehanne, sa fame, ont acquis et conquestez ensemble et que il ont, tiegnent et pou[r]sivent en quelque chose que ce soient et comment que nommées et appellées soient à Paris et dehors, pour saisir en Guillot Tarde, Denis et Philippote, ses seurs, neveu et nieces de ladite Jehanne, fame dudit Pierres, auxquiex il l'avoit donné, et nous requist ledit Pierre que nous en saisissons lesdit Guillot, Denise et Philippote. Et nous, ladite saisine receue, en avons saisi ledit Guillot, Denise et Phelipote, à la requeste dudit Pierre, selonc la fourme et teneur contenues en unes lettres scellées du seel de la prevosté de Paris, de la date du mardi après feste Saint Barnabé, l'an mil CCC et seze. En tesmoing de ce, nous avons mis nostre propre seel en ces lettres, duquel nous usons et avons usé, le premier jour d'aoust l'an dessusdit.

Nous adecertes, considerans que les choses contenues esdites lettres

---

1. Le 19 août 1326.

sont faites deuement et sanz fraude, ycelles loons, approuvons, etc...

Donné à Paris, l'an de grâce mil CCC trente et deux, ou mois de novembre.

Par vous.

Guichart.

CIX.

1332, décembre. Paris.

Philippe VI confirme en faveur de Jacques de Chennevières, bourgeois de Paris, un privilège accordé en décembre 1320 par Philippe V à Jean le Mire, son huissier d'armes, d'après lequel il lui était permis, ainsi qu'à sa femme, d'acquérir des biens nobles sans qu'ils aient à payer, eux et leurs héritiers, aucune finance, et une lettre d'anoblissement donnée par le même roi en août 1320, en faveur de Geoffroi de Fleuri, son argentier, beau-père dudit Jacques, l'exonérant ainsi de différents droits qui lui étaient réclamés par Robert de Condé pour des héritages et acquêts de fiefs nobles.

(JJ. 66, n° 1105.)

Philippus, Dei gratia Francorum rex, notum facimus universis tam presentibus quam futuris, nos infrascriptas vidisse litteras formam que sequitur continentes.

A touz ceus qui ces presentes lettres verront, Gautier de Rouvres, salut. Sachent tuit que je ay receu les lettres Robert de Condé, commis sus le fait des finances en la visconté de Paris, contenans la fourme qui s'ensuit :

Robers de Condé, commis et deputé de par le roy nostre sire sus le fait des finances des acquez fais par les eglises ou pour les eglises et des fiez nobles acquis par personnes non nobles, à Gautier de Rouvres, salut. Savoir vous faisons que nous avons receu unes lettres seellées du seel du roy nostre sires contenant la forme qui s'ensuit :

Philippe, par la grâce de Dieu rois de France, à nostre amé Robert de Condé, salut et dilection. Comme pluseurs finances des acquez fais par les eglises ou pour les eglises en fiez, arrerefiez, alleuz, censives et possessions temporels et aussi des acquez faiz par personnes non nobles en fiez nobles, laquelle chose il ne pevent avoir fait ne faire sanz le congié ou assentement de noz predecesseurs ou de nous, soient encore à faire et acomplir en la visconté de Paris et ou ressort d'icelle. Nous, qui nous fions de ta loiauté et diligence, te commettons et mandons par la teneur de ces presentes lettres que tu voises par toutes les chastelleries de ladite visconté et des ressors, là où tu verras que il appartendra, et tout ce que tu trouveras qui à faire sera des choses dessusdites, fay et parfay diligemment et lieve et esploite les finances qui ont esté faites et que tu feras sur ce, selonc l'orde-

nance faite en ceste partie, laquelle nous t'avons envoyée enclose souz
nostre contreseel ; et des finances que tu feras, donne lettres souz ton
seel, lesquelles nous confermerons se nous en sommes requis ; et les
deniers desdites finances envoie au tresor à Paris sans nul delay.
Mandons et commandons à touz noz justiciers et subgiez, etc...

Donné à Paris, le xviie jour de fevrier l'an de grâce mil CCC XXIX.

Par la vertu desquelles lettres nous vous mandons et commettons
que vous, pour nous et en lieu de nous, lesdites lettres acomplissiez
en ladite visconté de Paris et ou ressort, en la fourme et en la
maniere contenue en ycelles ; mandons et commandons à touz les
justiciers du roy nostre sire, etc...

Donné à Paris, le vendredi veille de la Conception Nostre Dame,
l'an de grâce mil CCC et trente [1].

Et comme par vertu du povoir dessusdit, je eusse fait convenir
par devant moy Jaques de Channevieres, bourgois de Paris, pour
cause de la finance en quoy je entendoie qu'il fust tenuz au roy
nostre sire, pour raison de pluseurs fiez que il tient de la succession
feu Ysabel, sa mere, jadis fame Jehan le Mire, seans à Eaubonne [2],
à Saint Gratien [3] et à Montmorenci, à Montargny [4], à Pierrefrite [5], au
port de Conflans Sainte Honorine [6], au port de Mery sus Pontoise [7],
à Rueil [8] et à Guarnigny en Brie [9], et pour raison d'un autre fié que
ledit Jaques et Jehanne, sa fame, fille Geffroy de Fleury, bourgois
de Paris, tiennent de leur conquest à Eaubonne, contenant xxiiii solz
de menuz cens qui se puent tiercoier, et environ cinc sextiers d'avaine
prisiez vint et cinc solz, somme de la value du fié, soissante et un
soulz parisis de rente, lequel il achaterent de Colart le Lombart,
noble. Sachent touz que ledit Jaques, afin que il ne fust tenuz à paier
ladite finance, premierement quant aus fiez que il tient de la succession de feu Ysabel, sa mere, il me monstra une lettre seellée du
seel nostre seigneur le roy, en soye et en cire vert, contenant la forme
qui s'ensuit :

Philippus, Dei gratia Francorum et Navarre rex, notum facimus

---

1. Le 7 décembre 1330.

2. Eaubonne, Seine-et-Oise, arr. de Pontoise, cant. de Montmorency.

3. Saint-Gratien, Seine-et-Oise, arr. de Pontoise, cant. de Montmorency.

4. Probablement pour Montmagny, Seine-et-Oise, arr. de Pontoise, cant.
de Montmorency.

5. Pierrefitte-sur-Seine, Seine, arr. et cant. de Saint-Denis.

6. Conflans-Sainte-Honorine, Seine-et-Oise, arr. de Versailles, cant. de
Poissy.

7. Méry-sur-Oise, Seine-et-Oise, arr. de Pontoise, cant. de l'Isle-Adam.

8. Rueil, Seine-et-Oise, arr. de Versailles, cant. de Marly-le-Roi.

9. Probablement pour Germigny. Germigny-l'Évêque ou Germigny-sous-
Coulombs, Seine-et-Marne, arr. de Meaux ; tous deux dans la Brie.

universis tam presentibus quam futuris quod cum regiam deceat
magnificenciam, illos congruis honoribus prevenire, quorum longa et
fructuosa servicia constituerunt eandem ipsis ad merita debitricem.
Idcirco, nos, considerantes quam laudabiliter, fideliter ac devote,
dilectus et fidelis Johannes le Mire, hostiarius noster armorum, per
longa servivit tempora carissimis dominis genitori ac germano nostris, quondam Francorum regibus et nobis, et quod adhuc pro nostris
negociis continue laborare non cessat, personam et bona propter hoc
multipliciter exponendo; reputantes nos eidem inde sibi teneri quam
plurimum, et ob hoc in remuneracionem hujusmodi serviciorum
volentes ipsum prosequi specialis prerogativa favoris, prefato Johanni
et Ysabelli ejus uxori concedimus, de gracia speciali, quod quicquid
acquisiverint hactenus et possident de nobili feudo, dicti conjuges
et eorum heredes ac posteritas successiva quamquam nobiles non
existant, tenere possint imperpetuum et pacifice possidere ac si essent
nobiles et de nobilibus procreati, sine coactione vendendi, vel extra
manum suam ponendi, et absque prestacione financie cujuscumque.
Quod ut ratum, etc...

Actum apud Longum Campum prope Sanctum Clodoardum[1] anno
Domini Mº CCCº XXº primo, mense decembri.

Et à prouver que touz les fiez qui li sont venuz et descenduz de la
succession de ladite feu Ysabel, sa mere, ycelles Ysabel les tenoit au
temps et au jour de la date de cest present privilege, ledit Jaques me
amena et administra pluseurs tesmoins; c'est assavoir : Pierre le
Bouchier, demourans en la rue du Temple, Nicholas et Michiel
d'Amiens, freres, bourgois de Paris, Jehan Petit de la Crois, Jehan
de la Crois, le viel, Jehan le Baube, Jehan Maleteste, Guillaume
Maleteste, touz de Eaubonne, Guillaume Troussel, notaire du Chastellet, et Estienne le Mire, sergent d'armes; lesquels tesmoings jurez
sus saintes evangiles et requis sus le fait dessus escript, distrent et
tesmoingnerent par leurs seremens, que au temps de la date de cest
present privilege, ledit Jehan le Mire et ladite Ysabel, sa fame,
tenoient lesdiz fiez et possessoient et avoient tenu et possessé grant
temps devant, et les leur virent tenir et possesser jusques à tant que
par la mort de ladite Ysabel, mere dudit Jaques, il vindrent et
eschairent audit Jaques qui les tient à present. Et afin que ledit
Jaques ne fust tenuz à paier que la moitié de la finance de l'autre fié
que il et ladite Jehanne, sa fame, achaterent dudit Colart le Lombart, ledit Jaques me monstra un autre privilege seellé en soie et en
cire vert, dont la teneur est tele :

Philippus, Dei gratia Francorum et Navarre rex, notum facimus

---

1. Abbaye de Longchamp, située à l'extrémité du Bois de Boulogne, entre
Saint-Cloud et Neuilly, aujourd'hui détruite.

universis tam presentibus quam futuris, quod nos, consideratis diligenter et attentis gratis devocionis et fidelitatis obsequiis, quibus dilectus Gaufridus de Floriaco [1] argentarius noster se nobis multipliciter reddidit graciosum et acceptum, volentes ipsum propter hoc specialis prosequi prerogativa favoris qui sibi, posteritatique sue perpetuo cedere valeat ad honorem, eidem Gaufrido, de gratia speciali, concedimus per presentes quod licet ipse nobilis non existat, nec a nobilibus originem traxerit, quandocumque et a quocumque sibi placuerit accingi [valeat] cingulo militari, ad hoc ex nunc nobilitantes eundem ac si fuisset ab utroque latere a nobilibus procreatus, quodque idem Gaufridus ac tota sua posteritas presens et futura, nata et nascitura, procreata et procreanda, quam etiam nobilitamus, de plenitudine regie potestatis pro nobilibus ubilibet habeantur et ut nobiles ab omnibus reputentur imperpetuum et tractentur, necnon de cetero ad omnes quoscumque actus nobiles admittantur, non obstantibus quibuscum-[que] ignobilitatis casibus seu quibuscumque aliis deffectibus, quos ex certa scientia et de potestatis regie plenitudine, tenore presencium totaliter amovemus ; nichilominus eidem Gaufrido concedentes insuper, ut ipse, heredesque et successores sui ac causam ab eo habituri, omnes redditus, possessiones et alia quecumque in nostris feodis et retrofeodis acquisita, per eundem tenere valeant absque coactione vendendi aut extra manum suam ponendi, quodque ad aliqualem financiam nobis aut successoribus nostris prestandi, de cetero quomodolibet, pro eisdem, nullatenus compellantur. Quod ut, etc...

Actum apud Leriacum [2] anno Domini Mº CCCº vicesimo, mense Augusti.

Lesquelz privileges veuz et diligemment regardez, et oye la deposicion des tesmoins dessusdiz, je me cessay et deportay du tout de demander ausdiz mariez finance, tant des fiez dessusdiz que ledit Jaques tient de la succession de feu Ysabel, sa mere, comme de la moitié dudit fié que il et ladite Jehanne, sa fame, achaterent dudit Colart le Lombart, et en ostay la main du roy qui pour ce y estoit mise. Et de l'autre moitié dudit fié que lesdiz mariez tiennent de leur conquest, ledit Jaques a finé à moy pour le roy, pour les fruiz de trois ans, selonc la teneur de l'instruction à moy bailliée sus ce, contenant entre les autres choses ceste clause. — *Item*, pour les choses

---

1. Geoffroi de Fleury, qui fut nommé argentier le 20 janvier 1317, n'exerçait plus cet office en 1322 et était mort en 1353. Les lettres d'anoblissement rapportées ici sont déjà publiées par Douët-d'Arcq dans ses *Comptes de l'argenterie des rois de France au XIVᵉ siècle*, 1851, p. 75. (Voy., sur ce personnage, Douët-d'Arcq, *Nouveau recueil de comptes de l'argenterie des rois de France*, 1874, préface, p. XIII.)

2. Lery, Eure, arr. de Louviers, cant. de Pont-de-l'Arche.

et possessions que personnes non nobles ont acquis depuis trente ans en ça es fiez ou arrere fiez du roy, sans l'assentement de lui ou de ses devanciers, et ausi soit que entre le roy et celui qui aliena ycelles choses, ne soient trois entreseigneurs moyans ou plus, il paieront pour finance l'estimacion des fruiz de trois ans : — à quatre livres onze soulz et sis deniers parisis, laquelle somme d'argent je confesse avoir eu et receu dudit Jaques et m'en tieng pour bien paié ou nom du roy ; et parmi ceste finance je li ay accordé et ottroié, du povoir qui m'est commis, que il et ses successeurs puissent tenir et possesser la moitié dudit fié perpetuelment et paisiblement, sans contrainte de la vendre ou de mettre hors de leurs mains et sans paier en jamais autre finance au roy nostre sire ne à ses successeurs, sauf son droit en autres choses, et sauve et retenu sus ce la volenté et correction de lui et de mes chiers seigneurs des comptes. En tesmoing de ce, j'ay mis mon seel en ces presentes lettres qui furent faites le ve jour de novembre, l'an de grâce mil CCC XXXII.

Nos autem, omnia et singula supradicta rata habentes et grata, etc...
Datum Parisius, anno Domini M° CCC° XXXII°, mense decembri.
Per Cameram compotorum.

R. de Molinis.

CX.

1333 (n. st.), janvier. Metz-le-Maréchal.

Philippe VI amortit en faveur de Guillaume Labile, bourgeois de Paris, et de Sedile, sa femme, 16 l. p. de rente annuelle à percevoir sur une maison de Paris, pour l'employer à la fondation d'une chapellenie en l'église Saint-Eustache.

(JJ. 66, n° 1080.)

Philippe, etc. Savoir faisons à touz presens et avenir, que comme Guillaume Labile, bourgois de Paris et Sedile, sa fame, aient propos et desir de fonder un autel ou chapellenie en l'eglise de Saint Eustace de Paris, en l'onneur de Dieu et pour le salu de leurs ames et de leurs amis, si comme ils nous ont donné entendre. Nous, considerans leur bon propos, à leur supplication, leur avons ottroié et ottroions, de grâce especial, pour ce que nous soiens en ce participans, que il puissent fonder, doer et renter ledit autel de seze livres parisis de annuel et perpetuel rente, à prendre et lever chascun an sus les prouffis, revenues, rentes et emolumenz d'une maison avec ses appartenences que il ont, si comme il dient, seant à Paris, en la rue de la Chanvrerie[1] par devant, et en la Petite-Truanderie[2] par darriers ;

---

1. La rue de la Chanvrerie ou Chanverrerie a disparu ; elle allait de la rue Mondétour à la rue Saint-Denis.

2. La rue de la Petite-Truanderie allait de la rue Mondétour dans celle de la Grande-Truanderie.

laquele tient à present Clement le Maçon à censive desdiz supplianz en nostre censive, si comme il nous ont exposé, et que il puissent assigner, transporter et donner à celi ou à ceus qui serviront audit autel perpetuelment lesdites seze livres de rente et obliger à ce ladite maison et les prouffis, rentes, revenues et emolumens d'icele; ce que celi ou ceus qui serviront à l'autel dessusdit, selon l'ordenance desdiz supplians, puissent demander, tenir, lever et posseoir lesdites seze livres de rente annuel, à touz jours, paisiblement, franchement et quittement, sans estre contrains de les vendre, aliener, ou mettre hors de leur main, ou d'en faire finance quelle que elle soit à nous ou à noz successeurs, laquele leur quittons de grâce especial. Et que ce soit ferme et estable, etc...

Ce fu fait au Mes le Mareschal, l'an de grâce mil CCC trente et deux, ou mois de janvier.

Par le roy, à la relacion de l'archidiacre de Reins.

Mathieu.

CXI.

1333 (n. st.), janvier. Marles.

Philippe VI, à la requête de Geoffroy de Baudemont, chapelain perpétuel de la chapelle Saint-Louis, fondée en l'église Saint-Honoré à Paris par Philippe de Viri, amortit différents revenus constitués pour son entretien par le fondateur.

(JJ. 66, n° 1140.)

Philippe, etc... Savoir faisons à touz presens et avenir, que comme maistre Philippe de Viri ou temps que il vivoit, chantre de Saint Honoré es forsbours de Paris, tenist et posseist de son conquest une maison et le jardin darriere et certains cens en la juridiction de l'evesque de Paris; c'est assavoir : ladite maison en la grant rue devant l'eglise Saint Honouré[1] et les cens dessusdiz; c'est assavoir : diz et huit soulz sis deniers sus la maison Guerin de Ville, cens seze soulz sus la maison qui fu Guillaume le Camus, çavatier, soissante et quatre soulz sus la maison Pierre le Moine, soissante et deux soulz sus la maison Jehan li Roys, soissante et quinze soulz sus la maison Philippe le Chandelier, vint et sis soulz et trois deniers sur la maison Henri de Puiseux et vint soulz sus les maisons qui furent à Marguerite la Gaillarde en la rue de Froit Mantel[2]; et ledit maistre Philippe de Viri eust lessié et donné lesdiz cens et maison à fonder une

---

1. L'église Saint-Honoré, aujourd'hui démolie, était située dans la rue du Cloître-Saint-Honoré.

2. La rue Froit-Mantel ou Froi-Manteau allait de la rue Saint-Honoré en face le Palais-Royal, au quai du Louvre; elle disparut à la suite des agrandissements du Louvre.

chapellenie en ladite eglise à l'onneur de Dieu et de saint Loys[1] jadis roys de France, de qui lignage nous sommes descenduz et pour le salu des anmes dudit fondeur et de ses parens, ausqueles choses l'evesque de Paris s'est assenti, si comme l'en dit estre plus plenement contenu en ses lettres sur ce faites. Nous, à la supplication de Gieffroy de Baudemont, chapellain perpetuel de ladite chapellenie et pour avoir participation es messes et bien faiz d'icelle, avons ottroié audit Geffroy et ottroions, de grâce especial, en tant comme en nous est, que il et ses successeurs chapellains d'icelle chapellenie, à touz jours puissent ladite maison, jardin et cenz tenir et posseoir perpetuelment, franchement et quittement, sans fié, sauz juridicion et sanz justice, en paiant les charges et devoirs acoustumez se aucuns en sont sus yceus deuz, sanz estre contrainz de les vendre, aliener ou mettre hors de leurs mains ou de en faire finance quelle que elle soit, à nous, à noz hoirs ou successeurs, laquelle finance nous leur quittons de grâce especial. Et que ce soit ferme et estable à touz jours, etc...

Ce fu fait à Marlet en Brie[2], l'an de grâce mil CCC trente et deux ou moys de janvier.

Par le roy, à la relacion monseigneur Raimond Saquet.

Mathieu.

CXII.

1333 (n. st.), janvier. Bois de Vincennes.

Lettres par lesquelles Philippe VI, en compensation des droits que le comte de Dammartin avait sur le fief de Thérouenne, sis à Paris, et le fief de Coye, près de Luzarches, achetés par ledit Philippe, lui donne à perpétuité le travers de Gouvieux qu'il tenait de la commune de Senlis.

(JJ. 66, n° 1151.)

Philippe, etc... Savoir faisons à touz, presens et avenir, que comme nostre amé et feal le conte de Dampmartin[3] maintenist que deux fiez, lesquiex nous avons acquis à heritage; c'est assavoir : l'un soyant en nostre ville de Paris, appellé le fieu de Therouane[4], et l'autre

---

1. Cette chapelle de Saint-Louis fut fondée avant 1306. (Lebeuf, *op. cit.*, éd. Cocheris, t. I, p. 116; Guérard, *Cart. de N.-D. de Paris*, t. III, p. 70.)

2. Aujourd'hui Marles, Seine-et-Marne, arr. de Coulommiers, cant. de Rozoy-en-Brie.

3. Ce comte de Dammartin est Jean II de Trie, fils de Renaud de Trie, comte de Dammartin. Il mourut avant 1338, après avoir épousé Jeanne de Sancerre. (P. Anselme, *Hist. généal.*, t. VI, p. 671.)

4. Le fief de Thérouenne, situé dans le quartier des Halles, fut vendu pour 1,025 l. p., le 7 janvier 1331 (n. st.), par Adam de Saint-Memer, écuyer, demeurant à la Queue-en-Brie, à Pierre des Essars et à Jeanne, sa

soiant environ Lusarches[1], appellé le fieu de Quoye[2] mouvoient de li
en fieu et devoit de chascun d'iceuls avoir homme en sa foy, lequel il
nous requeroit que nous li bailliessiens ou feissiens de ce recompensation souffisante. Nous, oye sadite requeste, voulans tant pour
recompensation de tel droit comme il li povoit et devoit appartenir
par raison de la foy et hommage desdiz fiez, comme pour les bons et
aggreables services que ses predecesseurs et li ont fais aus noz et à
nous, faire li raison seur ce et avecques ce especial grâce; à ycelui
conte pour li et pour ses hoirs et ceuls qui de li auront cause, avons
donné, ottroié, quittié et delessié, donnons, ottroions, quittons et
delessons par la teneur de ces presentes lettres, à perpetuel heritage,
le travers appellé de Gouvieux[3], lequel nous vint de la commune de
Senliz et toutes ses appartenences quelles que elles soient et ou que
elles soient, en la maniere que ladite commune le souloit tenir
quant il nous vinst. Et combien que nostre amé et feal familier et
conseillier Martin des Essars, qui sur ce se est enfourmé de nostre
commandement, nous ait rapporté que ledit travers, avecques toutes
sesdites appartenances, puet valoir environ trente et quatre livres
parisis de rente par an et non pas plus; toutevois, voulons nous et
nous plest que se ycelui travers avecques sesdites appartenances
valoient aucune chose plus, jusques à la somme de quarante livres
parisis, ledit conte et ses hoirs le puissent tenir paisiblement en la
maniere que dessus est dit; et de nostredite grâce especial, de certaine science et en ampliant ycelle, ledit travers et toutes ses appartenences adjoignons par ces meismes lettres à la comptée de Dampmartin, à estre dores en avant, à touz jours mais tenuz de li, de ses
hoirs et de ceuls qui de euls auront cause, par une seule foy et un
seul hommage fait à nous et à noz hoirs et successeurs, ainsi et en la
maniere que il nous estoit tenu fere au devant de ceste adjunction
pour la contée dessusdite. Et que ce soit ferme chose et vaillable ou
temps avenir, etc...

Ce fu fet au Bois de Vincennes, l'an de grâce Nostre Seigneur mil
CCC XXXII, ou mois de janvier.

Par le roy, present sire Martin des Essars.

Guichart.

---

femme, agissant au nom du roi. (Arch. nat., J. 151, n°s 52 à 55.) Dans l'acte
de vente (n° 52), on donne les limites de ce fief. Le 13 janvier suivant,
Jean, comte de Dammartin, de qui il dépendait, toucha 250 l. p. pour
le quint-denier de cette vente (n° 53). Le 17 janvier de la même année,
Pierre des Essars et sa femme déclarèrent au Châtelet qu'ils avaient fait
cet achat au nom du roi et qu'ils le lui abandonnaient (n° 55).

1. Luzarches, Seine-et-Oise, arr. de Pontoise, ch.-l. de cant.
2. Coye, Oise, arr. de Senlis, cant. de Creil.
3. Gouvieux, Oise, arr. de Senlis, cant. de Creil.

CXIII.

1333 (n. st.), janvier. Metz-le-Maréchal.

Philippe VI confirme un accord intervenu le 3 décembre 1332, entre l'abbé et le couvent de Saint-Victor de Paris et le chantre et le chapitre de l'église Notre-Dame de Melun, réglant les droits que l'abbé percevra toutes les fois qu'une prébende étant vacante, le nouveau chanoine qui sera nommé ne résidera pas personnellement dans l'église la première année.

(JJ. 66, n° 1167.)

Philippe, par la grâce de Dieu roys de France, savoir faisons à tous presens et avenir que nous avons veu unes lettres seelleez de noz amez lez religieux abbé et convent de Saint Victour de lez Paris et dou chantre et chappitre de nostre eglise de Nostre Dame de Meleun, dez quelez lettres la teneur est tele :

Universis presentes litteras inspecturis. Nos frater Aubertus[1], humilis abbas monasterii Sancti Victoris juxta Parisius, totusque ejusdem loci conventus, ac Johannes Mignon, cantor ecclesie Beate Marie de Meleduno[2] Senonensis dyocesis, totumque ipsius ecclesie Meledunensis capitulum, salutem in Domino sempiternam. Notum facimus quod cum discordia verteretur inter nos abbatem et conventum predictos, ex una parte, et nos cantorem et capitulum predictos ex altera parte, super eo quod nos abbas et conventus predicti justo titulo ac causis rationalibus allegatis, dicebamus et allegabamus quod quandocunque et quotienscunque prebenda vacabat per mortem, renunciacionem, permutacionem vel aliter quoquomodo in predicta ecclesia de Meleduno, si canonicus qui dictam prebendam adeptus esset non residebat personaliter in dicta ecclesia primo anno, nos abbas et conventus predicti debebamus percipere et habere nomine monasterii nostri panem et vinum per primum totum illum annum, loco ipsius novi canonici personaliter in dicta ecclesia non residentis, secundum quod traditur et deliberatur, tradi et deliberari consuevit uni de aliis canonicis in dicta ecclesia personaliter residentibus et sic in omnibus

---

1. Aubert ou Albert de Mailly, élu abbé de Saint-Victor le 1er décembre 1329, remplit cette charge jusqu'au 12 avril 1345 jour de sa mort. (*Gallia christiana*, t. VII, col. 682.)

2. Sur la collégiale de Notre-Dame de Melun, voy. Quesvers et Stein, *Pouillé de l'ancien diocèse de Sens*. Paris, Picard, 1894, in-4°, p. 194. — La mention de cette pièce montre que le titre de chantre donné au supérieur de cette collégiale est bien antérieur à 1384, date à laquelle, disent les auteurs de ce pouillé, fut substitué le titre de chantre à celui d'abbé.

prebendis dicte ecclesie Meledunensis, quandocunque et quocienscunque ipsas vacare contigebat vel aliter in novam transferri personam ;
et hec jure debebamus tam nos quam predecessores nostros usos
fuisse ac esse in possessione vel quasi, longissimis temporibus retroactis : nobisque cantore et capitulo predictis contrarium asserentibus et
dicentibus predicta ipsis religiosis minime competere ; ex quibus
dicti religiosi nos cantorem et capitulum in causam traxerant coram
religioso viro abbate Sancti Vincencii Silvanectensis[1] judice unico a
sede apostolica delegato. Tandem, bonis viris mediantibus, cum super
hec litigassemus per septem annos et amplius et adhuc litigaremus
non sine magnis laboribus et expensis, desiderantibus finem liti
imponere, ac nos ad concordiam revocare, nos concordaverunt in
modum et formam qui sequitur : videlicet quod nos cantor et capitulum predicti, ex nunc, quandocunque et quocienscunque aliquam
prebendam, sive unam, sive plures, in nostra ecclesia Meleduni quoquomodo vacare contigerit vel in aliam personam transferri, tali vaca-
tione vel translatione quod ex ea fructus illius prebende ipsis religiosis competent, qui animalia in prebendis dicte nostre ecclesie
Meleduni vacantibus tam privilegio quam consuetudine antiqua
habere dignoscuntur, si canonicus qui dictam prebendam fuerit
assequtus primo anno non resideat et officiat personaliter in dicta
nostra ecclesia Meleduni, tam nos quam successores nostri solveremus et solvere tenebimur dictis religiosis, pro qualibet prebenda que
vacaverit vel in novam personam quomodocumque transportata
fuerit, quadraginta solidorum (*sic*) parisiensium pro pane et vino primi
anni prebende canonici non residentibus (*sic*), et sic observabitur
absque aliqua contradicione futuris et perpetuis temporibus in casu
supradicto quod qualibet prebenda deinceps in nostra ecclesia Meleduni vacatura ; si tamen novus canonicus per medietatem anni vel
amplius in nostra Meleduni ecclesia resideret, in casu isto, solveremus dictis religiosis ex causa predicta viginti solidos parisiensium
tantummodo quod illa prebenda [esset] de qua fructus perciperent
juxta tenorem privilegiorum suorum ; sed si minus quam per medium
annum resideret et officiaret personaliter, quamvis ad nostram ali-
quociens veniret ecclesiam, nos, dictis religiosis quadraginta solidos
parisiensium pro pane et vino illius anni, absque aliqua diminu-
tione solveremus. Quibus mediantibus, a dicta lite discessimus, pax-
que concordia inter nos cantorem et capitulum ad dictos religiosos
est et erit de omnibus supradictis. Quam compositionem sive concordiam, nos cantor et capitulum predicti, pro nobis et successoribus nostris, pensatis utilitate et commodo ecclesie nostre predicte,

---

1. L'abbé de Saint-Vincent de Senlis était alors Jean II de Montataire,
qui garda cette charge jusqu'en 1355. (*Gallia christiana*, t. X, col. 1499.)

habitis super hec bona deliberatione et tractatu diligenti, laudavimus, approbavimus, etc...

Et ut predicta validiora et perpetuo irretractabilia existant, nos abbas et conventus ac cantor et capitulum predicti, supplicamus excellentissimo principi domino nostro, domino regi Francie, patrono dicte ecclesie Meleduni ac reverendis in Christo patribus dominis archiepiscopo Senonensi, in cujus diocesi dicta ecclesia noscitur situari, ac Parisiensi episcopo, quatinus predictis, in quantum ipsos et eorum quemlibet tangunt vel tangere possunt, consencient, eaque ratificent et approbant, suam auctoritatem interponendo et decretum. In cujus rei testimonium et memoriam, sigilla nostra presentibus litteris duximus apponenda. Datum et actum die Jovis post festum beati Andree apostoli[1], anno Domini millesimo CCC XXXII.

Et nous, à la supplication desdites parties, la composicion et acors dessusdiz et toutes lez choses dessus escriptes ratiffions et approuvons, etc...

Donné à Mes le Mareschal, l'an de grâce mil CCC trente et deux, ou mois de jenvier.

CXIV.

1333 (n. st.), février. Paris.

Philippe VI ratifie un accord conclu entre Aubert Belot, receveur de la vicomté de Paris, Jacques Vincent, maître charpentier du roi, Pierre de Rueil, son maître maçon, et Simon de Lille, orfèvre du roi, d'après lequel ledit Simon fait reconstruire un mur situé entre sa maison et celle du roi, à condition qu'il devienne mitoyen.

(JJ. 66, n° 958.)

Philippe, par la grâce de Dieu, etc..., faisons savoir à touz presens et avenir, nous avoir veu les lettres ci dessouz escriptes contenantes ceste forme :

A touz ceus qui ces lettres [verront], Aubert Belot, receveur de la visconté de Paris, Jaques Vincent, mestre charpentier nostre seigneur le roy, et Pierre de Rueil, mestre masson d'icellui seigneur, salut. Comme Symon de Lille, orfevre dudit seigneur, se fust dolu devers noz seigneurs des comptes d'un mur qui estoit ruyneus et perilleus, entre la maison dudit Symon et la maison nostre seigneur le roy, là où le chevalier du guet demeure à present[2], devant le Perrin Gasse-

---

1. 3 décembre 1332.

2. Cette mention rectifie l'hypothèse émise par Jaillot au sujet de la maison du chevalier du Guet; il pensait que c'était en conséquence de l'ordonnance du roi Jean du 6 mars 1363 qu'elle avait été achetée. (Jaillot, *op. cit.*, t. I, quartier Sainte-Opportune, p. 16.)

lin[1], et pour ce, nozdiz seigneurs nous eussent fait commandement
d'aler sus le lieu pour visiter et mettre le remede qui à ce appartenoit;
et nous, de commun accord et par le conseil de bons ouvriers, eussiens rapporté devers nozdiz seigneurs que ce seroit le profit du roy
et le proffit dudit Simon que ledit Symon feist fere tout de nuef, à
ses couz, ledit mur, par ci que il fust commun dores en avant, se ledit
Symon si vouloit assentir; et sur ce, ledit Symon, present devant nozdiz seigneurs, eust accordé à fere ledit mur à ses propres couz, et
ainsi l'ait fet. Sachent tuit que d'un assentement, nous, pour le roy
nostre sire, en tant comme à l'office de chascun de nous puet touchier, et par le commandement de nozdiz seigneurs, avons fait si
comme dit est, disons et accordons que ledit mur sera dores en avant
moiteien au roy nostre sire ou à celui qui de li aura cause et audit
Symon qui à ses couz propres l'a fait fere bon et souffisant, si comme
il nous semble, en telle condicion que nul des deus ne puist dores en
avant avoir veues sus l'autre. En tesmoing de ce, nous avons seellé
ces lettres de noz propres seels.

Ce fu fait l'an de grâce mil CCC XXX, le jeudi après l'Ascension
Nostre Seigneur[2].

Nous, adecertes, toutes les choses contenues es lettres ci dessus
transcriptes et chascune d'icelles aians fermes et aggreables, etc...

Donné à Paris, l'an de grâce mil CCC trente et deux, ou mois de
fevrier.

Par les gens des comptes.

H. de Dampierre.

CXV.

1333 (n. st.), février. Paris.

Lettres par lesquelles Philippe VI donne à son conseiller Martin des Essars
les deux tiers de deux mailles tournois à prendre sur chaque panier de
poisson de mer apporté aux Halles, qu'il avait achetés de Douce de Florence et de Jean Pelitte, en échange d'une rente de 78 l. 18 s. 6 d. p. que
ledit Martin prenait chaque année sur le trésor.

(JJ. 66, n° 1141.)

Philippe, etc... Savoir faisons à touz presenz et avenir, que comme

---

1. Le *Perrin-Gasselin* était le nom général donné jusqu'au milieu du
xvie siècle aux rues Perrin-Gasselin et du Chevalier-du-Guet et à la place
du Chevalier-du-Guet. (Jaillot, *op. cit.*, t. I, quartier Sainte-Opportune,
p. 15 et 48.) Toutes ces rues ont disparu à la suite des modifications appor-
tées à ce quartier près du théâtre du Châtelet et au commencement de la
rue Saint-Denis.

2. 24 mai 1330.

noz gens, pour nous et nostre amé et feal conseillier Martin des
Essars, mestre de noz comptes, pour lui et pour ses hoirs, aions
assembleement acquis par titre d'achat, de Douls de Florence, nostre
bourgois de Paris, et de Jehanne, sa fame, une maille tournoise, et
de Jehan Pelite une autre maille tournoisse que il avoient et pre-
noient à perpetuité en deux deniers parisis qui sont paiez et levez de
chascun pennier de poisson de mer que les marchans poissonniers de
mer font apporter et descendre es hales de Paris ; lesquiex deux
mailles tournoises appartenoient audit Doulz et Jehan, es deux
deniers dessusdiz, pour cause d'un don fait à eus et à Nicholas Agui-
nofle et à Angelin Beloce desdiz marchans poissonniers de mer, de
touz yceux deux deniers, en recompensacion des grans bontez et
courtoisies faites ausdiz marchans et à leurs successeurs sus le pour-
chaz de l'anientissement des hellebiz, dechiez et rabaz que aucuns
estaliers desdites hales soloient faire es panniers de poisson desdiz
marchans, et par vertu de certaine composicion et accort fait desdiz
marchans avecques lesdiz Doulz, Jehan, Nicholas et Angelin, si
comme yceus Doulz et Jehan disoient tout ce plus plenement apparoir par lettres sur ce faites soz le seel de nostre prevosté de Paris
confermées par noz lettres seellées en laz de soie et en cire vert, qui
furent données l'an de grâce mil CCCXXIX, ou moys de juillet[1].
Lequel acquest a esté fait pour nous des deux parties desdittes deux
mailles tornois et pour ledit Martin de la tierce partie, tout pour le
pris et la somme de mil livres tornois, desquelles il nous est aferu ; et
en avons fait poier pour lesdites deus parties cinq cens trente et
trois livres, six solz, huit deniers parisis et ledit Martin le demourant,
si comme es lettres de la vendue dessusdite faites souz le seel de
nostre Chastelet de Paris est plus plenement contenu. Et ledit Martin eust et preist à heritage en nostre tresor à Paris LXXVIII livres
XVIII soulz VI deniers parisis de rente par an, demourans de la somme
de deus cenz cinquante et huit livres diz et huit soulz six deniers de
rente perpetuele que il souloit prendre oudit tresor pour un eschange
fait avec nostre amé et feal Robert de Bonne Mare[2], chevalier, lesqueles soissante et diz huit livres XVIII soulz six deniers parisis tenoit
de nous ledit Martin en foy et en hommage. Nous, voulans nostredit
tresor deschargier de ladite rente avons baillé et assigné, baillons et
assignons audit Martin, pour lui et pour ses hoirs, en lieu et pour
lesdites LXXVIII livres XVIII soulz VI deniers parisis de rente, desquelles il nous a rendues noz lettres que il en avoit sur ce, les deux

---

1. Voy. ci-dessus, p. 63, n° 48. A la p. 64, n. 2, il faut lire 78 l. 18 s.
6 d. p. au lieu de 68 l. 18 s. 6 d. p.

2. Voy. ci-dessus, p. 144, les lettres de Philippe VI, du 14 avril 1331,
ratifiant cet échange.

parties desdites deux mailles tornoises par nous acquises, des dessusdiz Doulz et Jehan, si comme dessus est dit; et ycelles deux parties, en lieu et pour ladite rente, transportons du tout oudit Martin, pour lui et pour ses hoirs et pour ceus qui de lui auront cause, à tenir de nous et de noz successeurs roys de France en foy et en hommage aussi comme il tenoit ladite rente; et voulons et ordenons que dores en avant, lui et ses hoirs et ceus qui de lui auront cause en joissent paisiblement et perpetuelment comme de leur propre heritage, et les puissent faire cuillir et lever tout en telle meismes maniere que nous les feissons cuillir et lever se elles fussent demourées en nostre main; et ycelles pour nous et pour noz successeurs li promettons et sommes tenuz à garantir et defendre envers touz. Et pour ce que ceste chose soit ferme et estable à touz jours, nous avons fait mettre nostre seel en ces presentes lettres.

Donné à Paris, l'an de grâce mil CCC XXXII, ou mois de fevrier.

Par les genz des comptes et les tresoriers, par la vertu du mandement du roy.

R. de Molins.

CXVI.

1333, 4-30 avril. Montpipeau.

Philippe VI amortit une maison sise rue Saint-Martin, en faveur des ménétriers de Paris, qui désirent la transformer en chapelle en l'honneur de saint Julien du Mans et de saint Genêt.

(JJ. 66, n° 1296.)

Philippe, par la grâce de Dieu roys de France, savoir faisons à touz presenz et avenir, que comme les menestreus demourans à Paris aient ordené entre eux et en devocion soient de fonder une chapellenie à Paris en la rue Saint Martin[1], de lez la rue des Petis Champs[2], à l'onneur de Dieu, de Nostre Dame de Saint Julian du Mans et de Saint Genès; et pour ce faire, il aient acheté une maison audit lieu qui est de la censive des religieuses de l'eglise de Montmartre[3], lesquelles religieuses ont en ce tout leur droit quitté, par-

---

1. Voy., sur la chapelle Saint-Julien et sur la corporation des ménétriers de la ville de Paris, le travail de M. Bernhard publié dans la *Bibliothèque de l'École des chartes*, t. III, p. 377.

2. Cette rue des Petits-Champs, qui n'existe plus aujourd'hui, allait de la rue Beaubourg à la rue Saint-Martin.

3. Le dimanche avant la Saint-Denis 1330, sœur Jeanne de Valengougart, abbesse de Montmartre, au nom de l'abbaye, donna pour 100 s. p. de rente annuelle et perpétuelle à Huet la Guette, du Palais de Paris, et à Jacques

donné et remis à touz jours, si comme il dient. Nous, à l'augmentacion du service divin et pour le salu des âmes de nous, de nostre très
chiere compaigne la royne et de noz predecesseurs, ausdiz menes-
treux presenz et qui pour le temps avenir seront à Paris demourant
et participant à la fondacion ou ampliacion de ladite chapellenie,
tele comme faire se pourra bonnement, avons ladite maison admortie à touz jours de grâce especial et de certaine science, et voulons
par celle meismes grâce que li diz lieus, maiz que convertiz soit oudit
usaige soit et demeure touz admortiz et que li chappellain, un ou
pluseurs, qui en icelles seront institué et ordené à Dieu servir, puist
ou puissent icelle maison oudit usage convertie, tenir comme admortie et sanz ce que il puist ou puissent desoremaiz estre contraint à
mettre hors de leurs mains ne de prester à nous ne à noz successeurs
finance aucune. Et ce que lesdites religieuses en ont fait seur les
condicions et pour les causes dessusdites, nous loons, ratifions, etc...

Ce fu fait et donné à Montpipeau[1], l'an de grâce mil CCC trente et
trois, ou mois d'avril.

Par le roy, à la relacion de messire Remon Saquet.

Verberie.

CXVII.

1333, octobre. Paris.

Philippe VI confirme une lettre de non-préjudice donnée le 25 août 1295
en faveur des valets écorcheurs de Paris, au sujet de la subvention qu'ils
venaient de lui accorder.

(JJ. 69, n° 2.)

Philippus, Dei gratia Francorum rex, notum facimus universis
tam presentibus quam futuris, nos infrascriptas vidisse litteras formam que sequitur continentes.

Philippus, Dei gratia Francorum rex, universis presentes litteras
inspecturis, salutem. Notum facimus, quod cum valleti excoriatores
Parisienses liberaliter concesserunt quod ultima subventio que pro
necessitate regni nostri a subditis nostris exigitur et levatur, ab
eisdem prestetur et levetur hac vice, volumus quod per conces-

---

Croce, deux places sises à Paris, en la rue Palée, aboutissant l'une à la rue
Saint-Martin et l'autre tenant d'un côté à la plâtrière Erembourg de Mon-
treuil, faisant le coin de la rue des Petits-Champs. (Arch. nat., T. 1492.
Voy. aussi D. Félibien, *Hist. de Paris*, t. I, p. 575.) — L'acte d'érection de
la chapelle Saint-Julien-des-Ménétriers est du 10 juillet 1344. (Arch. nat.,
T. 1492.)

1. Montpipeau, Loiret, arr. d'Orléans, cant. de Meung-sur-Loire, comm.
de Huisseau-sur-Mauves.

sionem, prestationem et solutionem hujusmodi, nullum eis imposterum prejudicium generetur, seu quicquam novi juris vel servitutis, nobis, nostrisve successoribus acquiratur. In cujus rei testimonium, presentibus litteris, nostrum fecimus apponi sigillum. Actum Parisius, die Jovis in crastino festi beati Bartholomei anno Domini millesimo ducentesimo nonagesimo quinto.

Nos autem, omnia et singula in predictis litteris contenta, rata habentes et grata, ea volumus, etc...

Actum Parisius, anno Domini millesimo CCC tricesimo tercio, mense octobri.

Per dominum regem ad relationem domini R. Saqueti.

Feauz.

Facta est collacio. Alia sic signata sed amissa ad sigillum.

Pro registro. iiii s.

CXVIII.

1333, novembre. Asnières.

Lettres par lesquelles Philippe VI abandonne, en faveur du prieur et des frères de Sainte-Croix-de-la-Bretonnerie, 39 d. p. et 2 d. t. de rente annuelle qu'il prenait sur deux maisons sises à Paris, qui leur furent données, et ne se réserve que la justice.

(JJ. 66, n° 1176.)

Philippe, par la grâce de Dieu rois de France, savoir faisons à tous presens et advenir, que comme nous aiens ottroié de nostre grâce especial, par noz autres lettres en laz de soie et cire vert[1], à noz amez en Dieu, aus prieur et freres de Sainte Croiz à Paris, en la rue de Bretonnerie, près du carrefour du Temple, que deus manoirs ou maisons avec leurs appartenances, seanz à Paris en la rue appellée la Viez Tesseranderie, tenant d'une part à la maison qui [fu] Guillaume de Noisi, et yssant en la rue du Chartron et d'autre part à la maison que fu Jaques Chadot, et l'autre, que l'en dit au Chappeau rouge, seant en ladite rue de la Viez Tesseranderie, tenant d'une part aus dessusdis manoir ou maison et d'autre part à la maison mestre Jaques Vincent, nostre charpentier, et à la maison de l'abbé de Saint Faron de Meaulz, aboutissant par deriers au manoir de l'abbé de Saint Mart de Soissons; lesquiex manoirs ou maisons, mestre Pierre de Maucreus, advocat en noz Parlemens, et feu Alips, jadiz sa fame, leur ont donné en pure et perpetuele aumosne, et lezquiex manoirs ou maisons, avec toutes leurs appartenances, sont en nostre censive et justice haute, moienne et basse, si come nous

---

1. Voy. ci-dessus, p. 125, ces lettres publiées sous le n° 79.

l'avons sceu par nostre prevost de Paris qui de nostre commandement avoit fait faire sur ce informacion, li dit prieur et frere puissent
tenir perpetuelment et paisiblement, san ce que il soient contrains de
rendre ne mettre hors de leurs mains lez deusdiz manoirs ou maisons
et leurs appartenances, et sanz poier finances quelles que elle soient,
et aiens retenu à nous et à noz successeurs roys de France la censive et justice dessusdites et [les]diz manoirs ou maisons et leurs
appartenances, si comme cez choses sont plus plainement contenues
en noz devantdites lettres sur ce faites. Nous, de nostredite grâce
especial, de certaine science et pour le salu de nostre âme, avons
quittié et donné, quittons et donnons à touz jours mais, par la
teneur de ces lettres en pure et perpetuele aumosne, ausdiz prieur et
freres de Sainte Croiz et à leurs successeurs ladite censive; c'est
assavoir : trente et neuf deniers parisis et deux deniers tournois que
nous avions et prenniens chascun an de rente pour fons de terre sur
les dessus[diz] manoirs ou maisons et leurs appartenances, en retenant
tout seulement à nous et à noz successeurs rois de France ladite justice, haute, moienne et basse es devantdiz manoirs ou maisons et
leurs appartenances : mandans et commandans à noz amez et feaulz
gens de nos comptes à Paris, presens et avenir, que lesdiz trente et
neuf deniers parisis et deux deniers tournois, il rabatent de nostre
recepte de Paris à nostre receveur de Paris, etc.

Donné à Asnieres, l'an de grâce mil CCC trente et trois, ou moiz
de novembre.

Par le roy, presens le confesseur et l'aumonier.

Charrolles.

CXIX.

1333, novembre. Paris.

Philippe VI, à la requête de Pierre des Essars, bourgeois de Paris, et de
Jeanne, sa femme, amortit, en leur faveur et en faveur de leurs héritiers,
100 l. t. de rente perpétuelle qu'ils ont acquise sur la vicomté de l'eau de
Rouen[1].

(JJ. 66, n° 1347.)

Philippe, par la grâce de Dieu roy de France, savoir faisons à touz
presens et avenir, que comme Pierre des Essarz, bourgois de Paris,
et Jehanne sa fame, ayent et preignent par an, à deux eschaquiers
egalment, cent livres tournois de rente perpetuele en et sus la viconté
de l'eaue de Rouen, de leur conquest fait des heirs feu Guillaume de

---

1. Jean, duc de Normandie, par des lettres datées de Paris au mois de
novembre 1333, confirma la faveur accordée par Philippe VI à Pierre des
Essars. (Arch. nat., JJ. 66, n° 1348.)

Fontainnes jadis chevalier, et nous aient supplié et fait supplier à grant instance, que nous leur vosissions ottroier que euls ou leur heirs ou ceus qui de euls auroient cause peussent et puissent lesdites cent livres de rente transporter, par tiltre de don ou de vente ou autrement, en eglise ou eglises et personnes d'eglise religieuses ou seculieres, une ou pluseurs, colleges ou couvens, tout ensemble ou par parties ; lesqueles eglises ou personnes d'eglise, colleges ou couvens, puissent perpetuelment tenir et posseoir lesdites cent livres de rente, senz ce qu'il puissent estre contrains à ycelles mettre hors de leurs mains, ou paier pour ce finance de ventes ou de quint denier, de impositions, de subsides ou autre finance quele que elle soit. Nous pour consideration de pluseurs bons services et plaisirs que ledit Pierre a fait à noz devanciers roys de France et à nous et fait ancor souvent, enclinans à leur supplication, meesmement comme pour lesdites cent livres de rente l'an ne doit à nous ou à nostre cher filz le duc de Normandie aucun service de fié ou foy ou hommage, avons ottroié et ottroions audit Pierre et sa fame, par la teneur de ces presentes lettres, que euls, leurs heirs ou ceuls qui de euls auront cause, puissent selon la forme de leur supplication, lesdites cent livres de rente transporter en eglise ou eglises et personnes d'eglise, religieuses ou seculieres, colleges ou couvens, ensemble ou par parties, ainsi comme il leur plaira ; lesqueles eglises ou personnes d'eglise, colleges ou couvens, puissent ladite rente perpetuelment tenir, retenir et posseoir en la maniere, par tout et en tout que dessus est dit et devisé. Et que ce soit ferme chose et valable à touz jours, etc...

Ce fut fait à Paris, l'an de grâce M. IIIᶜ XXXIII, ou mois de novembre.
Par les gens des comptes et les thresoriers.

Vistrebec.

Reddatur in thesauro.

CXX.

1333. Sainte-Gemme.

Philippe VI amortit 6 l. de rente annuelle et perpétuelle en faveur de Marie la Haudrie, dite la Gossequine, bourgeoise de Paris, pour lui permettre de les donner à des personnes d'église.

(JJ. 66, nº 1283.)

Philippe, par la grâce de Dieu roye de France, savoir faisons à touz presenz et avenir que nous avons ottroié et ottroions par ces presentes lettres, de grâce especial, de certaine science et de nostre auctorité royal, à Marie la Haudrie, autrement dite la Gossequine [1],

---

1. Des lettres du même genre lui furent déjà accordées au mois de jan-

bourgoise de Paris, que de sis livres d'annuel et perpetuel rente, que
elle tient à present ou acquerra ou temps avenir en la viconté de Paris,
sanz fié et sanz justice, elle puisse transporter en personnes de sainte
eglise, queles que elle voudra, soient religieuses ou seculeres, en un
lieu ou en pluseurs, en la ville de Paris, en telle maniere que nous
soions participans en biens espirituelz qui à cause de ce seront faiz,
et que les personnes esqueles ladite Marie transportera lesdites sis
livres de rente les puissent tenir et tieignent desoresenavant à perpetuité, paissiblement, sanz estre contrainz de nous ne de nos successeurs roys de France, à vendre ladite rente ou partie d'icelle, ne
mettre hors de leur main, ne paier pour ce finance quelle que elle
soit. Et que ce soit ferme et estable, etc...

Donné à Sainte-Gemme, l'an de grâce mil CCC trente trois.

Par le roy, à la relation de mestre Robert le Clerc.

H. Martin.

CXXI.

1334 (n. st.), février. Sainte-Gemme.

Philippe VI amortit, en faveur de Marie, femme de feu Baudet du Maillez,
20 l. p. de rente qu'elle destine à la fondation d'une chapelle en l'église
Saint-Pierre-aux-Bœufs à Paris.

(JJ. 66, n° 1368.)

Philippe, par la grâce de Dieu roys de France, savoir faisons à
touz presenz et avenir que comme Marie, fame jadis feu Baudet du
Maillez, ait entencion de fonder en l'eglise de Saint Pere aus Beus[1],
à Paris, en laquele le corps dudit feu Baudet est enterrez, une chapellenie et la doer de vint livres parisis de rente annuele et perpetuele, pour chanter en ladite eglise, pour le salut de leurs ames.
Nous, à la supplication de ladite Marie et pour ce que le chapellain
qui sera establiz à desservir ladite chapellenie soit tenuz à prier Dieu

---

vier 1332 (n. st.). Voy. ci-dessus le n° LXXXVII. Marie la Gosquine mourut entre le 4 mars 1349 (n. st.), jour où elle toucha encore 30 l. p. de
revenu au trésor, et le 17 février 1350 (n. st.), jour où Jean du Cellier,
bourgeois de Paris, son parent, obtint du roi des lettres lui faisant remise
de la moitié de 60 l. t. dues pour le rachat de 60 l. t. de revenu sur le trésor qui lui étaient venues tant de la succession de ladite Marie que par
échange avec ses autres héritiers. (*Journaux du trésor de Philippe VI de
Valois*, n°ˢ 601-602, 4283-4286.)

1. L'église Saint-Pierre-aux-Bœufs, dépendant du prieuré de Saint-Éloi,
était située dans l'ancienne rue Saint-Pierre-aux-Bœufs, près de Notre-Dame.
Elle fut démolie en 1837 pour l'ouverture de la rue d'Arcole. (Abbé Lebeuf,
Hist. de la ville et du diocèse de Paris, éd. Cocheris, t. III, p. 388 et 428.)

pour nous, avons ottroié et ottroions, de grâce especial, que ladite Marie puisse doer ladite chapellenie de ladite rente acquise ou [à] acquerre en nos censives ou de nos subgiez ou alleurs, senz fié et senz justice, et que le chapellain qui pour le temps sera establiz à deservir ycelle chapellenie puisse tenir et tiegnet perpetuelment et paisiblement ladite rente en nom et pour cause de ladite chapellenie, senz ce que il soit constrainz à la vendre ou mettre hors de sa main et senz en paier aucune [finance], laquele nous li quittons et donnons de nostre dite grâce. Et que ce soit ferme et estable à touz jours, nous avons fait mettre nostre seel en ces lettres. Donné à Sainte Gemme, l'an de grâce mil trois cenz trente et trois, ou mois de fevrier.

Par le roy.

Barriere.

CXXII.

1334, avril. Paris.

Philippe VI, à la prière des échevins et habitants de la ville de Tournai, leur rend une maison sise à Paris, près de Saint-Eustache, qui avait été confisquée sur eux en vertu d'un arrêt du Parlement.

(JJ. 69, n° 23.)

Philippe, par la grâce de Dieu roys de France, savoir faisons à touz presenz et avenir que comme une meson seant à Paris, au bout de la rue aus Prouveres, devers Saint Eustache, tenant d'un costé à la meson mestre Jehan d'Aubigni, et d'autre costé à Girart Hazart, eust esté appliquée à nous par vertu d'un arrest donné à Paris en nostre Parlement contre la commune de la ville de Tornay[1], et les gens de ladite ville aient supplié que sur ce leur vuilliens fere grâce. Nous, considerez le[s] bons services que il nous ont faiz, à yceux volans fere grâce en ceste partie, de certaine science et de grâce especial, ausdiz eschevins et habitans de la ville de Tournay, avons donné et ottroié, donnons et ottroions par la teneur de ces presentes lettres ladite meson pour l'usaige des eschevins et habitans de ladite ville, à tenir, à pourseioir par euls et leurs successeurs à touz jour, en

---

1. Par arrêt du 4 juillet 1332, la ville de Tournai fut condamnée à perdre sa commune et tous ses biens et ses droits, ainsi que ceux dont elle pouvait jouir avant la fondation de sa commune; le tout, y compris la justice, était confisqué au profit du roi. (Arch. nat., X1a 6, fol. 247-250.) La maison que possédait la ville de Tournai à Paris avait été acquise le 20 juin 1323, pour 200 l. p., de Jean de Corbeil, bourgeois de Paris, et de son fils. (Voy. *Bull. de la Soc. de l'Hist. de Paris et de l'Ile-de-France*, 1897, p. 136.)

perpetuité, comme leur propre heritage, et mettons du tout à delivre et en otons nostre main mise pour la cause dessusdite, non obstant ledit arrest ne chose contenue en icelli. Et que ce soit ferme chose et estable ou temps avenir, etc...

Donné à Paris, l'an de grâce mil CCC trante et quatre, ou mois d'avril.

Par le roy, à vostre relacion et des gens des comptes.

H. Martin.

Facta est collacio.
Pro registro III s.

CXXIII.

1334, juin. Maineville.

Lettres de Philippe VI transportant sur la prévôté de Paris, en faveur du chapelain établi par Charles, comte d'Anjou, en la chapelle Saint-Michel, 21 l. 10 s. t. de rente qu'il prenait chaque année sur la prévôté du Mans et transférant le droit de patronage des comtes d'Anjou et du Maine aux rois de France.

(JJ. 66, n° 1392.)

Philippe, par la grâce de Dieu roys de France, savoir faisons à tous presens et avenir, que comme Charles[1], jadis frere du roy de France et adonc conte d'Anjou et du Maine, eust fundé une chapellenie en la chapelle de Saint Michiel estant en nostre palais à Paris, et eust assigné au chapellain qui deserviroit ladite chapelle vint et une livre et dis soulz tournois de rente, à prendre chacun an aus octaves de la feste de Toussains sur la prevosté du Mans, et eust retenu à li et à ses successeurs contes d'Anjou et du Maine le droit du patronage et la collation d'icelle, si comme ces choses et pluseurs autres sont contenues plus à plain es lettres faites sur ladite fondation ; et le chapellain qui à present tient ladite chapelle nous ait supplié que, comme ladite chapelle soit à Paris, comme dit est, grieve chose et sumptueuse est de aler au Mans pour querre ladite rente, nous li vuelliens faire grâce que ladite rente li soit transportée et assise à prendre à Paris pour avoir mains de labeur et de despens à querre et recevoir ladite rente. Nous, oie ladite supplication, enclinans à ycelle, de grâce especial et de certaine science, de la volenté et assentement de nostre très cher filz Jehan de France, duc de Normandie, conte d'Anjou et du Maine[2], avons ottroié et voulu, voulons et

---

1. Charles, frère de saint Louis, investi en 1245 des comtés d'Anjou et du Maine, devint ensuite roi de Naples et de Sicile.

2. Ce fut le 17 février 1332 (n. st.) que Philippe VI, après avoir émancipé

ottroions, par la teneur de ces lettres audit chapellain que il et ceulz
qui pour le temps avenir y seront et tendront ladite chapelle, prengnent
et recoivent desoresenavant lesdites vint et une livres dis soulz
tournois chascun an audit terme sur la recepte de la viconté de Paris;
et avons ordené et voulons, de l'assentement de nostredit filz, que
le droit du patronage de ladite chapelle appartiengne desoresenavant à nous et à nos successeurs roys de France, et voulons que desoresenavant, par nos amez et fealz gens qui à present tiennent nos
comptes à Paris, et ceuls qui pour le temps y seront, ladite rente soit
allouée es comptes du receveur de ladite viconté qui à present et
pour le temps y sera et rabatu de sa recepte, et que le receveur du
Maine en soit du tout deschargié et soit mise ladite rente hors de
ses comptes et recepte. Et que ce soit ferme chose et durable à perpetuité, etc...

Donné à Maineville[1], l'an de grâce mil CCC trente et quatre, ou
mois de jugn.

Par le roy, à la relation de l'aumonier.

H. Martin.

CXXIV.

1334, juillet. Moncel-lez-Pont-Sainte-Maxence.

Philippe VI, à la requête des héritiers de feu Jean Marcel, amortit 24 l. p.
de rente destinées à l'entretien d'un chapelain chargé de célébrer chaque
jour, à perpétuité, une messe pour le repos de son âme en l'église paroissiale de Saint-Barthélemy[2].

(JJ. 66, n° 1396.)

Philippe, par la grâce de Dieu roys de France, savoir faisons [à
tous] presens et avenir que comme feu Jehan Marcel, jadiz frere de
Symon et Jehan diz Marcel, bourgoiz de Paris, ou temps qu'il vivoit
eust ordené en son testament ou darreine volenté, par pure et vraie
devotion et pour le remede [de] l'ame de luy, que une messe seroit
chantée et celebrée chacun jour perpetuelment en l'eglise parrochial
de Saint Berthelemeu [en la cité de Paris[3] ou en une autre eglise,
ou cas que ceus de ladite eglise de Saint Bartholomi], à cui il puet

---

Jean, son fils aîné, lui fit don du duché de Normandie et des comtés d'Anjou et du Maine. (D. Luc d'Achery, *Spicilège*, in-fol., t. III, p. 717.)

1. Mainneville, Eure, arr. des Andelys, cant. de Gisors.

2. Cette pièce fut vidimée au mois de janvier 1336 (n. st.), et le vidimus
nous a fourni sa date exacte et plusieurs corrections dans le texte.

3. L'église Saint-Barthélemy était située dans la cité, en face du palais;
son emplacement est occupé actuellement par le tribunal de commerce.
(Voy. Jaillot, *op. cit.*, t. I, quartier de la Cité, p. 27.)

appartenir, ne si acorderoient si comme ce dit estre plus plainnement contenu oudit testament ; et depuis ce, après le trespassement dudit Jehan, les hoirs et amis d'iceli, c'est assavoir : Simon Marcel, Jehan Marcel, freres, et Jehan Giffart[1], leur serourge, bourgoiz de Paris, [considerant] le bon propos et ordenance dudit mort, et considerant le vivre neccessaire du chapellain qui ladite messe celebrera ou sera tenuz à celebrer, selonc la clause dudit testament, comme dit [est], aient ordené et volu que iceluy chapellain qui est et qui pour le temps sera, aura et prendra chacun an perpetuelement, à tous jours mais, en la ville de Paris, sur certainnes rentes et censives, sanz fié et sanz justice toutevoie, vint et quatre livres de [rente à] parisis à certainz termes pour son vivre et pour ses neccessitez. Et pour ce que ledit chapellain qui est et qui sera pour le temps avenir puisse plus franchement et sanz point d'empeschement tenir, lever et possider ladite rente, les amis et hoirs d'iceli mort nous ont humblement supplié que nous vousisions amortir ladite rente. Nous, oye leur supplication et enclinans à ycele, afin que nous soiens participans d'iceuls bienfaiz, leur avons ottroié et ottroions par la teneur de ces presentes lettres, de grâce especial et de certainne science, que le chapellain ou chapellainz qui desoresenavant seront estaubliz à celebrer ladite messe comme dit est, tiengnent et puissent tenir paisiblement, à tous jours mais, lesdites vint et quatre livres de rente sanz ce que il puissent estre contrainz de nous ou de nos successeurs à vendre ladite rente ou mettre hors de leur main, ne de paier aucune finance pour ce ou temps avenir. Et pour ce que ce soit ferme chose et estable ou temps avenir, nous avons fait mettre nostre seel en ces presentes, sauf nostre droit en autres choses et en toutes l'autrui. Fait au Moncel de lez Pons Sainte Maxance[2], l'an de grâce mil CCC trente et quatre [ou mois de juillet][3].

---

1. Nous trouvons, à propos d'Étienne Marcel, différentes mentions sur un Jean Giffart, bourgeois de Paris, qui pourraient bien s'appliquer au personnage cité dans la pièce que nous publions. Les *Grandes Chroniques* (éd. P. Paris, t. VI, p. 143) font savoir que Jean Giffart le Boiteux fut emprisonné le 25 octobre 1348 avec plusieurs autres bourgeois de Paris qui avaient conspiré contre le régent après la mort d'Étienne Marcel. Dans une pièce publiée par S. Luce (*Mémoires de la Société de l'Histoire de Paris*, t. VI, p. 319) dans ses *Documents nouveaux sur Étienne Marcel*, il est noté que Jeanne la Marcelle, sa sœur, eut, le 26 novembre 1362, 100 s. p. à prendre sur la maison de Jean Giffart, drapier, sise à Paris, en la Cité, rue de la Juiverie.

2. Auj. le Moncel, Oise, arr. de Senlis, cant. de Pont-Sainte-Maxence, comm. de Pont-Point.

3. Cette date est donnée par le vidimus du mois de janvier 1336 (n. st.) publié plus loin sous le n° CLVII.

Par le roy, à la relation de maistre Philippe de Meleun et de monseigneur Hue de Conflans.

G. Buyn.

Collation est faite.

CXXV.

1334, juillet. Neuf-Marché.

Philippe VI amortit en faveur d'Enguerrand le Masnier, chapelain de l'évêque de Thérouenne, qui désirait entrer chez les Chartreux à Paris, 12 l. p. de rente destinées à fonder une chapelle en l'abbaye de Notre-Dame d'Ardennes.

(JJ. 70, n° 142.)

Philippe, par la grâce de Dieu roy de France, savoir faisons à touz presens et avenir que comme Engeran le Masnier, chapelain et compaignon de nostre amé et feal conseiller l'evesque de Therouane[1], lequel chapellain, meu de devocion, a propos et entencion de soy rendre en la religion de chartreuse à Paris, nous ait fait supplier humblement que nous lui veulliens amortir douze livres de sa rente à parisis, pour la fondacion d'une chapelle en l'eglise des religieus de l'abbeie de Nostre Dame d'Ardeine[2]. Nous, adecertes, aianz agreable le bon et loable propos dudit suppliant, lui avons donné et ottroié, donnons et ottroions, de nostre auctorité royal et de grâce especial, par la teneur de ces lettres, congié et licence de ladite chapelle fonder et ycelle douer desdites douze livres de rente sanz noz fiez, rierefiez, justice et forterece; et voulons que lesdiz religieus aient, tiegnent et perçoivent lesdites douze livres de rente, perpetuelment, sanz contrainte de la vendre ou mettre hors de leurs main et sanz en faire finance aucune à nous ne à noz successeurs ou temps avenir. Et que ce soit ferme chose et estable à touz jours, etc...

Donné au Nuef Marchié[3], l'an de grâce M. CCC XXX et quatre ou moys de juignet.

Par le roy.

P. Caisnot.

---

1. L'évêque de Thérouanne était alors Jean III de Vienne, qui fut transféré au siège de Reims au mois d'octobre 1334. (*Gallia christiana*, t. X, col. 1559.)

2. Notre-Dame d'Ardennes, abbaye de l'ordre des Prémontrés, sise près de Caen, dans la comm. de Saint-Germain-la-Blanche-Herbe, Calvados.

3. Neuf-Marché, Seine-Inférieure, arr. de Neufchâtel, cant. de Gournay.

CXXVI.

1334, août. Paris.

Philippe VI, à la suite d'une enquête faite par les maîtres de ses œuvres, des jurés de la ville de Paris, des maçons, charpentiers et autres bourgeois de Paris, permet aux religieux des Blancs-Manteaux de percer le mur de la ville pour y faire une porte[1].

(JJ. 66, n° 1375.)

Par le roy, present le confesseur.

Charrolles.

Collation est faite avec la relation ci dessouz encorporée.

CXXVII.

1334, septembre. Saint-Germain-en-Laye.

Philippe VI amortit en faveur de son maréchal, Audriet, fils de Hommède, 4 l. p. de rente annuelle pour lui permettre de fonder l'anniversaire de feu Adeline, sa mère, dans l'église collégiale Saint-Benoît de Paris.

(JJ. 66, n° 1453.)

Philippe, par la grâce de Dieu roys de France, savoir faisons à touz presens et avenir que comme nostre amé mareschal, Audriet filz Hommede, nous ait supplié que il peust acquerre en nostre terre et en noz censives quatre livres parisis de annuel et perpetuel rente ensemble ou par parties, à aumosner et donner et convertir perpetuelment à l'eglize collegial Saint Benoit de Paris[2], pour faire annuelment et perpetuelment l'anniversaire de feu Adeline sa mere et autres offices et services divins au cuer de ladite eglize. Nous, attendanz et consideranz la bonne devocion dudit Audriet et le bon service que il nous a faiz longuement et fait de jour en jour bien et loyalment, voulons et li ottroions de nostre auctorité royal et de certaine science, par la teneur de ces presentes lettres, que il puisse acquerre lesdites

---

1. Ces lettres sont publiées dans dom Félibien, *Histoire de la ville de Paris*, t. III, p. 239ᴬ. Le texte donné par D. Félibien, pris sur l'original, est plus complet que celui du registre JJ. 66, qui a omis un passage important au milieu de cet acte.

2. L'église collégiale de Saint-Benoît était située au bas de la Sorbonne. Les transformations nécessitées par le percement de la rue des Écoles l'ont fait disparaître. (Voy. Jaillot, *op. cit.*, quartier Saint-Benoît, t. IV, p. 108, et Raunié, *Épitaphier du vieux Paris*, t. I, p. 341.)

quatre livres parisis de annuele et perpetuele rente en nostre terre et
en noz censives, ensemble ou par parties, et puis que il les aura ainssi
acquises, il les puisse franchement transporter en ladite eglize de
Saint Benoit, pour l'anniversaire de sa mere et pour autres divins
offices et services estre faiz ou cuer de ladite eglize, selon l'ordenance
dudit Audriet; et que ladite eglize et les personnes d'icele puissent
ladite rente tenir et posseoir franchement, paisiblement et perpetuelment à touz jours, sanz estre contrainz ou temps avenir à les vendre
ou maitre hors de leur main, ou à faire pour ce à nous ou à noz
successeurs aucune finance. Et pour ce que ce soit ferme et estable
à touz jours maiz, etc...

Donné à Saint Germain en Laye, l'an de grâce mil CCC trente et
quate, ou moys de septembre.

Par le roy.

Barriere.

CXXVIII.

1334, octobre. Bois de Vincennes.

Lettres par lesquelles Philippe VI autorise les doyen et chapitre de Notre-
Dame de Paris à acquérir dans ses fiefs, arrière-fiefs, censives ou dans
ceux de ses sujets, sans fief ni haute justice, 81 l. t. de rente annuelle et
perpétuelle qui leur étaient données par les exécuteurs testamentaires de
feu Philippe le Convers, chanoine de Paris, et amortit ce revenu.

(JJ. 66, n° 1458.)

Philippe, par la grâce de Dieu roys de France[1], savoir faisons
à tous presens et avenir que comme li executeurs feu maistre Philippe le Convers[2], jadiz chanoine de Paris, aient baillié et transporter à nostre amé et feal conseillier maistre Jehan de Vianne,
evesque de Therouenne, quatre vins et une livres tournois de rente
annuele et perpetuele que il avoient ou bailliage de Costentin appellée
la fiéferme du fié du Dur Escu, et laquele rente, par grâce especial
faite de nos predecesseurs audit maistre Philippe, il la poient vendre,
baillier et transporter par vente ou par autre juste titre, ensemble ou
par parties, en quelconques college chapitre, ou autres personnes
d'eglise, et que cil ou ceux en qui il la transporteroient la peussent
tenir perpetuelement et paisiblement sanz ce que il fussent [contrainz]
de la mettre hors de leur main, ne de paier en auscune finance à

---

1. On a presque textuellement la répétition de la lettre suivante.

2. Le 13 juin 1316, Philippe le Convers, chanoine de Paris, donna à Philippe, comte de Poitiers, depuis roi sous le nom de Philippe le Long, son
manoir de Montlhéry et tous les jardins. (Lebeuf, *op. cit.*, éd. Féchoz, t. IV,
p. 105.)

nous ne à nos successeurs, laquele rente, ledit evesque entent à convertir en l'usage dessusdit pour le salut de s'ame, de son pere et de sa mere et de ses biensfaiteurs. Nous, pour la consideration des bons et grans services que nostredit amé et feal consellier maistre Jehan de Vianne nous a fait longuement et loyalment et fait encores chascun jour, de très grant volenté, de grâce especial avons ottroié et ottroions à sa supplication et requeste ausdiz executeurs dudit maistre Philippe, que yceux executeurs qui, par l'ordenance du testament dudit feu maistre Philippe, sont tenuz de assigner au doyen et chapitre de Nostre Dame de Paris et aillieurs certaines rentes à tenir perpetuelement, puissent en [nos] fiez, arriere fiez, censives ou aillieurs ou de nos subgiez acquerre, par quelconque juste titre, jusques à la somme de quatre vins et une livres tournois de rente annuele et perpetuelement, et ycele transporter ensemble ou par parties, sanz fiez et sanz haute justice en quelconque college, chapitre ou personne d'eglise ou en autres lieus piteables, si comme il leur plaira et semblera bon, et que yceuls en qui le transport sera fait, en la maniere que dit [est], puissent tenir et tiengnent perpetuelement et paisiblement ycele rente en tele partie comme en chascun sera transportée, sanz ce que il soient contraint à la mettre hors de leur main ne à la vendre et sanz en paier à nous ne à nos successeurs aucune finance, laquelle nous avons quittée et quittons de nostredite grâce pour la contemplation dudit evesque. Et que ce soit ferme et estable à tous jours, etc...

Donné à Chalete, près de Montargis[1], l'an de grâce mil CCC trente et trois ou mois de may.

Par vertu de laquele grâce ainsi ottroiée ausdiz executeurs comme dit est, lesdiz executeurs se sont traiz par devers lesdiz doyen et chapitre de l'esglise de Paris, et pour cause de la rente que les devantdiz executeurs estoient tenuz pour cause dudit testament à asseor ausdiz doyen et chapitre comme dit est, acordé ont ensemble et sur certaine fourme, sauf tant ausdiz doien et chapitre, que les devantdiz executeurs pourchaceroient et feroient envers nous, que lesdiz doien et chapitre peussent acquerre en nos fiez, arrierfiez, censives ou aillieurs, ou de nos subgiez, jusques à la somme de quatre vins et une livres à tournois de rente annuele et perpetuele. Nous, pour consideration dudit evesque et à la supplication desdiz executeurs, avons ottroié et ottroions ausdiz doien et chapitre de Paris, que en lieu et pour lesdites quatre vins et une livres tournois de rente contenue en la lettre dessusdite, il puissent en nos fiez, arrierefiez, censives ou allieurs, ou de nos subgez, acquerre par quelconque juste titre jusques à la somme de quatre vinz et une livres tournois de rente annuele

---

et perpetuele, et ycelle acquerir ensemble ou par parties, sanz fiez et haute just[ic]e, si comme il leur plaira et semblera bon ; et que yceuls doyen et chapitre puissent tenir et tiengnent perpetuelement et paisiblement ycelle rente en tele parties comme il l'aront acquis, sanz ce que il soient contrainz à la mettre hors de leur main ne de la vendre, et sanz paier à nous ou à nos successeurs aucune finance, etc...

Donné au Bois de Vincennes, l'an de grâce mil CCC trente et quatre, ou mois d'octembre.

Rescripte et corrigié par le roy à vostre relacion, en tant que ce que le roy avoit ottroié aus executeurs de maistre Philippe le Convers, il a ottroié au doien et chapitre de Paris à la supplication dudit evesque.   P. Caisnot.

La premiere lettre encorporée en ceste fu signée par le roy, laquelle a esté retenue en la chancelerie.

Barriere.

CXXIX.

1334, novembre. Asnières.

Philippe VI, à la requête de Jean des Fossés, bourgeois de Paris, mari de feue Agnès des Fossés, amortit 22 l. p. de rente annuelle, destinée à fonder une chapellenie en l'église des Saints-Innocents et à fournir deux torches à l'autel de cette chapelle, toutes les fois que le service divin **y** sera célébré.

(JJ. 66, n° 1428.)

Philippe, par la grâce de Dieu roys de France, savoir faisons à tous presens et avenir que comme Jehan de Fossés, citoiens de Paris, et feu Agnès de Fossés, sa fame, eussent en propos et devotion, ou temps que ladite Agnès vivoit, et encores l'ait ordené ycelle Agnès en son testament ou darraine volenté, que une chapellenie ou autel feust fondez en l'eglise parrochial de Saint-Innocent[1] à Paris pour le remède de leur ames, et de douer ycelle chapelenie ou autel de vint et deux livres parisis de rente par an, annuele et perpetuele ; c'est assavoir : pour le chapellain qui la deservira, dis huit livres parisis de rente par an et pour les marregliers de ladite eglise de Saint-Innocent quatre livres parisis de rente par an, pour livrer deux torches à servir Nostre-Seigneur Jhesu-Crist en ladite chapellenie ou autel, toutes foiz que le devin service y sera fait et celebré, et ledit Jehan, en continant son bon propos, et les hoirs et executeurs de ladite feu Agnès, pour acomplir ladite darreine volenté d'icelle et la

---

1. L'église des Innocents, aujourd'hui détruite, occupait une partie du square des Innocents.

teneur de sondit testament, nous aient supplié humblement que de grâce especial, nous leur voussissions amortir lesdites vint et deux livres parisis de rente acquise par lesdiz mariez ensemble, ou à acquerre par ledit Jehan et les hoirs et executeurs de ladite Agnès en tout ou en partie, pour convertir en la fondation ou dotation de ladite chapellenie ou autel et des deux torches dessusdites. Nous, enclinanz à leurdite supplication, pour l'acroissement du service de Dieu et pour le salut des âmes de nous et de nostre très chiere compaigne la royne et de nos predecesseurs et successeurs, leur avons ottroié et ottroions de grâce especial et de certaine science, par ces lettres, que lesdites vint et deux livres de rente acquises ou à acquerre par la maniere ci-dessus devisée, toutevoies sanz fié et sanz justice, il puissent transporter à la fondation ou dotation de ladite chapellenie ou autel et des deux torches dessusdites, et que le chapellain qui sera establiz à la deservir et ses successeurs chapellains d'icelle et les marregliers de ladite eglise de Saint-Innocent qui sont et seront pour le temps, puissent doresenavant tenir et possesser paisiblement ladite rente tantost comme elle leur sera assignée; c'est assavoir : ledit chapellain lesdites dis-huit livres ou nom et pour cause de ladite chapellenie ou autel, et lesdiz marregliers lesdites quatre livres ou nom et pour cause desdites deux torches, sanz estre contrainz à la vendre ou mettre hors de leur main, et sanz ce que il en soient tenus à paier aucune finance à nous ne à nos successeurs, etc...

Donné à Asnieres, l'an de grâce mil CCC trente et quatre ou mois de novembre.

Par le roy.

Charrolles.

CXXX.

1334, novembre. Asnières.

Philippe VI accorde à Guillaume Judet, chapelain de la chapelle Saint-Michel et Saint-Louis dans la chapelle du Palais à Paris, l'autorisation de faire, dans la maison qu'il possède sous la cuisine de bouche, des boutiques, pour attribuer le montant de leur location au profit de sa chapelle.

(JJ. 69, n° 188.)

Philippe, par la grâce de Dieu roys de France, savoir faisons à touz presenz et avenir, que comme nostre amé Guillaume Judet, prestre, chapelain de la chapelle de Saint-Michiel et Saint-Loys[1],

---

1. La chapelle de Saint-Michel fut fondée par Galeran, échanson de Philippe le Bel et concierge du palais. Les lettres de ce roi autorisant cette

estant en nostre chapelle royal de nostre palaiz à Paris, pour ce que ladite chapelle est petitement deue de rente, ait entente et volenté de faire faire en la meson que il a en nostredit palais desouz nostre cuisine de bouche[1], pour reson de ladite chapelle, ouvrouers pour louer chascun an à bonnes genz, desquiex ouvrouers tout le proufit et emolument soit convertiz et tournez en accroissement de ladite rente de la dessusdite chapele, et nous ait humblement supplié que nous li veillienz donner et ottroier congié et licence que il puisse faire faire à ses propres couz et despenz lesdiz ouvrouers, et percier les murs de ladite meson qui font closture de nostredit palaiz et sont sur le chemin en alant à Grant Pont[2], pour faire les huisseries et entrées en yceus ouvrouers, là ou les mestres de noz euvres verront et regarderont pour nous que il pourront estre faites au moins de domage pour nous et pour lesdiz murs et au meilleur et greigneur profit et aisement desdiz ouvrouers. Nous, qui touz jours desirons l'accroissement du divin service, consideranz que ledit Guillaume et ses successeurs chapelains ou temps avenir de ladite chapelle auront et devront avoir meilleur et greigneur affeccion de faire et celebrer en ycelle chapelle plus volentiers et plus souvent le divin service, avons ottroié et ottroions, de grâce especial, de nostre auttorité royal et de certainne science, audit Guillaume, que il puisse faire faire lesdiz ouvrouers et percier lesdiz murs pour faire lesdites huisseries et entrées ou lieu d'yceus murs, et en la maniere que lesdiz mestres de noz euvres regarderont que elles pourront estre faites au moinz de domage et d'empirement desdiz murs, et au meilleur et greigneur proufit et aisement desdiz ouvrouers, et voulons que yceulz ouvrouers et chascun d'eulz, ledit Guillaume et sesdiz successeurs puissent loer et loent chascun an, par tel pris et à telz personnes, toutevoies qui soient de bonne renommée, comme il leur plaira ; et que le loage avec tout le proufit et tout l'emolument qui d'yceus ouvrouers istra, il prengnent, aient et reçoivent chascun an à touz jours mes, sanz ce que nous, noz successeurs roys de France, ne autre pour nous ou nozdiz successeurs, leur mettiens sur ce empeschement aucun ou temps avenir. Mandanz et commandanz ausdiz maistres de noz euvres et à chascun d'eulz que il se transportent sanz delay en ladite meson et ordenient et devisent, si comme meilleur leur semblera, en quel

---

fondation sont de 1313. (Voy. sur cette chapelle Morand, *Histoire de la Sainte Chapelle royale du palais*, p. 129 à 131.)

1. Cette maison fut donnée au mois de janvier 1317, par Philippe le Long, au chapelain de Saint-Michel. (Morand, *op. cit.*, p. 130.)

2. Sur ces boutiques adossées aux murs du Palais et sur le Grand-Pont, voy. A. Berty, *Recherches sur les anciens ponts de Paris*, dans la *Revue archéologique*, 1855, t. XII, p. 216.

maniere et en quel lieu de ladite meson et desdiz murs lesdiz
ouvrouers, huisseries et entrées seront faiz, et à noz amez et feaus les
genz de noz comptes et tresoriers à Paris et aus prevost et receveur
de Paris, qui sont à present et seront pour le temps avenir et à chascun d'eulz, que audit Guillaume il laissent et sueffrent faire faire lesdiz ouvrouers, huisseries et entrées devisées et ordenées comme dit
est par lesdiz maistres de noz euvres ; et ycelli Guillaume et ses
devantdiz successeurs sueffrent et laissent loer lesdiz ouvrouers et
d'yceulz lever, prendre et recevoir et avoir lesdiz loier, profit et
emolument ainssi comme cy-dessus est devisé. Et que ce soit ferme
et estable à touz jours mès, nous avons fait mettre nostre seel en ces
lettres. Donné à Asnieres, l'an de grâce mil CCC trente et quatre ou
mois de novembre.

Par le roy.

Charroles.

CXXXI.

1334, décembre. Bois de Vincennes.

Philippe de Valois, à la prière de la veuve de Jacques de Châtillon, bourgeois de Paris, amortit 16 l. de rente destinées à la fondation d'une chapellenie au pont de Bezons, en l'honneur de saint Eutrope.

(JJ. 66, n° 1468.)

Philippe, par la grâce de Dieu roys de France, savoir faisons à
touz presenz et avenir que comme Jaques de Chastillons, jadis bourgoiz de Paris, meu de grant devotion eust ordené en sa darreine
volenté, pour le salut de l'âme de luy et de ses devanciers, une chapellenie estre fondée à Pont-de-Boison[1], en honeur de Dieu et de
monseigneur saint Eutrepe et douée de seze livres de rente par an à
perpetuité ; et la fame dudit bourgois nous ait fait humblement supplier que nous li vousissiens amortir ladite rente. Nous, pour la bonne
relation que nous avons eu dudit lieu, recommandanz le bon propos
dudit bourgoiz et vueillanz estre participans es orasons et bienfaiz
que l'en fera en ladite chapelle, volons de grâce especial, et de certaine science ottroions à ladite suppliant[e], que ladite chapelle elle
puisse fonder et ycelles douer desdites seze livres parisis à perpetuité de value chascun an, selonc l'ordenance dudit bourgois, hors
fié toutevoie, justice et forteresse ; et que les chapellains qui en ycelle
sont ou seront establiz pour faire le service devin, lesdites seze livres
de value par an comme dit est, se ja sont acquises, puissent tenir et

---

1. Probablement le pont de Bezons, Seine-et-Oise, arr. de Versailles,
cant. d'Argenteuil.

posseoir franchement et quittement à tous jours mais, perpetuelment, sanz ce qui soient tenuz de les vendre ne mettre hors de leur main et sanz paier à nous ne à nos successeurs roys, pour ce aucune finance quele que elle soit ou temps avenir. Et que ce soit ferme chose et estable à tous jours mais, etc...

Ce fu fait au Bois de Vincennes, l'an de grâce mil CCC trente et quatre, ou mois de decembre.

Par le roy, present le seigneur de Gienville[1].

Guichart.

CXXXII.

1334, décembre. Paris.

Philippe VI confirme un accord intervenu entre Aubert Belot, son receveur en la vicomté de Paris, et Jean Cordelle, cordonnier, et sa femme, d'après lequel, plusieurs chambres et loges sises dans les halles de Malines et de Cambrai et qui leur avaient été données à vie, moyennant 15 l. p. de rente annuelle, leur sont laissées à héritage pour la même rente, et en plus 40 l. p. à payer dans le délai de trois ans.

(JJ. 66, n° 1476.)

Philippe, par la grâce de Dieu rois de France, savoir faisons à touz presens et avenir que nous avons veu les lettres seellées sainnes et entieres ci-dessous transcriptes, desquelles la teneur s'ensuit et est telle.

A touz ceuz qui ces lettres verront, Pierre Belagent, garde de la prevosté de Paris, salut. Sachent tuit que par devant nous vint en jugement Aubert Belot, receveur du roy en la visconté de Paris, qui nous confessa avoir baillé depiéçà en non du roy à Jehan Cordelle, cordouanier, et à Martine sa fame, à leurs vies, comme aus plus offrans, si comme plus à plain est contenu en unes lettres sur ce faites souz le seel de ladite prevosté, une chambre seant à Paris en la halle de Mallinnes[2], tenant d'une part aus hoirs feu Pierre Pery, et d'autre à Jehan de Cabour, pour trente soulz parisis de rente chascun an. *Derechief*, une petite loge souz le degré de ladite halle et la place devant tenant ensemble et d'un costé à l'uys de la halle aus cuiers, et d'autre au degré par où l'en monte à la halle de Douay, comprenant environ deux toises, pou plus pou mains, pour trente

---

1. Anseau de Joinville, quatrième fils de Jean de Joinville. (Voy. H.-F. Delaborde, *Jean de Joinville et les seigneurs de Joinville*. Paris, 1894, p. 178.)

2. Voy., sur l'origine et la division des halles de Paris, D. Félibien, *Hist. de la ville de Paris*, t. I, p. 204 et 205.

soulz parisis de rente chascun an. *Derechief*, une loge joignant à la boiste au poisson des halles. *Derechief*, une chambre à la halle de Cambray, dont l'entrée est par devers le degré de ladite halle de Cambray, à destre. Lesqueles loges et chambre darrainement dites estoient escheues au roy par la mort de feu Jehan de Cabourc, qui les tenoit au temps que il vivoit pour diz livres parisis de rente chascun an, et elles furent bailliés ausdiz Jehannot et Martine, comme dit est, pour douze livres parisis de rente chascun an ; toutes lesqueles sommes dessusdites montent à quinze livres parisis de rente chascun an, à paier aus termes à ce acoustumez. Et devoient lesdiz Jehan et Martine soustenir lesdiz heritages tant comme il vivroient, en estat deu, par en haut, et le roy nostre sire par en costé et dessous ; lesquiex Jehan et Martine ont supplié au roy nostre sire qu'il li pleust bailler en heritage ausdis Jehan et Martine, pour eux et leurs hoirs, les heritages dessus esclarciz en la fourme et pour le pris que il leur avoient esté bailliez à vie, en mettant amendement en iceus, jusques à la somme de quarante livres parisis dedens trois ans encommancenz au jour de la date de ces presentes et continuelment ensuivant, et à deduire en tele maniere, que tout ce que lesdiz Jehan et Martine ou leurs hoirs mettroient ou mettre feroient au rappaillement desdiz heritages, fut comptés pour amendement et deduit desdites quarante livres. Laquele supplicacion, le roy nostre sire envoia aus gens de ses comptes à Paris par ces lettres closes seellées de son petit seel en cire rouge, afin que il s'enfourmassent par eux ou par autres, se la requeste desdiz Jehan et Martine povoit estre ottroiée au proufit du roy ou non ; lesquiex gens des comptes, par vertu desdites lettres, commanderent au receveur dessusdit qu'il enquerist la verité se ce seroit le profit du roy ou non, liquel receveur en enqueist la verité et trouva que la requeste desdis Jehan et Martine povoit estre ottroiée à eux au profit du roy, et ainssi le rapporta ausdites gens des comptes ; lesquiex gens, par vertu desdites lettres, commanderent audit receveur qu'il baillast en heritage ausdis Jehan et Martine, pour eux et leurs hoirs dessus devisez, souz la fourme, maniere et pour le pris que il leur avoient esté bailliez à vie ; c'est assavoir que lesdiz Jehan et Martine ou leurs hoirs devront lesdiz heritages soustenir en estat par en haut, et le roy nostre sire par dessous et en costé, et devront paier lesdiz Jehan et Martine ou leurs hoirs au roy lesdites quinze livres chascun an, au terme à ce acoustumé, et mettre ausdiz heritages ledit amendement dedens ledit temps et en la maniere que dit est. Liquiex receveur, par vertu dudit commandement à lui fait desdites gens des comptes comme dit est, bailla en heritage ausdiz Jehan et Martine, pour eux et leurs hoirs, lesdiz heritages en la maniere et pour le pris que dit est et en mettant en eux ledit amendement ainssi comme dessus est dit ; lesquiex Jehan et Martine, pour eux et leurs hoirs, promistrent à paier lesdites quinze livres, soustenir lesdiz heritages et mettre ledit amandement dedens ledit temps, comme dessus pour chascune chose est exprimé; et ledit receveur, toutes et chascune chose dessusdite, ou non du roy et en tant comme à son office peut et doit appartenir, leur promist pour eux et leurs hoirs, à garantir, delivrer et deffendre partout, et comme dit est soustenir lesdiz heritages à touz jours mais. En tesmoing de ce, nous, avec le signet dudit receveur avons mis le seel de la prevosté de Paris à ces lettres. Donné le darrenier jour de novembre, l'an de grâce mil CCC trente et quatre.

Et nous, adecertes, toutes les choses dessusdites et chascune par lui aians aggreables, icelles voulons, etc...

Donné à Paris, l'an de grâce mil CCC trente et quatre ou mois de decembre.

Par la Chambre des comptes.

J. Chambellan.

CXXXIII.

1334, décembre. Fontainebleau.

Philippe VI, à la requête de Jean le Leu, prêtre bénéficier en l'église de Paris, amortit 13 l. p. de cens annuel à percevoir sur différentes maisons de Paris qu'il veut employer dans les processions de la Vierge et à faire chanter *Inviolata*.

(JJ. 69, n° 15.)

Philippe, par la grâce de Dieu roys de France, savoir faisons à touz presenz et avenir, que, comme Jehan le Leu[1], prestre, beneficié en l'eglise de Paris, nous ait supplié que treze livres parisis de cens ou de annuel et perpetuel rente que il a en la ville de Paris; c'est à savoir : six livres sus une maison qui est Jehan Quartier, seant devant les Innocens et quatre livres sus une maison qui est Jehan Larbier, seant entre Petit-Pont et le quarrefour Saint-Severin[2]. *Item*, cinquante soulz sus une maison qui est Jaque l'Espicier, seant entre ledit Petit-Pont et ledit quarrefour Saint-Severin, et sont les maisons dessusdites en nostre censive. *Item*, dix soulz parisis assis en la rue de la Truanderie[3] à Paris, sus les estuves; nous li voussi-

---

1. Jean le Leu, prêtre et sous-chantre de l'église de Paris, mourut vers 1340. (Guérard, *Cartulaire de l'église Notre-Dame de Paris*, t. IV, p. 86, indique plusieurs autres fondations qu'il fit en l'église Notre-Dame.)

2. Le carrefour Saint-Séverin était situé à l'intersection des rues Galande, du Petit-Pont, Saint-Jacques et Saint-Séverin. (*Topographie historique du vieux Paris*, t. VI, p. 404.)

3. La rue de la Truanderie allait de la rue Saint-Denis à la rue Comtesse d'Artois, aujourd'hui rue Montorgueil.

sons amortir, pour yceles treze livres convertir chascun an, à touz
jours mais, à chanter à ladite eglise de Paris *Inviolata* et pour la pro-
cession le jour et toutes les huictenes de la feste Nostre-Dame miaost,
et le jour et les huictenes de la Nostre-Dame en septembre. Nous,
consideranz le bon propos dudit Jehan le Leu, pour reverence et
l'honneur de la benoite Virge Marie, li avons ottroié et ottroions de
grâce especial que la rente dessusdite il puisse transporter en ladite
eglise de Paris, pour estre convertie en l'oeuvre dessusdite et que ladite
eglise et les personnes d'icelle, presenz et avenir, puissent tenir et
tiegnent paisiblement et perpetuelment ycele rente, senz ce que il ou
aucuns de eux soient ou puissent estre constrainz à la vendre ou
mettre hors de leur main et senz paier à nous ou à noz successeurs
aucune finance, laquele nous leur quittons de nostredite grâce, aient
fiance que il soient plus enclins à prier pour nous. Et que ce soit
ferme chose et estable à touz jours, etc...

Donné à Fontainnebliaut, l'an de grâce mil CCC trante et quatre
ou mois de decembre.

Par le roy.

Barriere.

Facta est collacio.
Pro registro iii s.

CXXXIV.

1334, décembre. Bois de Vincennes.

Philippe VI amortit, en faveur des Chartreux de la maison de Vauvert,
près de Paris, jusqu'à 80 l. p. de rentes perpétuelles qui leur furent données par diverses personnes.

(JJ. 69, n° 26.)

Philippe, par la grâce de Dieu roys de France, savoir faisons à touz
presenz et avenir que comme religieux hommes, le prieur et le convent de la maison de Valvert emprès Paris, de l'ordre de Chartreuse,
nous aient exposé que plusieurs bonnes gens, par devocion, pour
l'amour de Dieu et en ausmone, leur aient donné plusieurs somes
d'argent pour achater rentes et possessions, à la sustentacion desdiz
religieux et afin que le devin service en soit fait perpetuelment pour
le sauvement des âmes des donneurs dessusdiz par lesdiz religieux
en leurdite maison. Nous, à la supplication desdiz religieux faite à
nous sur ce devotement, pour l'acroissement du devin service dessusdit, et afin que nous soions participanz des bonnes euvres en ceste
partie, volons et ottroyons par la teneur de ces lettres, de grâce especial, que lesdiz religieux puissent aquerre et retenir acquis ensamble
ou par parties, jusques à quatre vint livrées à parisis de rente perpetuel pour eux et leur eglise, en fiez, araire fiez, sans haute justice et

en censive tenus de nous ou de quec006nques autres personnes et qu'il les puissent tenir et possoir perpetuelment et joir en comme de leur propre, senz ce que jamais par nous ou noz successeurs il soient contraint à vendre ladite rente ne à mettre la hors de leur main, ne à fere en pour ce aucune finance à nous ou à nos successeurs. Et que ce soit chose ferme et valable à touz jours, etc...

Ce fut fait au Boys de Vi[n]cennes, l'an de grâce mil CCC trante et quatre ou moys de decembre.

Par le roy, à la relation de l'ausmonier.

Gervayse.

Facta est collatio.

Pro registro II s.

CXXXV.

1335, janvier.

Lettres d'émancipation en faveur de Jean Billouart, fils aîné de Jean Billouart, conseiller du roi [1].

(JJ. 66, n° 1488.)

Philippe, par la grâce de Dieu, roys de France, nous faisons savoir à touz presens et avenir que nostre amé et feal conseillier Jehan Billouart nous a supplié que nous, Jehan Billouart son filz l'ainzné, lequel a passé l'aage de quinze ans, si comme il dit, vousissiens aagier et habiliter à faire et exercer tout ce que cilz qui a passé l'aage de vint et un ans et est d'aage parfait, puet faire et exercer. Et nous, inclinans à la supplication de nostredit conseillier, de grâce especial, de nostre certaine science et de nostre plain povoir et auctorité royal, ledit Jehan, filz de nostredit conseillier, avons aagié et habilité, aagions et habilitons par la teneur de ces lettres, à faire et exercer en touz contraux et besoignes quelescunques soient et en touz cas, tout aussi comme quelconque aagiez et de souffisans et parfait aage puet faire et exercer; et donnons en mandement par ces lettres à touz justiciers et à autres ausquelz appartient ou appartendra, que ledit aagé, comme dessus est dit, reçoivent en touz jugemens, negoces, contraux, cas et besoignes, comme homme de plain et parfait aage, non contrestant touz drois escrips et non escrips, coustumes et usaiges contraires. Et pour ce que ce soit ferme chose et estable à touz jours, etc...

---

1. Voy. ci-dessus, au n° CI, d'autres lettres d'émancipation accordées par Philippe VI, au mois de mai 1332, en faveur de Charles Billouart, autre fils de Jean Billouart. Si l'on s'en rapportait à ces lettres, Charles Billouart aurait été plus âgé que Jean. Dans ce cas, le titre de fils aîné donné à ce dernier ne pourrait s'expliquer que par suite du décès de Charles.

Ce fu fait l'an de grâce mil trois cenz trente quatre ou mois de janvier.

Par le roy, à vostre relation.

G. Godefroy.

CXXXVI.

1335 (n. st.), février. Abbaye de Sept-Fons.

Philippe VI, à la requête de Thomas d'Anneville, son *oublaier*, amortit 20 l. t. de rente, qu'il destine à la fondation d'une chapelle en l'hôpital Saint-Jacques à Paris.

(JJ. 69, n° 5.)

Philippe, par la grâce de Dieu, roys de France, savoir faisons à touz presens et avenir que oie la supplicacion et requeste de Thomas d'Anneville, nostre amé oublaier, affermant lui avoir affection et propos en Dieu de fonder en l'ospitau de Saint-Jaque de Paris[1] une chapelle pour le remede des âmes de son pere et de sa mere, et aussi pour le salut de s'âme; et des biens que Diex li a prestez, icele chapele dier de vint livres de rente à tournois pour la sustentacion et vivre du chapelain qui ladite chapele deservira et celebrera en icele le devin office. Nous qui desirons à acroistre en nostre temps l'office divin et esperons estre participant es bienfais qui, en ladite chapele, seront faiz ou temps avenir perpetuelment, approuvans le bon propos dudit Thomas, et pour ce, enclinans à sa supplicacion et requeste, avons octroié et octroions audit Thomas, par la teneur de ces presentes lettres, de grâce especial, de certaine science et de nostre auctorité royal que ledit Thomas puist acquerre en la visconté de Paris, une foiz ou par parties, vint livres de rente à tournois annuele et perpetuele, en censives tant seulement, se acquis ne les a, pour les convertir en la fondacion et dotacion de ladite chapele, et que le chapelain ou chapelains, qui pour le temps seront chapelain de ladite chapele, les puissent tenir et posseder paisiblement, à touz jours mais, sanz estre contraint de les mettre hors de leurs mains, ne de en faire ou paier aucune finance ou temps avenir. Et pour ce que ce soit ferme chose et estable, etc...

Fait à l'abbaye de Sept-Fons[2], l'an de grâce mil CCC trente quatre ou mois de fevrier.

---

1. Sur Saint-Jacques-de-l'Hôpital, et d'autres chapellenies qui y furent fondées également sous Philippe de Valois, voy. Lebeuf, *op. cit.*, éd. Cocheris, t. I, p. 127 et 252. L'église Saint-Jacques, située au coin des rues Mauconseil et Saint-Denis, fut démolie en 1820.

2. Septfonds, abbaye de Cisterciens, Allier, arr. de Moulins, cant. de Dompierre, comm. de Diou.

Par le roy, à la relacion de messigneurs Jehan des Prez et Jaque Rousselot.

G. Buyn scriptor hujus.

Facta est collacio.

Pro registro III s.

CXXXVII.

1335 (n. st.), février. Châtillon-sur-Loire.

Philippe VI, à la requête de Jean du Celier, amortit en sa faveur 16 l. p. de rente annuelle pour lui permettre de fonder une chapellenie en l'église Saint-Barthélemy de Paris ou ailleurs.

(JJ. 69, n° 11.)

Philippe, par la grâce de Dieu, roys de France, savoir faisons à touz presenz et avenir que comme Jehan du Celier, si comme il nous a siguifié, ait grant devotion de fonder une chapellenie perpetuel à l'oneur de Dieu et de sa sainte Eglise, et y faire instituer un chapelain qui dira chascun jour une messe pour le salu des âmes dudit Jehan et de ses predecesseurs, es queles messes, nous, nostre compaigne la royne et nostre lignié, serons participanz, et d'icelles messes, sera chascune semainne l'une propre et especial pour nous, nostredite compaigne et lignié, celebrée de la Mere-Dieu, tant comme nous vivrons et de *Requiem*, après nostre decès, chascune semainne perpetuelment; avons ottroié et ottroions en tant comme à nous touche, audit Jehan, de grâce especial et de certaine science, que il puisse fonder et douer ladite chapellenie en l'eglise de Saint Barthelemi, devant nostre palais de Paris ou aillieurs, en lieu convenable, là ou il li plaira, de seze livres parisis de annuel et perpetuel rente, en censive, souz nostre signorie, en la ville de Paris, et yceles seze livres de rente transporter, donner et adjoindre à ladite chapellenie à touz jours mais, et que les chapellains qui pour le temps tenront ladite chapellenie, puissent tenir, posseoir et lever ladite rente si comme ledit Jehan l'aura assignée, senz fief, senz juridicion et senz justice, perpetuelment, quittement et franchement, senz estre contraint de la vendre, aliener ou mettre hors de leur main ou de en faire finance à nous ou à noz successeurs, laquele finance nous avons quitté et quittons audit Jehan, de la grâce dessusdite. Et que ce soit ferme chose et estable à touz jours mais, etc...

Ce fu fait à Chastellon sur Loyre[1], l'an de grâce mil CCC trante et quatre ou moys de fevrier.

---

1. Châtillon-sur-Loire, Loiret, arr. de Gien, ch.-l. de cant.

Par le roy, à la relation messires Philippe de Meleun, Jehan des Prez et Jaque Rousselot.

J. Chambellan, scriptor.

Facta est collatio.
Pro registro II s.

CXXXVIII.

1335, mai. Maubuisson.

Philippe VI autorise son valet, Jacques des Essars, à accepter, sous bénéfice d'inventaire la part de succession qui lui revient à cause d'Agnès, sa femme, fille de feu Étienne Bourdon du Pois et de Marie, veuve dudit Étienne, remariée à Geoffroi Coquatrix.

(JJ. 69, n° 38.)

Philippe, par la grâce de Dieu, roy de France, savoir faisons à touz, nous, de nostre grâce especial et auttorité royal, avoir ottroié à nostre amé vallet Jaques des Essars que par le benefice d'inventoire il puisse prendre et recevoir la succession de Marie, jadix feme de feu Estienne Bourdon du Pois, et après ce, femme de feu Gieffroy Coquatrix et nagueres femme de Jehan Billouart, et tele porcion comme lui en peut appartenir à cause de Agnès sa femme, fille dudit feu Estienne et de ladite Marie ; et que se ou temps avenir estoit trouvé que ladite Marie, sesdiz mariz ou ses predecesseurs ou ledit Jaques, par raison de ladite succession fussent en aucunes choses obligiez à nous ou à autres de quelque condicion qu'il soient, que ledit Jaques, ses biens quelconques ou ses hoirs ne les biens d'yceuls, ne puissent estre contrainz en plus que l'inventoire de ladite succession se monteroit ; et ce, li avons ottroié et ottroions de certaine science et de grâce especial, non contrestant toutes costumes, usages, privelieges, franchises ou quelconques autres choses contre lesquelles, quant à ce et en cest cas, voulons estre de nulle value, et que ne le puissent lier ne nuire, lui, ses hoirs ne ses successeurs. Et que ce soit ferme et estable à perpetuité, avons fait nostre presente grâce seeler de nostre seel. Ce fu fait à Maubuisson [1], l'an de grâce mil CCC trante et cincq, ou mois de may.

Par le roy.

Guichart.

Facta est collatio.
Pro registro III s.

---

1. Maubuisson, Seine-et-Oise, arr. et cant. de Pontoise, comm. de Saint-Ouen-l'Aumône.

CXXXIX.

1335, mai. Taverny.

Lettres de Philippe VI autorisant Bernard Coquatrix, bourgeois de Paris, à accepter sous bénéfice d'inventaire la succession de Geoffroy Coquatrix, son père, et de Marie, sa mère.

(JJ. 69, n° 55.)

Philippe, par la grâce de Dieu, roys de France, savoir faisons à touz presenz et avenir que de grâce especial et de nostre auttorité et plain povair royal, nous avons ottroié et ottroions à nostre amé Bernart Coquatriz, bourgois de Paris, que par le benefice de inventoire, il puisse prenre et recevoir pour cause de la succession de feu Geffroy Coquatriz, son pere, et de Marie, sa mere, jadis feme Estienne Bourdon du Pois, et après feme dudit feu Geffroy Coquatriz et nagueires femme de Jehan Billoart, telle porcion comme à lui peut appartenir; et que se ou temps avenir, estoit trouvé que sesdiz pere et mere ou les mariz de ladicte feu Marie sa mere, ou leurs predecesseurs, ou ledit Bernart, pour raison de ladicte succession, fussent en aucunes choses tenuz ou obligiez à nous ou à autres, de quelque condicion qu'il soient, que ledit Bernart ou ses hoirs, ou leurs biens, ne puissent estre contrainz ne executez en plus que l'inventoire de ladicte succession contendra, et que par rendant ce qu'il en aura ainsi receu, il et ses hoirs en demeurent quittes, non contrestant toutes costumes, usages, privilieges, franchises, ou quelsconques autres choses contraires, lesquelles, quant à ce et en cest cas, nous volons estre de nulle value. Et que ce soit ferme et estable à touz jours mais, nous avons fait mettre nostre seel en ces lettres. Donné à Taverny[1], l'an de grâce mil CCC trente cinc, ou mois de may.

Par le roy.

Barriere.

CXL.

1335, mai. Notre-Dame-la-Royale près Pontoise.

Lettres d'anoblissement accordées par Philippe VI en faveur de son conseiller et procureur général Simon de Buci.

(JJ. 69, n° 56.)

Philippe, par la grâce de Dieu, roys de France, savoir faisons à touz presenz et avenir, que ja soit ce que nostre amé et feaul conseiller

---

1. Taverny, Seine-et-Oise, arr. de Pontoise, cant. de Montmorency.

et procureur general, maistre Symon de Bucy[1], clerc, ne soit nobles ne attraiz de noble ligniée, pour consideracion des bons et aggreables services que il nous a faiz ou temps passé et fait encores chascun jour, ycelluy maistre Symon, à plain acertenez de son estat et condicion, par la teneur de ces presentes lettres anoblissons, et audit maistre Symon avons ottroié et ottroions de nostre auctorité royal, de grâce especial et de certaine science, que il, sa posterité et ligniée et ses enfanz neez et à naistre, qui sont descenduz ou descendront de son corps, qui seront neez en loyal mariage, soient nobles et pour nobles de ci en avant soient tenuz, et en leurs besoingnes et chouses traictiez comme nobles, et que ycelluy maistre Symon, quant il li plaira, puisse venir à estat de chevalerie et prenre ledit estat de chevalerie de quelconque chevalier que il li plaira, en suppliant et abolissant et remettant de nostre plain pooir royal, de grâce especial et de certaine science touz deffaus qui pour cause de nativité ou autrement sont ou pevent estre en sa personne, par quelque maniere que ce soit, et en li donnant et restablissant à plain et parfait enterin et legitime estat de nativité et de noblesse ; et que en noz fiez et arrerefiez et en quelconques autres il puisse acquerre, et les chouses par li acquises tenir pasiblement et perpetuelment possider comme nobles, sans ce que il soit contrainz de les vendre ou mettre hors de sa main ou faire finance quelle que elle soit à nous ou à noz successeurs. Et pour ce que ce soit ferme chouse et estable, etc...

Donné à Nostre-Dame la Royaul emprès Pontoise[2], l'an mil CCC trante et cinc ou moys de may.

Par le roy.

Aubigny.

Pro registro.

CXLI.

1335, 12 juillet. Bois de Vincennes.

Philippe VI amortit, en faveur de la maison des aveugles de Paris, toutes les rentes qu'ils ont pu acquérir dans le temps passé jusqu'à ce jour.

(JJ. 69, n° 97.)

Philippe, par la grâce de Dieu, roys de France, savoir faisons à touz

---

1. Simon de Bucy, que le roi anoblit, de simple clerc devint maître des requêtes de l'hôtel en 1331, procureur général au Parlement vers 1332, conseiller en 1338, troisième président en 1339, enfin premier président en 1345. Il mourut le 7 mai 1368. (Noël Valois, *le Conseil du roi, nouvelles recherches*, p. 5 à 9 ; Blanchard, *Éloges des premiers présidents du Parlement*, p. 10. Voy. aussi sur sa famille l'enquête faite par Philippe VI au mois de mai 1339 (JJ. 75, n° 295) que nous publions plus loin sous le n° CCXIV.)

2. Maubuisson.

presenz et avenir que nous, considerans que la maison des avugles de Paris[1], qui est de nostre fondacion royal, est petitement douée de rentes et revenues pour soustenir et gouverner les povres qui y sont et faire les autres euvres de misericorde que l'en y fait ; aians à ycelle affection especial, pour ces causes, voulons et avons ottroié et ottroions de grâce especial et de certaine science au meistre, freres et suers de ladite maison que toutes les rentes quelles que elles soient qu'il ont acquis de tout le temps passé jusques à ores, il et leur successeurs maistres, freres et suers de ladite maison, puissent tenir et posseoir franchement, à touz jours mais, perpetuelment, sanz ce qu'il soient tenuz de les vendre ne mettre hors de leur mains et sanz paier à nous ne à noz successeurs roys pour ce aucune finance quelle que elle soit ou temps avenir, laquelle nous leur avons quittié et donnée, donnons et quittons de grâce especial et de certaine science. Et que ce soit ferme et estable à touz jours, etc...

Ce fu fait au Bois de Vincennes, le xiie jour de juillet, l'an de grâce mil CCC trante et cincq.

Par le roy, present l'aumosnier.

Guichart.

CXLII.

1335, juillet. Taverny.

Philippe VI, en récompense des services que lui rendit Jean de Hubant, son clerc, amortit en sa faveur 20 l. t. de revenu annuel dont il pourra disposer au profit de bonnes œuvres en totalité ou par parties.

(JJ. 69, n° 139.)

Philippus, Dei gratia, Francorum rex, notum facimus tam presentibus quam futuris, quod cum regalem deceat magnificentiam illos quos magnificentia ipsa in suis novit obsequiis prompta fidelitate, devotos, graciosos, prosequi favoribus, manu liberalitatis amplecti et precipuis honoribus decorare. Nos, labores intensos quibus dilectus magister Johannes de Hubanto[2], clericus noster, nostrisque (*sic*)

---

1. Sur les autres libéralités de ce genre que les Quinze-Vingts reçurent de Philippe VI. (Voy. Léon Le Grand, *les Quinze-Vingts depuis leur fondation jusqu'à leur translation au faubourg Saint-Antoine*, dans les *Mémoires de la Soc. de l'Hist. de Paris*, t. XIII, p. 172 et 173, et tirage à part, p. 70 et 71.)

2. Jean de Hubant, conseiller du roi, avait, dès le 9 août 1336, affecté plusieurs maisons sises à Paris, rue des Porées et dans le cloître de Sainte-Geneviève, à l'entretien de quatre boursiers, dont il confiait la direction à l'abbé de Sainte-Geneviève et au maître en théologie du collège de

carissimorum dominorum Philippi et Karoli consanguineorum nostrorum quondam Francorum regum, serviciis fructuose insudavit, in nostris exhuberans et habundans jugiter; attendentes et volentes ex hiis quod manum nostram sibi liberalem senciat atque fructuosam, eidem ex nostra certa sciencia et gratia speciali concedimus, quod ipse, in allodiis, censivis nostris et subditorum nostrorum, usque ad summam viginti librarum turonensium annui redditus, insimul vel per partes, emere vel acquirere libere valeat et in ecclesias aut loca pia, sacra vel in ecclesiasticas seu religiosas vel miserabiles personas, insimul eciam vel per partes, ipse vel alius pro ipso, perpetuo transferre vel eciam pecuniam tradere, relinquere dictis ecclesiis, locis vel personis pro dictis redditibus emendis, acquirendis insimul vel per partes; et insuper quod ipse ecclesie, loca vel persone in quas vel in que dicti redditus sic acquisiti insimul vel per partes translati fuerint, vel etiam quos de pecunia eisdem tradita seu relicta emerint, vel aliter acquisierint insimul vel per partes, eosdem, perpetuo, pacifice et quiete tenere et possidere absque coactione eos vendendi vel extra manum suam ponendi, aut nobis, seu successoribus nostris, qualemcunque finenciam, vel redibenciam, seu servitutem propter hoc prestandi quoquomodo. Quod ut firmum et stabile perpetuo perseveret, nostrum presentibus litteris fecimus apponi sigillum, salvo in aliis jure nostro et in omnibus quolibet alieno.

Datum et actum apud Tavergniacum, anno Domini millesimo CCC^{mo} tricesimo quinto, mense julii.

Per dominum regem, ad relationem vestram.

Molinis.

CXLIII.

1335, 4 août. Paris.

Philippe VI, en son nom et au nom de son fils le duc de Normandie, autorise Gui de Tornebu, sire de Musy et de Loye, à vendre à Jean Behuchet, chanoine de la chapelle royale de Paris, et à Julien Behuchet, son frère, une partie d'un fief de haubert, tout en retenant le reste, nonobstant la coutume de Normandie interdisant le morcellement de ce genre de fiefs.

(JJ. 69, n° 106.)

Philippe, par la grâce de Dieu, roys de France, savoir faisons à touz presenz et avenir, que comme nostre amé Guy de Tornebu, cheva-

---

Navarre. Plus tard, en 1339 et en 1346, devenu président aux enquêtes, il modifia ses premières dispositions et fonda six bourses pour les écoliers de la terre de Hubant, en Nivernais, et des villages situés à cinq lieues autour de cette terre. Ce collège fut également appelé collège de l'*Ave Maria*. (Lebeuf, *Hist. de Paris*, éd. Féchoz, additions de M. Bournon, t. I, p. 206.)

lier, sire de Musy et de Loye, pour la somme de cinc cens livres
tornois de rente que il avoit vendues à nostre amé Jehan Behuchet,
chanoine de nostre chapelle royal de Paris, et à Julien Behuchet
son frere, à la vie d'iceux et dudit chevalier et d'aucuns de leurs
freres survivans, euls et ledit chevalier eust baillié, assis et assigné
ausdiz achateurs plusieurs et certains heritages que il avoit es villes
de Musy[1] et de Loye[2] et en leurs appartenances, sur certaines fourmes
et condicions contenues en certaines lettres faites sur ce et seellées
du seel de nostre Chastelet de Paris, et depuis il eust requis ausdiz
achateurs que il vousissent prendre partie desdiz heritages, par
maniere de vente heritable, à touz jours mais, en li relaichent et
delessant le surplus des autres, laquelle chose icelui chevalier ne puet
mie faire sans le congié de nous et de nostre très cher et amé filz le
duc de Normandie et de nostre amé et feaul l'evesque d'Evreus, de
qui ledit chevalier les tient nu à nu en foy et en hommage souz nostredit filz et en fié et menbre de haubert, lequel ne se puet depiecer
ne amenuiser par la costume de Normandie[3] sans forfaire le fié, et
ainsint lesdiz achateurs ne pourroient tenir ce qu'il leur voudroit
bailler d'icelles choses, ne icelui chevalier tenir ce qui li en demourroit du surplus, puis le depié, sans congié dudit evesque et de ses
souverains ; et sur ce il nous ait requis que nous vuillions assentir et
d'en donner congié, se mestier est, audit evesque de assentir. Saichent
tuit que nous, à la requeste dudit chevalier, de la voulent[é] et assentement de nostredit filz, voulons, nous plaist et ottroions de grâce
especial et tant comme il touche nous et nostredit filz, que ledit chevalier puisse depicer ledit fié et menbre de haubert et en bailler ausdiz achateurs ou à l'un d'eux ce qui li en plaira et en retenir à soy le
surplus, non obstant ladite costume, et que iceli evesque en puisse
recevoir lesdiz achateurs ou l'un d'eux, et ledit chevalier retenir à sa
foy et hommage de tout ce que chascun aura par ledit depié, sans que
lesdiz evesque, chevalier et achateurs, ou aucuns d'eux, en puissent
ne doient estre aprochiez par nous ne par nostredit filz en aucune
amende, forfaiture ou mesprison pour cause dudit depié, lequel depié
et tout ce qui s'en fera dès maintenant pour lors en tant comme il
touche nous et nostredit filz, loons et approuvons de nostre certaine
science, plain povoir, auctorité royal, et par l'interposicion de nostre

---

1. Musy, Eure, arr. d'Évreux, cant. de Nonancourt.

2. Louye, Eure, arr. d'Évreux, cant. de Nonancourt.

3. La coutume de Normandie range le fief de haubert dans la catégorie
des héritages qui ne peuvent être partagés. (Voy. *Coutumier de Normandie*, éd. Tardif, dans la *Soc. de l'Hist. de Normandie*, t. I, chap. LXXXIII,
p. 92, et t. II, chap. XXIV, p. 79. Cf. *Nouveau coutumier général de France*,
1724, in-fol., t. IV, p. 13.)

decret le confermons, sauf tout droit autruy et le nostre en toutes choses. Et que ce soit ferme chose et estable à touz jours, nous avons fait mettre à ces lettres nostre seel.

Donné à Paris, l'an de grâce mil CCC trante et cinc, le iiiie jour ou moys d'aoust.

Par le roy.

Guichart.

CXLIV.

1335, août. Bois de Vincennes.

Philippe VI amortit 20 l. p. de rente en faveur de Pierre Galois, mercier, bourgeois de Paris, qui désire fonder une chapellenie en l'église Saint-Jacques de la Boucherie pour le repos de l'âme de sa femme Denise, nièce du physicien du roi Gilbert Hamelin.

(JJ. 69, n° 121.)

Philippe, par la grâce de Dieu, roys de France, savoir faisons à touz presenz et avenir que, comme Pierre Galois, mercier, bourgeois de Paris, ait devocion, si comme il dit, de fonder en l'eglise parrochial de Saint Jacques de la Boucherie de Paris une chapellenie et la douer de vint livres parisis de annuel et perpetuel rente pour le remede de l'âme Denise, jadis sa feme, et niece de nostre amé phisicien maistre Gillebert Hamelin, lequel nous a supplié que ladite rente voussissons amortir pour ladite cause. Nous, enclinanz à sadite supplicacion, et loanz la bonne et saincte devocion dudit Pierre, et en faveur de l'accroissement du service divin, avons ottroié et ottroions par ces lettres, de grâce especial et pour le salu de nostre âme, que ledit Pierre, ladite chapellenie puisse douer desdites vint livres parisis de rente chascun an, acquises ou [à] acquerre sanz fié et sanz justice en noz censes, rentes ou alleus ou de noz subgiez, et que celui ou ceux qui seront establiz à desservir ladite chapellenie puissent tenir et tiengnent ladite rente en nom et pour cause d'icelle chapellenie, perpetuelment et paisiblement, sanz estre contrainz à la vendre ou mettre hors de leurs mainz et senz en paier à nous ou à noz successeurs roys, aucune finance, laquelle nous quittons de nostredite grâce pour contemplacion de nostredit phisicien. Et que ce soit ferme et estable à touz jours, etc...

Donné au Bois de Vincennes, l'an de grâce mil CCC trante cinc ou mois d'aoust.

Par le roy.

Barriere.

CXLV.

1335, août. Bois de Vincennes.

Philippe VI confirme en faveur de Humbert, dauphin de Viennois, et de ses successeurs la donation faite à son frère et prédécesseur Guigues VIII, de la Maison-aux-Piliers, sise à Paris, en Grève [1].

(JJ. 69, n° 131.)

CXLVI.

1335, août. Paris.

Philippe VI, à la requête de Jacqueline la Tristanne, fille de feu Guillaume Tristan et d'Isabelle, sa femme, amortit 12 l. p. de rente annuelle, assise sur une maison de Paris, qu'ils ont destinée à la fondation d'une chapelle en l'église Saint-Germain-l'Auxerrois.

(JJ. 69, n° 141.)

Philippe, par la grâce de Dieu, roys de France, savoir faisons à touz presens et avenir, que comme feu Guillaume Tritan et Ysabel, sa feme, ou temps qu'il vivoient, eussent ordené en leur testament ou derrainne voulenté, de fonder en l'eglise de Saint Germain l'Aucerrois de Paris une chapellenie, et icelle doer de doze livres parisis de rente annuel et perpetuel pris après quatre deniers parisis de fons de terre sus la maison Jehan de Sonmeville, ferron, seant au bout de Petit Pont, par devers la Poissonnerie [2], tenant d'une part, à la maison feu Pierre de Wirmes, mercier, et d'autre part, à la maison Guillaume Ouclau, poullailier, en nostre censive; et Jacqueline la Tritanne [3], leur fille, nous ait fait supplier que lesdites douze livres

---

1. Voy. ci-dessus, p. 20, n° XIX, les lettres de Philippe VI, du mois d'octobre 1328, par lesquelles il fait cette donation à Guigues VIII. Les lettres du mois d'août 1335 sont déjà publiées par Le Roux de Lincy dans son *Histoire de l'hôtel de ville de Paris*, in-4°, p. 1 des Pièces justificatives, n° 2, et par MM. des Cilleuls et J. Hubert dans le *Domaine de la ville de Paris*, 2ᵉ fasc.; *l'Hôtel de ville*, 1891, in-4°, p. 180, pièce n° VII. Enfin, M. Guiffrey les a analysées dans son *Histoire de la réunion du Dauphiné à la France*, p. 320, n° 7, d'après le ms. lat. 10956, n° 125 de la Bibliothèque nationale.

2. Rue qui descendait de la rue de la Bûcherie à la Seine; elle fut appelée dans la suite rue du Carneau et rue des Porées. (Jaillot, *op. cit.*, quartier Saint-Benoît, p. 37.)

3. Jacqueline Tristan, ou la Tristanne, épousa Robert de Meulan, et nous la

parisis de rente nous voussissons admortir pour le doement de ladite chapellenie. Nous, loanz le bon propos desdiz trespassez et enclinanz à la supplication de ladite Jaqueline, avons ottroié et ottroions de grâce especial, et en faveur de l'accroissement du divin service et pour le salu de nostre âme, à ladite Jaqueline, que ladite chapellenie elle puisse doer desdites douze livres de rente, et que le chapellain qui pour le temps sera establiz à desservir ladite chapellenie, puisse tenir et tiengne perpetuelment et paisiblement ladite rente, sanz ce que il soit constraint à la vendre ou mettre hors de sa main et sanz paier aucune finance, laquelle nous quittons de nostredite grâce. Et que ce soit ferme et estable à touz jourz, etc...

Donné à Paris, l'an de grâce mil CCC trante et cincq, ou mois d'aoust.

Par le roy.

Barriere.

CXLVII.

1335, août. Paris.

Philippe VI, à la requête des maîtres et frères de l'hôpital de Saint-Jacques-du-Haut-Pas, amortit en leur faveur six arpents de vigne, sis au lieu dit le Clos-du-Roi, vers Notre-Dame-des-Champs, pour leur permettre d'y fonder un hôpital et une chapelle.

(JJ. 69, n° 193.)

Philippe, par la grâce de Dieu roys de France, savoir faisons à touz presenz et avenir, que comme le maistre et les freres de l'ospital de Saint Jaque de Haut-pas aient affeccion et volenté de funder un hospital avec une chapelle[1] dedenz ycellui hospital en la ville de Paris, en l'onneur de Dieu et de saint Jaques et saint Phelippe, apostres, des aumosnes qui, en nostre royaume, leur ont esté et seront données ou nom de Nostre Seigneur et de ses sains, pour recevoir oudit hospital les povres trespassanz et especiaument les povres pelerins alanz audit Saint Jaques ; et pour fonder lesdiz hospital et chapelle aient acquis de nouvel, en tout ou en partie, six arpens de vignes assis ou lieu que l'on dit le Clos le Roy, vers Nostre-Dame

---

voyons, en 1340, fonder également une chapelle en l'église Saint-Germain-l'Auxerrois. (*Gallia christiana*, t. VII, col. 261.)

1. Sur cette fondation, voy. Lebeuf, *op. cit.*, éd. Cocheris, t. II, p. 75 ; Sauval, *op. cit.*, t. II, p. 364. — Jaillot, *op. cit.*, t. IV, quartier Saint-Benoît, p. 138 et 139, fait remonter à une époque bien antérieure à 1335 l'établissement des religieux de Saint-Jacques à Paris. Cette pièce semble cependant confirmer l'opinion de Sauval et celle de dom Félibien. (*Op. cit.*, t. I, p. 170.)

des Champs de lez Paris, ouquel lieu nous avons toute justice, et nous aient pour ce supplié humblement que, de nostre grâce especial, nous leur veilliens amortir lesdiz six arpens de vignes et ottroier que, en yceulz, ou lieu que meilleur et plus convenable leur semblera, il puissent fonder et faire faire les hospital et chapelle dessuzdiz. Nous, en loant et approuvant le bon propos et la bonne volenté desdiz maistre et frere, desiranz de accroistre touz jours à nostre povoir le divin service, pour le salu des âmes de nous et des nostres, et consideranz le bien et la charité qui s'en ensuiront en recuillant et recevant illucques lesdiz povres pelerins et autres trespassanz, et que, par devocion, maintes personnes y feront leurs aumosnes pour le bien que il verront qui y sera fait, avons ottroié et ottroions ausdiz mestre et freres, de grâce especial, de nostre auctorité royal et certainne science, par ces lettres, pour nous et pour noz successeurs roys de France ou temps avenir, que es diz sis arpens de vignes acquis ou à acquerre comme dit est, ou lieu qui meilleur et plus convenable à ce leur semblera, il puissent fonder et fondent et facent faire les dessusdiz hospital et chapelle et les tiengnent et ceus qui de eulz auront cause à touz jours mais, sanz ce que il ou ceus qui les tendront, pour la cause dessusdite soient ne puissent estre contraint par nous ou nozdiz successeurs roys avenir, de les vendre ne mettre hors de leur main, ne de paier pour ce finance quelque elle soit à nous, ne à nozdiz successeurs, remanant toutevoies à nous et à nozdiz successeurs la haute justice que nous y avions avant. Et que ce soit ferme et estable à touz jours maiz, etc...

Donné à Paris, l'an de grâce mil CCC trente et cinq ou mois d'aoust.

Par le roy, present monseigneur Jehan d'Andr[esel].

Charroles.

CXLVIII.

1335, 14 septembre. Waben.

Philippe VI, à la requête de Pierre de Leuvillier, auditeur au Châtelet de Paris, qui désirait fonder une chapellenie en l'église du Saint-Sépulcre, amortit en sa faveur 40 l. t. de rente à prendre sur une maison sise à Paris et sur tous les biens qu'il a acquis ou qu'il pourra acquérir.

(JJ. 69, n° 148.)

Philippe, par la grâce de Dieu roys de France, à touz ceux qui ces lettres verront, salut. Comme Pierres de Lieuviller[1], auditeur des

---

1. Ce Pierre de Leuvillier est qualifié dans un document du mois de novembre 1329 de « confrere et procureur de tous les confreres de la con-

causes de nostre Chastellet de Paris, nous ait supplié que, comme il
ait entention et volonté de fonder en l'eglise du Saint Sepulcre[1],
fondée à Paris, une prouvende ou chapellanie perpetuele[2] et à ce
establir un chanoine ou chapellain perpetuel à quarante livres tournois de rente chascun an, nous luy voulsissons ottroier que lesdites
quarante livres tournois de rente perpetuele il puist asseoir seur une
maison qu'il a assise à Paris, en nostre censive et seigneurie, en la
grant rue Saint Denis, tenant ad present, d'une part, à Hommede le
Mareschal, et d'autre part, à Thommas le Barbier, et par derriere
à Denise Cave, et seur tous ses heritages qu'il tient ad present et
seur touz ceus qu'il acquerra ou temps avenir, hors fié et justice; et
que desdites quarante livres tournois de rente il puist chargier lesdites maison et heritages à touz jours, et que icelles quarante livres
tournois de rente nous lui voulsuissons admortir. Savoir faisons à
touz presenz et avenir que nous, qui avons en cuer et en volenté de
multiplier et acroistre le service divin, voulans estre participans es
oroisons et bien faiz du chanoine ou chapellain qui à ce sera establi,
avons ottroié audit Pierres, pour l'amour de Dieu et pour consideracion des bons services que ledit Pierres a fait à nous et à noz predecesseurs, dont nous sommes enfourmez souffisaument, que lesdites
quarante livres tournois de rente perpetuele il puist asseoir seur lesdites maison et heritage et de ce chargier lesdites maison et heritage
à l'euvre dessusdite, à touz jours, et voulons que les chanoines ou
chapellains qui pour le temps seront mis et establis à ladite prouvende ou chapellanie, puissent lesdites quarante livres tournois de
rente prendre, recevoir et avoir seur lesdites maison et heritages, et
icelles tenir paisiblement et franchement comme rente admortie à
touz jours, reservé et retenu à nous et à noz successeurs les cens et
la seigneurie, si come par avant ceste presente grâce li avions, sanz
ce qu'il puissent estre pourforciez ne contrains à mettre ladite rente

---

frairie du Saint Sepulcre de Hierusalem. » (Abbé Lebeuf, éd. Cocheris, t. II,
p. 235.)

1. Cette église, dont la première pierre fut posée le 18 mai 1326, était
située rue Saint-Denis; son emplacement est occupé en partie maintenant
par le magasin de la Cour-Batave, rue de la Cossonnerie. (Jaillot, *op. cit.*,
p. 22.) Elle fut dédiée, le 25 juin 1330, par Hugues de Besançon, évêque de
Paris. (*Chronique parisienne anonyme*, dans les *Mémoires de la Société de
l'Histoire de Paris et de l'Ile-de-France*, t. XI, p. 134, n° 206.)

2. Cette chapelle, fondée par Pierre de Leuvillier, serait probablement la
plus ancienne de cette église. Cocheris dit, en effet, dans son édition de
l'abbé Lebeuf (t. II, p. 241) que des seize chapelles dont il a trouvé la mention, la plus ancienne était celle de la Sainte Face de saint Luc, fondée en
1343 par Ch. Beloni et sa famille, de Lucques. Or, celle de Pierre de Leuvillier est antérieure de huit ans.

hors de leurs mains, et sanz ce que pour raison de ce, ledit Pierres, lesdiz chapellains ne autres, soient tenus à rendre, faire ne paier, ores ne autres foiz à nous, à noz successeurs ne à noz gens, finance ne redevance quelles que elles soient; et avons donné et quittié, donnons et quittons à touz jours, pour les causes dessusdites, audit Pierres, toutes finances et redevances et tout ce en quoy ledit Pierres et lesdiz chanoines ou chapellains en povoient ou pourroient, pevent et pourront estre tenuz à nous et à noz successeurs; lesquelles choses nous avons ottroié et ottroions audit Pierres, de certaine science et de grâce especial, non contrestant qu'il teingne ledit office de auditeur à trente livres parisis de gaiges par an et ce que depuis que nous lui eusmes ottroié ledit office, nous lui aiens donné cent livres tournois en deniers pour cause de certains services qu'il avoit fait à nous et à noz predecesseurs, et non contrestant quelconques ordenances ou deffenses generaulz ou especiauls faites ou à faire à ce contraires; sauf en autres choses nostre droit et en toutes choses le droit d'autrui. Et pour ce que ce soit chose ferme et estable, etc...

Donné à Waben, le xIIII[e] jour de septembre, l'an de grâce mil CCC trante et cincq.

Par le roy.

Guichart.

CXLIX.

1335, septembre. Abbaye de Saint-Fuscien.

Philippe VI confirme l'assiette de 20 l. p. de rente annuelle faite par Guillaume de Gien, bénéficier de l'église Notre-Dame de Paris, à prendre sur des biens qu'il possède à Grisy, pour la fondation d'une chapellenie en ladite église Notre-Dame.

(JJ. 69, n° 151.)

Philippe, par la grâce de Dieu, roys de France, savoir faisons à touz presenz et avenir que comme maistres Guillaumes de Gyem, beneficiez en l'eglise Nostre-Dame de Paris, meuz de pure devocion, ait propos et volenté de fonder une chapellenie perpetuele en ladite eglise pour les remedes des âmes de lui et des siens et de ses bienfaiteurs, et de fonder et doer ladite chapellenie de vint livres parisis de rente à perpetuité, à prandre premierement et principaument lever et avoir chascun an sus les rentes et biens que ledit maistre Guillaume a, tient et posside de son propre conquest en la ville et ou terrouer de Gresi[1] ou dyocese de Paris, que il tient de nous en fié,

---

1. Grisy-Suines, Seine-et-Marne, arr. de Melun, cant. de Brie-Comte-Robert. (Voy., sur cette paroisse, abbé Lebeuf, *op. cit.*, éd. Féchoz et Letouzey, t. V, p. 154.)

sanz haute justice, à deservir perpetuelment et celebrer chascun jour messe par un chapellain perpetuel ou par les chapellains de ladite eglise de Nostre-Dame de Paris, qui ores sunt et qui pour le temps seront, et par sepmaines ou temps avenir ou autrement et pour pitieables euvres, selonc l'ordenance dudit maistre Guillaume; et il nous ait fait supplier humblement que lesdites rentes, nous, de nostre grâce especiale, lui vousissiens admortir en accroissement du service divin. Nous, adecertes, consideranz, loanz et approuvanz le bon et loable propos dudit maistre Guillaume et sa bonne devotion, lui avons ottroié et ottroions de nostre grâce especiale, de certaine science et de nostre auctorité royal, que il puisse fonder ladite chapellenie et icelle doer desdites vint livres parisis de rente annuel et perpetuel, à prandre comme dit est, avoir et lever chascun an perpetuelment, selonc l'ordenance dudit maistre Guillaume, en et seur lesdites rentes et biens que il a, tient et posside es ville et terroer de Gresi dessusdiz; et que le chapellain ou les chapellains ou leur procureur pour euls qui pour le temps seront, et deserviront ladite chapellenie, selonc l'ordenance dudit maistre Guillaume, puissent tenir et possider paisiblement et perpetuelment lesdites vint livres parisis de rente selonc l'ordenance dudit maistre Guillaume, sanz estre contrainz à les vendre ou mettre hors de leurs mains par quelque voie ou maniere que ce soit, et sanz paier pour ce à nous ou à noz successeurs finance quele que elle soit ou temps avenir; sauf et retenu à nous et à noz successeurs la haute justice dudit fié. Et pour ce que ce soit ferme chose et estable perpetuelment à touz jours, etc...

Donné en l'abbaye de Saint-Fucian[1], l'an de grâce mil CCC trante et cincq, ou mois de septembre.

Par le roy, à la relacion de messires Ja. Roussellet[2] et M. Chamaillart[3].

P. Caisnot.

---

1. Saint-Fuscien, Somme, arr. d'Amiens, cant. de Sains.

2. Ce personnage est sans doute le même que Jacques Rousselet, qualifié, dans des lettres du 12 novembre 1348, de clerc et conseiller du roi et maître des requêtes de son hôtel. (*Lettres d'état enregistrées au Parlement sous Philippe VI de Valois*, n° 547, dans l'*Annuaire-Bulletin de la Société de l'Histoire de France*, 1898.) En 1333, il figurait parmi les conseillers au Parlement de Paris, et au mois d'août 1339, il fut chargé, avec Jean de Cayeu, de rechercher les excès commis par les agents royaux sur les terres du Pont-de-Saint-Amand et de la châtellenie d'Ath. (Aubert, *le Parlement de Paris, de Philippe le Bel à Charles VII, sa compétence, ses attributions*, p. 55 et 318.) Il a été omis dans les *Généalogies des maîtres des requêtes ordinaires de l'hôtel* de Blanchard.

3. Le 26 mars 1336 (n. st.), Philippe VI, par des lettres datées de Pont-Saint-Esprit, présenta Maurice Chamaillart au doyenné de l'église Saint-Mar-

CL.

1335, septembre. Hesdin.

Philippe VI, à la requête des exécuteurs testamentaires de Marie de la
Pointe, pâtissière, amortit en sa faveur 12 l. p. de rente destinées à faire
chanter à perpétuité trois messes par semaine pour le repos de son âme
en l'église Saint-Eustache, à Paris.

(JJ. 69, n° 215.)

Philippe, par la grâce de Dieu, roys de France, savoir faisons à touz
presenz et avenir, que comme Marie de la Pointe, pataiere, ait lessié en son testament ou derreniere volenté douze livres de rente au
parisis[1], à perpetuité, pour chanter troiz messes chascune sepmaine
à touz jours pour le salut de s'âme, en l'eglise Saint Eustace à Paris,
et les hoirs et executeurs de ladite Marie nous aient humblement
supplié que nous vousissions amortir ladite rente et ottroier que le
curé de ladite eglise ou chapellain qui sera establi pour lesdites
messes chanter, puissent tenir ladite rente à touz jours. Nous, voulans estre participanz es dites messes et que le divin service accroisse
en nostre temps, avons ottroié et ottroions de grâce especial, que
ledit curé ou chapellain et leurs successeurs curés ou chapelains qui
seront establiz pour lesdites messes chanter, lesdites douze livres de
rente, se ja sont acquises ou quant elles seront acquises, puissent
tenir et posseoir franchement et quittement à touz jours maiz perpetuelment, toutevoies hors fié, justice et forteresce, sanz ce qu'il
soient tenuz à les vendre ne mettre hors de leurs mains et sanz paier

---

tin de Tours, qui était vacant par la mort de Jean de Blois. Il avait alors le
titre de clerc et conseiller du roi. (L. de Grandmaison, *Cartulaire de l'arche-
véché de Tours*, t. I, p. 62, note 2.) Une quittance de 327 livres qu'il donna
en 1343 au receveur d'Anjou nous apprend qu'il était déjà maître des requêtes
de l'hôtel. (Note de Chassebras, secrétaire du roi, en marge d'un exemplaire
des *Généalogies des maîtres des requêtes* de Blanchard, appartenant à M. de
Boislisle.) Au mois de février 1350, il exerçait encore ces fonctions. (*Journaux du trésor de Philippe VI de Valois*, n° 3959. Voy. aussi *Lettres d'état
enregistrées au Parlement sous Philippe VI de Valois*, n° 526, dans l'*Annuaire-Bulletin de la Société de l'Histoire de France*, 1898.)

1. Le 20 septembre 1342, Jean Halegrin, chanoine de Beauvais, exécuteur
testamentaire de Marie de la Pointe, fit assiette de ces 12 l. p. sur la boîte
de la marée aux halles de Paris, pour cette fondation. (Guérard, *Cartulaire
de l'église Notre-Dame de Paris*, t. III, p. 339. Voy. aussi Lebeuf, *op. cit.*,
éd. Cocheris, t. I, p. 124 et p. 232.)

à nous ne à noz successeurs roys de France aucune finance pour ce, quele que elle soit ou temps avenir. Et que ce soit ferme et establc à touz jours maiz, etc...

Donné à Hedin[1], l'an de grâce mil CCC trente cinq, ou mois de septembre.

Par le roy.

Guichart.

CLI.

1335, octobre. Paris.

Philippe VI confirme l'acquisition faite par l'abbé de Cluny à Philippe de Trie et à Jean de Châteauvillain de deux hôtels sis à Paris, près du palais des Thermes, et les amortit en sa faveur.

(JJ. 69, n° 159.)

Philippus, Dei, etc... notum facimus, etc... quod cum religiosus vir, dilectus et fidelis Petrus abbas monasterii Cluniacensis[2], consiliarius noster, supplicaverit nobis ut emptioni et acquisitioni per eum factis de duobus maneriis seu hospiciis cum suis juribus et pertinenciis, que titulo emptionis, pro se suisque successoribus Parisius acquisivit, videlicet hospicium seu manerium situatum apud Palatium Termarum[3], quod emit a Philippo de Tria[4], milite, et hospicium, seu manerium quod fuit Gerardi de Castellione, militis, domini de Ruppe de Milay, quod Johannes de Castrovillani[5] et ejus uxor vendiderunt eidem abbati ; que quidem hospicia seu maneria confrontantur, seu

---

1. Hesdin, Pas-de-Calais, arr. de Montreuil, ch.-l. de cant.

2. Cet abbé était Pierre de Chaslus, qui occupa le siège de 1322 à 1344. (Voy., sur l'hôtel de Cluny, Le Roux de Lincy, *Recherches sur les propriétaires et les habitants du palais des Thermes et de l'hôtel de Cluny*, dans les *Mémoires de la Société des antiquaires de France*, 1846, t. XVIII, p. 24.) Il semble avoir ignoré cette pièce intéressante pour l'histoire de l'hôtel de Cluny. La *Topographie historique du vieux Paris*, t. VI, p. 326 et suiv., n'y fait également aucune allusion.

3. Le palais des Thermes.

4. Philippe de Trie, fils de Renaud II de Trie et d'Isabelle de Heilly, fut en différend, le 19 décembre 1328, avec Robert de Courtenay, prévôt de l'église de Lille en 1332, touchant le retrait du palais des Thermes, à Paris. Il vivait encore en 1337. (P. Anselme, *op. cit.*, t. VI, p. 665.)

5. Jean II de Châteauvillain, seigneur de Luzy, de Huchon et de Bourbon-Lancy, fils de Jean de Châteauvillain et de Catherine de Forez, avait épousé Marie de Châtillon, fille de Gérard de Châtillon en Bazois, seigneur de la Rochemilay, et de Guillemette de Conches. (P. Anselme, *op. cit.*, t. II, p. 345.)

continguantur religiosis Sancti Maturini[1] et Vallis de Sernay[2] ac vico
per quem itur de Sancto Maturino[3] predicto ad vicum Cithare[4], ante
domum domini de Haricuria[5] ex una parte, et hospicio Guillelmi de
Nangis, alias dicti de Palatio Termarum et hospitiis vicecomitis de
Bello Monte et de Bersillo, ac vico Cythare ex altera, in censiva ecclesie Sancte Genovefe et Parlatorii burgensium Parisiensium, assen-
sum nostrum prebere ipsasque emptionem et acquisitionem dictorum
hospiciorum seu maneriorum laudare, ratificare et confirmare dignaremur. Nos attendentes eximiam devotionem dicti abbatis consiliarii
nostri, que non solum prestitis nobis placere cepit obsequiis, sed
speratur placitura prestandis, exemptionem et acquisitionem hujusmodi dictorum hospiciorum seu maneriorum et jurium et pertinenciarum predictorum, et omnia et singula suprascripta, rata habentes
et grata, ea volumus, laudamus, approbamus ratifficamus et ex certa
sciencia, de speciali gratia, auctoritate nostra regia, tenore presencium
confirmamus ; ipsi quoque abbati suisque successoribus abbatibus
Cluniacensibus volentes gratiam facere pleniorem, eisdem concedimus per presentes ut ipsi dicta hospicia seu maneria, sicut predicitur
acquisita, cum suis juribus et pertinenciis predictis, habeant, teneant
et possideant imperpetuum, libere, pacifice et quiete et absque coactione ea vendendi vel extra manum suam ponendi, seu prestandi
propter hoc nobis vel quibuscumque nostris successoribus finenciam
qualemcunque. Quod ut ratum et stabile perpetuo perseveret, etc...

Actum et datum Parisius, anno Domini M° CCC° XXXV[to] mense
octobri.

Per dominum regem ad relationem vestram.

J. de Sabaudia.

---

1. Religieux de la Sainte-Trinité de la rédemption des captifs vulgairement
appelés Mathurins, établis à Paris probablement vers la fin du xiie siècle.
(Jaillot, *op. cit.*, quartier Saint-André, t. V, p. 100, et *Topographie historique du vieux Paris*, t. VI, p. 330.)

2. La maison des abbés des Vaux-de-Cernay était sise rue du Foin et rue
de la Harpe. (*Topographie historique du vieux Paris*, t. VI, p. 137 et 138.)

3. Rue des Mathurins, aujourd'hui rue du Sommerard.

4. Cette partie de l'ancienne rue de la Harpe a aujourd'hui disparu par
suite du percement du boulevard Saint-Michel ; elle allait autrefois du coin
de la rue Saint-Séverin à l'ancienne place Saint-Michel, en face de la rue
Soufflot actuelle.

5. Les comtes de Harcourt avaient un hôtel situé rue des Mathurins, en
face des Thermes, entre la rue des Maçons, aujourd'hui rue Champollion,
et l'ancienne rue Coupegueule, déjà disparue au xviiie siècle. (Jaillot, *op. cit.*,
quartier Saint-André, t. V, p. 98, et *Topographie historique du vieux Paris*,
t. VI, p. 307.)

CLII.

1335, octobre. Chartres.

Lettres de Philippe VI autorisant Simon, dit le Grant, d'Yenville, et Jeanne, sa femme, fille de feu Geoffroi Coquatrix et de Marie, à accepter leur succession sous bénéfice d'inventaire.

(JJ. 69, n° 207.)

Philippe, par la grâce de Dieu, roys de France, savoir faisons à touz presens et avenir que nous, enclinans en ceste partie à la supplicacion de noz amez maistre Symon dit le Grant, d'Yenville, et Jehanne sa fame, jadiz fille feu Geuffroy Coquatrix, et de Marie, sa fame, avons ottroié et ottroions ausdiz maistre Symon et Jehanne, de grâce especial, par la teneur de ces presentes lettres, que il se puissent tenir et porter comme hoirs desdiz feu Geffroy et Marie, pere et mere de ladite Jehanne pour telle porcion comme à eulz, pour cause d'ycelle Jehanne puet appartenir, et de ycelle porcion, tant de meubles comme de heritages, prendre et entrer en possession par benefice de inventoire en telle maniere que, ou cas que il seroit trouvé que lesdiz feu Geffroy et Marie feussent tenuz à nous ou à autres personnes quelles que elles soient, de sommes d'argent ou d'autres choses, que lesdiz mestre Symon et Jehanne, sa fame, ou leurs hoirs, ne soient tenuz, ne ne puissent pour ce estre contrainz à plus grant somme que ledit inventoire contendra et que, par rendent ce qu'il en auront ainsi receu, eulz et leurs hoirs soient et demeurent quittes, non obstant que trente jours et autre cours de temps soient passés depuis la mort des dessusdiz feu Geffroy et Marie, et non obstant usage ou coustume au contraire, lesquiex de certainne science, de nostre auctorité royal et de nostre plainne puissance, nous cassons et adnullons et mettons du tout au neant. Et que ce soit chose ferme et estable à perpetuité, nous avons fait mettre nostre seel en ces presentes lettres.

Donné à Chartres, l'an de grâce mil CCC trente cinq ou mois d'ottembre.

Par le roy.   Barriere.

CLIII.

1335, octobre. Montcollin.

Philippe VI, à la requête du prieur et des frères de Sainte-Croix de Paris, amortit 20 l. p. de rente annuelle, qu'ils constituent en faveur du curé de l'église paroissiale de Saint-Jean-en-Grève.

(JJ. 69, n° 283.)

Philippe, par la grâce de Dieu, roys de France, savoir faisons à touz

presenz et avenir, que à la supplicacion de nostres amez en Dieu, le
prieur et les freres de Sainte Croiz de Paris, de l'ordre Saint-Augustin, qui nous ont fait plaine foy que il sont obligiez asseoir, dedenz
bien prochain terme, vint livres parisis de rente annuel et perpetuel
au curé de l'eglise parrochial de Saint Jehan en Greve à Paris, par
certaine composicion faite entre yceus supplians, d'une part, et le
curé qui estoit pour le temps de ladite eglise parrochial, d'autre
part, pour cause de oblacions, obseques, habitacion dudit lieu qui
est assiz en la paroisse de ladite eglise de Saint Jehan et des aumosnes
que plusieurs genz font en seur an ausdiz supplianz et à leurdite
eglise ; desquelles vint livres parisis de rente, ledit curé qui ores est
ne ses successeurs curés avenir de ladite eglise parrochial ne pourroient tenir sanz amortissement. Nous, pour l'accroissement du divin
service et pour le salu des âmes de nous, de nostre très chiere compaigne la royne et de noz predecesseurs et successeurs, de grâce especial et de nostre plain povoir royal, avons ottroié et ottroions pour
nous et pour nosdiz successeurs roys de France avenir, ausdiz supplians, que lesdites vint livres parisis de rente annuel et perpetuel
acquises ou à acquerre par eulz, ensemble ou par parties, quelque
part que il pourront miex, sanz fié et sanz haute justice, il puissent
bailler et transporter au curé de ladite eglise de saint Jehan en Greve,
et que ledit curé et ses successeurs qui seront pour le temps curés de
ladite eglise parrochial, puissent tenir et tiengnent paisiblement à
touz jours maiz ycelles vint livres parisis de rente, sanz ce que il
soient ne puissent estre contrainz de les vendre ou mettre hors de
leur main et sanz ce qu'il soient tenuz de paier pour ce à nous ou à
nozdiz successeurs roys de France finance quelle que elle soit. Et
que ce soit ferme et estable à touz jours, etc...

Donné à Mont Colain[1], l'an de grâce mil troiz cenz trente cinq, ou
mois d'octobre.

Par le roy, present son confesseur.

Charroles.

CLIV.

1335, novembre. Paris.

Philippe VI, en confirmation d'une lettre de Charles le Bel du 1er janvier
1326 (n. st.), amortit en faveur de Pierre des Essars 52 l. 8 s. 7 d. p. de
rentes assises sur différentes maisons de Paris pour lui permettre de fonder deux chapellenies en l'église Saint-Germain-l'Auxerrois.

(JJ. 69, n° 160.)

Philippe, par la grâce de Dieu, roys de France, savoir faisons à

---

1. Montcaulin ou Montcollin, près de Bonnétable, Sarthe, arr. de Mamers,

touz presenz et avenir nous avoir veu les lettres de nostre très chier seigneur et cousin le roy Charles, que Diex absoille, scellées en soie et en cire vert, contenant la fourme qui s'ensuit :

Karolus, Dei gratia Francorum et Navarre rex, notum facimus universis tam presentibus quam futuris, quod nos, ad supplicationem dilecti Petri de Essartis[1], argentarii et valleti nostri, proponentis certas

---

ancien prieuré de Bénédictins situé sur la lisière occidentale de la forêt de Bonnétable, de l'ancienne paroisse de Saint-Georges-du-Rosay. Il n'en subsiste plus que des ruines aujourd'hui. (Pesche, *Dictionnaire topographique, historique et statistique de la Sarthe*, t. I, p. 181, et t. IV, p. 144.)

1. Pierre des Essars, argentier de Charles IV, avait épousé en premières noces une femme nommée Thomasse, qui mourut entre 1328 et 1331. (Voy. ci-dessus la pièce n° LXXIV.) Avec sa première femme, il avait acquis avant le 7 juillet 1316 un vaste terrain près du chemin du Roule appelé la Culture-l'Évêque, terrain qu'il donna en 1342 aux Quinze-Vingts. (Berty, *Topographie historique du vieux Paris*, t. I, p. 286.) Il était alors remarié à une femme appelée Jeanne et qualifié de bourgeois de Paris et de conseiller du roi. Ce Pierre des Essars, qui mourut entre le 5 février et le 30 septembre 1349 (Le Grand, *les Quinze-Vingts*, dans les *Mémoires de la Société de l'Histoire de Paris*, t. XIII, p. 162), est certainement le même que le personnage du même nom souvent mentionné dans les *Journaux du trésor de Philippe de Valois* et qui prêta fréquemment de l'argent au roi. Nous voyons, en effet, d'après une mention du 13 janvier 1350, qu'il était mort avant le 18 octobre 1349, car à cette date le procureur de sa veuve et ses exécuteurs testamentaires donnent des lettres (n°ˢ 3742-3743). C'est également ce Pierre des Essars qui fut le beau-père d'Étienne Marcel. Ce dernier avait, en effet, épousé Marguerite, fille d'un Pierre des Essars dont la veuve s'appelait Jeanne et qui était mort avant le 18 novembre 1349, laissant des enfants mineurs. (Le Grand, *la Veuve d'Étienne Marcel*, dans le *Bulletin de la Société de l'Histoire de Paris*, 1897, p. 141 et 142.) C'est la mémoire de ce même Pierre des Essars, bourgeois de Paris et maître de la Chambre des comptes, que Jean le Bon réhabilita dans ses lettres du 17 février 1352. (Arch. nat., JJ. 81, n° 199.) Une note du ms. 3035, p. 51, de la bibl. Mazarine nous apprend que c'est le 25 octobre 1347 qu'il fut arrêté et emprisonné. Son nom revient très fréquemment dans les *Journaux du trésor de Philippe de Valois* et dans l'*Ordinarium Thesauri* de 1338-1339. (Voy. en particulier les n°ˢ 218, 266, 267, 275, 281, 5277, 5278, 5394, 5661, etc., de la publication que nous avons faite de ces *Journaux* dans la *Collection des documents inédits*.) Il faut le distinguer d'un Pierre des Essars tué à la bataille de Crécy et dont la veuve Jeanne, remariée à Jean de Charny, conseiller du roi et président en la Chambre des comptes, mourut le 8 mars 1392 et fut inhumée en l'église Saint-Gervais. (Lebeuf, *op. cit.*, éd. Cocheris, p. 339.) Nous avons trouvé encore un Pierre des Essars qualifié de voyer de Paris le 17 janvier 1335. (Arch. nat., Xᴵᵃ 8846, fol. 43 r°.) Est-ce un des deux personnages dont nous venons de parler ou est-ce encore un troisième ? nous ne saurions le dire. (Voy. aussi Douët d'Arcq, *Nouveau recueil des comptes*

capellanias zelo superni Numinis ac intime devotionis affectu, in ecclesia Sancti Germani Autissiodorensis, Parisius [1], construere, et eas de bonis sibi a Deo collatis dottare. Ipsius laudabile propositum in hac parte merito commandantes, predecessorumque nostrorum qui semper votis ardentibus ecclesias et earundem statum totis cognatibus sublimarunt, vestigiis inherentes, eidem Petro, de speciali gratia et ex certa scientia concedimus, ut ipse ad summam quinquaginta librarum parisiensium annui et perpetui redditus, in dictarum fundatione capellaniarum seu in alios pios usus convertandam, ut sibi et anime sue utilius et comodius expedire videbitur, simul vel divisim valeat erogare, ita tamen quod persone que hujusmodi redditum modo quo premittitur tenebunt, illum possidere valeant, absque coactione vendendi vel extra manum suam ponendi, quodque nobis, aut successoribus nostris futuris Francorum regibus, financiam vel redebenciam aliqualem exinde solvere nullatenus compellantur. Quod ut firmum et stabile permaneat, etc...

Datum apud Sanctum Germanum in Laya prima die Januarii anno Domini millesimo CCC^{mo} vicesimo quinto.

Et comme ledit Pierre des Essars, par la vertu des lettres royauls ci-dessus transcriptes, ait fundé pour les âmes de li, de feu Guarin de Senliz, de leurs femes et de leurs amis, deux chapellenies en l'eglise Saint Germain l'Aucerroys de Paris, sus certaines maisons et rentes en ladite ville de Paris, en la manicre qui s'ensuit; c'est assavoir : sus la maison Jehan le Fort, en la Viex Monnoie [2], après trois maailles de fons de terre, soixante treze soulz six deniers parisis. *Item*, sus la maison Nicolas Paillart, en la Charronnerie [3], après vint

---

de l'argenterie des rois de France, préface, p. xv, la note consacrée à Pierre des Essars, argentier de Charles IV.) Nous y corrigerons quelques erreurs qui tromperaient dans les identifications des différents personnages de ce nom. Les pièces des Arch. nat. J. 151, n°s 53 et 55, ne sont pas de 1320, mais de 1331. Enfin, les lettres de rémission de Jean le Bon que nous avons signalées furent bien données après la mort de Pierre des Essars et de Jeanne, sa femme, et non de son vivant, comme le laisserait croire M. Douët d'Arcq. Le reste de cette notice pourra compléter utilement ce que nous avons dit sur ce personnage.

1. L'abbé Lebeuf, *op. cit.*, ni Cocheris, dans les additions qu'il donne à l'*Histoire du diocèse de Paris*, t. I, p. 85 et 151, n'indiquent cette chapelle parmi toutes celles dont ils ont signalé la fondation. Cette chapelle était sous le vocable de Saint-Eutrope. (Arch. nat., S. 101, n° 1.)

2. La rue de la Vieille-Monnaie allait de la rue des Lombards au carrefour des rues de la Heaumerie, de la Savonnerie et des Écrivains. Elle a disparu à la suite du percement du boulevard Sébastopol.

3. D'après Jaillot, *op. cit.*, quartier Sainte-Opportune, t. I, p. 18, le nom de Charronnerie avait été donné à une partie de la rue de la Ferronnerie.

deniers, quarante soulz parisis. *Item*, sus la maison Thoumas Morel, en Greve, après cinquante soulz, cinquante cincq soulz parisis. *Item*, sus la maison du Heaume, à la porte Baudaer, après quatorze deniers, quarante soulz parisis. *Item*, sus un estal, en la boucherie de Paris, après fons de terre, cinquante deux soulz parisis. *Item*, sus la maison Pierre de Beauvés, au porche Saint Marciel, après fons de terre, quinze soulz six deniers parisis. *Item*, sus la maison Guerry le Heaumier, en la Heaumerie, après six deniers de fons de terre, six livres parisis. *Item*, sus la maison Guillaume le Clerc, assise es halles, après neuf deniers de fons de terre, six livres parisis. *Item*, sus les maisons Pierre le Maistre, ou viex cimetiere Saint Jehan, après fons de terre, cincquante six soulz parisis. *Item*, sus la maison Robert de Crespy, en la rue aus Precheurs[1], après trante cinq soulz, soixante soulz parisis. *Item*, sus la maison Guillaume le Tondeur et Perronnelle la Barbiere, oultre Petit Pont, en la rue Saint Jasques[2], après fons de terre, quarante soulz parisis. *Item*, sus la maison Oudart Godinelle, au chevez Saint Gervais[3], six livres parisis. *Item*, sus la maison Macy le Bourrelier, à la pointe Saint Eustache, quinze soulz parisis. *Item*, sus la maison Jehan à la Teste, que l'en dit aus Gans, en la rue de la Harpe[4], après six deniers de fons de terre, cincquante un soulz parisis et un denier tournois. *Item*, sus la maison Phelippot de Tongres, en la Viex rue du Temple[5], après fons de terre, soixante soulz six deniers parisis. *Item*, sus la maison Bertaut de Saint Denys et Jehan de Druex, au chevez Saint Lieffroy[6], après six deniers de fons de terre, six livres dix soulz parisis; desquelles rentes ci-dessus nommées et especifiés, la somme toute monte cincquante deux livres huit soulz sept deniers parisis, laquelle somme est greigneur de quarante et huit soulz sept deniers parisis que la somme contenue en la grâce royal cy dessus escripte; et pour ce ait finé ledit Pierre par devers noz genz, selon noz ordenances royauls, et paié à nostre tresor à Paris sept livres cincq soulz neuf deniers parisis. Saichent tuit que nous, en approuvant la finance et autres choses

---

1. La rue des Prêcheurs va de la rue Saint-Denis aux Halles.

2. C'est la rue Saint-Jacques actuelle.

3. C'était une partie de la rue des Barres qui était ainsi désignée au XIVᵉ siècle. (Voy. Jaillot, *op. cit.*, quartier de la Grève, p. 5.)

4. Une partie de l'ancienne rue de la Harpe existe encore et va de la rue de la Huchette au boulevard Saint-Germain.

5. Aujourd'hui rue Vieille-du-Temple, allant de la rue de Rivoli à la rue de Turenne.

6. La rue du Chevet-Saint-Leufroi, qui devint ensuite rue de la Joaillerie, allait du Pont-au-Change à l'ancienne rue Saint-Jacques-de-la-Boucherie; elle disparut à la suite du percement du boulevard de Sébastopol.

dessusdites, voulons, et de certaine science, par la teneur de ces presentes lettres, avons ottroié et ottroions en ensivant ladite grâce faite
par nostredit seigneur et cousin, que les chapitres, chapellains et
personnes qui tienne[n]t ou tenront lesdites rentes, les puissent tenir
dores en avant perpetuelment, à touz jours, sanz aucun trouble ou
empeschement, sanz estre contrainz de les vendre ou mettre hors de
leur main et sanz paier pour ce aucune finance ou redevance à nous
ou à noz successeurs roys de France. Et pour ce que ce soit ferme
chose et estable à touz jours mais, etc...

Donné à Paris, l'an de grâce mil CCC trante et cinq, ou mois de
novembre.

Par la Chambre des comptes.

H. de Dompierre.

CLV.

1335, novembre. Paris.

Philippe VI vidime des lettres de Charles IV de l'année 1323 et transporte
sur la sous-baillie et prévôté de Poissy 26 l. p. de rente, qui avaient été
assignées par ce roi sur les cens des carrières de cette ville, en faveur des
chapelains des deux chapelles fondées par feu Hervé le Breton, chanoine
de Paris, en l'église Notre-Dame, et ce en compensation de la même somme
qu'ils percevaient sur deux maisons qui furent annexées au collège de
Navarre.

(JJ. 69, n° 228.)

Philippe, par la grâce de Dieu, roys de France, savoir faisons à
touz presenz et avenir, nous avoir veu les lettres de nostre très chier
seigneur et cousin le roy Charles que Diex absoille, ci dessouz encorporées, contenanz la fourme qui s'ensuit :

Karolus Dei gratia Francorum et Navarre rex, universis presentes
litteras inspecturis salutem. Cum jam dudum defunctus magister
Herveus Brito[1], quondam Parisiensis canonicus, in construccione
duarum capellaniarum quas ob divini cultus augmentum et in honore
beati Stephani protomartiris in ecclesia beate Marie Parisiensis fun-
dasse studuit, pro capellanis instituendis ibidem, duas domos cum
certis jardinis et pertinenciis, situatas in vico Sancte Genovefe[2] in
monte Parisius, contiguas ex parte una domui quam ibidem defunctus legavit Herveo Cordubanario, et ex altera, domui magistri Guil-

---

1. Hervé le Breton, chanoine de Paris, mourut vers 1290, le 28 août.
(Voy. Obituaire de l'Église de Paris, publié au t. IV du *Cartulaire de l'église
Notre-Dame de Paris,* par Guérard, p. 138.)

2. Rue Sainte-Geneviève, aujourd'hui rue de la Montagne-Sainte-Geneviève.

lermi de Abbacia, in terra et dominio Sancti Maglorii Parisiensis, erogasset, et ipsas capellanias dotasset de eisdem, ipseque domus cum suis pertinenciis, ut premittitur, pro dilatandis operibus et ampliandis edificiis hospicii scolarium Navarre[1] qui per recolende memorie carissimam dominam genitricem nostram, ferventis et intime devocionis affectu, fundati fuisse noscuntur Parisius, postmodum capte fuerunt et dictorum scolarium usibus applicate; pro quarum recompansacione, a tempore capcionis hujusmodi, viginti sex libras parisiensium in thesauro regis Parisius fuerunt capellanis predictis anno quolibet exolute. Nos, itaque, thesaurum nostrum predictum exonerare ex ipsis capellanis, illum alibi sicuti decet assignare cupientes, ordinandum duximus ut sepedicti capellani, summam viginti sex librarum parisiensium predictam super censibus carreriarum de Poissiaco, super quibus quadraginta libras parisiensium inter alia habemus annuatim percipere per manum majoris dicti loci, de cetero percipiant et habeant sine difficultate qualibet, seu alterius expectacione mandati, per manum ipsius majoris, ut est dictum, prout eas ante presentis assignacionis confeccionem recipere seu facere recipi solebamus. Ad cujus solucionem redditus, majorem predictum, si ipse forsan super hoc negligens esset, inobediens aut remissus, per prepositum nostrum Parisiensem ut pro nobis hactenus fieri consuevit compelli precipimus et jubemus, jure nostro et alieno in omnibus semper salvo. In cujus rei testimonium, presentibus nostrum fecimus apponi sigillum. Datum Parisius, anno Domini Mᵒ CCCᵒ vicesimo tercio.

Et depuis, nous aions donné et ottroié par noz autres lettres à Amelot d'Iregny, pour elle et ses hoirs, lesdites quarante livres parisis que nous avions sur les cenz desdites carreres, sanz ce que lesdiz chapellains y prengnent dores en avant lesdites vint et six livres parisis de rente. Nous qui ne voulons pas que lesdiz chapellains soient fraudés de leurdite rente, en recompensacion d'ycelle, leur asseons et assenons, par la teneur de ces presentes lettres, pour eulz et pour leurs successeurs chapellains illec, autres vint et six livres de rente à parisis à prendre, avoir et recevoir doresenavant, perpetuelment, à touz jours maiz, sur toutes les revenues et emolumenz de la souz baillie et prevosté de Poissi, par la main des tenanz lesdites souz baillie et prevosté et aus termes qu'il avoient ou ont acoustumé à prendre ladite rente sur les cenz desdites quarrieres; voulons

---

1. Le collège de Navarre fut fondé en vertu du testament de Jeanne de Navarre, femme de Philippe le Bel, passé le 15 mars 1305 (n. st.). Il était établi rue de la Montagne-Sainte-Geneviève et occupait l'emplacement d'une partie de l'École polytechnique. (Lebeuf, *op. cit.*, éd. Cocheris, t. II, p. 598 et 671.)

et declairons que ou cas ou lesdiz tenanz seroient rebelles ou defail-
lanz de paier ausdiz termes, en tout ou en partie, que pour chascun
jour que il defaudroient, il soient tenuz aus diz chapellains en deux
soulz parisis par jour de peinnes, dont nous voulons qu'il soient
contrainz par nostre prevost de Paris qui pour le temps [sera], et du
principal aussi qui demourroit à paier, tout en la fourme et maniere
comme se ladite rente estoit en nostre propre main. Et pour ce que
ce soit ferme chose et estable ou temps avenir, etc...

Ce fu fait à Paris, l'an de grâce mil CCC trente cinq, ou mois de
novembre.

Par les genz des Comptes.

H. de Dompierre.

CLVI.

1335, novembre. Abbaye de Marmoutier.

Philippe VI vidime une lettre de Philippe, roi de Navarre et comte d'Évreux,
du mois de septembre 1335, confirmant la vente faite aux Chartreux de
la maison de Vauvert, près Paris, par Pierre de Méselant, de terres, cens,
rentes, justice, seigneurie qu'il possédait à Guerville et dans les environs,
près de Mantes.

(JJ. 69, n° 331.)

Philippe, par la grâce de Dieu, roys de France, savoir faisons à
touz presenz et avenir que nous avons veu les lettres dont la teneur
s'ensuit.

Philippe[1], par la grâce de Dieu, roys de Navarre, conte d'Evreux,
d'Angolesme et de Longueville, savoir faisons à touz presenz et avenir,
nous avoir veu deux paires de lettres seellées du seel du Chastellet
de Paris, desquelles lettres les teneurs sont ci-dessouz encorporées.
Et premierement, la teneur de l'une desdites lettres s'ensuit :

A touz ceus qui ces presentes lettres verront et orront, Pierres
Belagent, garde de la prevosté de Paris, salut. Nous faisons assavoir
que en la presence de Michiel de Donchery et de Richart Passart,
clers notaires jurez ordenez et establiz de par nostre seigneur le roy
en son Chastelet de Paris, à ce qui s'ensuit oir et feablement rappor-
ter et mettre en fourme publique ; de par nous et en lieu de nous
especialment commis et envoiez, ausquiex quant à ce et en plus granz
choses nous adjoustons pleniere foy, personnelment establiz noble

---

1. Philippe, fils de Louis de France, comte d'Évreux, et de Marguerite
d'Artois, fut roi de Navarre de 1328 à 1343. Il avait épousé Jeanne de
France, reine de Navarre, fille de Louis X Hutin. Leur fils et successeur fut
Charles le Mauvais.

homme monseigneur Pierre de Meselant, sires de Meselant, ou bailliage de Montfort, et sires de Noyon[1], en la chastellenie de Montargis, si comme il disoit, dist et afferma en bonne verité, que de
son propre heritage, il avoit, tenoit et paisiblement possidoit les
heritages, possessions, maisons, cens, rentes, champars, justice, seignorie et toutes autres choses qui cy après sont contenues et escriptes,
et lesquelles il tenoit en pleine foy et hommage de Guiot de Riche-
bour, escuier; c'est assavoir : *Premierement*, en la ville et ou terrouer
de Guerreville[2], entre Maante et Nuefville[3], un manoir que l'on
appelle la Mote[4], si comme tout se comporte et estent de toutes pars,
avecques toutes ses appartenences et appendences, lequel manoir est
assiz au dessus et prez du Moustier de Guerreville; ouquel manoir
a prison et cep, où touz les malfaiteurs qui sont pris en la terre et
ville de Guerreville sont menez et detenuz en ycelle prison et delivré, selon ce que le cas le requiert, par la justice d'ycelli seigneur.
Item, un arpent de terre ou environ, en friche, devant ledit manoir,
d'autre part de la voie. *Derechief*, demi quartier de frische ou il a
noyers, que l'en appelle la Machiere. *Derechief*, deux arpenz et un
quartier de vigne ou environ. *Derechief*, le champart de cent et cinquante arpenz de terre et plus, qui valent et pevent valoir toutefoiz
que elles portent, chascun an troiz muys de grain ou environ de
champart; lesquelles terres dessusdites et la greigneur quantité
d'ycelles sont assises devers Binanville[5] et devers le Brueil[6], et lesquelles terres, pluseurs personnes tiennent sur les condicions qui
s'ensuivent : c'est assavoir que lesdites personnes qui lesdites terres
tiennent et tendront doresenavant ou temps avenir ne pevent, ne
porront lier ne porter gerbes ne les gaengnages desdites terres hors
d'ycelles terres, sanz le congié et l'assentement dudit seigneur ou de
son commandement, jusques à tant que le droit d'ycellui seigneur
soit paiez; et se il faisoient le contraire, ceus ou cellui qui ainssi le
feroient, sont et seroient tenuz en soixante soulz parisis d'amende
envers ledit seigneur; desquiex champars l'en prent de onze gerbes
une; desquelles terres dessusdites il y a une certaine quantité qui
doivent champartage toutefoiz que elles portent, lequel champartage

---

1. Aujourd'hui Nogent-sur-Vernisson, Loiret, arr. de Montargis, cant. de
Châtillon-sur-Loing. Au xviii⁰ siècle, cette localité s'appelait encore Noyen-
sur-Vernisson. (Voy. Expilly, *Dictionnaire géographique de la France*.)

2. Guerville, Seine-et-Oise, arr. et cant. de Mantes.

3. Probablement aujourd'hui Villeneuve, hameau situé à l'est de Guerville, sur la commune de Mézières, arr. et cant. de Mantes.

4. La Mote, écart signalé par Cassini près de Guerville, au sud.

5. Binanville, écart situé au sud de Guerville, à quelque distance de
la Mote.

6. Le Breuil est un écart situé près de Guerville, à l'ouest.

en ycellui temps doit estre portez ou amenez en l'ostel d'ycellui seigneur ; et se lesdites terres d'ycelles condicions ou aucune d'ycelles
estoient plantées, mises ou converties en vignes, elles seroient de la
condicion de celles des vignes qui doivent pressorage ; et se les vignes
qui sont à present qui doivent pressorage estoient arrachées ou escer-
pées, elles seroient de la condicion et de la servitute de celles qui
doivent le champart. *Derechief*, il y a une quantité des terres et des
vignes qui sont es parties dessusdites, desquelles l'en doit le cens à
Jehan de la Noe, escuier, et audit seigneur le champart et pressorage ; et en est ledit seigneur, seigneur seignorissant et des autres
terres treffoncier et seigneur seignorissant autressi. *Derechief*, deux
pressouers ausquiex il y a bien troiz cenz arpens de vigne et plus
venanz et appartenanz à yceus pressoers ; et la plus grant quantité
d'ycelles vignes sont ou cousté devers Maante et ou cousté devers
Esponne[1], esquelles vignes l'on ne puet cueillir panier de verjus ne
de vendange, ne vendangier, ne porter hors vendenge, en la seignorie
ne hors de la seignorie dudit seigneur sanz son congié, qui ne soit en
soixante soulz d'amende envers le seigneur ; et se ainssi estoit qui
vendengassent ou vendengent par le congié dudit seigneur, et n'eussent
pacefié à ycellui seigneur ou à son commandement à argent, il convient de là en avant, la premiere journée que il aivent vendengié
comptée, que au tiers jour qui viengnent au pressoer ; et se il font le
contraire, il cheent, et sont tenuz en amende en soixante soulz parisis
envers ledit seigneur ; et quant il viennent ausdiz pressoers ou l'un
d'yceus, le seigneur en prent une chauvée de vin franchement, et
le remanant de tout le vin, du marc, moitié à moitié, et se l'en trouvoit le marc en leur maison, ou qu'il l'eussent mucié ou approprié
par devers eulz, il sont et seroient tenuz à soixante soulz d'amende
par devers ledit seigneur. *Derechief*, quinze muys de vin ou environ
de mere goute, que pluseurs personnes doivent pour reson de pluseurs vignes assises en divers lieus en la seignorie dessusdite, lesquelles personnes ne pevent traire leur vin, ne antonner, ne mettre
point d'autre vin avecques, jusques à tant que ledit seigneur en
ait eu son droit, ou autrement il seroient en l'amende envers ycellui seigneur. *Derechief*, xix livres de menu cens que pluseurs personnes doivent audit seigneur le jour de feste saint Remy. *Derechief*, à Pasques flories, sept soulz de corvées. *Derechief*, le dymenche
de Penthecouste, six deniers de cens pris par an sur le four de
Guerreville et sur paine d'amende. *Derechief*, cinquante hostes ou
hostises ou environ assises en ycelle ville de Guerreville, desquiex
hostes ledit seigneur a toute congnoissance, et sont ses justiçables
en toutes choses, excepté haute justice ; et ou cas qu'il vendent ou

---

1. Épône, Seine-et-Oise, arr. et cant. de Mantes.

vendront point de fieus, il en doivent audit seigneur de douze deniers l'un ; et s'il vendent autressi point de vin, le vendeur en doit du tonnel troiz deniers et maille, et de la queue, au pris ; et se il vendent à taverne vin, il en doivent deux sestiers pour tant que ledit seigneur leur quiert mesures, lesquelles mesures, se il les despiècent, il en sont à soixante soulz d'amende. *Derechief*, le fieu Perrinet de Flancourt, dont le demaine vaut bien cinquante livres ou environ, lequel demaine est enclavé en la seignorie dessusdite. *Derechief*, dix-sept arpenz de terre qui sont tenuz en fié dudit Perrinet et en arrierefié dudit seigneur. *Derechief*, toute la congnoissance de touz les hostes de la ville de Guerreville en quelque juridiction qu'il soient, fors tant que ledit Perrinet, le prieur de Gaucicourt[1], monseigneur Pierre de Hergeville et Perrinet de Rue Perdue, yceus quatre seigneurs ont la congnoissance de leurs hostes en meubles et en chatiex, tant seulement. Et ou cas que bestes seroient prises es terres desdiz quatre seigneurs quelles qu'elles soient, ne gages qui soient ostez à enfanz ne à genz en domage quels qui soit, en nuls des heritages, tant dudit Perrinet de Flacourt, ne en nuls des heritages qui soit tenuz de li ne à cens ne à rente, dudit prieur de Gacicourt, es heritages qui sont tenuz de lui, ne es heritages qui sont tenuz dudit monseigneur Pierre de Hargeville, comme des heritages ne es heritages dudit Perrinet de Rue Perdue, ne qui sont tenuz de lui et comme de touz autres, on ne les puet tenir ne garder ; ainçois doit-on aporter et amener les bestes ainssi pris et les gages en la court dudit monseigneur Pierre de Meselant ou à son lieutenant, toutefoiz que le cas si offerra ; et se l'en faisoit le contraire, ceus qui ainssi le feroient, seroient en soixante soulz d'amende envers ledit seigneur ; et de tout le remanant, ycellui seigneur a la congnoissance. *Derechief*, toute justice en quelque maniere que ce soit, jusques à soixante soulz que ycellui monseigneur Pierres de Messelant a en ladite ville et ou terrouer de Guerreville, comme seigneur treffoncier et comme seigneur seignorissant par dessus touz autres, lesquiex autres seigneurs sont touz ses subgez ; et en toute la seignorie dessusdite, et ou terrouer a friches et terres qui sont ou demaine dudit seigneur, desquelles terres et friches il puet bailler à cens ou à rente toutefoiz qu'il li plaira et qu'il verra son proufit à faire. Et toute la terre et les choses dessusdites ne doivent nuls services ne servitutes, ne cens, ne rente, fors tant seulement vint huit muys de vin de pressorage et quarante soulz parisis de propre aumosne ; lesquiex xxviii muys de vin et xl s. parisis ne sont pas deuz à journée prefixé, ne n'en doit l'on point d'amende, pour cause de ce que cest don est faiz de grâce especial ; et sont deuz les xxviii muys de vin dessusdiz aus personnes qui s'en-

---

1. Gassicourt, Seine-et-Oise, arr. et cant. de Mantes.

suivent. *Premierement*, vint muys d'ycellui vin de pressorage à l'abbé d'Ivry[1]. *Derechief*, six muys d'ycellui vin à l'abbé de Brueil Benoît[2]. *Derechief*, un muy d'ycellui vin à l'abbé de Saint Estienne de Roony[3]. *Derechief*, et un muy d'ycellui vin et XL s. au prieur de Cecheval[4]; laquelle terre dudit monseigneur Pierre de Meselent est joignant à la cousture au seigneur de Binanville, et depuis en suivant, à la terre Nicolas Cotelete du Breul, en descendant droit à Maante, à la terre Perrinet de Flancourt et au prieur de Saint Martin[5], et puis, en descendant droit, à la terre du Chapitre Nostre Dame de Paris, et en suivant, à la terre sire Michiel de Poicherainville; et en ceste presente division a bonnes entre lesdiz seigneurs, et en est faite informacion et bonne deliberacion eue sur ce, par bonnes genz dignes de foy, si comme ledit seigneur de Meselant recongnut et confessa par devant lesdiz clers notaires jurés comme par devant nous et comme en figure de jugement. Toutes lesquelles choses devantdites et chascune d'ycelles par soy, en la fourme et en la maniere que dessus sont escriptes et devisées, avecques toutes autres choses quelles que elles soient que ledit monseigneur Pierre avoit, povoit, devoit ou entendoit avoir en toute la ville de Guerreville, ou terrouer et es appartenances d'ycelle ville, oultre toutes les choses dessusdites; c'est assavoir : vignes, terres, cens, rentes, amendes, champars, saisine, censive, servitute, justice, seignorie, et avecques ce touz autres droiz en quelque maniere que ce soit, sanz y rienz excepter, retenir, reclamer ne demander par quelconque cause, titre, art ou cautele que ce soit ou puisse estre doresenavant[6]; ycellui monseigneur Pierre de Meselant, pour soy et pour sesdiz hoirs, consideré et regardé l'utilité et l'evident profit de lui, eu sur ce deliberacion et diligent conseil, si comme il disoit, de son propre mouvement, de sa pure et liberale volenté, de son bon gré, sanz nulle fraude, force, erreur ou con-

---

1. Ivry-sur-Eure, Eure, arr. d'Évreux, cant. de Saint-André, possédait une abbaye de Bénédictins fondée vers la fin du XIe siècle.

2. Le Breuil-Benoît, abbaye de Cisterciens, Eure, arr. d'Évreux, cant. de Saint-André, comm. de Marcilly-sur-Eure.

3. Rosny-sur-Seine, Seine-et-Oise, arr. et cant. de Mantes. Il y avait à Rosny plusieurs prieurés, l'un d'entre eux avait pour patron saint Étienne et était à la collation de l'abbé de Jumièges. (Abbé Gauthier, *Pouillé du diocèse de Versailles*, p. 75.)

4. C'est le prieuré de Saint-Germain de Secqueval qui est ainsi désigné. Il était situé, d'après Cassini, près de Guerville, au nord.

5. Il s'agit peut-être de Saint-Martin, écart signalé par Cassini près du Breuil, à l'ouest de Guerville.

6. « Qui sont ou puissent estre tenu en plain fié, arrerefié et en autre arrerefié du devantdit Guiot, en quelconque maniere que ce soit, pour cause et reson dudit monseigneur Pierre, ycellui Guiot, pour soy, pour ses hoirs, etc... »

trainte, certains et certefiez diligaument de son fait et de son droit[1],
vendi, et par pur, vray et loial titre de vente ottroia, cessa, trans-
porta, quitta et delessa du tout perpetuelment et heritablement,
recongnut et confessa pour soy et pour sesdiz hoirs lui avoir vendu,
et par ycellui titre de vente ottroié, cessé, transporté, quitté et delessié du tout perpetuelment, à touz jours, à religieuses personnes et
honnestes le prieur, les freres et le convent de Vauvert, de l'ordre
de Chartreuse lez Paris, achatanz pour eulz, pour leur eglise, pour
leurs successeurs et pour touz ceus qui de eulz et d'ycelle eglise
auront cause doresenavant ou temps avenir ; c'est assavoir : tout,
parmi le pris et pour la somme de huit cenz livres[2] parisis bonne et
fort monnoie courant à present, une foiz seulement, que ledit vendeur[3], pour soy et pour sesdiz hoirs, en confessa jà avoir eu et reçeu
desdiz religieus en bonne monnoie bien comptée, et s'en tint du tout
à bien content paiez et agrees par devant lesdiz clers notaires jurez
comme par devant nous, et comme en figure de jugement, avant la
confeccion de ces presentes lettres ; et d'yceus pris et somme, enterinement, il[4] quitta et quitte clama, bonnement à touz jours, pour
soy et ou nom que dessus, lesdiz achateurs, leurs successeurs et touz
ceus qui de eulz et de leurs successeurs pour et de ycelle eglise ont
et auront cause, du tout et expresseement[5]. De toutes lesquelles
choses devantdites et de chascune d'ycelles par soy, en la forme et
en la maniere que dessus sont plus plainement devisées et escriptes,
ycellui vendeur pour soy et pour sesdiz hoirs, dès maintenant, à touz
jours, par la teneur de ces presentes lettres, s'est desmis et delessiez
de la foy et homage de touz seigneurs de qui, pour reson des choses

---

1. « Tout ledit plain fié et arrefié et autre arrerefié, avec tout son droit,
saisine, seigneurie, propriété, possession et quelconque autre droit commun
ou especial ou autrement que il povoit, avoit, devoit ou entendoit à avoir,
en quelconque maniere que ce soit ou feust, envers ledit monseigneur
Pierre, pour reson des choses dessusdites et de chascune d'ycelles, par soy
ne envers ycelles, ne aucune de elles, si comme dessus est devisé, perpetuelment et hereditablement vendi, sanz rienz ne aucune chose pour soy ne
pour ses hoirs retenir ne reclamer et par pur et vray loial titre de vente, etc... »
2. « II[c] livres de bons parisis. »
3. « Guyot. »
4. « Pour soy et pour sesdiz hoirs et en leurs noms. »
5. « Duquel plain fié, arrerefié et arrefié dessusdiz et de tout le plain
droit, saisine, seignorie et de quelconque autre droit, commun ou especial,
ou autrement, si comme dessus est devisé, que le devantdit Guiot avoit et
povoit avoir envers ledit monseigneur Pierres de Mesclant pour cause et
reson des choses devantdites, ne envers ycelles, ycellui Guiot, pour soy et
pour sesdiz hoirs, desorendroit, à touz jours, par la teneur de ces presentes
lettres, s'est demis, delessiez et y a renuncié, etc... »

dessusdites, pourroit estre tenuz et en estre en foy et en homage, et avec ce desaisiz et devestuz du tout es mains desdiz clers notaires jurez comme en nostre main et comme en figure de jugement, pour soy et pour sesdiz hoirs perpetuelment, à touz jours, et en a fait, ordené et establi, fait encores, ordene et establist pour soy et ou non que dit est les devantdiz religieus, leurs successeurs et touz ceus qui de eulz et de leurs successeurs pour ycelle eglise et en douaire et pour ycelle ont et auront cause, vrais seigneurs, acteurs, possesseurs, gouverneurs, administreurs, receveurs et procureurs, sanz aucun rappel, comme en la propre chose et de la propre de ladite eglise et des religieus dessusdiz, d'ycelle eglise et de touz leurs successeurs. Et à plus grant seurté de toutes les choses vendues dessusdites et de chascune d'ycelles par soi, ledit monseigneur Pierre promist loialment et en bonne foy à faire ratiffier, accorder et obliger, par bonnes lettres seellées souz seel autentique, à noble dame madame Agnès, sa fame, yceste presente vente dedenz la saint Remy prochain venant, aus propres couz et despenz d'yceux chevalier et dame ; parmi laquelle vente dessusdite, voult et accorda ledit vendeur que les religieus dessusdiz aient touz les uffruiz et levées des choses vendues devantdites, à compter du jour de la date de ces presentes lettres, et en facent leur pures volentés doresenavant. Toutes lesquelles choses devantdites et chascune d'ycelles par soy, en la maniere que dit est, ycellui chevalier pour soy et pour sesdiz hoirs promist, etc...

En tesmoing de ce, nous, à la relation desdiz clers notaires jurés, qui toutes les choses dessusdites, concordaument par vive voiz, nous ont rapporté et tesmoingné ainssi avoir esté dites, ottroiées, passées et accordées par devant eulz, avons mis en ces presentes lettres le seel de ladite prevosté de Paris, faites et données[1] xxixe jours du mois d'aoust, l'an de grâce mil CCC trente cinq.

Item, la teneur de l'autre desdites lettres est telle.

A touz ceus qui ces presentes lettres verront et orront. Pierre Belagent, garde de la prevosté de Paris, salut. Nous faisons assavoir que, en la presence de Michiel de Donchery et de Richart Passart, clers notaires jurez, ordenez et establiz de par nostre seigneur le Roy en son Chastellet de Paris, à ce qui s'ensuit oir et feablement raporter et mettre en fourme publique de par nous et en lieu de nous especiaument commis et envoiez, ausquiex, quant à ce et en plus granz choses nous adjoustons pleniere foy, personnelment establiz noble homme Guiot de Richebourc, escuier, sires de la Forest, de Richebourc, au bailliage de Maante, demourant à present en la conté de Monfort, si comme il disoit, afferma en bonne verité que noble

---

1. « Le lundi onze jours du mois de septembre. »

homme monseigneur Pierre de Meselant, chevalier, tenoit de lui tant
en plain fié, en arrerefié, comme en autre arrierefié, les heritages,
possessions, mesons, cens, rentes, champars, justice, seignorie et
toutes les autres choses qui ci après sont contenues et escriptes ;
lesquelles ycellui Guiot de Richebourc se disoit tenir en arrerefié et
autre arrefié de haut prince, noble et puissant le roy de Navarre ;
c'est assavoir : premierement, en la ville et ou terrouer de Guerreville, etc.[1]...

Duquel plain fié, arrerefié et arrefié dessusdiz et de tout le plain
droit, saisine, seignorie et de quelconque autre droit commun ou
especial ou autrement, si comme dessus est devisé, que le devantdit
Guiot avoit et povoit avoir envers ledit monseigneur Pierres de Meselant pour cause et reson des choses devantdites ne envers ycelles,
ycellui Guiot, pour soy et pour sesdiz hoirs, desorendroit, à touz
jours, par la teneur de ces presentes lettres, s'est demis, delessiez et
y a renuncié et renunce à touz jours, envers quelconques seigneurs,
un ou pluseurs, à qui il puet toucher et appartenir, au proufit et à
l'utilité desdiz religieus, de leurdite eglise et des successeurs d'ycelle.
Et à plus grant seurté de ce, il s'en est devestuz et desaisiz ès mains
desdiz clers notaires jurez, comme en nostre main et comme en figure
de jugement, et en a fait, ordené et establi, fait encore, ordene et
establist pour soy et ou non que dit est les devantdiz religieus, leurs
successeurs et touz ceus qui de eulz et de leurs successeurs pour
leurdite eglise ont et auront cause, vray seigneurs, acteurs, possesseurs, gouverneurs, administreurs, receveurs, ordeneurs et procureurs, comme en la propre et de la propre chose de ladite eglise et
des successeurs d'ycelle. Adecertes, promist et promet encores ledit
Guiot, loialment et en bonne foy, à faire yceste presente vente ratifier, valoir et accorder à ses freres, toutes les foiz doresenavant que
mestiers sera, souz seel autentique et aus couz et despenz dudit Guiot ;
laquelle vente dessusdite faite en la fourme et maniere que dit est
de par ledit Guiot, dudit plain fié, arrerefié et d'autre arrerefié, pour
reson des choses dessus devisées, à cause dudit monseigneur Pierre
de Meselant, si comme dessus est dit, ycellui Guiot, pour soy et pour
sesdiz hoirs, dore en avant, à touz jours, promist par son serement et
par la foy de son corps baillée pour ce es mains des clers notaires
jurez devantdiz, etc.[2]...

Nous, pour le salu de nostre âme et pour ce que lesdiz religieus
soient plus enclin à prier pour nous, pour nostre très chiere compaigne, pour noz enfanz et pour le bon estat de nous, dont nous avons

---

1. Suit une énumération semblable à celle qui a été transcrite ci-dessus,
sauf les variantes mises en note.

2. Le reste comme ci-dessus, sauf les variantes mises en note.

grant fiance en eulz, toutes les choses dessusdites contenues esdites
deux paires de lettres et chascune d'ycelles, de nostre grâce especial
et de certaine science, voulons, loons, approuvons, ratiffions, et de
nostre auctorité et plain povoir confermons par ces lettres, et avec ce
avons ottroié et ottroions ausdiz religieus, de nostredite grâce et de
certaine science, que toutes les choses dessusdites et chascune
d'ycelles contenues et declairées esdites deux paires de lettres acquises
par lesdiz religieus, si comme esdites lettres est contenu, lesdiz religieus et leurs successeurs puissent tenir et tiengnent et en usent et
joissent perpetuelment et paisiblement, sanz ce que il soient ne
puissent estre contraint pour aucun temps avenir, en aucune maniere,
à vendre ou à mettre hors de leur main les choses dessusdites acquises
par eulz contenues esdites deux paires de lettres ou aucunes d'ycelles,
et sanz en paier à nous ou à noz successeurs rachat, ne finance, ne
autre chose quelle que elle soit; lesquiex rachat et finance, et tout
ce en quoy lesdiz religieus pourroient estre tenuz à nous pour la
cause dessusdite, par quelque voie ou maniere que ce soit, nous
avons donné et donnons ausdiz religieus en aumosne et de nostre
grâce dessusdite, non contrestant ce que ledit Guiot de Richebourt,
escuier, n'eust fait foy et hommage à nous desdites choses vendues
par lui ausdiz religieus et que, pour defaut de homme ou autrement,
nous eussiens mis et tenissiens en nostre main lesdites choses acquises
par lesdiz religieus, dudit escuier; laquelle main nous en avons du
tout ostée et ostons par ces lettres au proufit des religieus dessusdiz.
Et se aucun deffaut avoit es choses dessusdites ou en aucune
d'ycelles, de droit, de us ou de coustume de païs ou autrement, nous
le suppleons par la teneur de ces presentes lettres. Et que ce soit
ferme et estable à perpetuité, nous avons fait mettre nostre seel en
ces presentes lettres. Donné en nostre chastel de Breval[1], l'an de
grâce mil CCC XXXV, ou mois de septembre.

Nous, pour le salu de nostre âme, à la supplicacion des religieus
dessusdiz, leur avons ottroié et ottroions, de grâce especial, par la
teneur de ces lettres, que toutes les choses dessusdites expressées et
declarées esdites lettres encorporées dedenz cestes, il et leur successeurs puissent tenir et tiengnent perpetuelment et paisiblement, sanz
ce que en aucun temps il soient contrainz pour quelconque cause
à les vendre ou mettre hors de leur main et sanz paier aucune
finance, laquelle nous leur quittons de nostredite grâce et pour ce
qu'il soient plus tenuz à prier Dieu pour nous et pour le bon estat
de nostre royaume. Et que ces choses soient fermes et estables à touz
jours maiz, nous avons fait mettre nostre seel en ces lettres, sauve en
autres choses nostre droit et l'autrui en toutes. Donné en l'abbaïe de

---

1. Breval, Seine-et-Oise, arr. de Mantes, cant. de Bonnières.

Mermoustier de lez Tours[1], l'an de grâce mil CCC XXXV, ou mois de novembre.

Par le roy, presenz le confesseur et l'aumosnier.

Barriere.

Collacion est faite.

CLVII.

1336 (n. st.), janvier. Paris.

Philippe VI, à la requête des héritiers de feu Jean Marcel, amortit 24 l. p. de rente assises sur plusieurs maisons de Paris et destinées à la fondation d'une chapellenie en l'église Saint-Barthélemy, ou dans une autre église, pour le repos de l'âme dudit Jean.

(JJ. 69, n° 322.)

Philippe, par la grâce de Dieu roys de France, savoir faisons à touz presenz et avenir, que comme à la supplicacion des amis de feu Jehan Marcel nous eussiens ottroié une grâce contenant la fourme qui s'ensuit :

Philippe[2], etc...

Et afin que la fondacion de ladite chapelle soit doresenavant certaine, ferme et estable, sanz faillir, lesdiz amis et hoirs aient ordené, si comme il nous ont donné à entendre, ladite rente estre prise, levée et reçeue en certains lieus en la ville de Paris ; c'est assavoir : sur une meson assise en la Cossonnerie, à l'enseigne du Signe et à l'Escu de France, laquelle est à present Jehan Philippe de Lille, tenant d'une part à la meson Lorens d'Aire et d'autre part à la meson Jehan le Normant, pelletier, sept livres parisis après six deniers de fons de terre. *Item*, sur deux mesons ou habitacions, si comme elles se comportent, assises à la Porte Baudeir, devant le cimitiere Saint Gervais[3] ; lesquelles tenoit Raoul Guiart, entre la ruelle[4] par où l'en va devers Saint Gervais ou viez cimitiere Saint Jehan, d'une part, et d'autre part à la meson qui fu feu Pierres Blondel, cervoisier, et est à present Agnès, sa femme, quatre livres parisis après fons de terre. *Item*, sur une meson assise en la Mortelerie[5], qui est à present Jehan

---

1. Marmoutiers, Indre-et-Loire, arr. et cant. de Tours, comm. de Sainte-Radegonde.

2. Pièce déjà publiée plus haut, au mois de juillet 1334, sous le n° CXXIV.

3. Le cimetière Saint-Gervais était contigu à l'église et occupait la place des maisons construites maintenant entre cette église, la rue François-Miron et la rue des Barres.

4. Ancienne rue Renaud-Le Fèvre, qui ne fut longtemps qu'une ruelle ; elle a disparu maintenant.

5. Rue de la Mortellerie, aujourd'hui rue de l'Hôtel-de-Ville.

Le Couchoz, foulon, et Marguerite, sa fame, aboutissant à la riviere
de Saine, tenant d'une part à la meson de Jehan Loys et d'autre part
à la meson Loys Bonnetin, quarante cinq soulz après trois soulz de
fons de terre. *Item*, sur une meson seant en la rue du Feurre[1],
devant le cimitiere des Innocens, qui fu Guillaume Mauffroit, tenant
d'une part à la meson qui fu Guillaume le Barbier, et à present
Michiel de Meulent, et d'autre part à la meson qui fu Guillaume de
Doay, et à present Ysabel de Lyons, six livres parisis après deux
deniers de fons de terre et douze deniers d'aumosne. *Item*, sur une
meson seant en la Verrerie[2], qui est Jehanne la Cochetiere, qui fait
le coing en alant à la Barre du Bec[3], et joint d'autre part à une
meson qui est de Saint Anthoine, quatre livres quinze soulz après
quarante cinq soulz tant de fons de terre comme de cens. Nous voulons que le chapellain qui pour le temps sera institué à ladite chapelle praigne, lieve et reçoive ladite rente es lieus ci dessus devisez
par tout temps avenir, sanz empeschement, selon la fourme et teneur
de nostre grâce dessusdite. Et que ce soit chose ferme et estable en
perpetuité, etc...

Donné à Paris, l'an de grâce mil CCC trente cinq, ou mois de
janvier.

Par la Chambre des comptes.

H. Martin.

CLVIII.

1336 (n. st.), 2 mars. Paris.

Lettres de Philippe VI par lesquelles, à la requête des exécuteurs testamentaires de feu Étienne de Bourgueil, archevêque de Tours, et moyennant
600 l. t. qui furent versées au trésor et l'abandon de deux créances, l'une
de 500 l. et l'autre de 300 l., il amortit en faveur dudit archevêque plusieurs maisons sises à Paris, différents revenus assis au bailliage de Tours,
à Bourgueil et au bailliage d'Anjou, le tout destiné à la fondation d'une
maison d'écoliers à Paris, de deux chapellenies en l'église de Tours, d'une
aumônerie à Bourgueil et d'un anniversaire en l'église d'Angers.

(JJ. 69, nº 327.)

Philippe, par la grâce de Dieu roys de France, savoir faisons à touz
presenz et avenir que, comme nostre amé et feal Estienne de Bourgueil, jadiz arcevesque de Tours[4] ou temps qu'il vivoit, disant que il

---

1. Cette rue du Feurre est l'ancienne rue aux Fers, qui longeait le cimetière des Innocents; aujourd'hui elle répond à la rue Berger.

2. Rue de la Verrerie, qui va de la rue Saint-Martin à la rue Bourtibourg.

3. La rue de la Barre-du-Bec correspond à la partie de la rue du Temple
comprise entre la rue Sainte-Croix-de-la-Bretonnerie et la rue de la Verrerie.

4. Étienne de Bourgueil, né dans cette localité en 1269, fut promu arche-

avoit certaines mesons, heritages, choses et rentes ci dessouz escriptes, lesquelles il avoit donné ou ordené à donner tant pour la fondacion et usage des escoliers fondés par li en l'estude de la ville de Paris, comme pour deux chapellenies fondées ou ordenées à fonder par li en l'eglise de Tours, pour l'usage d'ycelles chapellenies et des clers d'ycelles et aussi pour la fondacion d'une aumosnerie ou Meson Dieu fondée ou ordenée à fonder par li à Bourgueil[1], et pour l'administreur d'ycelle; et pour la fondacion d'une chapellenie et d'un anniversaire en l'eglise d'Angers, ainssi comme ci dessous est diviséement contenu et esclarci, nous eust supplié que les maisons, heritages, choses et rentes dessusdites vousissions amortir pour convertir es fondacions et usages dessusdiz; et oye par nous ladite supplicacion, eussions ottroié noz lettres audit arcevesque, par lesquelles nous mandasmes à noz amez et feaulz genz de noz comptes à Paris, que reçeu dudit arcevesque finance des choses, rentes, mesons et heritages dessusdiz et rabatu et deduit de la somme d'ycelle finance certaines sommes d'argent en quoy ledit arcevesque disoit que nous li estions tenuz, il li ottroiassent sur ledit amortissement noz lettres en la fourme acoustumée; et reçeu par nozdites genz nostredit mandement, ycelles genz eussent fait faire informacions par certaines personnes de la condicion et value des choses, maisons, heritages et rentes dessusdites que ledit arcevesque supplioit estre amorties comme dit est. Veues adecertes par nozdites genz lesdites informacions, nous, parmi la finance qui s'ensuit; c'est assavoir : pour la somme de vi^c livres tournois que les executeurs dudit feu arcevesque ont promises paier et les ont paiées en nostre tresor à Paris, dont il ont cedule d'ycelli tresor; et pour la somme de cinq cenz livres tournois monnoie courant ou mois de janvier l'an mil CCC XXVI, que nous devions audit feu arcevesque pour prest que il nous avoit fait avant que ledit royaume venist à nous, dont il avoient noz lettres, lesquelles il ont rendues en nostredit tresor; lesquelles v^c livres lesdiz executeurs nous ont quittées pour cause de cest amortissement, et aussi pour la somme de ccc livres tournois feible monnoie courant l'an mil CCC vint et huit, que nous devions audit feu arcevesque pour prest fait à nous, baillé à noz amez et feaulz mestre Aymeri Guenaut[2], lors nostre clerc et conseiller et à present evesque d'Aucerre, et à feu Pierre Forget, lors

---

vêque de Tours le 16 août 1323. Vers 1330, il fonda à Paris, rue Serpente, le collège de Tours et mourut au mois de mars 1335. (*Gallia christiana*, t. XIV, col. 117 et 118, et Jaillot, *op. cit.*, quartier Saint-André-des-Arts, t. V, p. 123.)

1. Bourgueil, Indre-et-Loire, arr. de Chinon, ch.-l. de cant.

2. Aimeri Guenaut devint évêque d'Auxerre le 21 décembre 1331. Transféré au siège de Rouen le 15 février 1339, il mourut le 17 janvier 1343. (*Gallia christiana*, t. XI, col. 78, et t. XII, col. 317.)

nostre bailli d'Anjou, dont lesdiz executeurs avoient lettres des dessus nommez mestre Aymeri et Pierre ; lesquelles troiz cenz livres lesdiz executeurs nous ont quittées pour cause dudit amortissement et ont rendu lesdites lettres d'ycelles ccc livres en nostredit tresor ; avons ottroié et ottroions par la teneur de ces presentes lettres que lesdiz executeurs, lesdites choses, maisons, heritages et rentes ci dessouz devisées et esclarcies, il puissent bailler, donner et transporter en fondacion d'escoliers, de chapellenies et aumosneries, et que les escoliers, eglises, chapellains ou personnes d'eglise esquelles lesdites choses, mesons, heritages et rentes ont esté jà baillées, données ou transportées, les puissent tenir perpetuelment et paisiblement, sanz ce que il soient contraint à les vendre ou mettre hors de leurs mains ou en paier à nous ou à noz successeurs finance quelle que elle soit ; lesquelles choses, maisons, heritages et rentes s'ensuient. Et *premierement,* une meson, en laquelle demeurent à present lesdiz escoliers, seant en la ville de Paris [1], si comme elle se comporte avec ses appartenances en nostre censive, avec deux petites maisons de la censive l'abbé et le convent de Saint Germain des Prez, estanz derriere ycelle meson, ouvranz en la rue Perciée [2], et ladite premiere meson euvre en la rue de la Serpente [3] ; lesquelles mesons furent mestre Pierre l'Apostole. *Item,* deux autres mesons avec leurs jardins et appartenances seanz en la rue de la Harpe, en nostre censive, desquelles l'une est appellée la meson aus Chevaux et l'autre est appellée la meson aus Testes, et furent de mestre Pierre l'Apostole. *Item,* dix livres douze soulz de menuz cenz portanz, si comme lesdiz executeurs disoient, ventes et saisines avec basse seignorie, et quatre vins douze arpens de bois et quatre droitures et cinq quartiers de vigne, seanz lesdites choses à Grisy et es appartenances et sont appellées la terre de la Fermeté. *Item,* les choses qui s'ensuivent, assises au bailliage de Tours ; c'est assavoir : onze livres tournois de rente, vint et sept sestiers de froment de rente, un sestier d'avaine de rente, deux sestiers de seigle de rente et quarante cinq chapons de rente deuz de plusieurs personnes sur certaines choses assises en la parroisse d'Asay, sur la riviere de Chier [4] et environ, au lieu appellé Intray, ou fié des seigneurs d'Ambayse et en nostre arrerefié. *Item,* deux arpenz de prez assiz prez de la maison de la Trinité de Tours, en ladite

---

1. Le collège de Tours était rue Serpente. Voy., sur ce collège, *la Topographie historique du vieux Paris,* t. V, p. 568.

2. La rue Percée, disparue maintenant, était parallèle à la rue Serpente et allait de la rue Hautefeuille à la rue de la Harpe.

3. La rue Serpente allait autrefois de la rue de la Harpe à la rue Hautefeuille.

4. Azay-sur-Cher, Indre-et-Loire, arr. de Tours, cant. de Bléré.

riviere de Chier, qui furent feu Guillaume de Nantes, ou fié de l'eglise de Saint Martin de Tours. *Item*, soixante soulz tournois de rente que doivent les hoirs feu Mace le Barbier sur une roche et sur les appartenances d'icelle seant oultre le pont de Tours, en la parroisse de Saint Sy[m]phorien[1], ou fié de l'abbé et convent de Mermoustier. *Item*, xix soulz tournois de rente que Lorens Ricoul doit sur une roche ou voute seant au Chastiau Nuef de Tours, ou fié de l'eglise Saint Martin de Tours. *Item*, douze soulz six deniers tournois de rente que doit Estienne Gorriau sur un estal assis en la boucherie du Chastiau Nuef de Tours, ou fié de ladite eglise de Saint Martin de Tours. *Item*, la maison deputée à recevoir lesdiz povres de ladite Meson Dieu et l'autre meson seant jouste ycelle, deputée pour l'abitacion de l'aministreur d'ycelle meson, lesquelles mesons sont seanz à Bourgueil. *Item*, une piece de vigne seant jouste le cimetiere de Bourgueil, qui fu à la feu Tetevache. *Item*, deux pieces de vignes assises à la Garde, qui furent feu Mace Blanchart. *Item*, deux pieces de vignes seanz ou lieu appellé les Coustures[2]. *Item*, une piece de vigne seant à Maupertuis et une autre piece de vigne seant à la Chiguardiere, qui fu à la feu Tetevache. *Item*, une autre piece de vigne seant au Perray. *Item*, les heritages que ledit feu arcevesque ot des hoirs feu Mace Coullart, jadiz recteur ou curé de l'eglise de Bourgueil, en eschange pour les choses que il avoit à Meigny en Anjou; c'est assavoir : une piece de vigne seant au lieu appellé Cadaut. *Item*, une autre piece de vigne seant au lieu appellé Cormiere. *Item*, une autre piece de vigne seant au lieu appellé la Chinguardeue. *Item*, une autre piece de vigne seant à la Perriere. *Item*, une autre piece de vigne seant au lieu appellé Maupertuys. *Item*, une autre piece de vigne seant au lieu appellé la Fontaine feu Jehannot, et toutes les autres vignes que ledit feu arcevesque souloit tenir ou terrouer de Bourgueil; lesquelles vignes dessusdites sont seanz en la parroisse de Bourgueil, ou fié de l'abbé et convent de Bourgueil, et contiennent toutes lesdites vignes dix arpenz de vigne ou environ. *Item*, cent soulz tournois de rente, lesquiex doivent la fame et les hoirs feu Pierre Alain sur leur vigne de la Robiniere et sur touz leurs autres heritages assiz ou terrouer et ou fié desdiz religieux abbé et convent de Bourgueil. *Item*, lx soulz tournois de rente, lesquiex doit annuelment Guillaume du Gué sur certaines choses assises en la parroisse de Benais[3], ou fié au seigneur de Maulevrier. *Item*, soixante soulz tournois de rente, lesquiex doit annuelment ledit Guillaume du Gué sur certaines choses assises en la parroisse de Betigné, ou fié au doyen

---

1. Saint-Symphorien, commune du canton de Tours-Nord.
2. Les Coutures, métairie de la paroisse de Saint-Germain de Bourgueil.
3. Benais, Indre-et-Loire, arr. de Chinon, cant. de Bourgueil.

et chapitre de Saint Martin de Tours. *Item*, iiii livres tournois de
rente acquises de Venot de Benais, lesquelles doivent plusieurs personnes sur certaines choses assises en la parroisse de Bourgueil, ou
fié desdiz religieus. *Item*, troiz quartiers ou environ de pré, appellé le
Pré aus Bruneaus, assis en la parroisse de Bourgueil, ou fié ausdiz
religieus. *Item*, une petite meson seant en la ville de Bourgueil, ou
fié ausdiz religieus, jouste la meson feu Taboue. *Item*, un sestier de
fourment à la mesure de Bourgueil, que doit le fournier sur certains
heritages seanz en la parroisse de Bourgueil, ou fié desdiz religieus.
Item, les choses qui s'ensuivent, assises au bailliage d'Anjou ; c'est
assavoir : un arpent de vigne seant assez près d'Angiers, ou lieu
appellé Fretmur[1], ou fié au sire de Sainte Gemme. *Item*, une pipe
de vin de rente et xl soulz tournois de rente qui sont deuz sur les
choses et heritages qui furent feu Estienne de la Court, assises au
Plessiés ou Gramaire[2] ou environ, ou fié du chapitre d'Angiers.
Item, troiz quartiers de vigne assiz illuec environ, ou fié au signeur
de la Haie Jolain[3]. *Item*, pour une chapelenie et un anniversaire
fondez par ledit arcevesque ou ordené estre fondez en l'eglise d'Angiers, les choses qui s'ensuivent, assises au bailliage d'Angiers ; c'est
assavoir : une meson et un pressouer qui est avec la meson qui est
dessus, et une autre petite maison avec les courtiex qui y sont assis,
au lieu appellé la Boutelerie, vers le Plessiés au Gramaire, ou fié au
sire de Maulevrier. *Item*, douze arpenz et demi de vignes ou environ appartenant audit lieu de la Boutelerie ci dessouz declairiez ;
c'est assavoir : ix quartiers ou environ de vigne seanz ou fié au seigneur de la Rubechalie. *Item*, viii quartiers et demi de vigne ou environ assisses ou fié de Guillaume de Maquilly, à la Masure. *Item*, deux
quartiers ou environ de vignes assises à la Vicelle[4], ou fié à l'ab-
baesse de Fontevraut. *Item*, cinq quartiers ou environ de vignes
assises ou fié au sire de Foudon[5]. *Item*, troiz quartiers de vignes
assises ou fié Robert de Cresmes. *Item*, xxi quartiers de vignes ou
environ assises ou fié au seigneur de Lonc Champ. *Item*, demi arpent
de vigne assiz devant ledit lieu de la Boutelerie, ou fié au seigneur
de Lonc Champ. *Item*, une piece de terre, appellée la Terre du Mor-
tier, contenant un arpent de terre ou environ, seant ou fié au seigneur
de Foudon. Lequel ottroy nous avons fait et faisons, sauf en autres

---

1. Frémur, Maine-et-Loire, arr. d'Angers, cant. des Ponts-de-Cé, comm. de
Sainte-Gemmes-sur-Loire.
2. Le Plessis-Grammoire, Maine-et-Loire, cant. nord-est et arr. d'Angers.
3. La Haie-Joulain, Maine-et-Loire, comm. de Saint-Silvain.
4. La Vicelle, comm. du Plessis-Grammoire.
5. Foudon, comm. du Plessis-Grammoire.

choses nostre droit et en toutes l'autrui. Et pour ce que ce soit
ferme et estable à touz jours maiz, nous avons faît mettre nostre seel
à ces presentes lettres. Donné à Paris, l'an de grâce mil CCC XXXV,
le secont jour du mois de mars.

Par la Chambre des comptes et J. de Milon, tresorier.

Ja. de Boulay.

Triplicata.

CLIX.

1336, mars. Marseille.

Philippe VI, à la requête de Philippe, comte d'Évreux et roi de Navarre,
amortit 200 l. p. de rentes données à la maison des Chartreux près Paris,
par ledit roi de Navarre, pour la sustentation de cinq frères chapelains
qu'il y a fondés.

(JJ. 70, n° 22.)

Philippe, par la grâce de Dieu roys de France, etc.[1]...

Philippe, par la grâce de Dieu roys de France, savoir faisons à
touz presens et avenir que comme nostre très cher et feal cousin,
Philippe, par icelle meisme grâce roys de Navarre et conte de
Evreux, nous eust requis que nous, de grâce especial li ottroissiens
que trois cens livres de rente à parisis pris en sa terre ou il li plairoit mieux, au profist de soy ou de son testament, ordenance ou der-
reinne volenté, il peust transporter franchement et quittement,
comme choses amorties, en quelconques personnes, de quelconque
estat ou condicions que elles soient, religieuses ou seculiers, ou en
ordener en autre maniere quelconque [que] bonne li sambleroit. Nous,
considerans les gracieus et loiaus services que ledit nostre très chier
cousin nous a fait et fait de jour en jour, luy avons ottroié et ottroions
par la teneur de ces presentes que trois cens livres de sa terre prise
ou il lui plaira, à son proffit ou au proffit de son testament, ordenance ou derreniere volenté, il puisse transporter, lessier et quittier
franchement et quittement comme chose amortie, en quelconques
personnes de quelconques estat ou condicion que elles soient, religieuses ou seculieres, ou en ordener en autre manere quelconque
que bonne lui semblera; et voulons et ottroions que celui ou ceus
es quiex ladite rente sera transportée et leur successeurs la puissent
tenir et tiegnent perpetuelment, franchement et paisiblement comme
chose amortie, sanz ce que il soient contraint ou temps avenir à la
vendre, aliener ou autrement mettre hors de leurs mains, et sanz en

---

1. Suit la reproduction presque textuelle de la lettre suivante.

faire ou paier aucune finance à nous ou à noz successeurs, quelle
que elle soit, laquelle finance nous quittons et donnons du tout, dès
maintenant à nostredit cousin par la teneur de ces presentes lettres.
Et que ce soit ferme et estable à touz jours mais, nous avons fait
mettre nostre seel à ces presentes lettres. Donné à Paris, l'an de
grâce mil CCC trente et trois, ou mois de fevrier.

Nous, à la supplicacion de nostredit très chier cousin, liquels a
renoncié en nostre presence à nostre grâce dessusdite, quant à deux
cenz livres de terre tant seulement, en recompensacion de ce et en
ampliant ladite grâce, à la supplicacion de nostredit cousin, avons
ottroié et ottroions par la teneur de ces lettres à noz bien amez en
Dieu religieuses personnes le prieur et le convent de Chartreuse près
de Paris et à leur eglise, de nostre grâce especial, de certeine science
et pour cause, que lesdiz religieus ou leurs successeurs puissent
acquerir en nostre royaume, en noz fiez et arrefiez, censives ou
domaines, en justice et seigneurie, toutes foiz que il leur plaira,
ensamble ou par parties, deux cenz livres de rentes à parisis fors,
pour la sustentacion de cincq freres chapellains que ledit nostre très
chier cousin a fondez à la maison desdiz religieus; et voulons et
ottroions ausdiz religieus, de nostredite grâce et de nostre certeine
science que yceuls religieus et leurs successeurs, lesdites deux cenz
livres de terre à acquerir par eus, ensamble ou par parties, comme
dit est, tiegnent et puissent tenir et possider paisiblement et perpetuelment, sans estre contraint, ou temps avenir, en aucune maniere,
de les vendre ou mettre hors de leur main et sanz en paier aucune
finance ne quint denier quant il les auront achetées, ne autre chose
quelle que elle soit à nous ou à noz successeurs roys de France, lesquels finance et quint denier, et tout ce en quoy lesdiz religieus
pouroient estre tenuz à nous ou à noz successeurs en aucune maniere
pour ceste cause, nous avons donné et ottroié, donnons et ottroions
de nostredite grâce et de certeine science, aus religieus dessusdiz,
non obstant toutes autres grâces ou dons quelles que elles soient
autre foiz ottroiées par nous ausdiz religieus ou temps passé, lesquelles nous voulons que il vaillent pour repetez en ces presentes
lettres. Et que ce soit ferme et estable à perpetuité, nous avons fait
mettre nostre seel en ces presentes lettres, non obstans ordenances
ou status faiz ou à faire par nous ou noz successeurs, par quoy l'effet
de nostre presente grâce peust estre empeschez; lesquiex, quant à
ce, nous voulons estre de nulle value, sauf en autres choses nostre
droit et l'autruy en toutes. Donné à Marseille, l'an de grâce mil trois
cens trente et cincq, ou mois de mars.

Par le roy.

Guichart.

CLX.

1336, 31 mars. Lyon.

Lettres de Philippe VI autorisant les chapelains et chanoines de la chapelle royale de Paris à vendre à l'évêque de Coutances les revenus qu'ils percevaient sur les églises d'Aubigny et de Greville, et à convertir les sommes ainsi acquises en rentes perpétuelles.

(JJ. 69, n° 307.)

Philippe, par la grâce de Dieu roys de France, savoir faisons à touz presenz et avenir que comme noz amez chapellains le tresorier, chantre et chanoines de nostre royal chapelle de Paris, nous aient donné à entendre que nostre amé et feal l'evesque de Coustances les a pluseurs foiz requis de transporter perpetuelment par titre de vente en lui et en sa eglise de Coustances, se il plaisoit au Saint Pere et à nous, en tant comme il nous touche, tout le droit que il ont et pevent avoir es dismes, revenues et patronages des eglise de Aubegny[1], de Greinville[2] ou diocese de Coustances; et pour lesdites choses, leur ait offert sur la condicion dessusdite dix mille livres parisis à une foiz; et noz dessusdiz chapelains aient eu, si comme il dient, lesdites eglises du don de noz chiers seigneurs et cousins jadiz les roys Philippe[3] et Charles derrenierement trespassez, dont Diex ait les ames; et pour ce que elles sont moult loing de eulz, elles ne leur sont pas de si grant value comme elles leur feussent plus prè de eulz, et soit leur entencion de convertir la somme dessusdite en rentes perpetuelles pour ladite chapelle et en accroissement des prouvendes et du service divin et ycelles rentes acquerir parmi nostre grâce au plus prez de eulz et au plus proufitablement de ladite chapelle que il pourront; et pour ces causes, nous aient supplié humblement que nous nous vousissions assentir tant comme à nous appartient et puet appartenir en la vente dessusdite. Nous, eu sur ce bon avis, avons ottroié et ottroions, etc...

---

1. Saint-Martin-d'Aubigny, Manche, arr. de Coutances, cant. de Périers.

2. Greville, Manche, arr. de Cherbourg, cant. de Beaumont.

3. C'est en 1320 que Philippe le Long, pour augmenter les revenus des trésoriers et chanoines de la Sainte Chapelle, obtint du pape Jean XXII l'union des cures de Lithaire, Aubigny et Greville à leur profit. Le droit de patronage de ces cures fut donné au trésorier et aux chanoines de la Sainte Chapelle par lettres de Charles le Bel, du mois d'avril 1322, confirmées la même année par le pape. (Morand, *Histoire de la Sainte Chapelle*, p. 119. Voy. aussi, sur les possessions de la Sainte Chapelle dans ces paroisses, Delisle, *Notice sur les biens de la Sainte Chapelle en Normandie* dans les *Mémoires de la Société des Antiquaires de Normandie*, t. XVII, p. 297.)

Donné à Lyon le jour de Pasques, l'an de grâce mil CCC trente et six.

Par le roy. Barriere.

CLXI.

1336, avril. Lyon.

Philippe VI autorise les chapelains et chanoines de la Sainte Chapelle à convertir en achat de rentes la somme qu'ils retireront de la vente faite à l'évêque de Coutances des droits et revenus qu'ils percevaient sur les églises d'Aubigny et de Greville.

(JJ. 69, n° 308.)

Philippe, par la grâce de Dieu roys de France, savoir faisons à touz presenz et avenir, que nous avons veu noz lettres seellés en laz de soie et en cire vert, de[s]quelles la teneur est telle.

Philippe, par la grâce de Dieu roys de France[1], etc...

Nous qui touz jours desirrons l'accroissement du service Nostre-Seigneur, mesmement en nostre chapelle royal dessusdite, en laquelle sont gardées et honourés la sainte couronne d'espines dont nostre Sauveur Jhesu-Crist fu couronnez et porta sur son saint chief le jour de sa glorieuse passion, et grant partie de la vraie croiz en laquelle il fu crucefiez, et moult d'autres precieuses et glorieuses reliques; en honneur et reverence de nostredit Sauveur et pour le salut de nostre âme, nous avons ottroié et ottroions de grâce especial à noz chapellains dessusdiz que des deniers que il auront de la vente dessusdite, il puissent convertir en achat de rentes et ycelles acquerre ensemble ou par parties en noz censives et alleus, ou de noz subgez, et en autres choses sanz fié et sanz justice, jusques à telle somme et quantité de terre ou de rentes annuelles et perpetuelles, comme il pourront avoir et acquerre de la somme d'argent dessusdite, en accroissement de leurs prouvendes et du service divin, et que ladite terre ou rente ainsi acquises, il et leurs successeurs tiengnent et puissent tenir paisiblement et perpetuelment sanz ce que il soient ou puissent estre contrainz à les vendre ou mettre hors de leur main, et sanz paier finance quelle que elle soit à nous ne à noz successeurs, laquelle finance tele comme elle en pourroit estre deue, nous avons quitté et quittons de nostredite grâce à nozdiz chapellains. Et que ce soit ferme et estable, etc...

Donné à Lyon sur le Rone, l'an de grâce mil CCC trente-six, ou mois d'avril.

Par le roy. Barriere.

---

1. Suivent les lettres précédentes (n° CLX) datées de Lyon le 31 mars 1336. (JJ. 69, n° 307.)

CLXII.

1336, mai. Bois de Vincennes.

Philippe VI, à la requête de Guillaume Ami, prévôt des marchands, et d'Adam
des Essars, bourgeois de Paris, gendres de Jean Petit, drapier, amortit
20 l. p. de rentes assises sur plusieurs maisons de Paris, que ce dernier et Jeanne sa femme ont destinées à la fondation d'une chapelle en
l'hôtel des Aveugles à Paris.

(JJ. 69, n° 313.)

Philippe, par la grâce de Dieu roys de France, savoir faisons à
touz presenz et avenir que, comme feu Jehan Petit et Jehanne sa
fame, jadiz drapiers et bourgois de Paris, trespassés de cest siecle,
eussent fait edifier en l'ostel des povres avugles de Paris fondez par
Monseigneur saint Loys, une chapelle en l'onneur de Dieu et de sa
glorieuse mere et de saint Jaques l'apostre[1], et eussent ordené en
leur derraines volentés que ladite chapelle feust douée de vint livres
parisis de rente perpetuelle chascun an, et Guillaume Ami[2], prevost
ad present des marcheanz, et Adam des Essars, bourgois de Paris,
mariz de Eudeline et Jehanne, jadiz filles desdiz Jehan le Petit et
Jehanne sa fame, soient tenuz pour cause de leursdites fames à asseoir
et assigner ladite rente pour le douement de ladite chapelle, laquelle
est et sera touzjours maiz de nostre collacion et de noz successeurs
roys de France ; et pour accomplir la volenté desdiz mariez trespassez, les devantdiz Guillaume et Adam aient baillé et assigné ou veulent
bailler et assigner à ladite chapelle et pour le douement perpetuel
d'ycelle les rentes qui s'ensuivent ; c'est assavoir : dix livres dix
soulz parisis sur la meson Jehan de Cent Noiz, seant en la Tonnelerie à Paris ; et sis livres cinq soulz parisis sur deux estaus es hautes
halles aus merciers, qui sont à present Raoul et Pierre diz les Char-
rons ; et quarante soulz parisis sur la meson Mannete la Poissonniere
assise à la porte Baudoier ; et vint soulz parisis sur la meson Raoul de
Mandeville, assise en la rue aus Prescheurs[3], et il nous aient supplié

---

1. La fondation de cet autel remonterait à l'année 1307 environ. (Voy.
Léon Le Grand, *les Quinze-Vingts depuis leur fondation jusqu'à leur translation au faubourg Saint-Antoine*, publié dans les *Mémoires de la Société
de l'Histoire de Paris*, t. XIII, p. 216, note 9.)

2. Guillaume Ami, prévôt des marchands, n'est pas indiqué par Leroux
de Lincy dans les listes des prévôts des marchands et échevins qu'il donne
à la page 203 de la deuxième partie de son *Histoire de l'Hôtel de Ville de
Paris*.

3. La rue des Prêcheurs, qui existe encore, va de la rue Saint-Denis à la
rue Pierre-Lescot.

que lesdites rentes vousissions amortir pour ladite chapelle. Nous, pour le salu de nostre ame, enclinanz à leurdite supplicacion, avons ottroié et ottroions de grâce especial que ycelles rentes il puissent transporter en ladite chapelle pour le doement d'ycelle, et que le chapellain qui est et pour le temps avenir [sera] establi à la deservir, lesdites rentes puisse tenir en nom et pour cause de ladite chapelle perpetuelment et paisiblement, sanz estre contraint à les vendre ou mettre hors de sa main et sanz en paier jamaiz aucune finance. Et que ce soit ferme et estable à touzjours, etc...

Donné au Bois de Vincennes, l'an de grâce mil CCC trente et six, au mois de may.

Par le roy.

Barriere.

CLXIII.

1336, mai. Paris.

Philippe VI amortit 12 l. p. de rente à prendre sur une maison de Paris, destinées par Aubert Belot à fonder une chapelle en l'église Saint-Gervais, et abandonne en sa faveur 12 d. p. de cens qu'il prenait sur cette maison.

(JJ. 70, n° 10.)

Philippe, par la grâce de Dieu roys de France, savoir faisons à touz prescns et avenir, que comme nostre amé Aubert Belot, aiant en propos de fonder une chapelle ou autel en l'eglise Saint-Gervais de Paris ou ailleurs, en lieu convenable, pour acroistre le service divin, pensant pour le salut de s'ame et des âmes de ses bienfaiteurs, et de douer ycelle chapelle ou autel et assigner au prestre qui perpetuelment celebrera illec le divin service, selon l'ordenance dudit Aubert, de douze livres parisis de rente à prenre, parcevoir et avoir chascun an perpetuelment par ledit prestre sus une maison assise à Paris au dessouz de Saint-Gervais, qui fu jadis Baudouin Tiroust de Laon, et est appellée la maison à l'Ours et au Lion, tenant d'un costé à la maison aus hoirs feu Guillaume Soufflot et d'autre costé à la maison Jaquet Tiger, et aboutist par derieres à la maison Jehan de Pacy et par devant, sus la rue en alant en Greve; laquelle maison est à present audit Aubert et en laquelle nous avons et prenons chascun an douze deniers parisis de cens ou de rente de fons de terre, au terme de la Saint-Remy, si comme il dit; nous ait humblement supplié, que de nostre grâce especial, nous li voussissiens ottroier licence et auctorité, et en oultre amplier nostre grâce à faire les choses dessus-dictes. Nous, voulans, et de tout nostre courage desirans le divin service estre acreuz, approuvans le leable propos dudit Aubert, enclinans à sa supplicacion dessusdicte, pour ce que nous, nostre chere compaigne la royne et noz successeurs puissiens estre participans ou divin service dessusdit, avons quitté, remis et donné, quittons, remettons et donnons perpetuelment audit Aubert les douze deniers de cenz ou de rente dessusdiz, et avec ce, li avons ottroié et ottroions de grâce especial, de certeine science et de nostre auctorité royal et plaine poissance, par ces lettres, que il, sus ladicte maison, puisse douer, bailler et assigner douze livres de rente perpetuel à prenre, parcevoir et avoir chascun an perpetuelment ou temps avenir par le prestre qui deservira à ladicte chapellenie ou autel, aus termes qu'il establira à ce, et que li diz prestres, perpetuelment, ycelles douz[e] livres, chascun an, ait et puisse avoir, louer, recevoir et parcevoir ausdiz termes et tenir en sa main perpetuelment, comme chose assignée et rente d'eglise, sanz estre contrainz de les vendre ne de mettre hors de sadicte main et sanz paier à nous ne à noz successeurs, ores ne ou temps avenir, finance ou redevance aucune. Et pour ce que ce soit ferme et estable à touz jours, etc...

Ce fu fait à Paris, l'an de grâce mil CCC trente et six, ou moys de may.

Par le roy, à la relacion de messires Jaques Rousselet et Maurice Chamaillart.

P. d'Aunoy.

CLXIV.

1336, mai. Bois de Vincennes.

Philippe VI, à la requête des exécuteurs testamentaires de feu Dreue de la Charité, son clerc, amortit 20 l. p. de rente annuelle destinées à la fondation d'une chapellenie en l'église Notre-Dame de Paris.

(JJ. 70, n° 18.)

Philippe, par la grâce de Dieu roys de France, savoir faisons à touz presens et avenir que comme les executeurs du testament ou derreine volenté de feu maistre Dreue de la Cherité, jadis nostre clerc, aient ordené, si comme il dient, à fonder en l'eglise de Nostre-Dame de Paris une chapellenie, en laquelle sera celebré pour l'ame dudit feu maistre Dreue, laquelle chapellanie sera douée de vint livrées au parisis ou environ de rente annuel et perpetuel, de laquelle lesdiz executeurs ont ja acquis partie, et il nous aient supplié que lesdites vint livrées de rente nous voussissons amortir. Nous, considerans les bons services que il fit longuement et loialment à noz predecesseurs roys de France, si comme nous a esté tesmoigné, avons ottroié et ottroions, de grâce especial et pour le salu de nostre ame, que lesdiz executeurs, lesdites vint livrées de rente acquises ou à acquerre senz fié et sens justice, puissent transporter en ladite chapellenie et ycelle

douer de ladite rente perpetuelment, et que le chapellain qui la
deservira pour le temps, ladite rente puisse tenir et tiegne à touz
jours mais paisiblement en nom et pour cause d'icelle chapellenie,
sanz ce que il soit constrainz à la vendre ou mettre hors de sa main
et sanz en paier aucune finance, laquelle nous acquitons de nostredite grâce. Et que ce soit ferme et estable en touz temps, etc...

Donné au Boys de Vi[n]cennes, l'an de grâce mil CCC trente et six,
ou mois de may.

Par le roy.

Charrolles.

CLXV.

1336, juin.

Philippe VI, à la requête de Jean, seigneur de Harcourt, vicomte de Châtellerault et exécuteur testamentaire de feu Gui de Harcourt, évêque de
Lisieux, amortit 60 l. p. de rente destinées à fonder une maison pour
l'entretien d'un certain nombre d'écoliers.

(JJ. 70, n° 162.)

Philippe, par la grâce de Dieu roys de France, savoir faisons à
touz presenz et avenir que comme par nostre amé et feal chevalier,
Jehan, seigneur de Harecourt et visconte de Chastel Ayraut[1], nous
ait esté donné à entendre que nostre amé et feal feu Guiart de Harecourt, jadiz et derrenierement evesque de Lisieuz[2], duquel ledit seigneur de Harecourt est hoir principal et executeur avec plusieurs
autres en son testament ou derreniere volenté, ordena especialment
et de certaine science pour le salu de s'âme et en augmentacion de
l'Université et estude de Paris, qui moult est profitable et neccessaire à l'exaltacion et sustentacion de la foi crestienne, instituer à
perpetuité certain nombre d'escoliers en ladite estude de Paris, et
pour yceus, edifier et fonder certaine meson ou hostel en nostredite
ville de Paris, en laquelle ledit nombre d'escoliers puisse perpetuel-

---

1. Jean IV de Harcourt, vicomte de Châtellerault. (Voy., sur ce personnage,
de la Roque, *Histoire généalogique de la maison de Harcourt*, t. I, p. 357
à 370.)

2. Gui de Harcourt, fils de Jean Ier de Harcourt et d'Alix de Beaumont,
devint évêque de Lisieux en 1303 et mourut le 24 avril 1336; c'est lui le
fondateur du collège de Lisieux à Paris. (Voy. de la Roque, *op. cit.*, t. II,
p. 1761 à 1765, et t. IV, p. 1228 à 1234, et *Gallia christiana*, t. XI,
col. 785.) — Sur le collège de Lisieux, dont l'emplacement est occupé
aujourd'hui par la place du Panthéon, voy. le P. Chapotin, *Une page de
l'histoire du vieux Paris, le Collège de Dormans-Beauvais et la chapelle
Saint-Jean-l'Évangéliste*. Paris, Pedone-Lauriel, 1870, in-8°, p. 493 et suiv.

ment habiter et faire leur residence, et ycelle meson douer perpetuelment de certaine quantité de rente à convertir à l'usage du vivre et neccessités dudit nombre d'escoliers, si comme nostredit chevalier afferme estre contenu plus plainement ou testament, ou derreniere volenté dessusdite; suppliant à nous humblement que ausdites fondacion et dotacion veilliens mettre nostre assentement et volenté. Nous adecertes, oye la supplicacion de nostredit chevalier le seigneur de Harecourt, consideranz le propos dudit evesque en ce estre louable et consonant aus euvres de misericorde, pour contemplacion d'icelli seigneur de Harecourt et pour estre participanz es bienfaiz qui s'en pourront ensuivir, de grâce especial et de certaine science avons volu et ottroié, voulons et ottroions, par la teneur de ces presentes lettres, que des biens de l'execucion dudit evesque, ledit sires de Harecourt ou les autres executeurs et chascun d'eulz, puissent edifier et fonder en nostredite ville de Paris une meson ou hostel pour l'abitacion ou residence perpetuele dudit nombre d'escoliers; et pour douer ycelle maison ou hostel, acquerre par titre d'achat ou autrement, à l'usage du vivre et neccessités desdiz escoliers, en quelconque lieu de nostre royaume que miex et plus profitablement leur semblera et trouver le pourront, sanz fié et sanz aucune justice, jusques à la somme de soixante livres parisis de rente perpetuele et annuelle, et que ycelle quantité ou somme de rente ainssi acquise, ledit nombre d'escoliers ainssi instituez en ladite meson ou hostel, selon l'ordenance dudit testament ou derreniere volenté et leurs successeurs semblablement puissent tenir, posseir et en joir paisiblement comme perpetuel et propre heritage de ladite meson sanz estre contrainz à les delessier, mettre hors de leurs mains, ou à en paier à nous ou à aucun de noz successeurs aucune finance, laquelle finance, nous, pour nous et noz successeurs leur avons quitté et quittons par ces meismes lettres. Et que ce soit ferme chose et vaillable ou temps avenir, nous avons fait mettre nostre seel à cesdites lettres, sauf en autres choses nostre droit et en toutes l'autrui. Ce fu fait l'an de grâce mil CCC XXXVI, ou mois de juing.

Par le roy.　　　　　　　　　　　　　　　　　Barriere.

CLXVI.

1336, juillet. Paris.

Lettres de Philippe VI, par lesquelles il lève la défense de vendre à Paris d'autres « cendaux » que ceux qui étaient teints en graine, et permet à tous marchands, de quelque pays qu'ils soient, d'apporter et de vendre à Paris tous « cendaux » bons et loyaux, teints de toutes couleurs, de graines comme d'autres[1].

(JJ. 69, n° 360.)

---

1. Publiées dans le *Recueil des Ord. des rois de France*, t. XII, p. 33.

CLXVII.

1336, juillet. Conflans-sur-Seine.

Philippe VI amortit, en faveur des frères de l'hôpital de la Charité Notre-
Dame, une maison sise près de leur église, que leur donna Jean Roussel
et 52 sous de rente annuelle que leur laissa par testament Érart du Noir[1].

(JJ. 69, n° 363.)

Philippe, par la grâce de Dieu roys de France, savoir faisons à touz
presenz et avenir que comme les freres de l'ospital de la Charité-
Nostre-Dame, demouranz à Paris[2], nous aient supplié que une meson
seant emprés leur eglise, laquelle Jehan Roussel, bourgois de Paris,
leur a donnée pour Dieu et en aumosne, nous leur vousissions admortir avecques cinquante deux soulz de rente annuelle et perpetuelle
que Erart du Noir leur a lessiez en son testament pour paier les cens
que ladite meson doit. Nous, enclinanz à la supplicacion desdiz
freres, pour l'eslargissement de leurdite eglise et lieu qui sont moult
estroiz, de nostre grâce especial, leur ottroions que il puissent tenir
ladite meson et les cinquante et deux soulz dessusdiz à perpetuité,
paisiblement, sanz estre contrainz à les mettre hors de leurs mains
et sanz paier pour ce à nous ou à noz successeurs aucune finance
quelle que elle soit. Et pour ce que ceste chose soit ferme et estable
à touz jours, etc...

---

1. L'original de cette pièce est dans le carton des Arch. nat., L. 929,
n° 14. On y a joint l'acte passé les 25 juin et 6 juillet 1336 par-devant
Pierre Belagent, prévôt de Paris, ratifiant cette donation faite par Jean Roussel et Alix sa femme. Nous voyons que cette maison donnée à « l'ospital ou
eglise des miracles de Paris en la rue des Jardins » était sise en cette même
rue, en la censive Hue Aubert, bourgeois de Paris, appelée autrefois le fief
aux Flamands. Elle avait appartenu auparavant à Aubert Gez et tenait, d'une
part, à l'hôpital et, d'autre part, à la maison de Jacques Rousselot, aboutissant par derrière à l'hôtel de l'évêque de Beauvais. L'année suivante, comme
le constate une lettre de Philippe VI, datée de Brunoy, au mois de novembre
1337, Jacques Rousselot, clerc et conseiller du roi, archidiacre de Reims,
neveu et exécuteur testamentaire de feu Raoul Rousselot, évêque de Laon,
leur donna la maison voisine qu'il tenait de son oncle. (Arch. nat., L. 929,
n° 18.)

2. Les frères de la Charité-Notre-Dame étaient établis à Paris, rue des
Billettes, dans une maison que Philippe le Bel leur avait donnée au mois
de décembre 1299; ils y demeurèrent jusqu'en 1631, année où les Carmes
leur succédèrent. (Jaillot, *op. cit.*, quartier Sainte-Avoie, t. III, p. 13.)

Donné à Conflans sur Saine, l'an de grâce mil CCC XXXVI ou mois de juillet.

Par le roy, à la relacion de l'aumosnier.

R. de Molins.

CLXVIII.

1336, juillet. Brunoy.

Philippe VI amortit en faveur de Pierre de Villiers, prêtre, 12 l. de rente annuelle assise sur certaines maisons de Paris qu'il destine à la fondation d'une chapelle en l'église Saint-Eustache.

(JJ. 69, n° 373.)

Philippe, par la grâce de Dieu roys de France, savoir faisons à touz presenz et avenir, que comme Pierre de Villiers, prestre demourant à Paris, en l'onneur de Dieu et de Nostre-Dame, et pour le salut de l'âme de li et des âmes de Jehan de Vaus, jadiz recteur de l'eglise parrochial de Saint Eustace de Paris, de Jehan Gouyer et de Marie sa femme et du pere et de la mere de touz les bienfaiteurs dudit Pierre de Villiers, ait entencion de fonder une chapelle en ladite eglise de Saint Eustace, et ycelle veille douer de douze livres de annuel et perpetuel rente à avoir, tenir et posseoir par le chapellain qui pour le temps sera, à perpetuité sur certaines rentes de croiz de cens que il prent à Paris; c'est assavoir : sus la meson qui fu Jehan Goier et Marie sa femme, laquelle tient à present Guiart de Biauves et Ysabiau, sa femme, et Ansiau de Biauvez et Marie, sa femme, et quarante soulz sur la meson qui fut Guyart Hasart, laquelle tient à present Jehan Piquet et Denise, sa femme, assises en la Tonnellerie, en nostre terre. Nous, oye sa supplicacion, pour Dieu, et en faveur de l'acroissement du divin service, et que nous en soions participans, avons ottroié et ottroions de certaine science et de grâce especial, audit prestre, que les chapellains de ladite chapelle qui seront perpetuelment chascun en son temps, puissent tenir sanz fié et sanz justice les dites douze livres de rente la ou ledit prestre les a assignées ou assignera, perpetuelment, paisiblement, franchement et quittement, sanz estre contrainz à les mettre hors de leurs mains ou de en faire finance à nous ou à noz successeurs ou temps avenir quelle que elle soit, laquelle finance nous avons remise et quittée, remettons et quittons au dit prestre, de la grâce dessusdite et de nostre plain povoir royal; sauf en autres choses nostre droit et en toutes l'autrui. Et pour ce que ce soit ferme chose et estable, etc...

Donné à Brunoy, l'an de grâce mil CCC XXXVI ou mois de juillet.

Par le roy en son conseil, present messire Jehan des Prez.

Savigny.

CLXIX.

1336, juillet. Brunoy.

Philippe VI, confirmant des lettres de Philippe V le Long, du mois de mars 1319 (n. st.), amortit 80 l. p. de rente que Simon dit Cordelier, de Macy, chevalier, donne aux doyen et chapitre de l'église Notre-Dame de Paris[1].

(JJ. 70, n° 28.)

Philippe, par la grâce de Dieu roys de France, savoir faisons à touz presens et avenir que comme nostre très cher seigneur et cousin Philippe, jadis roy de France et de Navarre, eust ottroié de grâce especial à nostre amé Symon dit Cordelier, de Macy, chevalier, que en ses fiez ou arrerefiez, ou ailleurs, il peust acquerir par quelconque juste titre jusques à quatre vinz livres à parisis de terre ou de annuel rente, et ycelles, quant il les auroit acquises, transporter en quelconques personnes, nobles et bourgois, ou non nobles, ou en eglises ou en personnes d'eglise ou religieuses, en moustiers, en convenz, communautez, chapitres ou colleges ou en autres lieus pietables, et voust et expressement ottroia que celles personne ou personnes d'eglise ou religieuses, moustiers, convenz, communautez, chapitres ou colleges es quels il auroit transporté lesdites quatre vinz livres de terre ou de annuel rente, ycelles peussent tenir, percevoir et avoir paisiblement et quittement, sanz contrente de les vendre ou mettre hors de leur main et sanz faire pour ce quelcunque finance à li ou à ses successeurs. Et nous, voulans ceste grâce estre gardée en toutes choses, eusmes fermes et aggreables toutes les choses contenues en icelle grâce et les louasmes et approuvasmes et de nostre auctorité royal confermames, si comme toutes ces choses sont contenues es lettres de nostre devant dit cousin et es nostres, des quelles la teneur s'ensuit.

Philippus, Dei gratia Francorum rex, notum facimus universis presentibus et futuris, nos litteras clare memorie domini Philippi quondam Francie et Navarre regis vidisse, formam que sequitur continentes.

Philippus, Dei gratia Francorum et Navarre rex, notum facimus universis presentibus et futuris quod nos, dilecto nostro Simoni dicto Cordelier, de Maciaco, militi, gratiam volentes facere specialem, eidem, tenore presentium concedemus (*sic*) graciose, ut ipse in feodis nostris, allodiis, usque ad quatuor viginti libratas terre, seu annui redditus possit acquirere quoquomodo justo titulo, easque, cum

---

1. Guérard, dans le *Cartulaire de l'église Notre-Dame de Paris*, t. II, p. 512, n'a donné que l'analyse de cette pièce.

ipsas acquisiverit, in quascumque personas nobiles sive burgenses, vel ignobiles, aut ecclesias seu ecclesiasticas personas vel religiosas, monasteria, conventus, communitates, capitula seu collegia aut in alia loca pia transferre; volentes et expresse concedentes quod persone ille, ecclesie seu ecclesiastice persone aut religiose, monasteria, conventus, communitates, capitula sive collegia in quas, seu que predictas quater viginti libratas terre seu annui redditus ad parisienses tamen, transferre contigerit, eas tenere possint, percipere et habere pacifice et quiete sine coaccione vendendi vel extra manum suam ponendi, aut prestandi nobis seu successoribus nostris financiam propter hoc qualemcumque. Quod ut firmum et stabile permaneat in futurum, etc...

Actum Parisius, anno Domini millesimo CCC decimo octavo, mense Marcii.

Et nos volentes gratiam hujusmodi in omnibus observari, omnia contenta in ipsa rata et grata habemus, etc...

Actum Parisius, anno Domini M. CCC vicesimo octavo, mense Aprilis.

Et comme le devantdit Simon nous ait supplié que ladite grâce à li faite, si comme dessus est dit, nous vousissons faire à noz amez le doien et le chapitre de l'eglise de Nostre-Dame de Paris, et que il en peust prendre d'euls tel profit comme il en pouroit avoir. Nous, enclinans à sadite supplicacion, especialment pour reverence et en honeur de la benoite Vierge Marie, mere de Nostre Seigneur Jhesu-Crist nostre sauveur, et en faveur du divin service, l'encroissement duquel nous desirons touz jours; et pour ce que lesdiz doyen et chapitre soient plus tenuz à prier Dieu pour nous et pour le bon estat de nostre royaume, à yceulz doien et chapitre avons ottroié et ottroions de grâce especial et de certeine science, que en noz fiez ou arrerefiez ou ailleurs, il puissent acquerre par quelconque juste titre, jusques ausdites quatre vinz livres à parisis de terre ou de rente annuel et perpetuel, et ycelles acquises ensamble ou par parties tenir en leur nom et de leurdite eglise perpetuelment et paisiblement, sanz ce qu'il soient ou puissent estre contrains à vendre ou mettre hors de leur main ladite terre ou rente et sanz en paier à nous ou à noz successeurs quelcunque finance, laquelle nous leur avons quitté et quittons de nostredite grâce; et les originaus desdites lettres encorporées dedans cestes, nous avons fait retenir chancellées en la Chambre de noz comptes. En tesmoing desquelles choses, et a perpetuelle fermeté d'icelles, nous avons fait mettre nostre seel en ces lettres, sauf en autres choses nostre droit et l'autry en toutes. Donné à Brunay, l'an de grâce mil trois cens trente six, ou moys de juillet.

Par le roy, present le viconte de Meleun[1].

Guichart.

---

1. Le vicomte de Melun était Jean Ier, seigneur de Tancarville, qui rem-

Collacion est faite avec les originaux retenuz cancellez en la Chambre des comptes.

CLXX.

1336, juillet. Becoisel.

Philippe VI amortit en faveur des religieux et prieur de l'ordre de Saint-Guillaume, de Paris, 40 l. t. de rente annuelle qui leur sont données par diverses personnes.

(JJ. 70, n° 3o.)

Philippe, par la grâce de Dieu roys de France, savoir faisons à touz presens et avenir que à la supplicacion des religieus, le prieur et le convent de l'ordre de Saint Guillaume, de Paris[1], qui sont povres mandians et n'ont point de propre, combien que leur ordre soit fondée sur propre, et ou temps passé il eussent trouvé et encores trouverroient aucunes bonnes personnes et devotes meues de pitié, qui pour le salut de leurs âmes eussent donné et encores veulent donner aucunes rentes pour leur sustentacion et de leur ordre, et pour celebrer plus curieusement et plus fervenment le divin office, se lesdiz prieur et convent les puissent tenir amorties franchement. Nous, considerans les bonnes devocions desdictes personnes et qui sommes touz desiranz de l'acroissament du divin servise, avons ottroié et ottroions de nostre grâce especial ausdiz prieur et convent, et pour le salut de nostre âme, qu'il puissent acquerir, par quelconque juste titre, quarante livrées à tornois de rente annuele et perpetuelle en nos censives ou ailleurs ou de noz subgiez, senz fié et senz justice, et que lesdiz prieur et convent et leur successeurs puissent tenir et tiegnent perpetuelment et paisiblement ladicte rente, sens ce qu'il soient ou puissent estre contrains en aucun temps à la vendre ou mettre hors de leurs mains comment que ce soit, et sanz en paier à nous ou à noz successeurs aucune finance, laquele nous leurs avons quittié et quittons de nostredicte grâce et pour le salu de nostre âme et pour le bon estat de nostre royaume, pour lequel il nous ont ottroié de leur bonne et pure volenté à celebrer en leur eglise une messe chascune semaine à touz jours mais perpetuelment. Et pour ce que ces choses soient fermes et estables à touz jours, etc...

---

plit les fonctions de chambellan sous Philippe de Valois et mourut en 1347. (P. Anselme, *Hist. généal.*, t. VIII, p. 443.)

1. Ermites de Saint-Guillaume, qui, en vertu de la bulle de Boniface VIII, du 18 juillet 1297, succédèrent dans la maison des Blancs-Manteaux aux religieux *serfs de la Vierge*. (Jaillot, *op. cit.*, quartier Sainte-Avoie, p. 20, et D. Félibien, *op. cit.*, t. I, p. 375.)

Donné à Bec Oysel, l'an de grâce mil CCC trente et six ou moys de juillet.

Par le roy.

Mellou.

CLXXI.

1336, août. La Villeneuve-Saint-Denis.

Philippe VI amortit 20 l. p. de rente en faveur des orfèvres de Paris, de la confrérie de Saint-Éloi, pour leur permettre de fonder une chapellenie[1].

(JJ. 70, n° 36.)

CLXXII.

1336, août. Conflans, près Paris.

Philippe VI donne à Jean de Lyon, physicien de la reine, une maison sise à Paris, en la rue Pavée, qui avait été confisquée sur Hugues de Crusy après sa forfaiture[2].

(JJ. 70, n° 38.)

Philippe, par la grâce de Dieu roys de France, savoir faisons à touz presens et avenir, que pour consideracion des bons et agreables services que nostre amé maistre Jehan de Lyon, phisician de nostre tres chere compaigne la royne, a faiz longuement et loiaument et fait encores chascun jour à nous et à nostredite compaigne, nous donnons et ottroions à touz jours més audit maistre Jehan, pour li et pour ses hoirs, en heritage perpetuel, la maison que feu jadis Hugue de Crusy[3], chevalier, avoit ou temps que il vivoit, assise à Paris en la

---

1. Cette pièce est publiée par G. Fagniez dans ses *Etudes sur l'industrie et la classe industrielle à Paris au XIIIe et au XIVe siècle*, p. 288.

2. Voy. plus loin le n° CLXXV.

3. Hugues de Crusy, originaire de Bourgogne, était, en 1319, bailli d'Auxerre et de Tonnerre. (Arch. nat., JJ. 61, n° 236.) En 1325, il devint prévôt de Paris et conserva ces fonctions jusqu'au 19 novembre 1330. (*Trésor de chronologie.*) Il fut élevé ensuite à la dignité de premier président au Parlement. Accusé de s'être laissé corrompre dans l'exercice de la justice, il fut pendu le 21 juillet 1336. (Guillaume de Nangis, *Continuation*, éd. Géraud, t. II, p. 153, et *Chronique parisienne anonyme*, publiée par Hellot, dans les *Mémoires de la Soc. de l'Hist. de Paris*, t. XI, n° 275.) Outre ce qu'il possédait à Paris, Hugues de Crusy avait encore des biens dans les environs d'Auxerre. Ils furent donnés, en novembre 1336, à Mile de Bierry, maître d'hôtel de la reine (Arch. nat., JJ. 70, n° 85), en décembre 1336 et janvier 1337 à Gilles de Maligny et à Hugues de Bierry, échansons de Philippe VI (Ibid., JJ. 70, n°ˢ 107 et 135). — Voy. encore sur ce personnage :

rue Pavée[1], tenant à la maison qui fut jadis Robert d'Artois[2], d'une part, et [à] la maison de l'evesque d'Osthun, d'autre, ensemble le treffons, appendances et appartenances d'icelle maison, laquelle nous est confisquée et venue en commis pour la forfaiture dudit Hugue, et tout le droit que nous avons, povons et devons avoir tout orendroit comme autres foiz pour cause des commisse et confiscacion dessusdites pour ladite forfaiture ; mandons par la teneur de ces lettres à noz amez et feauz genz de noz comptes et au prevost de Paris ou à son lieutenant, que ladite maison, ensemble les appendances et appartenances d'icelle, lesquelles nous baillons et delivrons desja audit maistre Jehan, baillent et delivrent ou facent bailler et delivrer, ces lettres veues, à li ou à son commandement et l'en mettent de fait en possession corporelle à avoir, tenir et possider par ledit maistre Jehan et par ses hoirs perpetuelment comme leur propre heritage, non contrestant quelconques autres dons que fais aions audit maistre Jehan, combien que il ne soient exprimez en ces lettres. Et que ce soit ferme chose et estable à touz jours mais, etc...

Donné à Conflanz près de Paris, l'an de grâce mil CCC XXX et six ou moys d'aoust.

Par le roy.

Charrolles.

CLXXIII.

1336, août. Poissy.

Lettres de Philippe VI confirmant les statuts donnés par le prévôt Jean l'Oncle aux épingliers de Paris, les 4 octobre et 16 décembre 1323[3].

(JJ. 70, n° 39.)

CLXXIV.

1336, août. Vincennes.

Philippe VI amortit, en faveur de Jean, dit Prudhomme, bourgeois de Paris, et de Jeanne sa femme, 20 l. t. de rente à prendre chaque année sur

---

Aubert, *le Parlement de Paris de Philippe le Bel à Charles VII, son organisation*, p. 76.

1. La rue Pavée, qui a disparu par suite du percement de la rue Étienne Marcel, allait de la rue Montorgueil à la rue du Petit-Lion.

2. Sur l'hôtel que possédait Robert d'Artois en la rue Pavée, voy. Sauval, *Histoire et recherches des antiquités de la ville de Paris*, t. II, p. 64.

3. Cette lettre est contenue dans un vidimus de Jean le Bon, d'avril 1353, dans la publication qu'en a faite le *Recueil des Ordonnances des rois de France*, t. IV, p. 124.

divers héritages sis en la ville de Rouen pour leur permettre de fonder une chapelle à Paris en l'honneur de saint Firmin.

(JJ. 70, n° 57.)

Par le roy, à la relacion de messeigneurs Ferri de Piquigny et Guillaume de Villiers.

Aubigny.

CLXXV.

1336, septembre. Saint-Léger.

Philippe VI donne au duc de Lorraine, après que Jean de Lyon, physicien de la reine, l'eut refusée, une maison sise à Paris, en la rue Pavée, qui avait été confisquée sur Hugues de Crusy.

(JJ. 70, n° 45.)

Philippe, par la grâce de Dieu roys de France, savoir faisons à touz presens et avenir que comme nous eussions donné par nos lettres[1] à nostre maistre Jehan de Lions fisicien de nostre chere et amée compaigne la royne, une maison seant à Paris en la rue Pavée, qui nous est advenue par la forfaiture Hugue de Cruisy, justicé pour ses meffaiz, et laquelle le dit Hugues avoit acquise de l'advoé de Terouenne et de sa seur, si comme l'en dit, et ycis maistres Jehan ait renuncié par devant nous à tout le droit que il avoit et povoit avoir en ladite maison et en ses appartenances. Nous, ycelle maison, avec toutes ses appartenances et appendances, et tout le droit qui nous en est venu par la forfaiture dudit Hugues, donnons et ottroions, de nostre grâce especiale et de certene science, à nostre cher et feal neveu le duc de Lorrayne[2], pour luy et pour ses hoirs, hereditablement, à touz jours, à tenir et avoir paisiblement aus charges et redevances dehues et acoustumés pour ladite maison, senz aucune nouvelle charge imposer. Et pour ce que ceste chose soit ferme et estable à touz jours, etc...

Donné à Saint Ligier, l'an de grâce mil CCC trente et six, ou mois de septembre.

Par le roy. R. de Molins[3].

---

1. Ces lettres sont du mois d'août 1336. (Voy. ci-dessus le n° CLXXII.)

2. Ce duc de Lorraine est Raoul, fils de Ferry IV, qui succéda à son père en 1329. Après la mort de sa première femme, Aliénor de Bar, Raoul épousa en secondes noces, au mois de mai 1334, Marie de Blois, fille de Gui de Châtillon et de Marguerite de Valois, sœur de Philippe VI de Valois. Il fut tué à la bataille de Crécy. (D. Calmet, *Hist. ecclésiastique et civile de Lorraine*, t. II, p. 513 à 530.)

3. Renaut de Moulins ou de Molins figure déjà en 1329 parmi les clercs

CLXXVI.

1336, septembre. Paris.

Lettres de Philippe VI autorisant Jean de Saint-Just, chanoine de Beauvais et maître de la Chambre des comptes à Paris, à acquérir de Pierre de Nesle et de Marie de Saint-Just, sa femme, cousine germaine dudit Jean, et mariée en premières noces à Jean Brodier, 16 l. p. de rente annuelle à prendre sur la prévôté de Paris, pour la transporter amortie à des personnes d'église, religieuses ou séculières.

(JJ. 70, n° 72.)

Par le roy.

P. Caisnot.

Dupplicata.

CLXXVII.

1336, octobre. Bois de Vincennes.

Philippe VI confirme un accord intervenu devant la prévôté de Paris entre Guillaume Forget, héritier de Pierre Forget, jadis trésorier du roi, et Jean de Brunetot, marié à Emmeline, veuve de Jacques de Vertus, d'après lequel, moyennant 320 l. t., ledit Guillaume renonce à tous les droits qu'il pouvait avoir sur les biens dudit Jacques et de sa femme.

(JJ. 70, n° 111.)

Philippe, par la grâce de Dieu roy de France, savoir faisons à touz presens et avenir, nous avoir veu [les] letres ci-dessouz transcriptes, contenans la forme qui s'ensuit.

---

touchant 19 deniers par jour lorsqu'ils travaillaient à la cour, et 6 sous lorsqu'ils travaillaient au Parlement. (*Bibliothèque de l'École des chartes*, 1890, *Gages des officiers royaux vers 1329*, p. 266.) De 1333 à 1337, il fut notaire en la Chambre des comptes. (Bibl. Mazarine, ms. 3035, p. 468.) Dans le courant de l'année 1339, Philippe de Valois accorda plusieurs lettres en sa faveur; il était alors clerc et secrétaire du roi. Au mois de février, Guillaume Petit-Prévôt son frère fut anobli. (Arch. nat., JJ. 71, fol. 143, n° 202.) Au mois de mai, il reçut une partie des biens confisqués par forfaiture sur Oudenin de Cuies. (Ibid., JJ. 75, fol. 306, n° 520.) Enfin, au mois d'octobre, il eut la maison ou grange qui avait été confisquée à Garnier de Troyes pour dettes. (Ibid., JJ. 72, fol. 67 v°, n° 84.) Les *Lettres d'état enregistrées au Parlement sous le règne de Philippe VI de Valois*, que nous avons publiées dans l'*Annuaire-Bulletin de la Soc. de l'Hist. de France*, 1897, n°s 238 et 273, nous apprennent qu'en 1345 le roi le chargea de missions diplomatiques en Dauphiné et à Avignon.

A touz ceus qui ces lettres verront, Pierre Belagent, garde de la prevosté de Paris, salut. Savoir faisons que par devant Macy de la Prée et Jehan de Crecy, clers, notaires jurez, establiz de par nostre seigneur le roy au Chastellet de Paris, et de par nous aus choses qui s'ensuient, oir et raporter, especialment commis et envoiez, aus quiex nous adjoustons pleniere foy en ce cas et en greigneur, personnelment establiz, Guillaume Forget frere, et Jehan Petit Clerc, de Gandeluz [1], à cause de Jehanne, sa fame, niece de feu sire Pierre Forget, jadix thresorier nostre seigneur le roy, et ambdeux receus par ledit nostre seigneur le roy, si comme il apparoit par lettres ci-dessous transcriptes, à hoirs et pour hoirs dudit sire Pierre; c'est assavoir ledit Guillaume à cause de soy meismes, et ledit Jehan, à cause de sa dite famme, affermèrent que comme li roys nostre sire dessus nommé eust donné audit Pierre, ou temps qu'il vivoit, pour li et pour ses hoirs, à touz jours, tout le droit, action, saisine, possession, proprieté et toute la cause que il avoit et qui appartenir li povoit ou povoient, comment que ce fust, en touz les biens meubles et non muebles qui jadis furent feu maistre Jaques de Vertuz et Enmeline, sa famme, et après famme de Jehan de Brunetot, seanz et estanz à Paris et à Sucy, si comme il disoient apparoir plus plainement par les lettres dudit nostre seigneur le roy faites sur ledit don et seellées en sire vert et en soie, desquiex biens, plait pandoit en Parlement au jour dudit don entre le procureur dudit nostre seigneur le roy, d'une part, et ledit Jehan de Brunetot et Emeline sa famme ou nom de eulz et de Perrinet leur fuiz, d'autre part, sur ce que ledit procureur disoit que la moitié desdiz biens appartenoit audit nostre seigneur le roy, pour ce que il disoit ledit maistre Jaques avoir esté et estre ou temps de sa mort son homme de corps, de mortemain et de formariage, et aussi avoir esté né hors de loyal mariage; et disoit encores lesdiz biens appartenir au roy nostre sire comme aubains, pour ce que personne du costé dudit maistre Jaques à qui il peussent appartenir ne les povoit demander ne demandoit, et par plusieurs autres raisons que ledit procureur proposoit. Ledit Jehan de Brunetot proposant au contraire et disant lesdiz biens meubles et non meubles appartenir à li et à ladite Emeline, sa fame, pour cause de feu Perrin, son filz, engendré dudit feu maistre Jaques, ou au meins dudit Perrinet, leur filz, frere dudit feu Perrin de par ladite Emeline leur mere. Et pendant ce plait, ledit Pierre Forget, agrevé de la maladie dont il morut, eust fait bailler et delivrer es mains sire Martin et Pierre des Essars, les lettres du don dessusdit, en la pre-

---

1. Gandelu, Aisne, arrondissement de Château-Thierry, canton de Neuilly-Saint-Front.

sence de maistre Jehan Justice[1], monseigneur Guy Chevrier[2], sire Jehan Billouart, maistre Jehan de Keuve[3], Guillaume de Monstereul[4], Robin le Fornier, Jehannot, chambellant dudit sire Pierre,

1. Jean Justice, clerc, conseiller du roi, fut institué maître clerc à la Chambre des comptes le 5 mars 1325 (n. st.) et occupa cette place jusqu'au 14 décembre 1346. (Bibl. Mazarine, ms. 3035, p. 49-50.) Bien connu surtout comme fondateur du collège de Justice, il était également chantre de Bayeux et chanoine de Paris. Divers auteurs qui eurent à parler du collège de Justice, tels que Jaillot, *op. cit.*, t. V, quartier Saint-André-des-Arts, p. 84, Tisserand, *Topographie historique du vieux Paris*, t. V, p. 417, commettent une erreur en le faisant mourir en 1353. Il mourut le 29 août 1349. (Guérard, *Cartulaire de N.-D. de Paris*, t. IV, p. 139; voy. aussi J. Viard, *les Journaux du trésor de Philippe VI de Valois*, n° 3223.) Au mois de mars 1342, Philippe VI amortit en sa faveur 50 l. p. de rente annuelle afin de lui permettre de fonder deux chapellenies perpétuelles pour le repos de son âme et de celles des siens. (Arch. nat., JJ. 73, n° 319.) Par son testament, qui est du 5 février 1349 (n. st.), il voulut qu'une partie de ses biens meubles fût distribuée aux pauvres écoliers des diocèses de Rouen et de Bayeux qui étudiaient à Paris et ce en une ou plusieurs années. (Arch. nat., M. 137, n° 1ᴬ.)

2. Guy Chevrier fut reçu maître des comptes le 9 avril 1324(?). (Bibl. Mazarine, n° 3035, p. 50.) Philippe VI le combla de nombreux dons. Ainsi, au mois de janvier 1330 (n. st.), il lui donna la maison de la Forêt, dans le Bourbonnais, provenant de Pierre Remi. (Arch. nat., JJ. 66, n°ˢ 37 et 182.) Au mois de juillet 1335, il lui donna encore sa maison de Gisy-les-Nobles (Yonne). (*Ibid.*, JJ. 69, n°ˢ 77 et 88.) Enfin, le 1ᵉʳ mars 1343 (n. st.), il lui accorda à titre d'échange toute la justice qu'il avait sur la ville et le territoire de Gisy, ne se réservant que l'hommage et la souveraineté. (*Ibid.*, JJ. 74, n° 526.) Il mourut dans la nuit du 29 mars 1343 (n. st.). (Bibl. de Rouen, *coll. Leber. extr. de Menant*, t. V, fol. 12 v°; voy. aussi *les Journaux du trésor de Philippe VI de Valois*, n° 3114.)

3. Jean de Keuve fut garde du trésor des chartes de 1333 à 1350 environ. Il succéda dans cette charge à Pierre Jullien. (Bordier, *les Archives de la France*, p. 130, et Arch. nat., J. 476.)

4. Guillaume de Montreuil, argentier de Philippe VI, occupa cette charge jusqu'au mois de juin 1349, date à laquelle Étienne de la Fontaine lui succéda. Il fut sans doute destitué, comme nous l'apprennent des lettres de Philippe VI, du 15 février 1350 (n. st.), par lesquelles il rappelle aux gens des comptes qu'il leur avait mandé dans des lettres précédentes d'élargir par la ville de Paris, moyennant une caution suffisante, Guillaume de Montreuil, son ancien argentier, « lequel est detenu en nostre chasteau du Louvre lez Paris, pour cause de son office d'argenterie dont il n'a pas encore compté. » (Bibl. de Rouen, *coll. Leber. extr. de Menant*, t. I, fol. 43 v°; Douët-d'Arcq, *Nouveau recueil de comptes de l'argenterie des rois de France*, p. xvii, et *Journaux du trésor de Philippe VI de Valois;* voy. en particulier le n° 1440.)

Richart Mauglout, maistre Jehan de Noyers[1], monseigneur Clarin le Paumier[2], maistre Henry de Salins, Jehan Chauvel[3], maistre Estienne, phisicien le roy, et maistre Vidal, chapellain dudit phisicien; en bon propos et en bon avis, eust chargié ledit sire Martin et Pierre des Essars, de ordener à leur plaine [conoissance] et en leurs consciences du droit qu'il povoit avoir ou don dessusdit, et du tout, s'en fust mis en eulz. Lesquiex sire Martin et Pierre des Essars, non voulanz chargier leurs consciences de ordener des biens contencieux dessusdiz, eussent toutevoies appellé ledit Guillaume Forget et ledit Jehan de Brunetot, pour savoir s'il pourroient tractier entre euls et mettre les à accort de et sus le droit que chascun se disoit avoir es biens contencieux dessusdiz, et eussent sceu la volanté et les demandes et offres desdiz Guillaume et Jehan; et pour ce que des demandes aus offres avoit peu de distance et estoient près d'accort, iceuls sire Martin et Pierre, au los et au conseil de maistre Jehan de Keuve et Guillaume de Monstereul, amis et affins dudit Guillaume Forget et de l'accort et assentement desdites parties, en moiennant et attrempant entre ycelles parties, eussent dit en la presence des dessus nommez monseigneur Guy Chevrier, maistre Jehan Justice, sire Jehan Billouart, monseigneur Jehan de Saint Just[4], monseigneur Clarin le

---

1. Jean de Noyers fut institué clerc des comptes le 27 avril 1323 au lieu de Jean de la Charmoye; confirmé par ordonnance du 14 décembre 1346, il cessa de remplir ces fonctions le 11 septembre 1347. (Bibl. Mazarine, ms. 3035, p. 318.)

2. Clarin le Paumier, qui était clerc du roi en 1322, fut institué maître lai à la Chambre des comptes au lieu de feu Roger de Baleham par lettres du 3 juin 1345, et prêta serment le 20 juin suivant. (Bibl. Mazarine, ms. 3035, p. 52 et 318.)

3. Jean Chauvel fut nommé trésorier du roi le 1er mars 1338. (Arch. nat., KK. 5, fol. 261 v°.) Il devint ensuite trésorier des guerres. (*Journaux du trésor de Philippe VI de Valois*, n°ˢ 320, 377 à 381, 5410, 5666, etc.)

4. Jean de Saint-Just, chanoine de Beauvais, qui était clerc des comptes, fut institué maître clerc au lieu de feu Jean de Dampmartin le 25 novembre 1319. Il remplit ces fonctions jusqu'au 14 décembre 1346. Après cette date, il devint maître des requêtes de l'hôtel du roi, nous le trouvons en effet avec ce titre au mois de mars 1350 (n. st.). (*Journaux du trésor de Philippe VI de Valois*, n° 4713.) Blanchard l'a omis dans ses *Généalogies des maîtres des requêtes de l'hôtel*. Il rentra à la Chambre des comptes le 4 mai 1351, et mourut le 13 juin 1359. (Bibl. Mazarine, ms. 3035, p. 49 et 56.) Au mois de septembre 1336, Philippe VI amortit en sa faveur 16 l. p. de rentes qu'il avait acquises de Pierre de Nesle et de sa cousine germaine Marie de Saint-Just, femme dudit Pierre, pour l'employer en bonnes œuvres. (Arch. nat., JJ. 70, n° 72. Voy. ci-dessus, n° CLXXVI.) Au mois de janvier 1337 (n. st.) le roi confirma cette lettre et l'autorisa à prendre cette rente sur le

Paumier et d'autres en la Chambre des comptes, present ledit Guillaume Forget, si comme il disoit, que ledit Jehan de Brunetot, aus hoirs dudit sire Pierre Forget, tant pour le droit que il par la vertu du don dessusdit, à cause de la succession ou eschoite dudit sire Pierre, povoient avoir es biens meubles et non meubles qui furent ausdiz feu maistre Jaques de Vertuz et Emeline, sa fame, pour cause d'yceuls biens et du plait dessusdit, donrra et baillera seze vins livres tournois, et parmi ce, touz lesdiz biens seront et demourront paisiblement audit Jehan de Brunetot, pour soy, pour ses hoirs et pour ceuls qui ont et auront de li cause à touz jours mais ; laquelle ordenance, ledit Guillaume Forget, dès lors, en la presence des dessus nommez, au los et au conseil de maistre Jehan de Keuve et Guillaume de Monstereul et d'autres ses amis et affins, accepta agreablement, si comme il disoit. Pourquoy, ycelui Guillaume, pour soy et en son nom, et ledit Jehan Petit Clerc, tant en son nom comme ou nom de sadite fame, de leur bon gré et de certaine science, par devant lesdiz notaires jurez, voudrent, louerent et agreerent, tant comme en euls est, l'ordenance dessusdite, comme bonne et à euls profitable, ores et ou temps avenir, et pour ce, il cessierent es noms dessusdiz, audit Jehan de Brunetot, et du tout en tout transporterent en lui et en ses hoirs et en ceuls qui de li auront cause tout le droit, saisine, possession, proprieté et toute la cause et l'accion reele, personele, mixte, directe, teue, expresse, profitable et autre quelconque que il, par les causes dessusdites ou autrement, en quelque maniere, avoient et avoir ou reclamer povoient ou peussent, comme que ce fust, en touz les biens et en chascun qui furent audit feu maistre Jaques de Vertuz et Emeline, sa fame, quelque part qu'il soient et convient qu'il soient nommez, et par ochoison d'yceuls, envers et contre quelconques personnes. Et à tout ce il mistrent ledit Jehan de Brunetot en son lieu et comme en sa propre chose, le firent et establir[ent] procureur et quanque miex estre peust, et recognurent euls es noms dessusdiz par cause de cest transport et jouste l'ordenance dessusdite, avoir eu et reçeu dudit Jehan de Brunetot les seze vins livres tournois dessusdites en bonne peccune nombrée, dont il se tindrent à bien paiez par devant lesdiz notaires jurez ; et en quitterent et clamerent quittent (*sic*) ledit Jehan, ses hoirs et ceuls qui de li auront cause. Et toutevoies, pour ce que par les lettres royaux cy-dessouz transcriptes, par lesquelles il sont receuz à hoirs dudit sire Pierre Forget, si comme dit est, il sont tenuz comme hoirs à rendre compte pour ledit sire Pierre et à paier ce qu'il devront par ledit compte, il ont léissié, si

---

cens et les revenus de la ville de Pontoise au lieu de le percevoir sur la vicomté de Paris. (*Ibid.*, n° 119.)

comme il disoient, ladite somme de peccune en sauve et seure main pour tourner en temps et en lieu, là ou tourner devra par raison. Et promistrent, les dessusdiz Guillaume Forget et Jehan Petit Clerc, es noms dessusdiz, par leurs seremenz et par leurs fois sur ce donnez es mains desdiz notaires jurez que contre l'ordenance dessusdite, ne contre le transport et les autres choses dessusdites, il n'ont riens fait, ne ne feront, ne venront par euls ne par autres, pour decevance, ne par quelconque voie de droit ou de fait, ne par quelconque maniere ou cautele, ou temps avenir, mais les tendront et garderont fermement et loyaument, en la fourme et maniere dessus escriptes, et garantiront chascun pour le tout et defendront à leurs propres despens ledit Jehan et les siens envers touz ceuls qui, comme hoirs ou exequteurs dudit sire Pierre, voudroient es diz biens, ou à celi Jehan, pour cause d'yceuls biens, aucune chose demander ou aucun droit chalengier en aucune maniere, et sur ce garderont ledit Jehan de Brunetot et les siens de touz couz et domages à touz jourz, en seurquetout ledit Jehan Petit Clerc fist caucion pour sadite fame de li faire avoir et tenir ferme et agreable quanque dessus est devisé et escript, à touz jourz; et promist loyaument, en bonne foy, à li faire ratifier souffisaument, par bonnes lettres souz seel autentique avec l'auctorité de li en toutes les choses et chascune dessus devisées, et à ce obligier soy, et ses hoirs par lesdites lettres dedenz Noel prochain avenir. Pour lesquelles choses dessusdites et chascune d'ycelles tenir, garder, accomplir et parfaire, lesdiz Guillaume et Jehan Petit Clerc obligerent audit Jehan de Brunetot et à ses hoirs, et sousmistrent du tout senz aucune excepcion à la juridicion de nous et de noz successeurs prevoz de Paris ou qu'il se transportent, euls, leurs hoirs, touz leurs biens et de leurs hoirs, meubles, non meubles, presens et avenir, pour pranre, saisir, vendre et despendre senz aucun delay jusques à plain accomplissement des choses dessusdites; et renoncierent expressement, etc...

Et furent presens à ce, par devant lesdiz notaires jurez, ledit maistre Jehan de Keuve, arcediacre de Tardenois en l'eglise de Soissons, et ledit Guillaume de Monstereul, argentier nostre seigneur le roy, lesquiex, en bonne verité, tesmoignerent que il avoient esté presenz avecques les autres dessus nommez, quant ledit sire Pierre Forget charga lesdiz Martin et Pierre des Essars de ordenner en leurs consciences des biens contencieux dessusdiz, en la maniere que dit est dessus, et que aus choses dessusdites faire et ordenner lesdiz sire Martin et Pierre les avoient appellez et avoient esté faites par le conseil et de l'assentement de eux, au proffit desdiz hoirs, si comme il leur sembloit. La teneur des lettres royaux, dont mencion est faite ci-dessus, est telle :

Philippe, par la grâce de Dieu roys de France, à touz ceuls qui ces presentes lettres verront, salut. Savoir faisons que Guillaume Forget, frere de feu Pierre Forget, jadiz nostre thresorier, et Jehan Petit Clerc, pour cause de Jehanne, sa fame, niece dudit feu Pierre, sont venu par devers nous et nous ont monstré que comme ledit feu Pierre, ou temps qu'il vivoit, eust et posseust plusieurs rentes et heritages et autres choses immeubles, desquelles aucunes en sont tenues en fief et les autres coustumierement, que les seigneurs des fiez ont pris et saisi et encores tiennent en leurs mains par deffaute d'omme les choses tenues à fief; et nous ont supplié lesdiz Guillaume et Jehan que nous les voussissiens recevoir à hoirs dudit feu Pierre, et que il iront et procederont avant, seuls et pour le tout, comme hoirs dudit feu Pierre, tant vers nous, comme vers touz autres, si comme raison et droit sera. A laquelle requeste et supplicacion nous avons encliné, et les recevons à hoirs dudit feu Pierre, par la maniere dessusdite ; et voulons, et mandons à touz que il soient receuz comme hoirs, et mandons et commandons à nostre baillif d'Anjou et à touz noz autres justiciers qui sur ce seront requis, qu'il reçoivent et facent recevoir lesdiz Guillaume et Jehan comme hoirs dudit feu Pierre, et les laissent et facent joir de touz les heritages que ledit feu Pierre tenoit et pousseoit à temps de sa mort; et tout ce qui depuis la mort dudit feu Pierre aura esté levé, prins et receu desdiz heritages, il facent rendre, restituer et restablir senz nul delay aus hoirs dessusdiz. Et se sont lesdiz hoirs obligiez envers [nous] qu'il ne alieneront riens des biens dudit feu Pierre jusques à tant qu'il aient rendu à nous bon compte pour ledit feu Pierre et paié ce qu'il devront par ledit compte. En tesmoing de ce, nous avons fait mettre nostre seel en ces presentes lettres. Donné à Paris, le xx⁰ jour d'octobre, l'an de grâce mil CCC trente et cinq.

En tesmoing de ce, nous, à la relacion desdiz notaires jurez qui concordaument nous rapporterent toutes ces choses ainsi avoir esté accordées par devant euls, avons mis en ces presentes lettres le seel de la prevosté de Paris. Accordé ledit Guillaume Forget et desdiz maistre Jehan de Keuve et Guillaume de Monstereul, le mercredi xxv⁰ jour d'octobre, et dudit Jehan Petit Clerc, le jeudi ensuivant, present encore ledit Guillaume Forget, l'an de grâce mil CCC trente et cinq.

Nous, adecertes, aianz toutes les choses dessus devisées et chascune d'ycelles fermes et agreables, etc...

Donné au Bois de Vincennes, l'an de grâce mil CCC trente et six, ou mois d'octobre.

Par le roy, à la relacion de l'arcediacre de Reins et du doyen de Tours.

P. d'Aunoy.

CLXXVIII.

1337 (n. st.), janvier. Au Louvre, près Paris.

Philippe VI amortit, en faveur des Servites de Marie, une maison sise à Paris, rue Saint-Côme et Saint-Damien, que leur donna feu Yves de Morlaix, chanoine de Saint-Paul de Léon, et leur abandonne en même temps un cens annuel de 20 deniers qui lui était dû sur cette maison.

(JJ. 70, nᵒˢ 185 et 271.)

Philippus, Dei gratia Francorum rex, notum facimus universis tam presentibus quam futuris quod cum, sicut ex parte religiosorum fratrum Servorum Sancte Marie[1] fuit nobis expositum, magister Evenus Boich[2] utriusque juris professor, et Johannes Burelli de Peronna, executores testamenti seu voluntatis ultime defuncti magistri Yvonis de Monte Relaxo, quondam canonici Leonensis, quandam domum que erat dicti defuncti sitam Parisius in vico Sanctorum Cosme et

---

1. Cette pièce complète et rectifie la note que consacre le P. Denifle aux Servites de Marie, dans son *Chartularium Universitatis Parisiensis*, t. II, p. 312 et 313. On voit qu'au mois de mai 1328, dans un chapitre général de l'ordre tenu à Sienne, il fut décidé que ledit ordre ferait l'acquisition à Paris d'une maison où au moins quatre frères pourraient résider afin de pouvoir étudier. Dans une savante note, le P. Denifle montre que les différents auteurs qui s'occupèrent de cet ordre n'ont pu déterminer si les Servites eurent jamais un collège à Paris. Voici sa conclusion : *Verisimiliter Parisiis nunquam propriam domum ecclesiamque possederunt, imo jam saec. XIV ut inquilini tantum aliorum morabantur, ibique brevi tempore pedem posuerunt. V. etiam infra ad an. 1346, martii 23.* Il s'appuie sur cette pièce à laquelle il renvoie (p. 575) pour émettre l'idée qu'ils pouvaient être fixés à Paris comme locataires, car le pape Clément VI dit que les chapitres provinciaux de cet ordre choisiront les sujets qui étudieront à Paris toutes les fois qu'il sera opportun. D'après les lettres que nous publions, on voit qu'ils n'étaient pas simplement locataires, mais bien propriétaires d'un immeuble. Dans la *Topographie historique du vieux Paris*, t. VI, p. 178 et 311, cette maison est appelée *Hostel des Serviers-Nostre-Dame.* On a confondu dans cet ouvrage les Serfs de la Vierge Marie qui s'établirent en 1258 rue de la Parcheminerie (plus tard rue des Blancs-Manteaux) avec les Servites de Marie. (Voy. en particulier, sur l'établissement des Servites de Marie à Paris, le travail des PP. A. Morini et P. Soulier, *Monumenta ordinis Servorum Sanctae Mariae.* Bruxelles, 1897, t. I, p. 150 et suiv.) A la p. 184 de ce volume ils ont publié la pièce que nous donnons.

2. Even ou Yvan Boich, Bohich ou Bouich, clerc du diocèse de Léon, était conseiller du chapitre de Paris et habitait rue Saint-Germain-l'Auxerrois. (Le P. Denifle, *Chartularium Universitatis Parisiensis*, t. II, p. 511 et 665.)

Damiani[1], ex opposito domus scolarium de Haricuria[2] et contiguam ex una parte grangie que est Petri Pastillarii et ejus uxoris, et ex altera parte, cuidam domui que est dictorum scolarium, et pretenditur dicta domus defuncti predicti usque ad vicum Lathomorum[3], et pro qua debentur nobis anno quolibet viginti et unus denarii annui et perpetui census, in puram et perpetuam elemosinam concesserint et donaverint fratribus antedictis, supplicaverintque nobis dicti fratres, ut domum predictam eis amortizare vellemus intuitu pietatis. Nos eorum supplicacioni super hoc annuentes, pro remedio et salute anime nostre, concedimus de gratia speciali quod fratres ipsi eorumque successores, domum predictam tenere possint imperpetuum pacifice et quiete, absque coactione vendendi vel extra manum suam ponendi, et absque prestacione financie cujuscumque nobis aut nostris successoribus faciende, quam una cum predictis viginti et uno denariis census annui et perpetui, eisdem fratribus graciose remittimus et quittamus, ut pro nobis et pro statu pacifico regni nostri, Creatori omnium preces et oraciones devotas effundere perpetuo teneantur, nostro in aliis et alieno in omnibus jure salvo. Quod ut ratum et stabile perpetuo perseveret, presentibus litteris, nostrum fecimus apponi sigillum. Datum appud Lupperam juxta Parisius, anno Domini M° CCC° tricesimo sexto, mense januarii.

Per dominum regem.

Barriere.

CLXXIX.

1337 (n. st.), février. Poissy.

Lettres de Philippe VI autorisant les religieux de Sainte-Croix de Paris à échanger avec Marie Laugière, bourgeoise de Paris, 102 s. 6 d. p. qu'ils prennent sur deux maisons de Paris, contre 106 s. de rente que ladite Marie prend chaque année sur leur nouveau monastère et sur leurs maisons.

(JJ. 70, n° 147.)

Philippe, par la grâce de Dieu roy de France, savoir faisons à touz

---

1. Le nom de rue de Saint-Côme et Saint-Damien était donné à la partie supérieure de la rue de la Harpe, depuis la rue des Cordeliers jusqu'à la porte Saint-Michel. Cette distinction, déjà constatée au XIIIe siècle, subsistait encore au XVIIe. (Jaillot, *op. cit.*, t. V, quartier Saint-André-des-Arts, p. 74, et *Topographie historique du vieux Paris*, t. V, p. 395.)

2. Sur le collège d'Harcourt, aujourd'hui le lycée Saint-Louis, et sa fondation, voy. H.-L. Bouquet, *l'Ancien collège d'Harcourt et le lycée Saint-Louis*. Paris, Delalain, 1891, in-8°.

3. La rue des Maçons, appelée aujourd'hui rue Champollion, allait de la rue des Mathurins (aujourd'hui rue du Sommerard), à la place de la Sorbonne.

presens et avenir, que comme pour (*sic*) noz autres lettres[1] seellées
en cire vert et en laz de soye, lesquelles nous avons veues, nous
aions amorti à noz amez en Dieu les religieux, le prieur et les freres
de Sainte Croiz de Paris, nuef livres deux solz six deniers parisis,
que Perronnelle la Flamenche et Guibourt d'Estampes, bourgoises
de Paris, avoient donné en aumosne à yceulz religieux et à leur
eglise, à touz jourz mais, desquelles nuef livres deux solz et six
deniers parisis, il en y a cent et deux solz et six deniers parisis
assis sur deux maisons; c'est assavoir : soissante solz parisis
sur la maison que l'en dit Marteriau, seant de lez l'eglise de
Saint Jehan en Grieve, tenant, si comme elle se comporte devant et
derrieres, à la maison du curé de ladite eglise, et quarante et deux
soulz et six deniers parisis sur une maison de Jehan de Mont Cor-
net, chapelier, seant sur le coing de la Heaumerie, en la Grant Rue
de Paris[2], si comme en nozdites lettres est plus à plain contenu; et
lesdiz religieux nous aient humblement supplié que nous leur veulliens ottroier que desdiz cent et deux soulz et six deniers parisis, il
puissent faire eschange avec Marie Laugiere, bourgoise de Paris, à
cent et six soulz de rente que elle prant et a chascun an sur leur
nouveau moustier et sur leurs maisons, laquele rente muet de eulz et
est de leur censive, si comme il dient. Nous, enclinans à la supplicacion desdiz religieux, pour le salu et remede des âmes de nous, de
nostre très chiere compaigne la royne et de noz predecesseurs et successeurs, leur avons ottroié et ottroions de grâce especial, de certeine science et en aumosne, pour nous et nozdiz successeurs roys de
France avenir, que lesdiz cent et deux soulz et six deniers parisis il
puissent transporter, bailler et eschanger à ladite Marie pour ladite
rente que elle prant et a sur leursdiz nouveau moustier et maisons,
comme dit est, et que ycelle Marie et ses hoirs et ceus qui de elle et
sesdiz hoirs, ou de l'un de eulz auront cause, puissent tenir et
tiegnent perpetuelment et paisiblement les dessusdiz cent et deux
soulz et six deniers parisis, sanz estre contrainz de les vendre ne
mettre hors de leurs mains et sanz paier pour ce à nous ne à nozdiz
successeurs roys de France avenir finance quelque elle soit, laquelle
nous leur quittons de nostredite grâce. Et que ce soit ferme et estable
à touz jours més, etc...

Donné à Poissi, l'an de grâce mil CCC trente et six ou mois de
fevrier.

Par le roy.

Charrolles.

---

1. Voy. ci-dessus, p. 167, n° CIV, les lettres du mois de juillet 1332.
2. Rue Saint-Denis.

CLXXX.

1337 (n. st.), février. Paris.

Philippe VI confirme des lettres de Philippe V (mars 1321, n. st.), Philippe III (mars 1277, n. st.) et Louis VII (1160), par lesquelles ils concèdent à Thèce, femme d'Yve la Choe[1], et à ses hoirs la maîtrise des tanneurs, baudroyeurs, sueurs, mégissiers et boursiers de Paris, et le domaine du guet de cette ville, les exemptent en outre de toute coutume, de la taille et de la tolte et ne les rendent justiciables que du roi[2].

(JJ. 70, n° 152.)

Per vos.

Molinis.

CLXXXI.

1337 (n. st.), février. Villeneuve-Saint-Georges.

Philippe VI donne à son chambellan, Jean d'Andresel, une maison et deux petites maisonnettes sises à Saint-Paul, près Paris, qui avaient appartenu à feu Thomas de Cabour.

(JJ. 70, n° 153.)

Philippe, par la grâce de Dieu roys de France, savoir faisons à touz presenz et avenir que comme pour cause des debtes es queles estoit tenuz à nous feu Thomas de Cabour ou temps qu'il vivoit, touz les biens dudit Thomas soient ou doient estre appliquez à nous, et encore ne souffisent à faire satisfaccion enterine de ce que il nous devoit, si comme nous avons entendu. Nous, consideranz les bons et agreables services que nostre amé et feal chevalier et chambellant Jehan d'Andresel[3] nous a faiz longuement et loyaument et fait

---

1. M. Luchaire le nomme la Cohe.

2. Les lettres de Louis VII sont publiées par A. Luchaire dans ses *Études sur les actes de Louis VII*, p. 89. M. R. de Lespinasse, dans son ouvrage sur les *Métiers et corporations de la ville de Paris*, t. III, p. 307, a également donné le texte de cette lettre, contenu dans la confirmation de Philippe III du mois de mars 1277.

3. Outre cette donation, Philippe VI, au mois de juin 1331, lui avait déjà accordé 84 arpents de bois situés dans le bailliage de Sens qui avaient été confisqués sur Pierre Remi. (Arch. nat., JJ. 66, n° 588.) Au mois d'avril 1333, il lui donna encore un manoir. (*Ibid.*, n° 1265.) Enfin, le 20 juillet 1340, Jean d'Andresel obtint pour lui et ses successeurs décharge de toutes les recettes qu'il avait pu effectuer auparavant près de n'importe quelle personne. (*Ibid.*, JJ. 73, n° 151.) Il mourut avant le mois de février 1347 (n. st.). Son fils, Jean d'Andresel, fut chambellan du duc de Normandie. (J. Viard, *Journaux du trésor de Philippe VI de Valois*, n°⁵ 614-615.)

encores continuelment de jour en jour, tout le droit qui pour ceste
cause nous appartient et porroit appartenir en la maison que ledit
Thomas avoit et tenoit de lez Paris, vers Saint Pol[1], et en deux petites
maisonnetes joignans à ladite maison, avec toutes les appartenances
et appendances d'icelles maisons et maisonnetes, avons donné et
donnons de grâce especial et de certeine science à nostredit chevalier, ainsi comme elles se comportent en lonc et en lé, à tenir, avoir
et possesser de li, de ses hoirs et de ceus qui auront cause de li, en
perpetuel heritage, souz les charges et les devoirs acoustumez et ainsi
comme ledit feu Thomas le tenoit. Si mandons à nostre prevost de
Paris present et avenir ou à son lieutenant, que audit nostre chevalier et chambellant ou à son commandement, baille et delivre lesdites
maison et maisonnetes de par nous et en leisse et face joir et user
paisiblement yceluy, ses hoirs et ceus qui auront cause de lui, non
contrestant touz autres dons que fais li aions. Et pour ce que ce soit
ferme et estable à touz jours mais, etc...

Donné à Villeneuve Saint George, l'an de grâce mil CCC trente et
six, ou mois de fevrier.

Par le roy, present le sire de Meleun.

R. de Molins.

CLXXXII.

1337 (n. st.), février. Bois de Vincennes.

Philippe VI amortit 20 l. p. de rente annuelle en faveur de l'Hôtel-Dieu
de Saint-Gervais à Paris.

(JJ. 70, n° 251.)

Philippe, par la grâce de Dieu roy de France, savoir faisons à touz
presenz et avenir que nous, desirranz que le devin service accroisse
touz jourz en nostre temps, et voulanz estre participans es bienfaiz et
oroisons que l'en fait et fera ou temps avenir en l'Ostel Dieu de
Saint Gervays à Paris, aus maistre, freres et suers dudit hostel,
avons ottroié et ottroions de grâce especial et de certeine science, que
jusques à la somme de vint livres parisis de rente annuele il puissent
acquerir pour la soustenance de eus et des povres dudit hostel, et
icelles, se ja les ont acquises en tout ou en partie, ou quant il les
auront acquises à tiltre d'aumosne ou à autre loyal titre, hors fié
toutevois et justice, il et leurs successeurs dudit hostel, puissent

---

1. Église alors située hors de Paris et aujourd'hui disparue. Les propriétés qui portent les n°ˢ 30 et 34 de la rue Saint-Paul occupent une partie
de l'emplacement de cet édifice qui fut démoli à la fin de la Révolution.
(Abbé Lebeuf, *op. cit.*, éd. Cocheris, t. III, p. 392 et 441.)

tenir, avoir et posseoir franchement et quittement, à touz jours mais, perpetuelment, pour la soustenance de eus et desdiz povres, sanz ce qu'il soient contrainz à les vendre ne mettre hors de leurs mains, et sanz paier pour ce à nous ne à noz successeurs roys de France aucune finance quelle que elle soit ou temps avenir. Et pour ce que ce soit ferme et estable à touz jours mais, etc...

Donné au Bois de Vincennes, l'an de grâce mil CCC trente six, ou mois de fevrier.

Par le roy, à la relacion du souz aumosnier.

R. de Molins.

CLXXXIII.

1337 (n. st.), 7 mars. Paris.

Philippe VI confirme la vente faite à Henri Billot, avocat au Châtelet, d'une maison sise à Paris, ayant appartenu à Pierre de Cahors et à Jeanne, sa femme. Le produit de cette vente est destiné à rembourser à Agnès de Saint-Laurent, sœur et héritière de Jean de Saint-Laurent, le montant d'une somme qui lui était due par les prédécesseurs du roi.

(JJ. 70, n° 193.)

Philippe, par la grâce de Dieu roys de France, nous faisons savoir à touz presenz et avenir que nous avons veu les lettres cy-dessouz transcriptes contenans la fourme qui s'ensuit :

A touz ceus qui ces lettres verront, Pierre Belagent, garde de la prevosté de Paris, salut. Comme à la requeste de Agnès de Saint Lorent, suer et heritiere de feu Jehan de Saint Lorent, li roys nostre sire eust par ses lettres seellées de son grant seel mandé à ses tresoriers à Paris en la maniere qui s'ensuit.

Philippe, par la grâce de Dieu roys de France. A noz amez et feaulz tresoriers à Paris, salut et dilection. Nous vous mandons et à chascun de vous que tout ce qui vous apperra estre deu à Agnès de Saint Lorent, suer et heritière de feu Jehan de Saint Lorent, à cause dudit Jehan, du temps de noz predecesseurs roys, par lettres, cedules ou escroes verifiées en la Chambre de noz comptes à Paris, vous li paiez ou assignez sur les debtes de nozdiz predecesseurs ou d'aucun d'eulz, par tele maniere que briefment en puisse estre paiée; et se vous ne trouvez debtes de noz predecesseurs ou d'aucun d'eulz sur quoy paiée ou assignée puist estre, si li paiez du nostre ou li en faites tele assignacion que elle en soit briefment paiée, en telle maniere que elle n'ait ochoison d'en retourner par devers nous en voz deffaus, en retenant par devers vous lesdites lettres, cedules ou escroes et lettres de quittance avec ces presentes, par lesqueles nous donnons en mandement à noz amez et feaulz genz de noz comptes à Paris que ce que ainssi aurez paié ou assigné, alloent en voz comptes et rabatent de vostre recepte. Donné à Poissi, le viiie jour d'avril, l'an de grâce mil CCC XXXIIII.

Et par vertu desdites lettres, lesdiz tresoriers eussent mandé au receveur de la viconté de Paris en la fourme et maniere contenue en leurs lettres qu'il donnerent sur ce, seellées de leurs seauz, contenans ceste fourme.

Nicolas Behuchet et Jean de Milon, tresoriers le roy nostre sire à Paris, au receveur de la viconté de Paris, salut. Le roy nostre sire nous a mandé par ses lettres, lesquelles nous vous envoions avec ces presentes, que nous paions ou assignons à Agnès de Saint Lorens, suer et heritiere de feu Jehan de Saint Lorens, tout ce qui nous apperra estre deu à elle à cause dudit feu Jehan, du temps des predecesseurs dudit nostre seigneur le roy, si comme il est plus plainement contenu es dites lettres ; et il nous est apparu par cedules de ladite Chambre verifiées, lui estre deu la somme de iiie xxxvi livres iiii s. ii d. tournois fors ; par la vertu desquelles lettres de nostredit seigneur et pour son mandement acomplir, nous, à ycelle Agnès, avons assigné et assignons ladite somme à prendre et recevoir par elle, sur plus grant somme en quoy la femme et les hoirs de feu Pierre de Caours [1], jadiz mestre des monnoies nostre seigneur le roy, sont tenuz à ycelui seigneur pour certaine cause. Si vous mandons que lesdiz femme et hoirs, vous contraingniez selon ce qu'il est acoustumé à faire à esploitier les debtes du roy, à vous paier et rendre ladite somme pour faire gré et satisfacion à ladite Agnès de ladite somme, en prenant de li lesdites lettres du roy, ces presentes et ladite cedule, avec lettre de quittance de ce que vous li paierez, qui vous apperra li estre deu par ladite cedule verifiée en ladite Chambre, ou de ce que elle en aura receu ; parmi lesquelles raportant il vous seront alloez en voz comptes ; et le seurplus de l'argent envoiez au tresor du roy. Donné à Paris, le viie jour de juillet.

Et pour ce, ledit receveur nous eust requis que en mettant à execucion deue les lettres dessus transcriptes, pour ce que il ne trouvoit pas sur la femme et les hoirs dudit feu Pierre de Caours biens meubles souffisans à paier la debte qu'il devoient au roy nostre sire, nous feissons vendre de par le roy nostre sire une meson et ses appartenances, si comme elle se comportoit, qui fu audit

---

1. Le 13 décembre 1320, Pierre de Cahors, maître des monnaies, eut ordre de se transporter à Bordeaux et dans d'autres lieux de la Guyenne pour saisir les coins et les monnaies que faisait faire le roi d'Angleterre. Au 25 septembre 1327, il figure encore dans un règlement entre les maîtres et les ouvriers et monnayers du roi. (De Saulcy, *Recueil de documents relatifs à l'histoire des monnaies frappées par les rois de France, depuis Philippe II jusqu'à François Ier*, p. 199 et 206.)

Pierre de Caours et Jehanne, sa femme, assise à Paris en la rue Thibaut aus dez[1], tenant, d'une part, à la meson qui fu Jehan de Longuerue, et d'autre part, à la meson qui fu feu Gyefroy de la Mare. Pourquoy, nous feismes saisir et mettre à la main du roy ladite meson, et feismes crier par Tassin l'Enfant, sergent du roy nostre sire establi à faire telz cris à l'audience du Chastelet de Paris, que ladite meson avec ses appartenances, si comme elle se comportoit, estoit en vente de par le roy nostre sire et pour la debte deue audit seigneur, et que, qui la voudroit achater, on la vendroit et deliverroit de par le roy, aus us et coustumes de France. Depuis laquele criée, Pierre des Essars en offri à donner vi^{xx} livres parisis, et en bailla un denier à Dieu et y fu receu. Sur lequel Pierre des Essars, Lorens de Saint Denys, orfevre, enchieri ladite meson et ses appartenances et les mist à vi^{xx} x livres parisis. Depuis laquelle enchiere, Guillaume de Hedinc les mist à vii^{xx} et x livres parisis. Laquele vente fut criée et subhastée par quatre quatorzaines et inter· valles suffisans, de nostre commandement, par ledit sergent, à ladite audience, et y fu crié que qui plus en voudroit donner, ou sur ycelles aucunes choses demander ou reclamer, feust par lettres, pour cens, pour arrerages de cens ou autrement, comment et pour quelconque cause ce feust, venist avant dedenz la fin de la quarte quatorzaine, ou il n'y seroit jamaiz oiz ne receu. C'est assavoir : pour la premiere quatorzaine, le samedi xv jours ou mois de juillet; pour la seconde, le xxixe jour dudit mois de juillet; pour la tierce, le lundi xie jour du mois de septembre, et pour la quarte, le mardi xxvi jours oudit mois de septembre, tout en l'an de grâce mil CCC XXXV; en faisant lesquelles criées, les personnes cy-après nommées si opposèrent. C'est assavoir : Asceline, femme de feu Jodouin de Nanterre, notaire dudit Chastellet jadiz, et Oudete Morise, sa fille, en disant que il avoient xii livres de crois de cens ou de rente chascun an sur ladite meson et que xxiiii livres parisis leur en estoient deues d'arrerages de termes passez; et Erart Hanequin, en disant que il avoit c et x sols parisis de rente chascun an sur ladite meson et que viii livres et xv sols parisis li en estoient deuz d'arrerages du temps passé; et depuis ce, nous eussons veu les lettres du roy nostre sire adrecées à nous, contenans la fourme qui s'ensuit.

Philippe, par la grâce de Dieu roys de France, au prevost de Paris ou à son lieutenant, salut. Comme pour la debte en quoy feu Pierre de Caours, jadiz mestre de noz monnoies estoit tenuz à nous, la meson qui fu audit Pierre et Jehanne, sa femme, avec ses appartenances, si comme elle se comporte, assise à Paris en la rue Thebaut

---

1. La rue Thibaut-aux-dés comprenait la partie de la rue des Bourdonnais actuelle qui va de la rue de Rivoli à la rue Saint-Germain-l'Auxerrois.

aus dez, eust esté mise en vente, et après plusieurs offres de plusieurs genz, Guillaume de Hedinc en offri vii^xxx livres parisis, et ladite vente ait esté criée par quatre quatorzaines à l'audience de nostre Chastellet de Paris ; depuis lesquelles criées, ledit Guillaume a renoncié expressement par devant noz amez et feaulz genz de noz comptes à Paris, à ladite maison et aus offres que il en avoit fait ; à quoy, nozdites genz, pour certaines et justes [causes] l'ont receu. Et après, Henry Billot, advocat, soit venu à nozdites genz et d'ycelle maison avec ses appartenances ait offert vii^xxx livres parisis, par si que ladite maison soit baillée à la descharge des rentes dont elle estoit chargée au jour que ledit feu Pierre morut, franche et quitte de toutes autres charges, de touz arrerages et de toutes obligacions. Et pour ce que il fu donné à entendre à nozdites genz que depuis que ledit feu Pierre de Caours morut, Pierre d'Orliens, drapier, et feu Marguerite, jadiz sa femme, avoient achaté de la femme dudit feu Pierre ou de son secont mari viii livres de rente sur ladite maison ; nozdites genz aient fait venir par devant eulz ledit Pierre d'Orliens, Perrot et Jehanne ses enfanz, enfanz et hoirs pour le tout de ladite feu Marguerite et Jaques Marcel, mari de ladite Jehanne, lesquiex nozdites genz ont oy en tout ce qu'il ont volu dire, et tout consideré, nozdites genz, yceus Pierre d'Orliens et sesdiz enfanz et ledit Jaques aient debouté desdites viii livres de rente et de tout ce qu'il se dient avoir sur ladite maison acquis depuis que ledit feu Pierre morut. Pourquoy, nous te mandons que ladite maison et ses appartenances tu delivrez audit Henry, à la charge des rentes que elle devoit quant ledit feu Pierre morut, franche et quitte de toutes autres charges, de touz arrerages et de toutes autres obligacions ; et li en fay bailler la possession et saisine corporelle ; et d'ycelle, en la fourme dessusdite, le fay joir paisiblement, touz empeschemens ostez ; et de ladite vente li fay teles lettres, comme il appartient, à estre après confermées de nous. Donné à Paris, souz le seel de nostredit Chastelet, en l'absence de nostre grant seel, le xie jour de decembre, l'an de grâce mil CCC XXXV.

Depuis lesquelles choses, ledit Erart Hanequin vint par devant nous ou Chastelet de Paris et renonça à l'opposicion qu'il avoit faite en faisant lesdites criées, si comme il nous est apparu par une acte seellée du contrescel de ladite prevosté de Paris, dont la teneur est telle.

L'an mil CCC XXXV, le samedi après la Sainte Luce[1], fu present en jugement par devant nous, ou Chastelet de Paris, Erart Hanequin, qui renonça à l'opposicion qu'il avoit fait à la maison et à la vendue d'ycelle qui fu feu Pierre de Caours, assise à Paris en

----

1. 16 décembre.

la rue Thebaut aus dez, tenant, d'une part, à la meson feu mestre
Jehan de Longuerue, et d'autre part, à la meson qui fu feu Geffroy de la Mare, vendue de par nostre seigneur le roy pour la
debte d'ycellui seigneur, par criz et subastacions, et dist que sur
ycelle maison il n'avoit, ne reclamoit aucun droit, et que les cx s.
de rente pour lesquiex il s'estoit opposez, il avoit et prenoit sur
ladite maison qui fu audit feu Geffroy, joignant à la ruelle par ou
l'en va aux estuves Robert l'Escrivain, et d'autre part, à ladite maison qui fu audit feu Pierre. Donné comme dessus.

Et avecques ce, fu ladite vente signifiée à ladite Jehanne, femme
dudit feu Pierre de Caours, et à Jehan Dupont, à present son mari,
et aussi à Guionnet de Caours, filz dudit feu Pierre, si comme nous
l'avons veu estre contenu en deux actes seellées dudit contreseel,
desqueles les teneurs s'ensuivent en ceste maniere.

L'an mil CCC XXXV, le samedi après la Sainte Luce, nous
raporterent et tesmoingnerent par leurs seremenz Thomas Morise et
Bertaut Brulé, sergenz à verge du Chastelet de Paris, que eulz, le
vendredi precedent, de nostre commandement et à la requeste du
procureur du roy nostre sire et de Henry Billot, advocat, pour tant
comme à chascun touchoit, avoient esté et furent en la rue aus
Jugleurs[1] en l'ostel de (sic)[2] Jehan Dupont et Jehanne, sa femme, jadiz
femme feu Pierre de Caours demouroient, et que là il avoient signifié
et signifierent ausdiz mariez, à la personne de ladite femme, que la
maison dudit feu Pierre et de elle, assise à Paris en la rue Thibaut
aus dez, tenant, d'une part, à la maison qui fu maistre Jehan de
Longuerue, et d'autre part, à la meson qui fu feu Gefroy de la
Mare, estoit et avoit esté avec ses appartenances, si comme elle se
comporte, vendue de par nostre seigneur le roy et pour la debte
d'ycelui seigneur, par criz et subastacions oudit Chastelet, audit
Henry, à la charge des rentes que elle devoit quant ledit feu Pierre
morut, le pris de vii^{xx}x livres parisis, et que lesdiz mariez il avoient
adjornez et adjournerent à huy, par devant nous, à la personne de
ladite femme, à dire tout ce que eulz voudroient contre ladite vendue, en leur intimant que venissent ou non, l'on yroit avant à bailler
le decret de la vendue à l'achateur et l'argent d'ycelle par devers
ledit seigneur; et commanderent à ladite femme que ce que dit est
elle feist savoir à sondit mari. Auquel jour de samedi lesdiz mariez
ne vindrent, ne pour eulz envoierent, et furent tenuz pour defaillans,
appellez souffisaument par Oudin le Pasticier, sergent à verge; les-

---

1. La rue aux Jugleurs, qui porta ensuite le nom de rue des Ménétriers,
allait de la rue Saint-Martin à la rue Beaubourg; elle a disparu par suite
du percement de la rue de Rambuteau.

2. Il faut certainement remplacer *de* par *où*, afin de rendre la phrase intelligible.

diz procureur et Henri, pour tant comme à chascun touchoit, comparanz souffisaument. Donné comme dessus.

L'an mil CCC XXXV, le samedi après la Sainte Luce, fu present en jugement par devant nous, ou Chastelet de Paris, Guyonnet de Caours, filz feu Pierre de Caours, auquel nous deismes et signifiasmes, que la meson dudit feu Pierre et de Jehanne, sa femme, avec ses appartenances, si comme elle se comporte, assise à Paris en la rue Thibaut aus dez, tenant, d'une part, à la maison feu mestre Jehan de Longuerue, et d'autre part, à la maison feu Geffroy de la Mare, estoit vendue par criz et subastacions, de par nostre seigneur le roy et pour la debte d'icelui, à la charge des rentes que elle devoit quant ledit feu Pierre morut, à Henri Billot, advocat oudit Chastelet, le pris de vii^{xx}x livres parisis; lequel Guyonnet ne dit aucune chose au contraire. Donné comme dessus.

Et pour ce, ledit receveur nous eust requis que nous parfeissions ladite vente et y meissions nostre decret, et ladite maison delivrissions audit Henry Billot et li en feissions bailler la possession et saisine corporele, selon la teneur des lettres dessus transcriptes, en mettant ycelles à execucion, afin que ledit Henry paiast le pris qu'il avoit achaté ladite maison pour tourner et convertir ou paiement du roy nostre sire, si comme de reson seroit. Sachent tuit que nous, veu et considéré les teneurs des lettres dessus transcriptes, les actes desdites criées; veu avec ce, la teneur d'une escroe ou cedule verifiée en ladite Chambre des comptes, faisant mencion que l'on devoit à ladite Agnès iii xxxvi l. iiii s. ii d. tournois fors, si comme il apparoit par ladite escroe ou cedule, dont la teneur est tele. *De somma V° IIII^{xx}XIII l. XIIII s. II d. tur. fortis debita Johanni de Sancto Laurencio magistro quondam monetarum Sancti Porciani et Matisconensis, pro plus soluto de monetagio Sancti Porciani et Matisconensis quam debebat, prout in debitis Matisconensibus continetur, habuit Agnes de Sancto Laurencio soror et heres insolidum dicti Johannis et Johanne matris sue, per Petrum de Essartis et Symonem de Insula, in duabus partibus, II° LVII l. X s. tur. fortis. Residuum quod est III° XXXVI l. IIII s. II d. tur. fortis monete nunc currentis, debetur dicte Agneti heredi insolidum dictorum Johannis et Johanne. Scriptum in Camera compotorum Parisius III^a die Februarii anno Domini M° CCC° XXXIIII°.*

Et veu aussint la teneur d'une autre escroe ou cedule de ladite Chambre des comptes contenant ceste fourme.

Pierre de Caours doit par la fin de son compte v° xxix l. iiii s. viii d. ob. par. fors, sur laquelle somme Agnès de Saint Lorent est assignée. Escript en la Chambre des comptes le xxve jour d'octobre, l'an de grâce mil CCC XXXV.

Considéré les autres choses qui faisoient à considerer comme justice de par le roy; par la vertu des choses dessusdites, vendismes et ottroiasmes audit Henri Billot, achateur, pour li, pour ses hoirs et pour ceus qui de li auront cause, à heritage, à touz jours, la maison dessus esclarcie avec ses appartenances, si comme elle se comporte, pour le pris de vii^{xx}x l. par., lequel pris fu paié, baillé et delivré à Aubert Belot, receveur pour le roy nostre sire en la viconté de Paris pour faire ce que il en appartendroit par raison à faire, si comme il nous apparut par lettres seellées du seel dudit receveur, desquelles la teneur est tele.

Sachent tuit que je, Aubert Belot, receveur pour le roy nostre sire à Paris, recognois et confesse que comme pour faire execucion de la somme de v^c xxix l. iiii s. viii d. et ob. par. fors en quoy Pierre de Caours, ou temps qu'il vivoit, et Jehanne, sa femme, estoient tenuz envers nostre seigneur le roy, l'en ait vendu à touz jours, de par le roy, à Henri Billot, advocat, une maison et ses appartenances qui avoient esté ausdiz mariez, assise à Paris en la rue Thebaut aus dez, tenant à la maison qui fu feu Jehan de Longuerue, d'une part, et à la maison qui [fu] feu Gyeffroy de la Mare, d'autre part, pour le pris de vii^{xx}x l. par.; et en faisant les criées de ladite vente, Asceline, jadiz femme de feu Jodouin de Nanterre, et Oudete, sa fille, se soient opposez en disant que elles avoient xii l. de rente sur ladite maison et que xxiiii l. par. leur en estoient deuz d'arrerages; *item,* Erart Hanequin, en disant que il avoit c et x s. de rente sur ladite maison et que viii l. xv s. par. li en estoient deuz d'arrerages du temps passé; à laquele opposicion ledit Erart a depuis renoncié; je ai eu et receu dudit Henri Billot lesdites vii^{xx}x l. du pris et pour le pris de la vente de ladite maison, pour faire en ce que de reson sera à faire, et m'en tieng à bien paiez et en quitte ledit Henri, ses hoirs, ladite maison et touz ceus à qui quittance en appartient, et en promet à respondre suffisaument à qui il appartendra, toutefoiz que mestier en sera. En tesmoing de ce, je ay seellé ces lettres de mon scel, le xviie jour de decembre, l'an de grâce mil CCC XXXV.

Et parmi ce, nous, ladite vente loasmes, greasmes, ratiffiasmes et approuvasmes, et par l'interposicion de nostre decret, la confermasmes en tant comme nous le poions et devions faire de nostre office, par la vertu des choses dessusdites; mandans aus justiciers et subgiez du roy nostre sire, à qui il puet et doit toucher et appartenir, que ledit Henry il mettent en possession et saisine corporelle de ladite maison et l'en facent joir paisiblement, touz empeschemenz ostez, tout en la fourme et maniere que le roy nostre sire le mande par sesdites lettres. En tesmoing de ce, nous avons fait mettre à ces lettres le seel de la prevosté de Paris, le lundi xviii jours ou mois de decembre, l'an de grâce mil CCC XXXV.

Nous, adecertes, la vendue de ladite maison, faite ainsi comme

contenu est es lettres cy-dessus transcriptes et toutes les autres choses
et chascune d'ycelles contenues es dites lettres, aianz fermes et
agreables, etc...

Donné à Paris, l'an de grâce mil CCC XXXVI, le VIIe jour du mois
de mars.

Par les genz des comptes.

Ja. de Boulay.

CLXXXIV.

1337 (n. st.), 19 mars. Saint-Christophe-en-Halate.

Philippe VI amortit 15 l. t. de rente destinées à la fondation d'une chapellenie en l'église Saint-Paul de Paris pour le repos de l'âme de feu Marguerite la Tunière.

(JJ. 70, n° 217.)

Philippe, etc..., savoir faisons à touz presens et avenir que pour
le accroissement du divin service et pour le salu de nostre ame, nous
avons ottroié et ottroions de grâce especial et de certeine science, que
une chapellenie fondée en l'eglise de Saint Pol à Paris pour le
remede de feu Marguarite la Tuniere, soit et puisse estre douée de
quinze livres tornois de rente chascun an acquise ou à acquerre par
les hoirs et executeurs de ladite feu Marguarite, sanz fié et sanz justice, et que le chapellain qui sera pour le temps establi à deservir
ladite chapellenie tiegne et puisse tenir ladite rente paisiblement,
sanz ce que il soit contraint à la vendre ou mettre hors de sa main et
sanz en paier finance à nous quelle que elle soit ou temps avenir,
laquelle nous avons quittiée et donnée de nostredite grâce. Et que
ce soit ferme chose et estable à touz jours mais, etc...

Donné à Saint Christofle en Hallate, le XIXe jour de mars, l'an de
grâce mil CCC trente et six.

Par le roy.

Barriere.

CLXXXV.

1337 (n. st.), mars. Saint-Christophe-en-Halate.

Philippe VI donne à son valet de fruiterie, Jean de Houdent, pour lui et
ses héritiers, les biens confisqués sur Drouet le bourrelier, sis au terroir
de Montgeron.

(JJ. 68, n° 12.)

Philippe, par la grâce de Dieu roys de France, savoir faisons à
touz presenz et avenir que nous, consideranz les bons et agreables
services que Jehan de Houdent, vallet de nostre fruiterie, nous a fait
longuement et fait encore, li eussions donné à sa vie les heritaiges
ci-dessous nommez et declairiez, lesquiex nous sont venuz nouvele-

ment pour cause de la forfaiture de feu Drouet le bourrelier qui lesdis heritaiges tenoit et possessoit comme siens ou temps de la forfaiture ; lesquiex heritaiges, par informacion sur ce faite de nostre commandement, sont trouvez et estimez valoir vint et quatre livres par une foiz, ou soixante soulz parisis de rente par an. Nous, voulanz audit Jehan faire plus pleinne grâce en ceste partie, li donnons de grâce especial, par la teneur de ces lettres, pour li et pour ses hoirs et ceulx qui de li ou d'eux auront cause, lesdiz heritaiges, et li octroions que li ou ses hoirs ou ceux qui de li ou d'eux auront cause, puissent desoremaiz perpetuelment tenir et possider lesdiz heritaiges et faire en leur volenté comme de leur propre heritaige, en paiant les devoirs et rentes pour ce deuz ; lesquiex heritaiges s'ensievent : c'est à savoir. *Premierement,* une maison et les appartenances seant à Montgison[1], tenant, d'une part, à Guillaume de Chartres, et d'autre part, à Pierres Bataille, mouvant de Jehan Poulain, escuier. *Item,* un quartier de vigne en Noroy, tenant, d'une part, à Guillot, charron, et d'autre part, à Girart Ymbart, mouvant de Thomas Pasté[2], chevalier. *Item,* un arpent de terre au ru d'Orly[3], tenant, d'une part, à Rogier Fichet, et d'autre part, à Guillaume Berchier, mouvant du chevalier dessusdit. *Item,* demi arpent de terre au siege aus forretiers, tenant, d'une part, audit Guillaume le Berchier, et d'autre part, à Jehannot l'Ogre, mouvant de Jehan le Mire, bourgois de Paris. *Item,* demi arpent de terre au ru de Chalandré[4], tenant, d'une part, à Symon de Lengres, et d'autre part, à Jehan Cloeson, mouvant de Saint Germain des Prez de Paris. *Item,* trois quartiers de terre sous le Luet, tenant, d'une part, à Gilon la Meresse, et d'autre part, audit Jehannot l'Ogre, mouvans de Henry de Chastel Festu[5], escuier. *Item,* demi arpent de

---

1. Montgeron, Seine-et-Oise, arr. de Corbeil, cant. de Boissy-Saint-Léger.

2. Sur la famille Pasté, voy. P. Anselme, *op. cit.,* t. VI, p. 622.

3. Le ru d'Orly, signalé dans la carte au 1/20000 des environs de Paris et dans celle du service vicinal, sort de la forêt de Senart et va se jeter dans l'Yerres entre Montgeron et Villeneuve-Saint-Georges.

4. Auj. Chalandray, hameau de la commune de Montgeron.

5. Ce nom de Chastel-Festu rappelle celui d'une rue de Paris (rue Château-Fétu). On a fait déjà bien des conjectures sur l'origine de ce nom. Lebeuf (*Hist. du diocèse de Paris,* t. I, p. 59) dit que le Château-Fétu, qui donna le nom à cette rue, était une espèce de halle couverte de branchages. Berty (*Topographie historique du vieux Paris,* t. I, p. 50) dit que ce nom de Château-Fétu « veut dire uniquement une maison misérable, en mauvais état, n'ayant ni solidité, ni prix, comme un fétu de paille. » Le nom que nous trouvons dans cette pièce justifierait plutôt l'hypothèse plus simple, mais peut-être plus vraie, de Jaillot, à savoir que ce nom de Chastel-Festu serait sans doute celui d'un particulier qui l'aurait fait construire ou qui y demeurait. (Voy. aussi : *Bulletin de la Soc. de l'histoire de Paris et de l'Ile-de-France,* t. II, p. 109, et t. VI, p. 144.)

terre au boisson de la Leu, tenant, d'une part, à Symon de Lengres dessusdit, et d'autre part, à Jehan de Montgison, mouvant de Saint Germain l'Aucerrois de Paris. *Item,* le tiers d'un arpent de vigne à la Leu, tenant, d'une part, à Phelippe de Viguef, escuier, et d'autre part, à Perronnelle la Longue, mouvant de Saint Germain l'Aucerrois de Paris dessusdit ; lesquelles choses sont toutes assises ou terrooir de Montgison. *Item*, cincq quartiers de terre seans vers l'ourme de Sansale, mouvanz de Jehanz Tartarin, chevalier, tenant, d'une part, à Estienne le Haubergier, et d'autre part, aus enfanz de feu Jehan le Page. Pour laquelle chose, nous mandons à touz noz justiciers et à chascun d'eulz, si comme à li puet appartenir, que ledit Jehan, ses hoirs et ceux qui d'eus auront cause facent joir desdiz heritaiges selon la fourme de nostre don dessusdit, ne ne sueffrent que sur ce il soient non deuement empeschiez. Et que ce soit ferme et valable à tous jours, etc...

Ce fu fait à Saint Christofre en Halate, l'an de grâce mil trois cenz trente et siz, au mois de mars.

Par le roy en ses requestes, presenz monseigneur J. des Prez et monseigneur J. Rousselot.

Gervas[ius].

CLXXXVI.

1337, avril. Paris.

Philippe VI confirme la location faite par Aubert Belot, receveur de la vicomté de Paris, à Robert de Meudon, orfèvre, et à Agnès, sa femme, pour leur vie, d'un appentis tenant aux murs du Châtelet de Paris, moyennant une redevance de 8 l. p. par an.

(JJ. 70, n° 258.)

Philippus, Dei gratia Francorum rex, notum facimus tam presentibus quam futuris, nos vidisse quasdam litteras sigillo prepositure nostre Parisiensis sigillatas, formam que sequitur continentes.

A touz ceux qui ces presentes lettres verront et orront, Hugues de Crusi, garde de la prevosté de Paris, salut. Sachent tuit que par devant nous p[o]ur ce, personnelment vint Aubert Belot, receveur de la viconté de Paris et nous tesmoingna que par le profist du roy nostre sire et à certaine cause, l'an de grâce mil CCC vint et huit, le neufvieme jour de decembre, il avoit baillié et delaissié à Robert de Meudon, orfevre, et Agnès, sa famme, un apentit tenant aus murs de Chastellet de Paris, de costé la Griesche[1], à avoir et tenir d'iceuz mariez neuf ans entresuivans et acomplis, pour le pris et pour la

---

1. La Griesche était le nom donné à une des prisons du Châtelet au xive siècle ; on l'appelait aussi la prison aux femmes. (Desmaze, *le Châtelet de Paris, son organisation, ses privilèges*, p. 340.)

somme de huit livres parisis par an aus quatre termes de Paris
acoustumez. Et pour ce que le lieu estoit inhabitables et non soffi-
sant pour demourer, ordené et acordé fu dudit receveur et dudit
Robert, presens aucuns des jurez du roy et autres, que ledit Robert
mettroit en nom d'amendement oudit apentif, selonc ce qu'il fu
regardé que pour le temps presens et pour le temps desdites neuf
années, il povoit faillir, neuf livres parisis, dont li seroient rebatu
pour chacun an vint soulz ; et ainsi ne paieroit que sept livres parisis
par an. Et pour ce que ledit Robert avoit dès maintenant mis et
edefié oudit arpentif et que il failloit encor metre plus que ladite
somme de neuf livres dessusdiz, et requeroit audit receveur que li
descomptat ou rabatif de son louier ; ledit receveur refusant du faire,
ledit Robert le requit et le fist requerre par maniere de supplicacion
que puisque il li convienoit encor metre oudit arpentif oultre ce qu'il
y avoit mis et que riens ne l'en vouloit rebatre, que pour raison et
equité, ledit apentif li vousist acenser et bailler à la vie de lui et de
sa famme Agnès dessusdite, et que de tout ce qu'il y avoit mis et
metroit pour le temps passé et pour le temps avenir, pour leur temps
il quiteroit le roy nostre sire et paieroit tous les ans huit livres parisis aus quatre termes de Paris acoustumez. Ledit receveur, eu conseil, avis et deliberation, consideré ce dont il estoit enformé que
ledit Robert y avoit mis et convenoit à mettre, et consideré ce que de
raison l'avoit encor à tenir environ huit ans et ainssint l'estat des
personnes qui sont de bonne renummée et paisibles, et ja sont de bon
aage ; par le conseil des saiges, voulans le profist du roy nostre sire,
et mesment d'aucuns de nos seigneurs, ledit receveur acorda ledit
acensement et bail audit Robert et à sa famme, à leur vie tant seulement, toutevois reservé au roy lesdiz huit livres parisis frans chacun
an ; et par ainsi que ledit apentif seroit crié ou Chastellet de Paris
par quatre quatorzaines, si comme il est acoustumé pour le roy en tiex
cas, en la maniere que bailliez estoit audit Robert, à sa famme et à
leurs vies, et quiconques en voudroit plus donner venist avant, et il
y seroit volentiers oys et receuz pour avoir et tenir en la maniere
que baillé estoit audit Robert et à sa fame, sauf audit Robert, que se
rencherri estoit ou fust sur lui, lesdites neuf livres dessusdites li
seroient renduces. Et fust crié par Jehan de Berne, sergent et crieur
de l'audience ou Chastellet de Paris, pour la premiere quatorzainne,
le samadi après la saint Pere entrant aoust, et pour la seconde quatorzainne, le semadi après la mi aoust, et pour la tierce quatorzainne, le semadi premier jour de septembre, et la quarte quatorzainne, d'abondant, le semadi après la Sainte Croiz en septembre,
tout en l'an mil trois cenz et trente, si comme ledit Jehan de Berne
raportoit par son serement et si comme il puet apparoir par les
quatre criés faiz, escrips et seellées de juge. Et pour ce que, par le

temps dessusdit et par lesdites quatorzainnes faites, criés et acomplies solenement ou Chastellet de Paris, ledit receveur, en nostre presence, loa, agrea, ratefia ledit acensement et bail dudit apentif et en donna la saisine audit Robert de Meudon, orfevre, et à Agnès, sa fame, à avoir, tenir et possesser paisiblement tout le cours de lur vies et qui plus vivra tant seulement, pour le pris et pour la somme de huit livres parisis chacun an tant seulement, aus quatre termes de Paris acoustumez, et en ceste maniere le promist ledit receveur à garantir aus couz du roy nostre sire. En tesmoing de ce, et à greigneur confirmation des choses dessusdites, à la requeste dudit receveur et dudit Robert pour ce presens par devant nous, nous avons mis le scel de ladite prevosté de Paris en ces presentes lettres, avec le seignet dudit receveur, l'an de grâce mil trois cenz et trente, le diz et huitieme jour de septembre.

Nos autem traditionem hujusmodi et omnia alia et singula in dictis litteris contenta, rata habentes et grata, etc...

Actum Parisius anno Domini millesimo trecentesimo tricesimo septimo, mense Aprili.

Par le roy, à la relation de messires J. des Prez et Jaque Rousselot.

G. Buyn.

CLXXXVII.

1337, avril.

Philippe VI autorise les frères et sœurs de la grande confrérie Notre-Dame de Paris à se faire représenter, par un ou plusieurs procureurs, dans toutes les causes qu'ils pourraient être appelés à défendre en justice.

(JJ. 71, n° 20.)

Philippe, par la grâce de Dieu roys de France, a touz ceuls qui ces presentes lettres verront, salut. Savoir faisons que comme plusieurs personnes meuz de devocion aient donné à la grant confrarie de Nostre Dame de Paris[1] plusieurs rentes sur certains et divers lieux pour soustenir, garder et maintenir les biens et aumosnes ordenées à faire à ladite confrarie; et pour ce que les confreres et seurs de ladite confrarie ont ou pevent avoir souventefoiz controverses ou plait, tant vers les detenteurs, desquiex lesdittes rentes sont assises, pour l'insouffisance desdiz lieux ou autrement, comme vers autres; pour lesquelles choses poursuir, lesdiz confreres ne se pourroient pas bonnement assembler toutefois que à plaidier les enconvendroit,

---

1. Voy., sur la grande confrérie Notre-Dame, dans les *Mémoires de la Société des Antiquaires de France*, t. XVII, Le Roux de Lincy, *Recherches sur la grande confrérie Notre-Dame aux prêtres et bourgeois de la ville de Paris*, et tirage à part. Paris, Duverger, 1844, in-8°.

ne à faire procureur de valeur sur ce; et se assembler les convenoit, il tourneroit et pourroit tourner à euls et à ladite confrarie à grans despens et dommage. Si nous ont humblement supplié lesdiz freres et seurs que nous leur vousissiens donner et ottroier que euls, en toutes leurs causes meues et à mouvoir, tant pour cause desdites rentes comme autrement, touchant ladite confrarie, puissent faire et ordener procureur ou procureurs, ou nom et souz le seel d'icelle, qui semblable et autel povoir ait ou aient à soustenir et garder lesdites causes devant touz juges seculiers, comme se touz lesdiz confreres et seurs estoient à ce presentement. Et nous, enclinanz à leur supplication, voulans eschiver aus damages et missions (*sic*) de ladite confrarie et desiranz d'emplir les bonnes ouvres de charité faites en ycelle, avons ottroié et donné, donnons et ottroions par la teneur de ces lettres, de grâce especial et certaines (*sic*) science, ausdiz confreres, seurs et à ladite confrarie, que euls qui à present sont et qui pour le temps avenir seront, et toutes leurs causes meues et à mouvoir touchant ladite confrarie, en touz temps advenir, puissent faire, ordener et establir procureur ou procureurs souz le seel de ladite confrarie, toutesfoiz que il leur plaira et que mestier sera, lequel ou lesquiex procureurs ait ou aient tel et semblable povoir devant touz juges seculiers de nostre royaume, comme se touz les confreres et seurs de ladite confrarie y estoient presens. Et donnons en mandement à nostre prevost de Paris et à touz autres justiciers de nostre royaume qui sont et qui avenir s[er]ont, que nostre presente grâce facent tenir et garder fermement sanz enfraindre, et ne seuffrent lesdiz confreres et seurs de ladite confrarie estre empeschiez ou molestez en aucune maniere contre la teneur d'icelle; laquelle chose nous loons, ratiffions, approuvons et de nostre auctorité royal confermons. Et pour ce que ce soit ferme chose et estable à touz jourz, nous avons fait mettre nostre seel à ces presentes lettres. Ce fut fait l'an de grâce mil CCC trente et sept, ou mois d'avril.

Par le roy, à la relation de messire G. de Villiers.

G. du Bois.

Visa est per gentes compotorum et per eos expedita.

CLXXXVIII.

1337, 7 mai. Gisors.

Lettres de Philippe VI réglant la manière dont lui sera faite par la ville de Paris une aide de 400 hommes à cheval pendant six mois, s'il va en personne à la guerre, et pendant quatre mois, s'il n'y va pas en personne[1].

(JJ. 70, n° 371.)

Philippe, par la grâce de Dieu roys de France, savoir faisons à touz

---

1. Voy., au sujet de cette aide, des lettres du mois de décembre suivant

presens et avenir que comme noz gens estans à Paris pour nos besoignes, demandassent pour nous et en nostre nom aide aus gens de Paris pour nostre presente guerre, laquele aide, lesdites gens de Paris et touz les autres de nostre royaume sont tenuz à nous faire. Entre nozdites gens pour nous et en nostre nom, d'une part, et lesdites gens de Paris qui touz jours volentiers et de cuer, bien et loyaument ont servi et aidé à noz ancesseurs, et lesquiex nous avons trouvez et trouvons loyals et de bonne foy envers nous et envers nostre royaume, d'autre part, fu traictié et accordé en la forme et en la maniere et selon ce qui s'ensuit. C'est assavoir, que lesdites gens de Paris nous feront en ceste presente année en nostre host que nous entendons à avoir à l'ayde de Dieu, ayde de quatre cens hommes de cheval par l'espace de sis mois, se nous alons oudit host en nostre propre personne, ou par l'espace de quatre mois, se nous n'y alons, et la guerre estoit. Et pour ce que nul ne se puisse ne doie excuser qu'il ne soit tenuz de nous aider en ce cas, nous voulons que touz les bourgois marchans ou non marchans, habitans en la ville et es fors bours de Paris, qui se dient frans ou demourans es terres, franchises de ladite ville, soient tenuz de contribuer avec lesdites gens de ladite ville, selon la value ou la faculté d'euls, ainsi comme il sont tenuz de faire à nous par la taxacion de la ville, se elle semble juste à noz gens et par le contrainte de nostre gent, se il s'en doloient. Et à ce que tele maniere de gens à cheval soient paiez sanz delay, si comme il convient et mestier est du faire, nous manderons estroictement ou commanderons pour touz, et commettrons par noz lettres pendans à nostre prevost de Paris et à certains preudes hommes que il nommeront, que il, tantost et sanz delay, non contrestant mandement ou priere aucune faite au contraire, lievent ou facent lever par les deputez de la ville à ce faire les assietes ou imposicions qui seront mises sur les gens de ladite ville pour paier lesdiz fraez, par la prise et vendue de leurs biens, à tel fuer tele vente, de touz ceus qui en seront rebelles ou contredisans du paier sommerement et de plain, ostées toutes cautelles, allegacions et fuites de avocaz. Et accordé [est] que tout l'argent qui sera levé desdites imposicions ou assietes, soit pris et receu par la main des genz de ladite ville et paié par leur main et en leur nom ou par leurs deputez à ce faire, à nostre tresor à Paris. Et se il avenoit par aventure, que il convenist que le commun des gens de ladite ville alast oudit host par maniere de arriereban ou autrement, ou que il eust paiz ou

---

donnant l'autorisation d'établir des taxes sur certaines denrées, afin de permettre à la ville de payer la subvention promise. (*Ord.*, t. XII, p. 39. Voy. aussi mon article sur les *Ressources extraordinaires de la royauté sous Philippe de Valois*, dans la *Revue des Questions historiques*, t. XLIV, juillet 1888, p. 180 et 181.)

trevez, ou que l'en s'en retournast, nous voulons que dès lors tantost
que l'un desdiz cas avendroit, que lesdites gens fussent quittes envers
nous de plus paier lesdites [gens] à cheval, poié toutevoie ce qui
deu en seroit pour la ferue du temps jusques à leur retour à Paris.
Et pour ce que nous ne voulons pas que lesdites gens de Paris
soient grevez ne molestez, nous voulons que pendant ledit host il ne
puissent estre molestez de service nul, de fiez ne d'autre chose, par
quelque maniere que ce soit ; et toutevoie, se aucuns seigneurs se
esmouvoient, ou vouloient rien demander par raison de leurs fiez,
nous ferions partie avec ceus de la ville et les en defendrions en tant
comme nous pourrions de raison. Et se il avenoit dores en avant que
nous franchissons aucun de ladite aide, qui de raison n'en deust
estre franc, nous voulons que il tiegne lieu à la descharge de ladite
aide. Et n'est pas nostre entente, ne voulons que ces choses puissent
porter à nous ne ausdites gens de ladite ville de Paris aucun prejudice, ne que nous, ne eus nous en puissons en riens aidier ou temps
avenir l'un contre l'autre. Et que ce soit ferme chose et estable, nous
avons fait mettre nostre seel à ces presentes lettres, sauf en autres
choses nostre droit et en toutes l'autrui. Donné à Gisors, l'an de grâce
mil CCC trente et sept, le septieme jour du mois de may.

Par le roy, à la relation du conseil.

J. de Boulay.

CLXXXIX.

1337, 31 mai. Paris.

Philippe VI amortit 30 l. p. de revenu annuel en faveur des exécuteurs testamentaires de feu Martin des Essars pour leur permettre de fonder une
chapellenie en l'église Notre-Dame de Paris[1].

(JJ. 70, n° 326.)

Philippe, par la grâce de Dieu roys de France, savoir faisons à touz
presenz et avenir que comme de par les hoirs et executeurs feu Martin des Essars, jadis nostre amé et feal conseillier, disanz que ledit
feu Martin, en son vivant et en son testament, avoit ordené que pour
le salu de son âme, des âmes de ses seigneurs les roys de France, le
roy Philippe le Bel et ses enfans, des ames de son pere, de sa mere,
de ses femmes et de ses autres amis, deux chapellenies fussent
fondées du sien, chascune jusques à trente livres parisis de rente

---

1. D'autres lettres de même date, données sous le n° 306 du registre
JJ. 70, sont accordées en faveur de l'église Notre-Dame de Rouen. Il n'y a de
différence entre ces deux lettres que celle qui est indiquée en note. Nous
publions plus loin, au mois de février 1340, encore d'autres lettres se rapportant au même objet.

annuel, l'une en l'eglise Nostre Dame de Paris, et l'autre en l'eglise de Nostre Dame de Roen, ou en quelques autres lieux que meilleur et plus profitable sembleroit à ses executeurs, nous ait esté supplié que nous leur vousissiens ottroier grâce d'amortizement de ladite rente pour cause desdites chappellenies. Nous, considerans les bons et aggreables services que ledit feu Martin nous a faiz, et pour ce aussi que es biens et oroisons qui seront faiz et diz esdites chappellenie nous soions participanz, loons et approuvons le bon propoz dudit feu Martin et leur avons ottroié et ottroions de grâce especial, par la teneur de ces presentes lettres, que il puissent acquerir ou asseoir des rentes ou revenues que ledit Martin avoit et poursivoit au jour de son trespassement, trente livres parisis de rente annuele, pour la fondacion et donnement de l'une desdites chappellenies; c'est assavoir de celle que ledit feu Martin ordena estre fondée en l'eglise de Nostre Dame de Paris[1], ou en quelconques autre lieu que meillieur et plus profitable semblera à ses executeurs; et que ycelle rente, jusques aus trente livres dessusdites, il puissent bailler et assigner pour la fondacion et donement de ladite chapellenie, sanz ce toutevoie que il y ait fyé ou justice. Et voulons que les chappellenies ou genz d'eglise à qui ladite rente sera bailliée ou assise et leurs successeurs, la puissent tenir perpetuelment et paisiblement, sanz estre contrainz à la mettre hors de leurs mains ou de en paier à nous ou à noz successeurs aucune finance. Et pour ce que ce soit ferme et estable à touz jours mais, etc...

Donné à Paris, l'an de grâce mil trois cenz trente et sept, le darrenier jour du mois de may.

Par le roy, presens les genz des comptes.

Ja. de Boulay.

CXC.

1337, mai. Mainneville.

Philippe VI, à la requête des sœurs de l'Hôtel-Dieu et chapelle fondé à Paris par Étienne Haudry, leur abandonne 38 s. 6 d. p. de rente qu'elles lui payaient chaque année pour une place appelée *Chantier*, et ce à condition que chaque semaine elles feraient dire pour lui, en leur chapelle, une messe du Saint-Esprit ou de Notre-Dame pendant sa vie et une messe des morts après son décès[2].

(JJ. 70, n° 283.)

Philippe, par la grâce de Dieu roys de France, savoir faisons à touz presenz et avenir que comme les suers de l'Ostel Dieu et cha-

---

1. De Rouen. (JJ. 70, n° 306.)

2. Cette pièce est déjà publiée par MM. A. Des Cilleuls et J. Hubert (*le Domaine de la ville de Paris*, 2ᵉ fasc., p. 404, n° cccxv), d'après l'original

pelle jadis fundé par feu Estienne Audry[1], en Greve, en la ville de Paris, nous aient supplié que comme elles aient une place que l'en appelle Chantier[2], joignant à ladite chapelle et hostel, pour cause duquel chantier elles nous paient chascun an trente et huit soulz six deniers parisis de rente, que nous, pour l'accroissement de leurdite chapelle et de leurdit lieu, leur voussissiens en pitié et en aumosne donner et quitter ladite rente et amortir le chantier. Nous, enclinanz à leur supplication, volanz que nous et nostre très chiere compaigne la royne, soiens participanz es bienfaiz qui seront dores en avant faiz en ladite chapelle et Hostel Dieu, et que lesdites seurs et les serviteurs de lienz soient tenuz à faire celebrer pour le salut de nostre âme chascune semaine, en ladite chapelle, à touz jourz mais ; c'est assavoir, tant comme nous vivrons, une messe du Saint Esperit ou de Nostre Dame, et après nostre decès, une messe des morz, leur donnons, ottroions et quittons de grâce especial et de certaine science lesdiz trente et huit soulz et six deniers de rente, et que, dores en avant, eles et leurs successeurs ne les soient tenues de paier à nous ne à noz successeurs roys de France, et que, en accroissement de ladite chapelle et hostel, puissent ledit chantier tenir et exploitier perpetuelment sanz estre contraintes à le mettre hors de leur main ne en faire à nous ne à noz successeurs, finance quelle que elle soit. Et que ce soit ferme chose et estable à touz jourz mais, etc...

Donné à Meeneville[3], l'an de grâce mil CCC trente et sept, ou mois de may.

Par le roy, à la relacion de messires Ja. Roussel et G. de Villiers.

P. Fortis.

(Arch. nat., K. 42, n° 36). Au lieu de 38 s. 6 d. p. de rente, les auteurs de cette publication ont imprimé par erreur 31 s. 6 d. p.

1. Voy., sur la fondation de la chapelle et de l'hôpital des Haudriettes, Lebeuf, *op. cit.*, éd. Cocheris, t. I, p. 333.

2. Ce chantier, qui avait appartenu à un nommé Guillaume Potier, touchait d'un côté aux Haudriettes et de l'autre à l'hôtel des Connins. Par une lettre passée sous le sceau du Châtelet en 1331, Jean de Reims, marchand de merreins, et Jeanne, sa femme, héritiers de feu Guillaume Potier et de Marie, sa femme, vendirent à Raoul le Peure, procureur des Haudriettes, ce chantier, qui tenait par d'autres côtés à la grève de Seine et au pavement du roi, pour 50 l. p. Il était grevé de rentes, l'une de 25 s. p. que, le 6 juin 1336, Michel le Flameng et Jean Scouppel, tous deux frères et héritiers de Guillaume le Flameng, vendirent à Guillaume le Béguin en échange de pareille rente sur une maison en Malepole (rue des Mauvaises-Paroles) et l'autre de 38 s. 6 d. p. de cens que le roi amortit par ces présentes lettres. (Des Cilleuls et J. Hubert, *le Domaine de la ville de Paris*, 2e fasc. in-4°, p. 43. Voy. aussi p. 402, n° cccxiii, et p. 403, n° cccxiv.)

3. Mainneville, Eure, arr. des Andelys, cant. de Gisors. — D'après son itinéraire, Philippe de Valois devait être dans cette ville le 9 mai.

CXCI.

1337, juin. Paris.

Confirmation par Philippe VI d'une sentence arbitrale rendue par Gui
Baudet, évêque de Langres, le 5 novembre 1335, entre l'évêque de Paris
et le chapitre de l'église Notre-Dame, au sujet des droits que chacun
d'eux prétendait avoir sur les torches, les cierges donnés à l'église ou
d'autres offrandes et sur plusieurs autres points litigieux [1].

(JJ. 70, n° 305.)

Philippus, Dei gratia Francorum rex, notum facimus universis tam
presentibus quam futuris, nos vidisse litteras nostras sub hac forma.

Philippe, par la grâce de Dieu roy de France, à noz amez et feaus
conseillers tenans nostre present parlement à Paris, salut et dilection. Comme entre noz amez et feaus l'evesque de Paris, d'une part,
et le doyen et le chapitre de l'eglise Nostre Dame de Paris, d'autre
part, ait esté et soit encores debat sus pluseurs et divers articles con-
tencieus entre euls, desquels ou d'aucuns d'yceuls la cause pent en
nostre parlement ; et autrefois nous aions voulu et accordé que
nostre amé et feal chancelier, maistre Guy Baudet, à present evesque
de Lengres, peust apaisier lesdites parties et mettre accort entre
euls sus lesdites choses, et de ce, li feismes commandement de
bouche, et sus ce, il ait ja ordené en partie par voie amiable entre
lesdites parties, si comme il nous a dit : savoir vous faisons que il
nous plaist et voulons de grâce especial et pour bien de paiz nourrir
entre lesdites parties, que elles puissent sus les choses dessusdites
et chascune d'icelles, non contrestant que plait ait esté et soit en
nostre parlement sur ycelles ou aucunes d'ycelles, pacefier ensemble,
sauve nostre droit, et que nostredit chancellier les puisse mettre à
bon accort par voie amiable ou autrement, selonc ce que bon li semblera. Si vous mandons que sus ce, contre la teneur de nostredite
grâce, vous ne les empeechiez, molestez ne contraigniez en riens et
vous souffrez du tout d'aler avant en la cause devantdite. Donné au
Louvre de lez Paris, le derrenier jour de decembre, l'an de grâce mil
CCC trente et six.

Item, quasdam litteras, sigillo seu signo dilecti et fidelis consiliarii
et cancellarii nostri, magistri Guidonis Baudeti nunc episcopi Lingo-

---

1. Ce texte a déjà été publié, mais en partie seulement, par Guérard, dans
le *Cartulaire de Notre-Dame de Paris*, t. III, p. 267 et suiv. Toute la première partie, en particulier, a été omise. Nous avons signalé également les
principales divergences qui existent entre les deux textes.

nensis, sigillatas, sanas et integras, nec in aliqua sui parte viciatas, tenorem qui sequitur continentes.

Universis presentes litteras, seu presens instrumentum publicum inspecturis, Guido Baudeti, canonicus Parisiensis, arbiter arbitrator, seu amicabilis compositor inter reverendum in Christo patrem ac dominum, dominum G. Dei gratia Parisiensem episcopum ex una parte, viros venerabiles et discretos dominos, decanum et capitulum Parisienses ex altera, electus et nominatus, salutem in Domino. Notum facimus, nos litteras dictorum reverendi patris et venerabilium virorum predictorum sub sigillis dictarum parcium recepisse, formam que sequitur continentes.

Universis presentes litteras inspecturis, Guillermus[1] Dei gratia Parisiensis episcopus, decanusque et capitulum ecclesie Parisiensis, salutem in Domino. Cum plures querele, controversie, discordie, lites et questionum materie, mote seu orte fuerint inter nos, episcopum predictum, ex una parte et nos, decanum et capitulum ex alia, et alique ex eisdem pendeant in parlamento regis, et potissime racione torchiarum et cereorum ac pannorum deauratorum seu sericorum qui fuerunt positi super feretrum ad dictam nostram Parisiensem ecclesiam, in serviciis exequiarum felicis recordacionis sanctissimi patris domini Johannis pape vicesimi secundi[2] ac bone memorie domini Guillelmi de Sancta Maura[3], olim canonici Parisiensis ac Francie cancellarii, de novo celebratarum in dicta nostra ecclesia; notum facimus universis, quod dictus episcopus ex una parte et nos, decanus et capitulum ex alia, super omnibus et singulis querelis, controversiis, discordiis, litibus et questionum materiis, ex quibuscunque causis pendentibus in parlamento predicto et non pendentibus, et super dependentibus ex eisdem, necnon super omnibus et singulis que una pars nostrum posset seu vellet petere vel exigere ab alia, quacumque racione seu causa, pro toto tempore

---

1. Cet évêque de Paris était Guillaume V de Chanac, qui occupa ce siège du 18 août 1332 au 27 novembre 1342. (Voy., sur lui, *Gallia christiana*, t. VII, col. 129, et, sur sa famille, Baluze, *Vitæ paparum Aveniensium*, t. I, col. 1085 et 1449.)

2. Le pape Jean XXII, qui avait été élu pape à Lyon le 7 août 1316, intronisé dans l'église cathédrale de cette ville le 5 septembre, mourut à Avignon le 4 décembre 1334.

3. Guillaume de Sainte-Maure, chanoine de Tours, puis trésorier de l'église de Laon, fut élevé à la dignité de chancelier, le samedi avant la Saint-Martin d'hiver 1329 (4 novembre). Il mourut en 1335 (n. st.), la veille de la conversion de saint Paul (24 janvier), et fut enterré en l'église Saint-Gatien de Tours. (P. Anselme, *Hist. généal.*, t. VI, p. 313, et Tessereau, *Hist. de la chancellerie*, t. I, p. 15.)

retroacto usque in hodiernam diem, quoquomodo, unanimi assensu et pro bono pacis et concordie, compromisimus et compromittimus in reverendum virum dominum Guidonem Baudeti, utriusque juris professorem, canonicum Parisiensem, tanquam in arbitrum arbitratorem, seu amicabilem compositorem a nobis super hoc communiter electum et eciam nominatum. Et promittimus, bona fide, una pars alii, hincinde solenni stipulacione interposita et sub pena mille marcharum argenti solvendarum a parte nostrum que dicto arbitrio, pronunciacioni, concordie, seu amicabili composicioni et cuicumque ordinacioni dicti arbitri arbitratoris seu amicabilis compositoris non pareret, seu non acquiesceret cum effectu, parti parenti et acquiescendi applicandarum, tenere et adimplere et inviolabiliter observare quicquid ipse arbiter arbitrator seu amicabilis compositor in premissis et eorum singulis duxerit dicendum, arbitrandum, pronunciandum, concordandum, amicabiliter componendum, seu quoquomodolibet ordinandum; quam penam mille marcharum argenti, committi volumus parti predictis parenti ab illa parte que de premissis tenendis et implendis in mora fuerit vel defectu, seu venerit aut venire attemptaverit, seu fecerit contra ea, seu eisdem non paruerit cum effectu. Qua pena commissa vel non commissa, soluta vel non soluta, tociens quociens fieret contra ordinacionem dicti domini Guidonis a quacumque parcium predictarum, volumus et expresse consentimus quod nichilominus valeat, ratumque et firmum maneat, quicquid ipse dominus Guido super premissis et eorum occasione, dicendum, arbitrandum, pronunciandum, concordandum, amicabiliter componendum, seu quomodolibet duxerit ordinandum, tam super possessione quam proprietate, conjunctim, seu divisim et aliter, et quod sint tot compromissa seu submissiones quod sunt seu erunt articuli. Et volumus et consentimus hincinde quod ipse dominus arbiter arbitrator, seu amicabilis compositor, possit super ipsis querelis, controversiis, discordiis, litibus et questionum materiis, simul vel separatim, super aliqua, aliquibus, seu quibuslibet earumdem, proponendo et postponendo, et totaliter eciam obmittendo, quam, seu quas, quandocumque et quocienscumque sibi placuerit procedere, et eas per unam seu plures et quotquot pronunciaciones seu ordinaciones voluerit terminare et declarare, eciam postquam fuerint prolate, lapso eciam tempore hujusmodi compromissi; et quod ipse possit in hujusmodi negociis procedere, se informare, cognoscere, et ordinare et quomodolibet disponere, juris ordine observato, vel penitus pretermisso, diebus feriatis vel non feriatis, loco sacro vel non sacro, in scriptis vel sine scriptis, stando vel sedendo, partibus vocatis vel non vocatis, et ipsis presentibus vel absentibus, aut una parte presente et alia absente, de alto et basso, in quocumque loco fuerit, informacione prehabita, pro sue mere libito voluntatis, prout ipsi videbitur expedire ; et durabit terminus seu tempus compromissi hujusmodi usque ad unum mensem ex nunc continue computandum, ita tamen quod dictus dominus arbiter arbitrator, seu amicabilis compositor, possit terminum, seu tempus hujusmodi, quocienscumque voluerit, prorogare pro sue libito voluntatis. Volumus eciam et expresse consentimus quod ea que dictus dominus Guido ordinabit, tunc valeant et non ante, cum ordinacio sua fuerit per dominum regem seu per ejus curiam parlamenti approbata, seu cum super hiis dederint licenciam concordandi ; et eciam, quod si, quod absit, dictus dominus Guido, dictas querelas, controversias, discordias, lites et questionum materias seu aliquas earumdem non concordaret seu terminaret infra tempus predictum seu eciam prorogandum, omnia et singula jura parcium predictarum, et cujuslibet earum in possessione et proprietate et aliter quomodocumque in illis que concordate seu terminate non essent salva remaneant et illesa, sicut erant ante confectionem hujusmodi compromissi. Et pro premissis tenendis et fideliter adimplendis, obligamus nos hincinde ac bona nostra quecumque, renunciantes in hoc facto hincinde omni actioni, excepcioni doli, mali, metus, et in factum appellacioni, et reclamacioni, et reductioni dicti arbitrii pronunciacionis, concordie, amicabilis composicionis et cujuscumque ordinacionis ipsius domini arbitri arbitratoris seu amicabilis compositoris ad arbitrium boni viri et alterius cujuscumque, omni lesioni et decepcioni circa et ultra dimidiam justi precii, beneficio restitucionis in integrum ex quacumque clausula generali et speciali, omnibus privilegiis, gratiis in favorem nostrum et nostre ecclesie, de jure, papa vel homine concessis et concedendis, per que predicta possent impediri quomodolibet vel differri, rei sic non geste et non legitime geste, et quod non possimus dicere aliud actum et aliud scriptum, et omni juris auxilio canonici et civilis, jurique dicenti generalem renunciacionem non valere. In cujus rei testimonium sigilla nostra duximus presentibus apponenda. Datum Parisius, in capitulo ecclesie Parisiensis predicte, anno Domini millesimo trecentesimo tricesimo quinto, die Jovis post festum beati Bartholomei apostoli[1].

Suscepto itaque in nobis onere hujusmodi compromissi et virtute ejusdem super contenciosis articulis inter dictas partes, per nos ab eisdem partibus sigillatim, quantum potuimus, elicita veritate et quibusdam informacionibus summariis, necnon pluribus tractatibus inter dictas partes prehabitis et premissis ; tandem, hodie, in capitulo ecclesie Parisiensis, congregatis inibi dicto domino episcopo pro

---

1. 31 août 1335.

se, ex una parte, et Oliverio decano[1], Vitali[2] cantore, Johanne
archidiacono Brie[3], Stephano[4] succentore, Petro penitenciario, Bertaudo Sorelli, Johanne de Blangy, Reginaldo de Vienna, Johanne
de Grayaco, Petro Pourelli, Fulcone de Chenaco[5], Remigio de
Sancta Margareta[6], Guidone Coquatricis, Eveno Bohic, Petro de
Fayello, ac nonnullis aliis canonicis dicte ecclesie Parisiensis capitulum inibi, campana pulsata more solito, facientibus et representantibus ex altera ; in notariorum publicorum et testium subscriptorum
presencia, super predictis articulis, de quibus, inter dictas partes,
informaciones et tractatus premissos habueramus, dictam ordinacionem seu amicabilem compositionem nostram inter dictas partes diximus, pronunciavimus et ordinavimus, ac eciam dicimus, pronunciamus et ordinamus, et super aliis de quibus informacionem ad plenum
non feceramus, potestatem aliter pronunciandi prout poteramus ex

---

1. Olivier Salahadin, recteur de l'Université de Paris, était chanoine de
Léon en 1328, chanoine de Paris le 3o mai 1335 et doyen en expectative.
Il devint chanoine de Bayeux le 3o mars suivant, et le 14 juillet 134o
évêque de Nantes. (Denifle et Chatelain, *Chartularium Universitatis Parisiensis*, t. II, p. 226, n. 1. Voy. aussi *Gallia christiana*, t. XIV, col. 825.)

2. Vital de Prainhac était encore chantre en 1359, mais il mourut avant
le 19 juillet de cette même année. (Denifle et Chatelain, *op. cit.*, t. II, p. 657,
n. 1.)

3. Cet archidiacre de Brie était alors Jean d'Arpadelle, docteur ès lois.
Au mois de mai 1322, le pape l'envoya près du roi de France pour certaines affaires. Le 23 mai 1323, il reçut le doyenné de Saintes ; le 1er août
1328, la prévôté de Sussey (Côte-d'Or); le 12 mars 1331, il eut l'archidiaconé de Brie en l'église de Paris; le 6 novembre 134o, il devint évêque de
Fréjus et deux ans après recteur du Comtat Venaissin. (Denifle et Chatelain, *op. cit.*, p. 277, n. 1.)

4. Étienne de Neuville, docteur en décret, sous-chantre, devint chanoine
d'Orléans le 29 juillet 1325, quoiqu'il fût déjà chanoine de Paris. (Denifle
et Chatelain, *op. cit.*, p. 282, n. 8.)

5. Foulques de Chanac devint évêque de Paris et occupa ce siège du
27 septembre 1342 jusqu'à sa mort, le 25 juillet 1349. Il avait un frère,
Gui de Chanac, que nous trouvons au service du roi à la guerre, en 1339
et en 1345. (Voy. *Lettres d'état enregistrées au Parlement sous le règne de
Philippe VI de Valois*, dans l'*Annuaire-Bulletin de la Société de l'histoire
de France*, 1897, n° 269, et, sur la famille de Chanac, Baluze, *Vitæ paparum Aveniensium*, t. I, col. 1085 et 1449.)

6. Nous trouvons Remi de Sainte-Marguerite au nombre des notaires du
roi dans les premières années du règne de Philippe de Valois. (*Bibl. de
l'École des chartes*, 1890, *Gages des officiers royaux vers 1329*, p. 266,
son nom est imprimé par erreur Remy de Saint-Maugerie, et *Ibid.*, 1894,
l'*Hôtel de Philippe VI de Valois*, p. 599.)

tenore compromissi, infra instans festum Nativitatis beati Johannis
Baptiste penes nos reservavimus, prout inferius continetur. Et[1] in
primis, prefatus dominus episcopus dixit de voluntate nostra, quod
nunquam dixerat coram gentibus regium parlamentum tenentibus,
nec alibi dici, seu proponi fecisse recolebat, quod in decanum et
capitulum predictos, singularesque ipsius capituli canonicos et personas juridictionem haberet; sed si aliquis advocatorum seu procura-
torum ipsius episcopi dixit hoc, seu proposuit illud, dictus episcopus
non advoavit, nec advoat, nec habuit ratum, seu gratum, nec habet[2],
et quod temporibus quibus in capitulo et ecclesia Parisiensibus[3]
conversatus extitit, scilicet per viginti sex annos et amplius, vidit et
audivit dictos decanum et capitulum, ipsiusque capituli singulares
personas se tenere et gerere publice pro exemptis a juridictione
ipsius episcopi predecessorumque suorum episcoporum Parisiensium, et quod pro talibus, comuniter se tenebant et gerebant. *Item*,
quod dictis temporibus, scilicet per viginti sex annos et amplius,
vidit quod omnes et singuli de choro Parisiensis ecclesie, sine
fraude, de quâ fraude credebatur, camerario clerico dicte ecclesie
asserenti, bona fide, eum vel eos esse de choro dicte ecclesie, vel eo
absente, uni alteri persone ad hoc per dictum capitulum deputate[4],
ac ceteri familiares decani et capituli ac canonicorum singularum-
que personarum dicti capituli se tenebant publice pro exemptis
a juridictione episcopi Parisiensis predecessorumque suorum episcoporum Parisiensium, et pro talibus communiter se tenebant, sic
tamen, quod si eciam in presenti delicto in juridictione dicti episcopi commisso, alia[ve] de causa, aliquem, seu aliquos de choro
dicte ecclesie seu de familiaribus antedictis, capi seu arrestari, citari
vel vocari contingeret per officialem curie Parisiensis, servientes seu
gentes alias episcopi memorati, reddi et restitui consueverunt incontinenti decano et capitulo seu canonicis et personis Parisiensis
ecclesie, quorum, seu cujus erant familiares, seu gentibus eorumdem,
ad eorum simplicem requisicionem, pro justicia coram eis et per eosdem de ipsis existentibus de choro, ut premissum est, ac ceteris
familiaribus, facienda. *Item*, quo ad pannos deauratos et sericos qui
fuerunt in dicta ecclesia Parisiensi, in exequiis felicis recordacionis
domini Johannis pape vicesimi secundi et Guillelmi de Sancta Maura

---

1. Le texte donné par Guérard dans le *Cartulaire de Notre-Dame de
Paris* commence seulement à ces mots.

2. Dans le *Cartulaire de Notre-Dame de Paris* on trouve ici cette phrase
peu intelligible : « Pronunciatio quam cum concernit juridictionem et remis-
sionem subditorum. »

3. *Parisiensibus* n'existe pas dans le *Cartulaire de Notre-Dame de Paris*.

4. Toute cette phrase, depuis *sine fraude*, a été omise par Guérard.

quondam Francie cancellarii, ordinamus et pronunciamus quod res-
titua[n]tur fabrice dicte ecclesie, et quod tales panni et alii qui-
cumque qui de cetero deferentur ad dictam ecclesiam sint semper
dicte fabrice et quod accipiantur et leventur per illos duos magistros
fabrice canonicos Parisienses qui sunt et erunt deputati pro dicta
fabrica, unum scilicet per episcopum et alium per decanum et capitulum supradictos, vel per deputatos a dictis duobus magistris, con-
vertendi in utilitatem dicte fabrice, et quod sic imperpetuum obser-
vetur. *Item*, ordinamus et pronunciamus quod cerei seu torchie
quos contingerit offerri in exequiis corporum presencium seu repre-
sentatorum, in brochis vel alias ante ymaginem beate Marie, juxta
eam circumquaque eam, et in honorem ipsius ymaginis, que est
circa introitum chori, a parte dextra inferiori ipsius chori, erunt
semper dicti domini episcopi. *Item*, ordinamus et pronunciamus quod
omnes torchie et omnia luminaria existentes seu existencia in altum[1],
scilicet in parte superiori in capicio, a magno pilari juxta pennam
usque ad aliud pilare circumcirca magnum et parvum altaria, ac
eciam super duo hostia transversalia dicti capicii, sive sint in brochis ibi existentibus, sive alibi, in loco tamen predicto, erunt semper
dicti domini episcopi. *Item*, ordinamus et pronunciamus quod torchie seu cerei qui vel que offerentur extra funeralia in altum, desu-
per dictam ymaginem beate Marie Virginis, ubi sunt suspense cami-
sie, prope pulpitum ubi cantatur euvangelicum, erunt semper dicti
domini episcopi. *Item*, ordinamus et pronunciamus quod capicerius,
cereos et luminaria quos et que ponet in anniversariis defunctorum,
tociens quociens ponet, eos et ea reportabit sicut reportat plura alia
in dicta ecclesia, de quibus habet certum emolumentum. *Item*, ordinamus et pronunciamus quod capicerii debeant dare singulis cappellanis, quando volunt celebrare missas suas in altaribus suis, unam
candelam, de quibus dantur tres pro uno denario ; omnes vero can-
dele, ubicumque offerentur in ecclesia Beate Marie sunt episcopi
Parisiensis, sicut in Pastorali continetur[2]. *Item*, ordinamus et pronunciamus quod si in platea infra gradus per quos ascenditur ad
magnum altare, licet sit, seu dicatur capicium, aliqui cerei in can-
delabris ponantur in parte inferiori, super tumbis defunctorum pro
eorum anniversariis, per amicos vel executores defunctorum vel
alios quoscumque, et non in superiori parte, ipsi cerei et luminaria
erunt capituli, pro ipsis canonicis, presbyteris Parisiensibus et vicariis deservientibus majori altari, tam presentibus quam absentibus ;
sed si capicerius eos et ea ponat, tociens quociens eos et ea ponet,

---

1. Dans le *Cartulaire de Notre-Dame de Paris* on a mis *altare*, ce qui
est une faute, comme le prouve le contexte.

2. Voy. Guérard, *Cartulaire de Notre-Dame de Paris,* t. II, p. 488.

eos et ea reportabit. *Item,* ordinamus et pronunciamus quod omnes torchie et luminaria que fuerunt in dictis exequiis tam corporis presentis quam representati, et tam supra pennam quam eciam in choro dicte ecclesie, et extra chorum, et in ipsius ecclesie qualibet parte, in quocumque loco seu locis de quibus superius expressa mencio pro dicto episcopo non habetur, erunt capituli, pro canonicis, presbyteris et vicariis majori altari in dicta Parisiensi ecclesia deservientibus, distribuendis inter ipsos tam presentes quam absentes, et quod de cetero, tales torchie et alia luminaria que devenient ad dictam ecclesiam, in quacumque parte ipsius ecclesie, pro funeralibus corporis presentis vel representati, ac eciam pro anniversariis defunctorum in dicta ecclesia faciendis, si executores vel amici defunctorum, seu alii quicunque fecerint deferri pro ipsis anniversariis ipsas torchias et luminaria, in illis tamen locis dicte ecclesie de quibus superius expressa mencio pro dicto episcopo non habetur, semper sint et[1] erunt capituli. De luminari autem quod consuetum est poni in ecclesia Parisiensi, in miliciis filiorum regum et baronum, cum de hoc plene informati non fuerimus, supersedemus ad presens, reservantes nobis potestatem ordinandi de ipsis. De juridictione[2] autem ecclesie Parisiensis, dicimus, pronunciamus et ordinamus quod a primo inferiori graduum per quos ascenditur ad magnum altare, et circumcirca dicta magnum et parvum altaria, infra tamen clausuram que ibi est et non extra, tota juridictio est et erit domini episcopi supradicti. In via autem juxta ipsos gradus, per quam itur de uno hostio ad aliud hostium, de transverso, erit prevencio inter episcopum et capitulum, ut qui in dicta via primo pervenerit, ille habeat juridictionem; si vero simul concurrerint, simul juridictionem habebunt. A via autem antedicta existente inter duo hostia exclusive versus chorum, et in choro, et in omnibus et singulis dicte ecclesie partibus, specialiter et expresse episcopo non reservatis, correctio et punicio ac eciam

---

1. Toute cette phrase, depuis *et alia luminaria,* a été omise par Guérard.

2. Cette question de juridiction dans l'église de Paris provoqua quelquefois des conflits entre l'évêque et le chapitre. Ainsi, le 13 décembre 1334, le roi ordonna à Nicolas de Cayeu, huissier du Parlement, d'appeler, pour les remettre entre les mains du chapitre, afin qu'il en fasse justice, Jean de Revel, Hugonnet, écuyers de l'évêque de Paris, et Jean de Crespi, leur complice, qui avaient commis des violences en cette église et surtout dans le chœur. Les parties ne purent s'entendre et l'huissier les renvoya au Parlement. Étaient présents, parmi les membres du chapitre, Vital de Prainhac, chantre, Pierre, grand archidiacre, Pierre de Villers, archidiacre de Josas, Jean d'Arpadelle, archidiacre de Brie, Guillaume de Narbonne, chancelier, Étienne de Neuville, sous-chantre, Renaut de Vienne, Pierre Pouvrel, Pierre de Fayel, Pierre de Mesy, Guillaume Guete, Guillaume de Perelle et Gui Coquatrix. (Arch. nat., K. 1029, n° 4.)

omnimoda juridictio delinquencium, tam clericorum quam laycorum,
ad ipsos decanum et capitulum spectat et spectare debet. *Item*, ordinamus et pronunciamus sicut in Pastorali continetur[1], scilicet; quod
super custodia ecclesie Parisiensis in vigilia et nocte Assumpcionis
beate Marie virginis, et statuimus quod in dictis vigilia et nocte, custodia ipsius ecclesie et justicia delinquencium tunc in eadem ad dictum solum episcopum pertineat, excepto dumtaxat choro dicte ecclesie; hoc addito quod servientes dictorum decani et capituli, deputati
ab eisdem tunc ad custodiendum claustrum eorum et partem parvisii
ad eos pertinentem, possint, eciam armati, facere transitum eundo et
redeundo tantummodo per dictam ecclesiam ad claustrum et ad par-
visium et eciam ad chorum, non tamen quod dictam ecclesiam tunc
custodiant, nec eciam aliquem in eadem capiant, nec aliquam eciam
tunc justiciam exerceant, excepto choro in quo dicti servientes capituli, et eciam proprii servientes canonicorum, poterunt ad dictum
chorum accedere causa visitandi et custodiendi canonicos et alios
tunc divino officio mancipatos. Hoc eciam addito quod si contingeret aliquem de choro vel de familia capituli vel canonicorum tunc
in dicta ecclesia delinquere, episcopus, vel servientes ejus non propter hoc justiciabunt predictos, sed solum capitulum et canonici predicti; et si contingeret quod propter hujusmodi delicta eos caperent,
ipsos incontinenti cum fuerint requisiti, tenebuntur reddere dictis
decano et capitulo et canonicis antedictis, ut per eos justicientur in
premissis. *Item*, ordinamus et pronunciamus quod episcopus Parisiensis habeat jura consueta in dicta ecclesia, videlicet; sedem suam
et jus de celebrandis synodis suis in eadem et de gradacionibus
faciendis et ordinibus conferendis, ac aliis omnibus que ad ordinem
pontificalem spectant et que Parisienses episcopi, racione ordinis
pontificalis, facere consuerunt. De gradibus autem per quos descen-
ditur de ecclesia in curiam episcopi seu officialis sui, ordinamus et
pronunciamus quod super ipsis gradibus, episcopus juridictionem
exercere valeat et malefactores capi facere quociens casus se obtule-
rit et sibi placuerit; excepto quod gentes capituli lusores ad taxil-
los amovere vel amoveri seu fugari facere poterunt, secundum quod
casus requiret, et idem poterunt facere gentes dicti domini episcopi.
De oblacionibus autem in massa, ac ymaginibus aureis et argenteis
et figuris quibuscumque que fient in dicta Parisiensi ecclesia, dicimus et ordinamus quod tales oblaciones sint et esse debeant fabrice
ecclesie Parisiensis, exceptis dentibus et filis aureis et argenteis, si
qui ponantur vel offeruntur in dicta ecclesia, qui erunt domini episcopi, et exceptis cordibus aureis et argenteis, si qua offerantur ibidem, que dividentur inter dictum dominum episcopum et fabricam

---

1. Voy. Guérard, *Cartulaire de Notre-Dame de Paris*, t. II, p. 486.

communiter. De insula autem Secàne que vocatur insula Beate Marie,
et primo de emolumentis curanderiorum telarum in ipsa insula, dicimus, pronunciamus et declaramus quod episcopus habere debet et
si[c] consuevit, omnia emolumenta curanderiorum telarum, a superiori
parte ipsius insule, versus campos, usque ad certos gradus deversus
Sanctum Bernardum, transversaliter, versus vicum Mortalerie; et
capitulum, in residuo dicte insule : et intendimus personaliter accedere ad dictam insulam et eam cum ipsis plateis subicere oculis
nostris, et postmodum faciemus poni metas seu bonnas et declarabimus melius et plenius que fuerunt declaranda. De emolumentis
autem pascuorum animalium in dicta insula depascentium, etc.,
potestatem ordinandi penes nos reservavimus et reservamus. De
falcacione autem herbe ipsius insule, dicimus et pronunciamus
quod ad dictos decanum et capitulum solos et insolidum pertinet. De juridictione vero dicte insule, dicimus, pronunciamus et
ordinamus ipsam in rebus dumtaxat in quibus pronunciavimus et
ordinavimus, et metas seu bonnas ponemus, et declarabimus emolumenta curanderiorum telarum ad dominum espiscopum pertinere,
ad ipsum eciam dictam juridictionem pertinere debere : in omnibus
autem aliis rebus et casibus, dicimus et pronunciamus quod juridictio omnimoda ad dictos decanum et capitulum pertinebit; tamen de
emolumentis pascuorum animalium in dicta insula depascencium,
etc., potestatem ordinandi penes nos reservavimus et reservamus, ut
superius est expressum. *Item*, de modo scribendi decano et capitulo
per dictum episcopum quando confert prebendam Parisiensem, ordinamus quod sic fiat. *Guillelmus Dei gratia Parisiensis episcopus,
dilectis nobis in Chrĩsto decano et capitulo Parisiensibus, salutem in
Domino. Cum contulerimus, etc... Mandantes quatinus recipiatis,
etc...* Hec autem omnia et singula supradicta ordinavimus, pronun-
cia[vi]mus et declaravimus in pleno capitulo Parisiensis ecclesie ad
sonum campane congregato, loca et hora consuetis, presentibus dictis partibus[1]. Que quidem partes, premissa omnia et singula per nos
ordinata, pronunciata et declarata, emologarunt, voluerunt, laudave-
runt et approbaverunt; et ea omnia et singula prout supra continentur promiserunt dicte partes facere et adimplere, ac inviolabiliter
observare, nec in aliquo contra venire. In quorum omnium testimonium, et ad perpetuam rei memoriam, fieri mandavimus et confici
per infrascriptos notarios publicos de premissis omnibus et singulis
publica instrumenta originalia, et ea in forma publica et originaliter
dictis partibus tradi. Nos vero, signum nostrum una cum signis et
subscriptionibus dictorum notariorum, eisdem instrumentis publicis

---

1. **A** partir de ces mots, toute la fin, sauf la date, a été omise dans le
Cartulaire de Notre-Dame de Paris.

pro utraqué parte confectis, apponi fecimus et appendi. Acta fuerunt
hec in dicto capitulo, anno Domini millesimo trecentesimo tricesimo
quinto, indictione quarta, mensis novembris die quinta, pontificatus
sanctissimi patris ac domini nostri, domini Benedicti, divina Providencia pape duodecim anno primo, presentibus viris venerabilibus et
discretis, dominis et magistris Petro Raynaldi canonico Belvacensi,
Jacobo de Fuas legum proffessore, Henrico Bohic[1] in utroque jure
licenciato, Manuele de Placencia canonico Sancti Marcelli juxta Parisius, Johanne Marine canonico Sancti Germani Autissiodorensis Parisiensis, Guillelmo Chasot canonico de Campellis in Bria, Parisiensis
diocesis. Reginaldo de Loserra canonico Sancti Dyonisii de Passu,
ac Michaele de Lemovicinio curato Sancte Marine Parisiensis, et pluribus aliis testibus ad hec vocatis specialiter et rogatis.

Nos autem, omnia et singula in dictis litteris contenta, rata habentes et grata, ea volumus, laudamus, etc...

Actum Parisius, anno Domini M⁰ CCC⁰ tricesimo septimo, mense
junii.

Per dominum regem, ad relacionem dominorum Johannis de Pratis,
decani Belvacensis et Jacobi Rousseloti, archidiaconi Remensis.

G. Buyn.

Facta est collacio de litteris, hiis presentibus insertis ad originalia
earumdem, usque ad subscripciones magistrorum Johannis Ruffi de
Cruce, Lausanensis, Jacobi Frassi, Mediolanensis et Yvonis de Curia,
Leonensis diocesium, clericorum, tabellionum auctoritate apostolica
publicorum, quorum signa et subscripciones, que in originali litterarum super pronun[cia]cione hujusmodi confectarum continentur,
emissa sunt in seri in presentibus litteris et ex causa.

G. Buyn.

CXCII.

1337, juin. Bois de Vincennes.

Philippe VI amortit, en faveur des maîtres et écoliers de l'Université de
  Paris, 20 l. p. de rente annuelle pour leur permettre de fonder une chapellenie.

(JJ. 70, n° 3o9.)

Philippe, par la grâce de Dieu roys de France, savoir faisons à
touz presenz et avenir que comme noz amez les maistres et les escoliers de l'Université de Paris aient devocion et volenté de fonder et

---

1. Sur Henri Bohic, originaire du diocèse de Léon, enseignant le droit à
Paris, auteur des *Distinctiones in libros V decretalium,* et mort après 135o,
voy. Denifle et Châtelain, *op. cit.,* t. II, p. 511.

doer une chapellenie en honneur de Nostre Seigneur Jhesu Crist et
de sa sainte mere et de touz ses sainz; et pour ce nous aient humblement supplié que nous leur williens amortir vint livres à parisis
de rente annuel et perpetuel pour tourner et convertir en la fondacion et dotacion de ladite chapellenie. Nous, qui desirons touz
jours l'acroissement du devin service, en loant et approuvant le bon
propos desdiz supplianz et le salu et remede des âmes de nous et de
nostre très chere [compaigne] la royne et de noz predecesseurs et
successeurs, avons octroié et octroions de grâce especial et certaine
science par ces lettres, pour nous et nozdiz successeurs roys de
France avenir, ausdiz supplianz, que desdites vint livres à parisis
de rente annuel et perpetuel acquises ou [à] acquerre par euls,
ensamble ou par parties, sanz fié et sanz haute justice, quelque part
que il ont peu ou pourront mieulx, il puissent fonder et doer ladite
chapellenie, et que le chapellain ou les chapellains que il establiront
à la deservir, et leurs successeurs chapellains d'icelle chapellenie,
puissent tenir et tiegnent ladite rente, paisiblement, à touz jours
mes, sanz estre contrainz à la vendre ou mettre hors de leurs mains
et sanz paier pour ce, à nous, ne à nozdiz successeurs roys de
France avenir, finance quelque elle soit. Et que ce soit ferme et
estable à touz jours, etc...

Donné au Boys de Vincennes, l'an de grâce mil trois cenz trente et
sept, ou mois de juing.

Par le roy, present le confesseur.

Charolles.

CXCIII.

1337, juillet. Abbaye de Maubuisson.

Philippe VI exonère du droit de marque accordé contre les Aragonais
Jacques et Bérenger Armargos, frères, marchands d'Aragon, domiciliés à
Paris depuis vingt-huit ans.

(JJ. 70, n° 373.)

Philippe, par la grâce de Dieu roys de France, savoir faisons à
touz presenz et avenir que comme Jaques et Berengier Armargos,
freres, marcheans d'Arragon, nez de la cité de Menrese[1], nous aient
donné à entendre que il ont demouré et frequenté, ou leurs facteurs
pour euls, à leurs despens, par l'espace de vint et huit ans et de
plus, et encores font, et aussi ont fait leurs devanciers en nostre
royaume, especialment en nostre cité de Paris, où il ont esleu leur
domicile et où il sont demouranz continuelment ou leurs facteurs

---

1. Manrèse, aujourd'hui ville d'Espagne, de la province de Barcelone.

pour euls, vivans et marcheandans bien et loyaument, de bonnes marcheandises et loyauls, ne autre part n'ont acoustumé à marcheander, ne est leur entente de le faire ne acoustumer, et il soient en doubte que pour aucunes marques[1] que on dit avoir esté données contre les subgectz de nostre chier cousin le roy d'Arragon[2], pour les aventures qui avindrent en la mer ou temps de la guerre des Genevois, et pour autres marques qui pourroient estre données, dont plusieurs dommages leur pourroient venir, si comme il dient, requerans que sur ce leur soit pourveu de remede et faire grâce, afin que il puissent demeurer en nostre royaume sanz estre molestez ne grevez pour teles marques, et que il puissent demeurer, aler, venir et marcheander en pais, en nostredit royaume. Pourquoy, nous, eue consideracion à la longue demeure que lesdiz freres ont fait en nostredit royaume, et que il y ont esleu leur domicille, à yceuls, avons octroié et octroions, de grâce especial et de certaine science, que pour lesdites marques octroiées ou autres à octroier de par nous en nostre court sus ceuls dudit royaume, euls, ne leurs facteurs ne soient pris doresenavant, molestez ne contrains par quelque voie que ce soit, en corps ne en biens, si ainsi n'estoit que euls, ou temps avenir, alassent demeurer hors de nostredit royaume; et adonc, est nostre entente que il puissent estre contrains pour le temps aussi comme les autres genz du pais d'Arragon. Et que ce soit chose ferme et estable en perpetuité, etc...

Donné en l'abbaye de Maubuisson lez Pontoise, l'an de grâce mil trois cenz trente et sept ou mois de julet.

Par le roy, à la relacion de messires J. des Prez et G. de Villiers.

H. Martin.

CXCIV.

1337, 22 août.

Philippe VI ratifie le don fait par Louis, comte de Flandre, et Marguerite,

---

1. Le 10 mai 1337, une lettre de marque de la valeur des marchandises enlevées, plus les frais et dépens, fut en effet concédée contre les sujets du roi d'Aragon, à la suite du pillage, près du port de Bouc, d'une galère génoise qui avait pris à Nice un chargement de toiles de lin et autres marchandises destinées au port royal d'Aiguemortes pour compte de divers marchands de Montpellier. (Arch. nat., X¹ᵃ 7, fol. 204 v°, n° 135. Voy. R. de Mas Latrie, *Du droit de marque ou droit de représailles au moyen âge,* nouv. édit. Paris, Baur, 1875, p. 96.)

2. Le roi d'Aragon était alors Pierre IV le Cérémonieux, qui succéda à son père Alphonse IV au mois de janvier 1336 et mourut le 5 janvier 1387.

sa femme, à Pierre des Essars, maître des comptes à Paris, de 200 l. de rente, pour lui et ses héritiers, à prendre sur le trésor royal ou ailleurs[1].

(JJ. 70, n° 374.)

Philippe, par la grâce de Dieu roys de France, savoir faisons que nous avons veu les lettres contenans les fourmes qui s'ensuivent :

Philippe, par la grâce [de Dieu] roys de France, à nostre amé et feal conseillier Pierre des Essars, mestre de noz comptes à Paris, salut et dilection. A la grant instance et supplicacion de noz chiers et feauls cousin et cousin[e] le conte et la contesse de Flandres, liquel, pour consideracion des profitables et agreables services que vous leur avez faiz, vous veulent donner rente, si comme nostredit cousin nous a dit, il nous plaist et de ce vous donnons licence que la rente qu'il vous donront, soit en notre tresor ou ailleurs, vous puissiez prendre sanz aucune offense et sanz ce que il vous puisse estre imputé à avoir fait contre vostre serement ou contre nos ordenances. Donné à Saint Cloout lez Paris, le xxii[e] jour d'aoust, l'an de grâce mil III[c] trente sept.

Item, unes autres lettres.

Nous, Loys[2], conte de Flandre, de Nevers et de Rethest, et nous, Marguerite, fille de roy de France, contesse desdites contées, à laquele, nous contes dessusdiz, à sa priere et requeste avons donné et donnons plain povoir et auctorité de faire les choses ci-après escriptes, faisons savoir à touz que nous, Marguerite dessusdite, pour les bons et agreables services que nostre bien amé Pierre des Essars, bourgois de Paris, nous a faiz ou temps passé, avons donné et donnons, du gré et volenté de mondit seigneur, audit Pierre, pour lui et pour ses hoirs, heritablement, et pour ceuls qui de li auront cause, à touz jours, deux cenz livres de rente[3] par an, à avoir, prendre et recevoir chascun an dores en avant, de, et sur trois mile cenz trente trois livres six soulz huit deniers tournois de rente que

---

1. La dernière partie de cette pièce manquant, nous l'avons placée au rang qu'occuperaient les lettres de Philippe VI qui s'y trouvent vidimées; c'est-à-dire au 22 août 1337. Elle doit au reste peu s'éloigner de cette date, comme le prouvent les mentions de l'*Ordinarium thesauri* que nous indiquons plus loin.

2. Louis Ier, petit-fils de Robert de Béthune, comte de Flandre, et fils de Louis Ier, comte de Nevers et de Rethel, avait épousé, le 22 juillet 1320, Marguerite, fille de Philippe le Long. Il fut tué à la bataille de Crécy.

3. Nous trouvons en effet dans l'*Ordinarium thesauri* de 1338 et dans celui de 1339 la mention de cette transmission à Pierre des Essars de ces 200 l. t. qui formaient 160 l. p. et les termes de paiement. Ces 160 l. p. lui étaient payées en trois termes de chacun 53 l. 6 s. 8 d. (*Journaux du trésor de Philippe VI de Valois*, n°ˢ 5277, 5278, 5559, 5852, 5853.)

nous prenons de nostre heritage au tresor du roy monseigneur, aus
termes et en la maniere que nous y avons acoustumé à prendre
nostredite rente; desqueles deux cenz livres de rente à tournois,
ledit Pierre et si hoir seroit nostre homme et en foy et hommage de
nous et de noz hoirs. Et s'il avenoit que monseigneur le roy ou ses
successeurs nous feissent nostredite rente asseoir en autres lieus
que sus ledit tresor, nous voulons que lidit Pierre et si hoir aient et
prengnent lesdites deux cenz livres de rente chascun an sus le lieu
ou lieux de l'assiete qui faite nous en sera, aus termes que nous, par
ycelle assiete, devrons prendre nostredite rente, et en sera ledit
Pierre et si hoir nostre homme aussi comme devant. Mais, toutes-
voies, nous et noz hoirs povons et pourrons lesdites deux cenz
livres de rente rachater et avoir dudit Pierre ou de ses hoirs, toutesfoiz que il nous plaira en paiant à li ou à sesdiz hoirs deux mil livres
tournois une foiz ensemble. Desquelles...

CXCV.

1337, 29 août. Paris.

Lettres de Philippe VI assignant à Louis, comte de Flandre, et à Marguerite, sa femme, en acompte de 60,000 l. p. qui leur avaient été promises
par Philippe V, 18,000 l. p. sur ce que Betuche Guy, jadis receveur en
Flandre, lui devait par la fin de ses comptes, et 22,000 l. p. sur les
sommes que devaient la ville de Bruges et ses habitants. En attendant
que ces 40,000 l. p. soient converties en terre, elles seront confiées à la
garde de Hugue de Pommars[1], chanoine de Paris, et de Pierre des
Essars, bourgeois de Paris, qui les mettront dans un lieu dont chacun
aura une clef.

(JJ. 70, n° 206.)

Par le roy, à la relacion du conseil où estoient le seigneur de
Noyers et les gens des comptes.

Ja. de Boulay.

CXCVI.

1337, août. Paris.

Confirmation par Philippe VI de la vente faite par Jean des Barres, écuyer,
et Jeanne de Mutry, sa femme, au prévôt des marchands et aux échevins

---

1. Hugue de Pommars, que l'on trouve comme chanoine de Troyes en
1342, fut institué par Philippe VI un des « premiers et souverain » de la
Chambre des comptes par lettres datées du Moncel-lez-Pont-Sainte-Maxence,
le 4 novembre 1344. Dans ces lettres, il est également qualifié d'élu de
Langres. Il mourut le 27 avril 1345. (*Gallia christiana*, t. IV, col. 622. Voy.
aussi Bibl. Mazarine, ms. 3035, p. 3 et 50.)

de la ville de Paris, d'un moulin et d'un passage sis au-dessous de Chaumont-sur-Yonne, près de Port-Renard, sur l'Yonne, avec tous les droits qui en dépendent, pour la somme de 1,900 l. t.

(JJ. 70, n° 205.)

Philippe, par la grâce de Dieu roys de France, savoir faisons à touz presenz et avenir, nous avoir veu deux paire de lettres, desqueles la premiere contient la fourme qui s'ensuit :

A touz ceuls qui ces lettres verront, Pierres Belagent, garde de la prevosté de Paris, salut. Savoir faisons que par devant Robert Beradan et Estienne de Montargis, clers notaires jurez establiz de par nostre seigneur le roy au Chastellet de Paris, ausquiex, quant à faire, oir et mettre en forme publique les choses qui s'ensuient, nous adjoustons pleniere foi, furent presens en leurs propres personnes, noble homme Jehan des Barres[1], escuier, et damoiselle Jehanne de Mutri, sa fame, à laquele il donna auctorité, povoir et licence par devant lesdiz notaires jurez, comme par devant nous, de faire et accorder avec lui les choses ci dedenz contenues, lesquiex mariez, de leurs bonnes volentez, sanz aucune fraude, force, erreur ou decevance, de leurs certaines sciences et pour leur grant proffit evident, recognurent par devant yceuls notaires jurez, comme par devant nous, euls avoir vendu et par nom de pure, simple et perpetuel vente, quittié, cessié et delessié, et du tout, à touz jours, hereditablement et perpetuelment transporté, sanz esperance de jamais rappeller, et chascun d'euls, pour le tout, sanz faire division l'un de l'autre, à honnourables hommes et sages le prevost des marcheans et les eschevins de la ville de Paris et à leurs successeurs achetans pour et ou nom de la marchandise, et pour le proffit d'icelle, et pour et ou nom de touz marcheans et voituriers presenz et avenir, passans leurs marcheandises, nef et vesseaux et toutes autres choses en montant et en avalant, chargiez ou wiz, tout le droit, l'action, saisine et proprieté que lesdiz vendeurs avoient et povoient avoir du propre heritage, audit Jehan ou autrement, comment que ce soit, ou moulin et pertuis qui sont dessous Chaumont sur Yonne[2], de lez Port Renart[3], en la riviere d'Yonne, soit en vannes, en huydart, en pescherie ou en justice quele que elle soit et en quelconque seigneurie,

---

1. Jean des Barres, seigneur de Chaumont, avait fondé une chapelle dans son château et l'avait dotée de 15 l. de revenu annuel et perpétuel assis sur les terroirs de Barbey, Chaumont et la Palainne (comm. de Barbey). Au mois de juin 1328, par lettres datées du Vivier-en-Brie, Philippe de Valois amortit cette donation. (Arch. nat., JJ. 65¹, n° 225. Voy. Quesvers et Stein, *Pouillé de l'ancien diocèse de Sens*, p. 82.)

2. Chaumont-sur-Yonne, arr. de Sens, cant. de Pont-sur-Yonne.

3. Port-Renard, comm. de Chaumont-sur-Yonne.

et en toutes les rentes, yssues et revenues de touz les batiaux, nefz et autres vesseaux quiex que il soient montanz et avalans par ladite riviere, comme dit est dessus, mouvanz et tenus en fié du roy nostre sire. Toutes les choses dessusdites vendues pour le profit evident desdiz mariez, franches, quittes et delivrés de toutes cha[r]ges et obligacions; c'est assavoir : pour le priz de diz et nuef cenz livres tournois, frans et quittes ausdiz vendeurs; cessanz yceuls vendeurs et du tout à touz jours delessans et transportans esdiz acheteurs, en ladite marchandise et esdiz marchaans et voituriers toute seignorie, proprieté, saisine et justice que il avoient esdites choses et en toutes les appartenances d'icelles, sanz riens retenir y ne reclamer en quelque maniere que ce soit, pour euls et pour leurs hoirs, et en tele maniere et par tele condicion que lesdiz vendeurs, ne autres qui auront cause d'euls, ne aucuns de leurs hoirs ou successeurs ne puissent dores en avant, en ladite riviere, ou en aucun autre lieu ou partie d'icele, là où il aient droit ou seignorie quelconque, faire ou faire faire aucun edifice ou nouveleté, qui puisse ou temps present ou avenir porter ausdiz acheteurs, à ladite marchandise ne ausdiz marchaans et voituriers, ne à leurs biens, aucun prejudice ou damage; laquele summe d'argent dessusdite lesdiz vendeurs confesserent avoir eue et receue desdiz acheteurs es noms que dessus, en bonne monnoie bien comptée et bien nombrée, ja tournée et convertie en leur proffit avant la confection de ces presentes lettres, dont il se tindrent entierement à bien paiez par devant les clers notaires jurez; et d'icelle summe d'argent quitterent et quittes clamerent desorendroit, bonnement, à touz jours lesdiz acheteurs es noms dessusdiz, etc...

Addecertes, lesdiz vendeurs et chascun de euls pour le tout promistrent encores par leursdiz foi et seremens rendre et paier sanz deffaut ausdiz acheteurs, ou nom que dit est, le quint denier de la somme des diz et nuef cenz livres tournois qu'il avoient poié ausdiz vendeurs pour l'achat dessusdit. C'est assavoir : trois cenz et quatre vinz livres que lesdiz achateurs avoient paié au roy nostre sire pour yceluy quint denier, avecques ce, le quint denier desdites trois cenz et quatre vinz livres, se ainsint estoit que ladite vente des choses dessusdites fust retraictié ou evicté d'aucuns pour le temps avenir, en tout ou en partie, ou que celi ou ceuls qui l'auroient par retrait paiassent lesdiz quinz deniers, ou quel cas, lesdiz vendeurs et chascun de euls pour le tout, sanz division faire l'un de l'autre, gaigerent es mains desdiz clers notaires jurez, tant comme par devant nous, et promistrent rendre et paier lesdiz quinz deniers ausdiz marchans es noms dessusdiz, tantôt et sanz delay, à la volenté d'iceuls acheteurs, aprez le retrait fait des choses dessusdites; avecques ce, touz couz, dommages, interes et despens que il feroient ou encourroient par deffaut de leur garantie non portée comme dit est envers lesdiz acheteurs, sur lesquiex il voudrent que le porteur de ces lettres soit creu par son simple serement, sanz charge d'autre preuve faire ne action commencier. Et quant à toutes les choses dessusdites et chascune d'icelles faire, enteriner et accomplir, lesdiz vendeurs, en la presence desdiz notaires jurez, comme par devant nous, ont obligié aus, es noms que dessus et du tout souzmis à la juridicion et contrainte de la prevosté de Paris, sanz autre juge advoer ne requerre, et chascun de euls pour le tout, comme dit est, euls, leurs hoirs, touz leurs biens et de leurs hoirs, tant meubles comme immeubles, presenz et ave- nir, ou quel il soient et puissent estre trouvez à justicier par nous et par noz successeurs prevoz de Paris et par toutes autres justices, pour ces lettres du tout enterrinier ; renonçans en ce fait par leursdiz foiz et seremens à toutes exceptions de fraude, etc...

Et d'abundant, avecques ce que dit est, iceuls vendeurs, conjoincte- ment et deviseement, firent et establirent pour euls et en leurs noms leurs procureurs generals et certains messages especials, par la teneur de ces presentes lettres, Andry Sance, bourgois de Paris, Denys d'Yauebonne, maistres Nicaise de Saint Germain et Urbain de Machaut[1], et chascun de euls par soy et pour le tout, pour des- saisir euls, es noms de euls et pour euls et desmettre de la foi des choses dessusdites par devant le roy nostre sire ou autre à qui il pourra appartenir, et pour faire saisir et mettre en foi et hommage lesdiz prevost et eschevins, ou nom que dit est, de la vente dessus- dite par ledit nostre seigneur le roy ou par celi à cui la chose pour- roit appartenir en la meilleur maniere que fait pourra estre, ausquiex leurs procureurs et à chascun de euls pour le tout, il donnerent con- jointement et diviseement plain povoir, auctorité et mandement especial de feire ce que dit est et toutes autres choses à ce neccess- saires et convenables que il feroient et pourroient faire, se presens y estoient ; en promettant sur la caution de touz leurs biens à avoir ferme et agreable à touz jours, sanz rappel, tout ce qui par leursdiz procureurs et par chascun d'euls pour le tout, sera fait et ordené des choses dessusdites et de leurs dependences. En tesmoing de ce, nous, à la relation desdiz clers notaires jurez, avons mis en ces lettres le seel de la prevosté de Paris, l'an de grâce mil CCC trente et quatre, le vendredi vint et deux jours ou mois de juillet.

La secunde contient la fourme qui s'ensuit :

Jehanne[2], par la grâce de Dieu royne de France et de Navarre, savoir faisons à touz presenz et avenir, que comme le prevost des marcheaus et les eschevins de la ville de Paris, aient acheté pour le proffit commun de ladite marchandise et ou nom d'icelle, de Jehan

---

1. Machault, Seine-et-Marne, arr. de Melun, cant. du Châtelet.
2. Jeanne d'Évreux, veuve de Charles IV le Bel.

des Barres, escuier, et de damoisele Jehanne de Mutry, sa femme, pour le priz de diz et nuef cenz livres tournois forte monnoie, un moulin seant en la riviere d'Yonne, dessous Chaumont, de lez Port Renart, et toutes les appartenances d'icelli, en la chastellenie de Bray[1], avec le pertuiz, vennes, wydart, pescherie et justice quele que elle soit et toutes les rentes, yssues et revenues de touz les batiaux, nefz et autres vesseaux quiex que il soient, montans et avalans par illec, estans en nostre douaire[2], lesquelx moulin et toutes les choses dessusdites, ycelly escuier tenoit de nous en fié ; de laquele vente nous appa[r]tenoit pour le quint denier trois cenz quatre vinz livres tournois, et avec ce nostre droit tel come appartenir nous povoit et devoit pour cause de l'admortissement que le roy leur avoit fait et octroyé de toutes les choses dessusdites, sanz estre nul temps avenir hors de leur main ; et yceuls prevost et eschevins nous aient requis et supplié o grant instance, que il nous pleust, de nostre grâce, que ledit molin et toutes les choses dessusdites, il peussent et puissent, ou nom et pour ladite marchandise, tenir franchement touz admortiz en treffonz et autrement, sanz les contraindre de mettre hors de leur main ou temps avenir, en nous offrant, tant pour ce comme pour nostre quint denier dessusdit, la somme de sis cenz livres tournois une foiz. Sachent tuit, que tant pour le proffit commun de ladite marchandise, come pour l'amour et affection que nous avons à ladite vile de Paris, et parmi ladite offre desdites six cenz livres tournois que faite nous ont comme dit est, leur avons octroié et octroyons, de grâce especial, pour tant comme il nous touche, que ycelui moulin et toutes les choses dessusdites, il puissent tenir et fere à leur plaine volenté, pour demourer en l'estat où il sont à present ou pour les oster et abatre, se miex leur plaist, sanz ce que euls ne leurs successeurs puissent estre tenus, ne contrains de mettre les hors de leur main, ne paier à nous pour ce aucune finance ou temps avenir. Et pour ce que ce soit ferme chose et estable à touz jours, nous avons fait mettre nostre seel en ces presentes lettres. Donné à Crecy[3], le viiie jour de decembre, l'an de grâce mil CCC trente et siz[4].

Et pour ce que lesdiz conjoins vendeurs tenoient de nous en fié,

---

1. Bray-sur-Seine, Seine-et-Marne, arr. de Provins, ch.-l. de cant.

2. Une partie du douaire de Jeanne d'Évreux fut assis sur la châtellenie de Bray-sur-Seine. (Arch. nat., KK. 3ᴀ, fol. 45 à 47 r°.) Parmi les personnes qui tenaient des fiefs du roi et qui les tinrent ensuite d'elle en cette localité, on relève un maître Jean des Barres pour 300 livres, un Jean des Barres, chevalier, pour 500 livres, et un Pierre des Barres, chevalier, pour 60 livres. (*Ibid.*, fol. 46 v°.)

3. Crécy-en-Brie, Seine-et-Marne, arr. de Meaux, ch.-l. de cant.

4. L'original de cette lettre est aux Arch. nat., carton K. 948, n° 31.

comme de droit proprietaire, ledit moulin et les autres appartenances
dessus nommées, combien que ou douaire nostre dame soient assises,
ne sanz nostre licence et volenté ne les peussent lesdiz prevost et
eschevins de nostredite ville de Paris tenir et posseoir à perpetuité,
yceuls prevost et eschevins soient venuz devers noz amez et feaux
genz de noz comptes et tresoriers à Paris et aient sur ce composé
avec euls pour nous, à la somme de quatre cenz livres tournois, lesquelles il ont ja paiées en nostre tresor à Paris. Pourquoy, nous, eue
consideracion aus sommes que il ont paiées à nostre dame et à nous,
et pour la bonne affection et volenté que nous avons à euls et au proffit
commun de ladite marcheandise, lesdites vente et quittance, cession et transport à euls faiz par lesdiz escuier et sa fame, et aussi
toutes les choses à euls octroiées par nostre dite dame, ladite composicion faite par euls avec nozdites genz et tresoriers et toutes les
autres choses contenues esdites lettres dessus transcriptes, si comme
dessus sont exprimées de mot à mot, aiens fermes et agreables,
ycelles et chascune d'icelles, voulons, loons, approuvons et de nostre
auctorité royal et certaine science confermons par la teneur de ces
presentes lettres, voulans que lesdiz prevost et eschevins de Paris qui
sont à present et seront pour le temps avenir, puissent tenir paisiblement, à touz jours mais, au profit de la marchandise, le moulin et
toutes les autres choses dessusdites, sanz estre contrains à les mettre
hors de leurs mains, ne en paier à nous ou noz successeurs ou temps
avenir aucune autre finance. Et que ce soit ferme chose et vaillable
ou temps avenir, etc...

Ce fu fait à Paris, l'an de grâce mil trois cenz trente et sept, ou
mois d'aoust.

Par les gens des comptes et les tresoriers.

Vistrebec.

CXCVII.

1337, août. Paris.

Philippe VI, en confirmation d'une lettre de Philippe le Bel du mois de
novembre 1288, amortit, en faveur des Chartreux de Vauvert, près Paris,
47 l. 18 s. p. de rente à prendre sur divers lieux, tant à Paris que dans
les environs.

(JJ. 70, n° 361.)

Philippe, par la grâce de Dieu roys de France, savoir faisons à
touz presenz et avenir, nous avoir veues unes lettres contenantes la
fourme qui ensuit :

Philippus, Dei gratia Francorum rex, notum facimus universis tam
presentibus quam futuris, quod nos, intuitu pietatis et ob affectionem
quam habemus ad ordinem Cartusiensem, ob eciam remedium anime

nostre et inclite recordacionis Philippi quondam Francorum regis et Ysabellis ejus consortis, carissimorum parentum nostrorum, nec non et animarum predecessorum nostrorum ob remedium et salutem, concedimus priori et conventui Vallis Viridis propre (*sic*) Parisius, ordinis Cartusiensis, quod ipsi prior et conventus, pro se et ordine suo, in augmentacionem et ampliacionem ordinis sui, possint acquirere in feodis aut retrofeodis nostris usque ad valorem sexaginta librarum redditus annualis ad turonenses ; videlicet in decimis, seu in censibus augmentatis, dum tamen in eis justiciam altam vel bassam, treffondum aut dominium non acquirant, volentes quod eas teneant, habeant et in perpetuum possideant pacifice et quiete, sine coactione vendendi vel extra manum suam ponendi, salvo tamen in aliis jure nostro et in omnibus jure quolibet alieno. Quod ut ratum et stabile permaneat in futurum, presentibus litteris nostrum fecimus apponi sigillum. Actum apud Chosiacum prope Compendium[1], anno Domini millesimo ducentesimo octogesimo octavo, mense novembris.

Lesquelles lettres nous avons fait retenir chancellées en la Chambre de noz comptes ; et lesdiz religieux nous aient donné à entendre que, eu regart et consideracion à la grâce devantdite, il ont acquis les rentes et heritages ci-dessous contenues. C'est assavoir : trente arpenz de terre ou environ. *Item*, un jardin. *Item*, trente et neuf soulz de crois de cens. *Item*, une maison du pris d'environ vint soulz de rente à Gonnesse, valans vint livres de rente ou environ. *Item*, huit arpenz de terre ou environ en pluseurs pieces, environ et devant le manoir desdiz religieux de Chartreuse, puuent valoir quatre livres de rente. *Item*, seze soulz huit deniers de rente aus Muriaus[2], et une maison oultre la porte des freres de Saint-Jaques, puet valoir environ huit livres de rente, vielle et ruineuse. *Item*, soixante et dix soulz de rente sus une maison en la rue de la Harpe. *Item*, dix et huit soulz de menuz cenz et trente soulz de crois de cenz en la rue du Sablon[3]. *Item*, à Sauciel[4] lez Lonc Jumel, le duc de Bretaigne leur amorti jusques à la value de soixante soulz sus heritages, terres, vignes, en arriere fieu tenu de nous. *Item*, quatre arpens de terre sablonnouse à Sauciel et un pou de diesme, et vault tout ce environ un muy de menu et petit grain et puet valoir quatre livres de rente. *Item*, soixante soulz de rente de Girart de Chalo, sus la boiste des hales des poissons

---

1. Choisy-au-Bac, Oise, arr. et cant. de Compiègne.

2. Le clos des Mureaux, situé au faubourg Saint-Jacques. (Jaillot, *op. cit.*, t. IV, quartier Saint-Benoît, p. 60.)

3. La rue du Sablon, située dans la Cité, fut fermée en 1482 à la suite des agrandissements de l'Hôtel-Dieu. (Voy. E. Coyecque, *l'Hôtel-Dieu de Paris au moyen âge*, t. I, p. 161 et 163.)

4. Les Sauxiers, hameau de la comm. de Saulx-les-Chartreux, Seine-et-Oise, arr. de Corbeil, cant. de Longjumeau.

de Paris, lesqueles rentes et heritages montent en ces parties ci-dessus
devisées, à la somme de quarante et sept livres dix et huit soulz parisis. Et nous, eu regart à ladite grâce et à la bonne volenté et devocion
que nous avons ausdiz religieux, voulons et nous plaist que lesdiz
heritages et rentes il tiegnent dores en avant, en perpetuité, par vertu
de ladite grâce, sanz ce que il soient contrains de iceuls vendre ne
mettre hors de leur main, ne paier à nous ne à noz successeurs pour ce,
finance quele que elle soit. Et que ce soit chose ferme et estable, etc...

Donné à Paris, l'an de grâce mil trois cenz trente et sept, ou moys
d'aoust.

Par la Chambre des comptes.

H. Martin.

Littere originales superius incorporate retente sunt cancellate et
posite in saco litterarum bailliviarum Francie de termino Ascensionis
M CCC XXXVII, in Camera compotorum.

Clarinus Palmerii.

CXCVIII.

1337, décembre. Hôpital de Corbeil.

Philippe VI, à la requête de Maugier de Caieu, bourgeois de Paris, amortit
14 l. p. de rente annuelle, en sa faveur, pour lui permettre de fonder une
chapellenie.

(JJ. 70, n° 105.)

Philippe, etc..., savoir faisons à touz presens et avenir que nous,
à la supplication Maugier de Caieu, borgois de Paris, et pour le
salu de nostre âme, li avons ottroié et ottroions de grâce especial que
une chapellenie, laquelle il entent à fonder, il puisse doer de quatorze livres parisis de rente annuelle et perpetuele acquise ou à
acquerre sanz fié et sanz justice, et que le chapellain qui sera pour
le temps establi à desservir ladite chapellenie, puisse tenir et tiegne
perpetuelment et paisiblement, en nom et pour cause de ladite chapellenie, lesdites quatorze livres de rente, sanz ce que il soit jamais
constrainz à les vendre ou mettre hors de sa main et sanz paier
aucune finance, laquelle nous li quittons de nostredite grâce, pour
quoi il soit tenuz à prier Dieu pour nous et pour le bon estat de
nostre royaume. Et que ce soit ferme et estable à touz temps, etc...

Donné à l'ospital de lez Corbueil, l'an de grâce mil CCC XXXVI,
ou mois de decembre.

Par le roy.

Barriere.

CXCIX.

1338 (n. st.), mars.

Philippe VI, en récompense des services que rend à la reine Jean, son
maréchal, lui donne certains héritages sis à Jouy, à Vauboyen, aux Roches
et au Metz, qui lui étaient venus à la suite de la forfaiture de Robert
d'Artois.

(JJ. 71, n° 68.)

Philippe, par la grâce de Dieu roys de France, à touz ceulz qui ces
presentes lettres verront, salut. Savoir faisons que nous, à la contemplacion de nostre très chiere et amée compaigne la royne, et en
recompensacion des bons et agreables services faiz à ycelle par Jehan
son mareschal, avons donné et ottroié, donnons et ottroions, de grâce
especial et certaine science, par la teneur de ces lettres, audit Jehan,
touz les heritages ci dessouz especefiez. C'est assavoir : quarante sept
arpens tenanz de deux costez à deux chemins de la ville de Joy[1] et
à un des bous à Gautier du Mez, escuier. *Item*, vint cinc arpens ou
environ, en une piece que l'en dit les Murgiers, tenanz à Gautier du
Mez. *Item*, au Bois Saint Germain, trois arpens tenanz au chemin
de Paris, en la censive de l'aumosnier de Saint Germain des Prez.
Item, au Vauboien[2], onze arpenz tenans aus terres monseigneur de
Borbon, en la censive du tresorier de Saint Germain des Prez. *Item*,
six arpens en un lieu que l'en dit les Près. *Item*, au Chemin croisié,
quatre arpens. *Item*, au Boïs de la Pointeste, cincq arpenz tenanz
audit bois. *Item*, à la Fontaine Saint Martin, six arpens tenanz à
ycelle. *Item*, dessus le Bois de la Pointeste, sept arpens tenans audit
bois. *Item*, au Sentier de Villerat[3], trois quartiers tenans audit sentier. *Item*, dessus le Bois Girart, onze arpens et demi tenanz à ycelli
bois. *Item*, trois arpens près dudit bois, tenans à Robin le Blont.
Item, trois arpens assis ou Sentier de Villerat, tenans à Guillaume
Houdouin. *Item*, arpent et demi assis en un lieu appellé le Genetoy,
tenant au chemin de Paris. *Item*, à la Croiz, arpent et demi tenant
au chemin d'emprès ladite Croiz. *Item*, à la Fosse Henri de Villetain[4],
deux arpens tenans au chemin de Chastiaufort. *Item*, aus Roches[5],
quatre arpenz tenans au passouer Girart. *Item*, une maison et masure

---

1. Jouy-en-Josas, Seine-et-Oise, arr. et cant. de Versailles.

2. Vauboyen, Seine-et-Oise, arr. de Versailles, cant. de Palaiseau, comm.
de Bièvres.

3. Aujourd'hui Villeras, arr. de Versailles, cant. de Palaiseau, comm. de
Saclay.

4. Viltain, ferme de Jouy-en-Josas.

5. Les Roches, hameau de Bièvres.

seant au Mes[1]. *Item*, au Bois Girart, environ quatre arpenz d'aunoy.
Item, douze arpens d'aunoy assis en un lieu appellé Vauboien.
Item, deux arpent assiz en un lieu appellé le Petit Aunoy, tenant
au chemin de Vauboien. *Item*, deux estans contenans environ six ou
sept arpent avecques un pou de pasturage joignant à yceuls, tenans
à Guillaume Houdouin escuier. Lesquelles choses estoient et sont
venues à nous par la forfaiture de Robert d'Artoys, jadix conte de
Beaumont, et qui, si comme nous est apparu par certaine informacion sur ce faite de nostre commandement par nostre prevost de
Paris ou ses deputez, rabatuz les cens et devoirs que il doivent aus
seigneurs de qui il sont tenuz, ne pevent pas valoir plus de vint et
quatre livres parisis par an : à tenir et posseder perpetuelment à touz
jours, par ledit Jehan et ses hoirs, ou ceuls qui de li et de ses diz
hoirs auront cause, par faisant des choses dessusdittes teles rentes ou
redevances comme ledit Robert faisoit ou devoit faire ou temps que
il les tenoit. Donnanz en mandement à touz noz justiciers ou à leurs
lieustenans qui sont à present et qui avenir s[er]ont, que contre la
teneur de nostre presente grâce et don, ne empeeschent ou molestent,
ne ne sueffrent estre empeeschié ou molesté ledit Jehan, mais le
laissent et facent joir et user paisiblement, à touz jours, perpetuelment, et ses hoirs ou successeurs ou ceuls qui de li ou de ses hoirs
ou successeurs auront cause, comme de leur propre chose, nonobstant que ycelles choses aient esté attribuées et mises à noz demaines ;
ains voulons et mandons, par la teneur de ces lettres, à noz amez
et feauls genz de noz comptes à Paris, que les choses dessusdites
ostent ou facent oster de nozdiz demaines. Et pour ce que ce soit
ferme chose et estable etc...

Ce fut fait l'an de grâce mil CCC trente sept, ou mois de mars.

Par le roy, present monseigneur de Soecourt.

G. du Bois.

Expedita per gentes compotorum, sine financia.

J. de Cova.

CC.

1338 (n. st.), mars. Bois de Vincennes.

Lettres de Philippe VI donnant à Jeanne de Châlon, comtesse de Tonnerre, tous les droits qu'il peut avoir à la suite de la forfaiture de feu
Hugue de Crusy sur deux maisons sises à Paris.

(JJ. 68, n° 16.)

Philippe, par la grâce de Dieu roys de France, savoir faisons à

---

1. Les Mets, hameau de Jouy-en-Josas.

touz presens et avenir que, pour l'amour et bonne affection que nous avons à nostre chere et amée seur Jehanne de Chalon[1], contesse de Torneurre, nous, de nostre liberalité et de grâce especial, li donnons en pur don non revocable fait entre vis, et ottroions, cessons et transportons en heritage perpetuel, pour li et pour ses hoirs et successeurs, tout le droit et toute l'action et raison que nous avons, povons et devons avoir, et qui nous pevent appartenir pour la forfaiture de feu Hugue de Crusy chevalier, en deux maisons entretenanz, à deux pignons, seanz à Paris en la rue de la Kalandre[2], qui furent feu maistre Henri de Torneurre et qui, après la mort de li, vindrent à une seue seur jadis famme feu Jehan Villequin, lequel, ou temps qu'il vivoit, les donna audit Hugue de Crusy; lesqueles choses par nous ainsi données, ottroiées, cessées et transportées en nostredite seur, nous, de jà, par ces presentes, ensamble la possession d'icelles, delivrons et delaissons à nostredite seur à avoir, tenir et posseoir par li, ses hoirs et ses successeurs, heritablement, à touz jours mais, comme sa chose et son heritage propre, mandanz par la teneur de ces lettres à noz amez et feaux genz de noz comptes, que lesdites choses facent delivrer reelment et de fait à nostredite seur ou à son commandement et ycelles hostent de nostre demoinne, se appliquées y estoient. Et que ce soit ferme et estable à touz temps mais, etc...

Donné au Boys de Vincennes, l'an de grâce mil CCC trente et sept ou mois de mars.

Par le roy.

Chambellan, scriptor.

CCI.

1338 (n. st.), 1-11 avril.

Philippe VI confirme une sentence d'absolution rendue par les maîtres de son hôtel en faveur de Guillaume et Collart de la Chaucie frères, armuriers du roi, accusés du meurtre de Jeannot de Pacy, valet boucher.

(JJ. 71, n° 50.)

Philippe, par la grâce de Dieu roys de France, à touz ceux qui ces

---

1. Jeanne de Châlon, fille de Jean de Châlon, comte d'Auxerre et de Tonnerre, et de sa deuxième femme, Alix de Bourgogne, épousa Thibaut de Neufchâtel, et mourut vers 1359. (Dom Plancher, *Hist. de Bourgogne*, t. II, p. 289, et le P. Anselme, *Hist. généal. de la France*, t. VIII, p. 349 et 418. Voy. aussi *les Journaux du trésor de Philippe VI de Valois*, n°° 1003, 1004, 1295, etc...)

2. La rue de la Calendre allait de la rue de la Barillerie à la rue du Marché-Palu; elle a disparu à la suite de la construction de la préfecture de police et des casernes y attenantes.

presentes lettres verront, salut. Savoir faisons à touz presens et avenir, nous avoir veu unes lettres seellées des seauls de noz amez et
feaulz Jehan Campdavaine, Jehan d'Argentueil[1], et Guerart de Belloy, chevaliers et maistre de nostre hostel, saines et entieres, si comme
il apparoit de prime face, contenans la forme qui s'ensuit :

A touz ceux qui ces presentes lettres verront et orront, Jehan Campdavaine, Jehan d'Argentueil, et Guerart de Belloy, chevaliers nostre
seigneur le roy et maistres de son hostel, salut. Comme pour soupeçon de la mort de Jehannot de Pacy, vallet bouchier, le maire des
religieux de Saint Martin des Champs de Paris eust fait prendre et
mettre en leur prison à Paris, Guillaume et Collart de la Chaucie[2],
freres hyaumiers et armeuriers du roy nostre sire, Jaqueline leur mere,
Gillebin leur frere, Marion leur suer, Henriet Lenglois, Pierret de
Longue Maisiere, Jehan le Queux, Jehannot de Loheraine, fourbeur,
Jehannot Lalemant, Alain le Nozment et Lorete de Bonneul, cham-
beriere, touz de leurs gens, vallés, ouvrans et mesnies de l'ostel desdiz freres hyaumiers, avec touz leurs biens. Et nous, du commandement nostre seigneur le roy, et pour ce que à nous appartenoit et
appartient la court et la cognoissance, pour cause de nostre office,
dudit fait et desdiz freres, pour ce que il estoient de l'ostel dudit seigneur, nous feimes oster lesdiz freres et les dessus ouvriers, mesnies
nommez dessusdiz, de la prison desdiz religieux et mettre par devers
nous en nostre prison pour savoir la verité du fait dessusdit et faire
raison sur ce. Savoir faisons que nous avons enquis et fait enquerre
la verité dudit fait, bien et diligemment par bonnes gens dignes de
foy, et avec ce, avons veu et regardé diligemment la relacion de
maistre Pierre de Largentiere, mire juré du roy nostre sire en la
ville de Paris, qu'il avoit visité et pourtasté ledit mort tout nu et par
ladite enqueste et ladite relacion, avons trové que ledit Jehannot
avoit esté mors soudainement de mort naturele, accidentele et non
pas de coup, blaceure ou fereure que il eust eu de personne vivant, et
que lesdiz freres, mere, suer, ouvriers et mesnies dessusdites,
estoient purs et innocens dudit fait; pourquoy, nous avons eu deliberation et conseil à plusieurs saiges sur les choses dessusdites; si
avons delivré et delivrons lesdiz freres, mere, suer, ouvriés et mes-

---

1. Jean Champdavoine et Jean d'Argenteuil étaient déjà au nombre des
maîtres de l'hôtel du roi en 1332. (*L'hôtel de Philippe VI de Valois*, dans
Bibl. de l'École des chartes, 1894, p. 604.)

2. Cette affaire est rapportée à la date du 9 décembre 1337 dans le *Registre
criminel de la justice de Saint-Martin-des-Champs, à Paris*, publié par
M. Louis Tanon (Paris, L. Willem, 1877, in-8°, p. 107). Voy. aussi le même
auteur : *Histoire des justices des anciennes églises et des communautés
monastiques de Paris* (Paris, Larose et Forcel, 1883, p. 500).

nies de nostredite prison en laquelle il estoient, et absoulz et absoulons lesdiz freres, mere, suer, ouvriers et mesnies dessusdiz dudit fait par nostre sentence et à droit. Si mandons et commandons à touz les subgiez du roy nostre sire que pour cause dudit fait il ne molestent en riens dores en avant lesdiz freres, mere, suer, ouvriés et mesnies dessusdiz, en corps ne en biens, et se aucune chose ont prins, levé ou arresté du leur pour ceste cause, si le mettent du tout au delivre. En tesmoing de ce, nous avons mis en ces lettres noz seaul, qui furent faites et données au Bois de Vincennes, le ix⁰ jour de mars, l'an de grâce mil CCC XXXVII.

Nous, adecertes, voulans les choses dessusdites et chascune d'icelles contenues esdites lettres ci dessus t[r]an[s]criptes, icelles, loons, etc...

Ce fut fait l'an de grâce mil CCC trente sept ou mois d'avril.

Par le roy, à la relation de messire Jehan d'Argentueil et Guillaume de Villiers.

G. du Bois.

Visa fuit in Camera compotorum.

H. de Dompetra.

CCII.

1338, 8 mai. Paris.

Philippe VI, confirmant des lettres de Charles IV du mois de septembre 1322 et une de ses lettres du mois de décembre 1334, autorise les chartreux de Vauvert, près Paris, à recevoir, sans payer d'amortissement et en déduction de 100 l. p. qu'ils peuvent acquérir dans les mêmes conditions, 31 l. 10 s. p. de rente que leur donne Girard de Montaigu, chanoine de Paris et de Reims, sur la ville et prévôté de Vailly-sur-Aisne.

(JJ. 71, n° 41.)

Philippe, par la grâce de Dieu roys de France, savoir faisons à touz presens et avenir que comme nostre très cher seigneur et cousin, le roy Challes, que Dieux absoille, eust ottroié à religieux, le prieur et convent de la maison de Vauvert emprès Paris, de l'ordre de chartreuse, que il peussent acquerir jusques à vint livres de terre à parisis, si comme nous avons veu estre contenu es lettres de nostredit seigneur sur ce faites, contenans la forme qui s'ensuit :

Karolus, Dei gratia Francorum et Navarre rex, notum facimus universis tam presentibus quam futuris, quod nos, religiosis viris priori et conventu[i] fratrum domus Vallie (*sic*) Viridis prope Parisius, ordinis Cartusiensis, volentes gratiam facere specialem, eisdem pro se et successoribus suis, divine pietatis intuitu, concedimus per presentes, quod ipsi, viginti libras terre ad parisienses, in censivis quibuslibet, terris, pratis, nemoribus, vineis, domibus, vel aliis quibuscumque, dummodo feoda nobilia non existant, acquirere, vel sibi datas recipere et imperpetuum possidere quiete et pacifice valeant, absque coactione vendendi vel extra manum suam ponendi et absque prestacione financie cujuscumque, salvo tamen in aliis jure nostro et quolibet alieno. Quod ut firmum, etc...

Actum apud Nogentum supra Securiam[1] (*sic*), anno Domini millesimo CCC vicesimo secundo, mense septembris.

Et après ce, nous eussiens aussi ottroié ausdiz religieux que il peussent acquerir jusques à quatre vins livres parisis de rente, si comme nous avons veu estre contenu en noz lettres sur ce faites, contenans la forme qui s'ensuit :

Philippe, par la grâce de Dieu roys de France, savoir faisons à touz presens et avenir que comme religieux hommes, le prieur et le convent de la maison de Valvert emprès Paris, de l'ordre de chartreuse, nous aient exposé que pluseurs bonnes genz, par devocion, pour l'amour de Dieu et en nesmosne (*sic*), leur aient donné plusieurs sommes d'argent pour achaster rentes et possessions, à la sustantacion desdiz religieux et afin que li devin service en soit faiz perpetuelment pour le sauvement des âmes des donneurs dessusdiz, pour lesdiz religieux, en leurdite maison. Nous, à la supplication desdiz religieux faite à nous sur ce devotement, pour l'acroiscement du devin service dessusdit, et afin que nous soions participans es bonnes euvres en ceste partie, voulons et ottroions par la teneur de ces lettres, de grâce especial, que lesdiz religieux puissent acquerre et retenir acquis ensemble ou pour parties, jusques à quatre vins livres à parisis de rente perpetuel pour eux et pour leur eglise, en fiez, en rerefiez, sans aute justice et en censives tenues de nous ou de quelconques autres personnes, et que il les puissent tenir et possoier perpetuelment et joir en comme de leur propre, sans ce que jemas par nous ou noz successeurs il soient contrains à vendre la dite rente, ne à mettre la hors de leur main, ne affaire en pour ce aucune finance à nous ou à noz successeurs. Et que ce soit chose ferme et valable à touz jours, etc...

Ce fu fait au Bois de Vincennes, l'an de grâce mil trois cenz trente et quatre, ou mois de decembre.

Et les religieux dessusdit nous ont signefié et dit que après les ottrois desdites lettres, maistre Girart de Montagu, chanoine de Paris et de Reins, leur avoit donné pour eux et pour leurs successeurs et pour leur eglise, pour le salu de s'âme, trente une livres dix souz parisis de rente annuele et perpetuelle, lesquelles il avoit et presnoit de son conquest, en et sur la ville et la prevosté de Vailli

---

1. Lisez « Secanam. » Nogent-sur-Seine, Aube.

sur Aisne[1]. Il nous plait et voulons et avons ottroié et ottroions par
ces lettres ausdiz religieux, pour eux et pour leursdiz successeurs et
pour leurdite eglise, que en resbat desdites grâces contenues es lettres
dessusdites ci-dessus t[r]ancristes, lesdites trente une livres dix [souz]
parisis de rente annuele et perpetuele que ledit maistre Gira[r]t leur
a donnés, comme dit est, il et leurdiz successeurs puissent avoir et
tenir à perpetuelment et pasiblement, sans estre contrains à les vendre
ou les mettre hors de leurs mains ou à en paier à nous ou à noz successeurs aucune finance ; et de icelles trente une livres dix souz de
rente aront et ont pris leur affet lesdites grâces ottroiés ausdiz religieux, contenues es deux peres de lettres dessusdites ; et voulons
que le demourent de cent livres parisis de rente que lesdiz religieux
pevent acquerir par vertu desdites deux peres de lettres ci-dessus
t[r]ancristes, lesdites trente une livres dix souz de rente rebatues,
lequel demorant est soixante huit livres dix souz parisis de rente
ennuele et perpetuele, yceux religieux ou leurs successeurs puissent
acquerir, selonc ce que pour lesdites deux peres de lettres ci-dessus
t[r]ancristes leur estoit ottroié, et ycelles soixante huit livres dix
souz parisis retenir acquises, sens estre contrains à les vendre ou
mettre hors de leur main, ou en paier à nous ou à noz successeurs
aucune finance ; et pour ce, lesdites lettres ci-dessus t[r]ancripstes,
nous avons fait retenir chancellées en nostre Chambre des comptes à
Paris. Et pour ce que ce soit ferme chose et estable à perpetuité, etc...
Donné à Paris, l'an de grâce mil CCC trente et huit, le huitaime jour
de mois de may.

Par les gens des comptes.

Ja. de Boulay.

Expedita sine financia in Camera compotorum.

Ja. de Boulay.

Collacio facta.

Due littere hic superius incorporate, retente fuerunt in Camera
compotorum et posite in sacco litterarum bailliarum Francie de termino Ascensionis M CCC XXXVIII.

Clarinus.

CCIII.

1338, 14 mai. Bois de Vincennes.

Philippe VI accorde à Remondin Marquisan, quoique né hors du royaume,
le titre de bourgeois de Paris avec tous les priviléges qui y sont attachés.

(JJ. 71, n° 48.)

Philippe, par la grâce de Dieu roys de France, savoir faisons à touz

---

1. Vailly, Aisne, arr. de Soissons, ch.-l. de cant.

presens et avenir que à la suplicacion de Remondin Marquisan, filz
de dame Marquisan de Nice en Provence, duquel Remondin, la mère
fu née en ladite ville de Nice, ja soit ce que ledit pere fu nez de
Jennes, nous, tant pour consideracion de nostre très chier oncle,
Robert roy de Jerhusalem et de Cezile[1] et de nostre chier ami,
Charles de Grimaus[2], chevalier de Jennes, lesquiex nous ont priez
pour ledit Remondin, comme pour ce que ledit Remondin et sondit
pere ont fait, par plusieurs foiz, plusieurs grans plaisirs et bontez à noz
genz que nous avons aucunes foiz envoiés pour noz besoignes es parties de Jennes et de Prouvence, dont nosdites genz se sont mout
loez à nous ; ycellui Remondin, non contrestant qu'il soit nez dehors
de nostre royaume et que sondit pere soit nez de Jennes, recevons
par la teneur de ces lettres en nostre bourgois de la ville de
Paris et de nostredit royaume, et li avons octroié et octroions
que il, comme nostre bourgois de ladite ville de Paris et de nostredit
royaume, puisse en ladite ville de Paris et aillieurs, en quelconques
port, ville ou lieu qu'il li plaira de nostredit royaume demourer, faire
sa residence, converser et marchander tant par li comme par ses gens,
procureurs ou facteurs paisiblement, en paiant tels drois et devoirs
comme paient et ont acoustumé paier noz autres bourgois de ladite
ville de Paris et de nostredit royaume, et que icellui Remondin
puisse joir et joisse comme nostre bourgois de ladite ville de Paris
et de nostredit royaume de toutes et teles franchises, previliges,
coustumes et libertez, comme joissent et ont acoustumé joir noz
autres bourgois de ladite ville de Paris et de nostredit royaume,
ainsi comme se il et sondit pere et sadite mere eussent esté nez en
ladite ville de Paris ou aillieurs en nostredit royaume ; et ne volons
qu'il soit tenuz dores en avant ne reputé en aucun cas comme
Ytalien ou nez hors de nostredit royaume, mais soit tenu, reputé
et traictié comme nostre bourgois, et li avons aussi octroié et
octroions que il ne soit tenuz de paier pour lui ne pour ses biens, ne
pour ses marchandises ou denrées aucunes imposicions, redevances,
servitutes ou coustumes que les Ytaliens paient et ont acoustumé
paier en nostredit royaume, mais tant seulement telles comme noz
autres bourgois et nez de nostredit royaume poient et ont acoustumé
paier, tant ainssi comme se il et son dit pere eussent esté nez en nos-

---

1. Robert le Sage ou le Bon, troisième fils de Charles II, fut roi de Naples
et de Sicile de 1309 à 1343.

2. Charles de Grimaldi servit longtemps Philippe VI dans sa guerre contre
l'Angleterre. Au mois de décembre 1339, le roi lui donna quittance de tout
le service qu'il avait fait comme capitaine de l'armée guelfe. (Arch. nat.,
JJ. 72, fol. 61 v°, n° 72.) — Il lui avait déjà donné au mois de novembre
précédent, en récompense, 1,000 l. de rentes à héritage à prendre sur la
claverie d'Aigues-Mortes. (Arch. nat., JJ. 72, fol. 392 v°, n° 490.)

tredit royaume; et ne voulons que pour aucune marque donnée ou à donner par nous ou par nostre court contre aucuns Ytaliens, Provenciaus ou autre gens de hors de nostredit royaume, icellui Remondin ou ses gens ou facteurs, soient empeschiez, prins ou molestez en corps ou en biens, lesquelles choses nous li avons octroiés et octroions de grâce especiale, de certaine science, pour cause, et de nostre royal auctorité et pour les causes dessusdites, non contrestant quelconques ordenances faites ou à faire qui à ceste grâce soient ou puissent en aucune maniere estre contraires. Et pour ce que ce soit ferme chose et estable, etc...

Donné au Boys de Vincennes, l'an de grâce mil CCC trente et huit, le quatorzieme jour du mois de may.

Par le roy, à la relacion de vous, monseigneur Mahieu de Trie, mareschal de France.
Ja. de Boulay.

Transivit sine financia, de precepto domini regis, ad relacionem domini Cancellarii.
B.[1] (*sic*) de Dompetra.

CCIV.

1338, juillet. Savigny-le-Temple.

Philippe VI confirme des lettres d'amortissement, du mois d'août 1335, de 12 l. p. de rente, que Guillaume Tristan et Ysabelle, sa femme, assignèrent sur une maison de Paris, pour la fondation d'une chapellenie en l'église Saint-Germain-l'Auxerrois, et amortit 8 l. p. que leur fille Jacqueline la Tristanne donne en plus à cette chapellenie.

(JJ. 68, n° 5o.)

Philippe, par la grâce de Dieu roys de France, savoir faisons à touz presenz et avenir que comme nous eussions octroyé noz lettres contenans ceste fourme.

Philippe, par la grâce de Dieu, etc.[2]...

Et ladite Jaqueline nous ait supplié que comme à ladite chapellenie et en acroissement d'icelle, elle ait entencion de donner huit livres parisis de rente annuele et perpetuele à prendre, avoir et recevoir par le chapellain perpetuel de laditte chapellenie, qui sera pour le temps sur trois ouvrours qui sont de son heritage, assis en nostre censive et seignoirie dessouz nostre Chastellet de Paris, et sont entretenans et joignans l'un à l'autre, dont l'un est tenent au Parloir aus bourgois[3] et les autres ensivans, en venant droit au quarrefour de la

---

1. Il faut lire : H. de Dompetra.

2. Ces lettres sont publiées plus haut sous le n° CXLVI.

3. Voy., sur le Parloir aux bourgeois de Paris et sur son emplacement, le travail de M. Alfred des Cilleuls publié dans le t. XXII des *Mémoires de la Société de l'Histoire de Paris et de l'Ile-de-France*, p. 1 à 66.

Boucherie de Paris, nous, lesdites huit livres de rente, voeillions admortir, si que le chapellain qui ladite chapellenie deservira, puist mieulz avoir son vivre et sa soustenance, et par ce, mieuls entendre au service divin. Nous, qui desirons le service divin estre essaucié et acreu, et pour ce aians agreable le bon et loable propos de ladite Jaqueline, de nostre auctorité royal et de grâce especial, par ces lettres, li avons donné et octroié licence que en acroissement de laditte chapellenie elle y puist donner lesdites huit livres de rente et d'icelles doer ladite chapellenie avec lesdites douze livres ; et volons et octroions que le chapellain de ladite chapellenie et ses successeurs à tous jours, puissent lesdites huit livres de rente, avec lesdites douze livres, tenir et possesser et d'icelles joir, user et exploitier perpetuelment et pasiblement, sans estre contrains à les vendre ou mettre hors de leurs mains et sans faire pour ce à nous ne à nos successeurs aucune finance, etc...

Donné à Savigny le Temple[1], l'an de grâce mil CCC trente et huit ou mois de juillet.

Par le roy, present monseigneur Loys de Vaussemaim[2].

Verriere.

Expedita sine financia in Camera compotorum.

Ja. de Boulayo.

CCV.

1338, 22 août. Paris.

Philippe VI confirme la vente faite par le Châtelet à Gui Chevrier d'une maison sise à Paris, rue Neuve-Saint-Merry, et ayant appartenu à feu Thote Gui, son débiteur.

(JJ. 71, n° 105.)

Philippe, par la grâce de Dieu roys de France, savoir faisons à touz

---

1. Savigny-le-Temple, Seine-et-Marne, arr. et cant. nord de Melun.

2. Au mois de mars 1328, Louis de Vaucemain remplissait les fonctions de clerc de la Chambre des enquêtes. (*Journaux du trésor de Philippe de Valois*, n° 12.) Sa mère fut Marie de Cheu. Charles IV lui avait donné la ville de Bouilly en Champagne, qui revint après elle à Louis de Vaucemain. (Arch. nat., JJ. 74, fol. 276, n° 474 ; voy. aussi JJ. 77, fol. 27, n° 44, lettres de rémission du mois de novembre 1346 pour des amendes que Louis de Vaucemain avait encourues.) Des lettres d'état que Philippe VI lui accorda le 28 décembre 1345 et le 13 mai 1346 nous apprennent qu'il était alors maître des requêtes de l'hôtel du roi et du duc de Normandie et qu'il accompagnait ce dernier en Gascogne. (*Lettres d'état enregistrées au Parlement sous le règne de Philippe de Valois*, dans l'*Annuaire-Bulletin de la Société de l'histoire de France*, 1897 et 1898, n°ˢ 275 et 386.) Un des frères de Louis de Vaucemain, Hugues, fut le seizième maître général des Frères

presenz et avenir, nous avoir veu unes lettres ci dessouz transcriptes contenans la fourme qui s'ensieut.

A touz ceuls qui ces lettres verront, Pierre Belagent, garde de la prevosté de Paris, salut. Comme par vertu des lettres de noz seigneurs les tresoriers à Paris à nous envoiés, desqueles la teneur est tele :

Les thesoriers du roy nostre sire à Paris, au prevost de Paris ou à son lieutenant, salut. Comme les hoirs feu Thote Guy soient tenus au roy nostredit seigneur en certaines grans sommes d'argent pour pluseurs receptes et autres choses dont ledit Thote s'entremist pour le roy nostredit seigneur, nous vous mandons, de par le roy nostre sire, que les biens qui furent audit feu Thote et ceuls de sesdiz hoirs, et especialment une maison qui fu dudit fu Thote, avec ses appartenances, seant en la ville de Paris, en rue Neuve Saint Marry[1], près du quarrefour du Temple, vous faciez prendre et saisir et mettre en vente et vendre et exploitier ainssi comme il est acoustumé pour les propres debtes du roy nostredit seigneur, pour en convertir les pris en ce qui est deu au roy nostredit seigneur par ledit feu Thote et par ses hoirs; et de la vendue bailliez decret aus achateurs. Donné à Paris, le xixe jour de juing, l'an de grâce mil trois cens trente et huit. — Nous eussions fait savoir et crier souffisaument en plaine audience du Chastellet de Paris, et en la maniere acoustumée, par Tassin l'Enfant, sergent à verge du roy nostre sire oudit Chastellet, deputé à ce faire, que une maison o ses appartenances et appendences, qui fu audit feu Thote Guy, seant à Paris, en rue Neuve Saint Merry, près du quarefour du Temple, estoit mise en vente de par le roy nostre sire, et pour certaine grant somme d'argent en quoi les hoirs dudit feu Thote Guy estoient tenus envers le roy nostre sire, et que sur icelle vente noble homme monseigneur Guy Chevrier, chevalier et conseillier d'icelui seigneur, avoit mis et baillié un denier à Dieu ou pris de quatre cens livres parisis, et que, se il estoit aucun qui plus en vousist donner, venist avant, il y seroit oys et receuz; c'est assavoir : le premier cri et pour la premiere quatorzaine, le lundi avant la feste de la Nativité Saint Jehan Baptiste[2], l'an de grâce mil CCC trente et huit; pour la seconde quatorzaine, le lundi après la feste Saint Martin d'esté[3]; pour la tierce, le lundi avant la Magdalaine[4], et pour la quarte, d'abondant, le lundi après la feste Saint Pere[5], entrant aoust,

---

Prêcheurs. Voy., sur cette famille, le P. Chapotin, *les Dominicains d'Auxerre.* Paris, Picard, 1892, in-8°, p. 58 à 60.

1. La rue Neuve-Saint-Merry, aujourd'hui rue Saint-Merry, allait de la rue Saint-Martin à la rue Barre-du-Bec, maintenant rue du Temple.

2. 22 juin.

3. 6 juillet.

4. 20 juillet.

5. 3 août.

toust en l'an dessusdit. Pendant et durant lesdites quatre quatorzaines, nuns ne se estoit trais avant qui plus en voulsist donner que ledit monseigneur Guy, qui, à nostre cognoissance, feust venuz; et depuis ce, nozdiz seigneurs les tresoriers nous eussent mandé par leurs lettres que se les cris et subastacions avoient esté fait de ladite maison selonc la costume de Paris et ledit monseigneur Guy feust le plus offrant, nous, d'icelle vente, baillissions et delivrissions nostre decret d'icelle vente audit monseigneur Guy pour le pris desdites quatre cens livres, desquelles lesdiz tressoriers se tenoient à paiez ou nom et pour le roy nostre sire, si comme toutes ces choses nous sont plus plainement apparues par lesdites lettres d'iceuls tresoriers, desquelles la teneur est tele.

Les tresoriers le roy nostre sire à Paris, au prevost de Paris ou à son lieutenant, salut. Comme pour certaine debte en laquele Thote Guy demoura tenuz audit seigneur après sa mort, nous aiens fait mettre en vente tous ses biens meubles et heritages, et entre les autres choses une maison, aveuc toutes ses appartenances, que il avoit à Paris, seant en rue Neuve Saint Merry, près du quarrefour du Temple, en laquele maison et sesdites appartenances, noble homme monseigneur Guy Chevrier, chevalier et conseillier du roy, a offert le pris de quatre cenz livres parisis, si comme il nous a esté rapporté. Nous vous mandons que se les cris et subastacions ont esté fais seur ce deuement et si comme de la costume de Paris est à faire, et ledit monseigneur Guy soit le plus offrant, vous facez faire le decré seur ladite vente ainssi comme il appartient et le baillez et delivrez audit monseigneur Guy, quar nous [nous] tenons pour ledit seigneur à paiez dudit monseigneur Guy et satisfais de ladite somme en l'acquit et deduction de la debte dudit Thote. Donné à Paris, le diz et huitiesme jour d'aoust, l'an de grâce mil trois cenz trente et huit.

Sachent tuit que nous, veu et diligeaument regardé les mandemens desdiz seigneurs les tresoriers, avons fais pour la cause dessusdite les criés et subastacions de ladite maison dessus desclarcie, faites pour la cause dessusdite. Consideré que durant lesdites quatorzaines nulz ne s'est trais avant qui plus en voulsist donner que ledit monseigneur Guy, adjousté toute sollempnité qui puet et doit estre gardée en tel cas, vendismes et delivrasmes de par le roy nostre sire, comme justice, audit monseigneur Guy Chevrier, pour lui, pour ses hoirs et pour ceuls qui de lui auront cause, ladite maison o toutes les appartenances et appendences d'icelle, à la charge où elle estoit chargiée envers les censiers d'icelle, pour le pris desdites quatre cenz livres parisis que ledit monseigneur Guy en ovoit jà paiez à nozdit seigneurs les tresoriers, si comme il nous est apparu par les lettres desdiz tresoriers dessus transcriptes. Et parmi ce, nous, ladite vente faite en la maniere que dit est et pour la cause dessusdite, loasmes, greasmes, ratefiames, etc...

En tesmoing de ce nous avons fait mettre en ces lettres le seel de la prevosté de Paris. Ce fu fait le mardi après la feste Nostre Dame en aoust[1], l'an de grâce mil trois cens trente et huit.

Nous, adecertes, la vendue de ladite maison faite en la maniere que dit est, et toutes les choses et chascune d'icelles contenues esdites lettres ci-dessus transcriptes aians fermes et agreables, ycelles voulons, loons, ratefions, approuvons et par la teneur de ces lettres confermons. Et a ledit Guy Chevrier, chevalier, nostre conseillier, paié en nostre tresor, à Paris, les quatre cenz livres parisis dessusdites pour le pris que ladite maison li a esté vendue, dont il a cedule de nostredit tresor, laquele nous avons veue, contenant la fourme qui s'ensuit : *Thesaurarii domini regis Parisius receperunt et reddiderunt eidem, de Thoto Guidi receptore quondam in partibus Flandrie pro domino rege, super eo in quo potest teneri eidem domino regi pro facto dicte recepte, quatercentum libras parisiensium in quinquaginta libris denariorum argenti ad coronam, cujuslibet pro octo denariis parisiensibus, per Johannem Poilevillain magistrum monete argenti Parisiensis, pro domino Guidone Caprarii milite ; videlicet, pro emptione cujusdam domus cum ejus pertinenciis, que quondam fuit dicti Thoti, site Parisiis in vico Novo Sancti Mederici, vendite pro debito dicti Thoti, et per eundem dominum Guidonem empte et sibi deliberate tanquam plus offerenti per prepositum Parisiensem, ut dicitur. Scriptum in thesauro dicti domini regis XX^a die Augusti, anno Domini millesimo CCC^o tricesimo octavo.* — Et pour ce que ce soit ferme chose et estable à touz jours mais, nous avons fait mettre nostre seel en ces lettres, sauf en autres choses nostre droit et en toutes l'autrui. Donné à Paris, l'an de grâce mil CCC trente et huit, le vint et deuxyesme jour du mois d'aoust.

Par les gens des comptes et tresoriers.

Ja. de Boulay.

Expedita in Camera compotorum, sine financia.

Ja. de Boulayo.

CCVI.

1338, août. Paris.

Philippe VI confirme une sentence d'absolution rendue par l'officialité de Paris en faveur de Robert dit de Saint-Denis, clerc, accusé d'avoir, aidé de complices, blessé mortellement Thibaut dit d'Auviller, serviteur de la reine.

(JJ. 72, n° 56.)

Philippus, Dei gratia Francorum rex, notum facimus universis tam

---

1. 18 août.

presentibus quam futuris, nos infrascriptas vidisse litteras tenorem qui sequitur continentes.

In nomine Domini, Amen. Universis presentes litteras inspecturis, officialis Parisiensis, commissarius specialis reverendi in Christo patris ac domini, domini Guillelmi[1], Dei et apostolice sedis gratia Parisiensis episcopi, super commissis et committendis excessibus, criminibus et delictis in civitate et diocesi Parisiensibus corrigendis et puniendis, salutem in Domino. Notum facimus, quod orta suspicione famosa contra Robertum dictum de Sancto Dionisio, clericum, subditum et justiciabilem nostrum in nostra jurisdicione ecclesiastica commorantem, super eo videlicet quod a nonnullis dicebatur prefatum Robertum, Parisius et in nostra jurisdicione ecclesiastica predicta, Theobaldum dictum d'Auviller, quondam familiarem nobilissime domine, domine Regine Francorum, adeo letaliter percusisse et lesisse, percutique et ledi fecisse, quod dictus Theobeldus ex predictis percussionibus et lesionibus diem clausit extremum. Super quibus, dictus Robertus senciens se inculpabilem et innocentem de premissis, volens eciam suam innocenciam purgare de eisdem, ut dicebat, nostro carceri se reddidit mancipatum spontanea voluntate, supplicans nobis, ut nos, super hoc, fama et aliis supradictis vellemus inquirere veritatem taliter quod si ipsum inculpabilem et innocentem de premissis reperiremus, ipsum Robertum super eisdem absolvere dignaremus. Nos vero, ejus supplicacioni tanquam juste annuentes, cupientesque super dicto maleficio plenius inquirere veritatem atque scire, in pluribus parrochialibus ecclesiis civitatis Parisiensis, nec non in placitis communibus auditorii curie Parisiensis, nobis ibidem pro tribunali cedentibus, copiosaque populi multitudine congregata, per quatuor peremptoria edita cum debitis secundum jus et juxta consuetudinem curie Parisiensis dierum intervallis, litteratorie et publice proclamari, intimari et eciam denunciari fecimus et specialiter Guillelmo dicto Lenfondu magistro coquine domine Regine Francorum quondam magistro dicti deffuncti Theobaldi, Johanni Anglico et Johanni de Poissiaco et Johanni Gendrot, quondam ipsius Theobaldi dum vivebat sociis et amicis caris, ceterisque amicis carnalibus proximioribus et affinibus quibuscunque ipsius deffuncti, si qui essent, ac sociis et magistris ejusdem, et omnibus aliis quibuscunque, ut si qui vel quis essent seu esset, qui dictum Robertum vellent seu vellet super dicto maleficio impetere, accusare, denunciare seu quovismodo procedere contra ipsum si se ipsos crederent interesse, comparerent coram nobis in curia Parisiensi certis diebus a nobis in ipsis peremptoriis editis prefixis ac eciam assignatis, premissa facturi et opposituri, prout justicia suaderet, cum intimacione quod ulterius ad

---

1. L'évêque de Paris était alors Guillaume V de Chanac.

premissa aliqui nullatenus audientur et quod nisi comparerent, nos ex officii nostri debito contra dictum Robertum detentum, ad inquisicionem et paucionem vel absolutionem super premissis procederemus ut jus esset. Quibus diebus et peremptoriis editis seu terminis prefixis ut assignatis, seu interim, nullus comparuit accusator denunciator seu alius quicunque qui aliquid contra dictum Robertum detentum, proponere, dicere vel opponere vellet, aut se partem in aliquo facere contra ipsum detentum, nobis et dicto Roberto detento more solito curie Parisiensis diutius expectantibus. Nichilominus, nos ex officii nostri debito procedere volentes super dicto maleficio dicto Roberto imposito, ad promocionem et prosecucionem promotoris curie Parisiensis, nomine ipsius curie et pro ipsa hujusmodi negocium promoventis ac eciam prosequentis, contra dictum Robertum ex officio nostro predicto proposuimus et in scriptis tradidimus articulos in modum qui sequitur et in formam. Fama cum gravi scandalo et inmenso, publica insinuacioneque clamosa refferentibus ortum a fide dignis habitantibus que nostras aures sepe et sepius propulsarunt, nos officialis Parisiensis, commissarius specialis reverendi in Christo Patris ac domini, domini G. Dei gratia Parisiensis episcopi super commissis, committendisque excessibus, criminibus et delictis in civitate et diocesi Parisiensibus corrigendis, ac eciam puniendis, zelo moti justicie dicimus et proponimus ex officio nostro, ad promocionem et prosecucionem promotoris curie Parisiensis hujusmodi negocium promoventis et prosequentis nomine ipsius curie et pro ipsa, contra Robertum dictum de Sancto Dyonisio, clericum, subdittum et justiciabilem nostrum, in nostraque jurisdicione ecclesiastica commorantem, reum et nostro carcere detentum, quod idem reus, ausu suo temerario et animi deliberacione maligna, Deum pre oculis non habens, sed Dei timore posposito, maligno ductus spiritu ac humane nature inimicus (*sic*), die Veneris post sanctum Pascha ultimo preteritum, vel eo circa, circiter horam vesperarum, in nostra jurisdicione ecclesiastica antedicta, in taberna Johannis dicti le Limer, prope Sanctum Eustachium Parisius, plures injurias et minas dixit et intulit Theobaldo dicto d'Auviller, nunc deffuncto, familiari dum vivebat nobilissime domine, domine Regine Francie, et in ipsum Theobaldum tunc viventem et in nullo delinquentem ex certo proposito violenter irruit, et ipsum taliter de pugno seu palma percussit in capite, quod ipsum enormiter ad terram prostravit ; et nichilominus hoc non contentus, sed mala malis accumulans, incontinenti post premissa, idem Robertus colloquium et tractatum habuit cum Guillelmo Monachi, aliter Britonis, Perroto Loseleur et Guilloto clerico suo, amicis, complicibus et familiaribus suis, et ipsos rogavit ut dictum Theobeldum taliter verberarent et male tractarent, quod amodo de ipso conqueri non posset. Quiquidem Guillelmus Monachi, Petrus Loyseleur

et Guillotus, complices et familiares ipsius rei, volentes obedire iniquo
mandato ejusdem Roberti, ad mandatum et requisicionem ipsius
Roberti, satiscito post premissa, die predicta et prope dictam taber-
nam, in dictum Theobaldum in nullo delinquentem, cum ensibus et
boucleriis evaginatis irruerunt, et ipsum de quodam bouclerio in
capite leserunt et vulnerarunt usque ad [non] modicam sanguinis effu-
sionem et de ucibus (*sic*)[1] cecis circa latus et alibi taliter percus-
serunt et male tractarunt, ad terramque prostrarunt et cum pedibus
conculcarunt, quod ex hoc ibidem quasi mortuus evanuit et totaliter amisit loquelam, et deinde portatus fuit ad domum Taxini de
Bolonia et abinde ad suam cameram, ubi idem Theobaldus, nocte
tunc immediate sequenti, post mediam noctem, absque aliquorum
administracione sacramentorum, ex predictis percussionibus et vul-
neracionibus sibi factis per dictum Robertum et ejus complices,
diem clausit extremum. Et premissa fecit, vel fecit fieri dictus reus, ac
eciam procuravit aut perpetracioni premissorum interfuit, premissa-
que perpetrantibus opem, consilium prebuit pariter et favorem, vel
cum ea prohibere potuisset non prohibuit, sic homicidium sive mur-
trum in personam dicti Theobaldi condampnaliter committendo.
Item, quod post dictum maleficium modo predicto perpetratum,
idem Robertus sciens et scenciens se de premissis culpabilem et sus-
pectum, occasione dicti maleficii, se absentavit a villa Parisiensi, in
franchisiis et locis sacris se posuit et tenuit et se huc et illuc reddidit fugiti[v]um, et citatus legitime super premissis responsurus et juri
eciam pariturus, coram nobis non comparuit sed fuit merito contumax
reputatus, excomunicatusque, aggravatus et reagravatus, ac demum
a dictis Parisiensibus civitate dyocesique bannitus, suis exigentibus
contumaciis, quodque de dicto maleficio, ratione dicti banni, de consuetudine notaria curie Parisiensis et tocius regni Francie ac de jure
legitime est convictus : et sunt premissa, vera, notaria, manifestaque
adeo quod nulla possunt tergiversacione celari ; super quibus, fuit et
est dictus reus culpabilis vehementer suspectus et publice non inme-
rito diffamatus, laboraveruntque, et adhuc laborant publice vos (*sic*)
et fama ; eaque seu que sufficiunt de eisdem, recognovit dictus reus
vera esse. Idcirco, ne facilitas venie in personam dicti delinquentis
ceteris in centinum (*sic*) tribuat delinquendi et ne tot et tanta maleficia
remaneant impugnita, premissa ex dicto officio, una cum dicto promotore quo supra nomine, dicimus et proponimus contra dictum
reum, ad hunc finem, quod si in premissis vel aliquo premissorum
reperiatur culpabilis, per nos tanquam homicidia canonice pugniatur
ac eciam corrigatur, statuaturque et decernatur contra ipsum, prout
jus et justicia suadebunt ac prout tot et tantorum maleficiorum atro-

---

1. Il faut sans doute lire « ictibus ».

citas postulabit et requiret, juxta canonicas sanctiones, et quod justicia inde fiat. Que petit dictus promotor quo supra nomine fieri, par-
temque adversam sibi in expensis legitimis condampnari, protestans
de probando ea solunimondo que nobis et ei sufficient de premissis.
Datum, anno Domini M° CCC° tricesimo octavo, die Veneris post festum Nativitatis beati Johannis Baptiste[1].

Super quibus articulis et contentis in eisdem, fuit postmodo coram
nobis ex parte dicti Roberti et in scriptis, lis legitime contestata in
hunc modum. Acta coram nobis officiali Parisiensi commissario speciali reverendi in Christo patris ac domini, domini G. Dei gratia Parisiensis episcopi super commissis committendisque excessibus, criminibus et delictis in civitate et dyocesi Parisiensibus corrigendis,
pugniendis, anno Domini M° CCC° XXXVIII°, die Martis post festum
beatorum Petri et Pauli apostolorum[2].

Assignata coram nobis promotori curie Parisiensis, nomine promotoris ipsius curie et pro ipsa hujusmodi negocium promoventi et
prosequenti contra Robertum dictum de Sancto Dyonisio, clericum
in nostro carcere detentum, reum, ad respondendum ex parte ipsius
rei articulis nostris per dictum promotorem in scriptis traditis, in
causa quam nos ex officio nostro una cum dicto promotore, quo
supra nomine, contra dictum reum movemus et ad procedendum
ulterius, ut jus esset, dicta die, dictis promotore et reo presentibus
coram nobis, asseruit dictus promotor, quo supra nomine, omnia et
singula in dictis articulis contenta legitime fore vera; super quibus,
dictus reus litem fuit contestatus in scriptis in hunc modum. Pro-
testacionibus premissis coram vobis domino officiali Parisiensi ex
parte Roberti de Sancto Dyonisio clerici in carceribus vestris
detenti, de ineptudine et insufficiencia articulorum per vos et promotorem curie vestre Parisiensis propositorum contra ipsum, necnon
de suis exccpcionibus et aliis legitimis deffenssionibus loco et tempore proponendis et probandis, ac de suis expensis factis et faciendis
in lite presenti, a dicto promotore, loco et tempore repetendis et
refundendis, de contentis in dictis articulis; confitetur dictus Robertus vos esse commissarium specialiter deputatum a reverendo in
Christo patre ac domino G. Dei gratia Parisiensi episcopo quo ad
cognicionem, pugnicionem, correccionem et absolucionem omnium
delictorum seu criminum, per suos et vestros subditos in civitate et
dyocesi Parisiensibus commissorum, et quod ipse est clericus sub-
ditus et justiciarius vester, et quod ipse est, ob suspicionem mortis et homicidii deffuncti Theobaldi dicti d'Auviller, injuste tam et
sine causa vestris carceribus mancipatus; certa omnia et singula in

---

1. 26 juin.
2. 3o juin.

dictis articulis contenta, proposita et narrata, prout proponuntur
et narrantur, et ad finem seu fines ad quem seu quos tendunt,
negat dictus Robertus, litem contestando, esse vera et petita fieri
debere. Qua litis contestatione sic facta, prestari fecimus a dicto reo
super premissis negatis, tam de calumpnia quam de veritate dicenda
solita juramenta. Quibus prestitis, ea que prius, fuerunt iterum hinc
et inde narrata, proposita et responsa, et hiis actis, nos assignavimus
dictis partibus diem hodiernam, hora vesperarum, ad procedendum in
dicta causa ulterius, ut jus erit. Datum et actum anno et die predictis.

Lite igitur, sicut predicitur, super premissis legitime contestata,
prestitoque a dicto Roberto super predictis negatis, tam de calumpnia
quam de veritate dicenda solito juramento, dictus Robertus proposuit
in scriptis ad sui deffensionem, per modum peremptorium et aliter, ad
fines debitos meliores quos debuit et potuit, contra nos officialem
predictum et promotorem curie nostre ac totum processum contra
ipsum Robertum factum ac eciam faciendum, facta et rationes in
modum qui sequitur et in formam. Acta coram nobis officiali Parisiensi, anno Domini M° CCC° XXXVIII°, die Martis, hora vesperarum post festum beatorum Petri et Pauli apostolorum.

Comparentibus coram nobis in judicio promotore curie Parisiensis,
nomine ipsius curie et pro ipsa, hujusmodi promovendo negocium et
eciam prosequente, ex una parte ; et Roberto dicto de Sancto Dyonisio
clerico in nostro carcere detento, reo, ex parte altera, proposuit dictus
reus in scriptis, ad sui deffensionem, per modum peremptorium et
aliter, ad fines debitos meliores quos potest et debet, facta et rationes
que secuntur. Ad suam legitimam deffensionem excipiendo peremptorie et omnibus aliis modis quibus melioribus potest dicit, et excipiendo
proponit Robertus de Sancto Dyonisio clericus, contra vos domine
officialis Parisiensis et contra promotorem curie vestre ac contra
totum processum contra ipsum factum et eciam faciendum, quod ipse
est bone fame et bone vite, bone conversacionis et honeste et fuit
temporibus retroactis, nec non et quod ipse est purus, innocens et
inculpabilis de et super, per vos et promotorem curie vestre sibi impositis ; videlicet de morte seu homicidio Theobaldi dicti d'Auviller deffuncti, et quod dictus Theobaldus mortuus fuit morte naturali et non
morte de qua fit mencio in articulis predictis, nec per illum modum,
et quod eciam post mortem ejusdem, incontinenti, dictus Theobaldus, in qualibet parte sui corporis, de mandato prepositi Parisiensis,
visus fuit per medicos cirurgicos juratos in talibus expertos, et quod
in aliqua parte corporis sui non apparuit nec apparebat signum mutilacionis vel verberacionis, nec erat in corpore suo aliqua cutis fracto
(sic), nec eciam in carne nec in membris imutacio, vel quid aliud racione
cujus posset dici vel judicari ipsum fuisse vel esse mutilatum, mortuum vel occisum, immo morte naturali et ex sua nimia potacione et

inordinato modo vivendi mortuus fuit, quodque dictus Theobaldus, per peritos cirurgicos, diligenter de mandato prepositi Parisiensis visitatus si ex verberacione sibi facta erat in eo mutilacio seu mortis periculum; qui super hoc jurati, mortis seu mutilacionis periculum non esse deposuerunt et totaliter extra posuerunt. — *Item*, et ex habundanti et ad suam majorem excusacionem probandam et exhibendam, et ad fines debitos, dicit et proponit dictus Robertus clericus, quod die Veneris post Pascha[1] ultimo preteritum, post meridiem dicte diei, et hora none, et hora vesperarum, et qua hora proponitur dictum Theobaldum verberatum fuisse et ex qua verberacione asseritur ipsum mortuum fuisse, nec non et postmodo, continue tota die predicta, usque ad noctis tenebras, dictus Robertus fuit absens a loco ubi dictus Theobaldus verberatus fuit, et dictis temporibus et horis, totaliter ignorans verberacionem predictam; et erat, et fuit illo tunc in tali loco ubi impossibile fuisset ipsum hora in dicta verberacione interfuisse, et quod si tunc facta fuit, hoc fuit non ab ipso sed ab aliis personis et quod premissa vera sunt, notoria et manifesta eaque vera esse recognovit dictus promotor coram bonis et publico, dicto reo presente et absente; super hiisque laborant publice vox et fama, potissime inter ipsos qui dictum mortuum viderunt et inter ipsos qui habent in talibus experienciam judicandi, nec non inter ipsos qui de dictis Roberto et mortuo noticiam habuerunt. Quare petit supplicando dictus Robertus, modis omnibus quibus melius potest et debet, per vos, domine officialis Parisiensis, a predictis sibi impositis se finaliter absolvi et dicto promotori vestro, super premissis perpetuum silencium imponi ipsumque sibi in expensis ob hoc factis condampnari, causis et rationibus premissis officium vestrum implorans ubi de jure fuerit implorandi, juris beneficio in omnibus sibi salvo, protestans et offerens se probaturum de premissis ea que sibi sufficient de eisdem. Quibus propositis et exhibitis, nos assignavimus dictis partibus diem Jovis instantem, hora vesperarum, ad procedendum ulterius ut jus erit. Datum et actum anno, die Martis et hora predictis.

Lite igitur super dictis factis et rationibus, ex parte dicti promotoris quo supra nomine, legitime contestata; quibusdam posicionibus ex parte dicti promotoris, nomine quo supra, postea factis et positis contra dictum Robertum, et responsionibus ad easdem posiciones ex parte dicti Roberti subsecutis et datis, nonnullisque testibus, tam ex parte dicti promotoris, nomine quo supra, ad probandam intencionem suam super contentis in dictis articulis quam ex parte dicti Roberti ad suam intencionem fundendam et probendam super factis, et rationibus suis predictis hinc inde productis, receptis, juratis et diligenter examinatis eorumque attestacionibus in scriptis fideliter redactis,

---

1. 17 avril.

omniumque testium predictorum hinc et inde productorum attestacionibus partibus predictis in judicio coram nobis publicatis; quibusdam litteris sigillo magno curie Parisiensis et executorialibus earumdem sigillatis, ut prima facie apparebat, ex parte dicti promotoris,
nomine quo supra, contra dictum Robertum in modum probacionis
exhibitis, et omnibus aliis rite et legitime peractis, juris ordine in premissis omnibus diligenter observato, et in causa hujusmodi, de consensu dictorum promotoris et Roberti habito pro concluso; demum, die
Veneris post festum beate Marie Madalene[1], dictis partibus ad audiendum jus seu diffinitivam sentenciam a nobis fieri et pronunciari in
hujusmodi causa, et ad procedendum in eadem ulterius, ut jus esset,
coram nobis peremptorie assignatis, dicta die, dictis promotore et
Roberto coram nobis in judicio personaliter comparentibus, et a nobis
in dicta causa, jus, seu diffinitivam sentenciam fieri seu pronunciari
ulteriusque procedi in eadem, ut jus esset, cum instancia petentibus.
Nos, visis actis et processibus dicte cause, attentisque et consideratis
ejus meritis et omnibus aliis que nos in hac parte movere potuerunt
et debuerunt, bonorum et jurisperitorum communicato consilio :
quia visa inquesta contra dictum Robertum facta et aliis in presenti
causa accitatis, dictus Robertus, de et super sibi impositis aliqualiter
suspectus apparuit, purgacionem sibi cum septima manu clericorum
induximus faciendam. Quaquidem purgacione sic a nobis indicta et
a dicto Roberto acceptata et in se suscepta, predictus Robertus juravit coram nobis, tactis ab ipso sacrosanctis euvangeliis, se predictum
omicidium non fecisse nec fieri procurasse, nec perpetracioni ejusdem, opem, consilium, auxilium vel favorem prestitisse. Preterea,
venerabilis vir, magister Radulphus de Parisiis, canonicus et prepositus de Campellis in Bria, Galterus Nevelon, Huetus Nepotis, Sam-
cotus dictus Rabiole, Johannes Brunete, Gaufridus de Gamachiis et
Rogerus Brunelli, omnes clerici, coram nobis in judicio propter hoc
personaliter comparentes, qui vitam et conversacionem ipsius Roberti
a longis temporibus retroactis noverunt et modernam cognoscunt, ut
dicebant, juraverunt coram nobis, tactis ab ipsis et quolibet ipsorum
sacrosanctis euvangeliis se credere prefatum Robertum veritatem
jurasse ac eciam legitimum prestitisse juramentum. Qua purgacione
per ipsum Robertum facta et per nos recepta, nos communicato peri-
torum consilio, ad diffinitivam sentenciam in presenti causa proces-
simus in hunc modum. Attentis deposicionibus cirurgicorum jurato-
rum et super dicti Roberti deffensionibus auditorii attentis eciam
purgacione predicta et aliis que nos movent et movere debent, dictum Robertum a reatu homicidii sibi impositi absolvimus in hiis
scriptis, ipsum a carcere nostro et fidejussores suos a caucione quam

---

1. 24 juin.

nobis pro ipso prestiterunt liberantes, expensas hinc inde factas conpensantes ex causa. Tenor vero commissionis a dicto reverendo patre domino nostro Parisiensi episcopo nobis facte sequitur in hec verba.

Guillelmus, permissione divina Parisiensis episcopus, dilecto nostro Petro de Braco decretorum doctori, canonico Noviomensi, salutem in Domino. De vestris probitate, industria et fidelitate quamplurimum confidentes, vos officialem nostrum Parisiensem fecimus, constituimus et eciam ordinamus, cognicionem, examinacionem et decisionem causarum tam civilium quam criminalium et aliorum ad officialatus officium pertinencium, tam de consuetudine quam de jure, vobis plenarie committentes ; necnon ut de criminibus excessibus et delictis, commissis et committendis in nostris civitate et dyocesi Parisiensibus et alias cognoscere, decernere et punire ac corrigere ; necnon et beneficiatos a suis privare beneficiis juxta demerita eorumdem valeatis, et cetera facere et exercere que circa premissa fuerint neccessaria vel eciam oportuna, vobis plenam et liberam, tenore presencium committimus potestatem. In quorum premissorum testimonium, nostrum presentibus litteris fecimus apponi sigillum. Datum apud Sanctum Clodoaldum villam nostram xxviiₐ die mensis Julii, anno Domini Mₒ CCCₒ tricesimo septimo.

In quorum omnium testimonium, sigillum Parisiensis curie una cum signo et subscripcione magistri Thome de Sancto Desiderio notarii publici, infrascriptis presentibus litteris duximus apponendum. Acta fuerunt hec Parisius, in parqueto ubi fiunt sententie in curia Parisiensi, anno Domini Mₒ CCCₒ XXXVIIIₒ, indictione sexta, die Veneris predicta, pontificatus sanctissimi in Christo Patris ac domini nostri domini Benedicti divina Providencia pape duodecimi anno quarto, presentibus venerabilibus viris magistris Gilleberto de Turre[1], Gauffrido Legall[2], Radulpho de Clincampo jurisperitis, Laurencio Malefoce, Helia de Columbis, Martino de Cruce, notariis curie Parisiensis, dominis Aymerico Vigerii et Bernardo de Salesse presbyteris, et pluribus aliis testibus ad premissa vocatis et specialiter rogatis.

Et ego, Thomas de Sancto Desiderio, Cathalaunensis dyocesis clericus, apostolica et imperiali publicus auctoritate notarius, qui dictis purgacioni, sentencie diffinitive, probacioni et pronunciacioni et omnibus aliis supradictis, dicta die Veneris taliter gestis et habitis, ut predicitur, una cum dictis domino officiali, promotore, Ro-

---

1. Gilbert de la Tour, chanoine de Paris, mourut en 1347. (Guérard, *Cartulaire de l'église Notre-Dame de Paris*, t. IV, p. 10.)

2. Nous voyons déjà paraître Geoffroi Legal avec le titre de légiste dans un acte du 14 janvier 1327. (Denifle et Châtelain, *Chartularium Universitatis Parisiensis*, t. II, p. 297.)

berto, compurgatoribus et testibus presens interfui, predicta omnia fideliter publicando hic, me subscripsi manu propria, signumque meum una cum apensione sigilli dicte curie Parisiensis et testimonium premissorum apposui consuetum, requisitus et rogatus.

Nos autem premissa omnia et singula in supradictis litteris contenta et declarata, in quantum rite et juste facta sunt, rata habentes et grata etc...

Actum Parisius, anno Domini millesimo CCCº XXXº octavo mense Augusti.

Per dominum regem ad relacionem vestram.

Berenger.

Sine financia, quia mutuavit regi ɪɪº l. pro guerra sua.

Justice.

CCVII.

1338, octobre. Bois de Vincennes.

Philippe VI confirme une lettre de Philippe, roi de Navarre, et des prieurs de Saint-Denis et des Frères prêcheurs de Paris, exécuteurs testamentaires de Marie de Brabant, reine de France[1], par laquelle, conformément à sa dernière volonté, ils assignent 16 l. p. de rente annuelle, sur différents biens sis à Survilliers[2], à l'œuvre des charités du couvent de Saint-Denis.

(JJ. 68, nº 37.)

Par le roy, en continuant la grâce faite sur ce par les roys Philippe le Lonc et Charles.

Verberie.

Expedita in Camera compotorum sine financia.

Vistrebec.

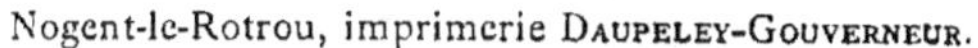

1. Marie de Brabant, fille de Henri III, duc de Brabant, et d'Alix de Bourgogne, fut la seconde femme de Philippe III le Hardi, qui l'épousa au mois d'août 1274. (P. Anselme, t. I, p. 88.)

2. Survilliers, Seine-et-Oise, arr. de Pontoise, cant. de Luzarches.

Nogent-le-Rotrou, imprimerie DAUPELEY-GOUVERNEUR.